Wechselnde Blicke

Geschlecht und Gesellschaft

Herausgegeben von

Ilse Lenz
Michiko Mae
Sigrid Metz-Göckel
Ursula Müller
Marlene Stein-Hilbers

Band 1

Ilse Lenz
Andrea Germer
Brigitte Hasenjürgen (Hrsg.)

Wechselnde Blicke

Frauenforschung
in internationaler Perspektive

Leske + Budrich, Opladen 1996

ISBN 3-8100-1490-7

© 1996 Leske + Budrich, Opladen

Druck: Druck Partner Rübelmann, Hemsbach
Printed in Germany

Inhalt

Einleitung

Menschen werden zu Frauen oder Männern gemacht, ohne daß sie ganz darin aufgehen. Menschen werden zu „Ausländern" und „Inländern", zu AfrikanerInnen, TürkInnen, KurdInnen oder zu Deutschen, ÖsterreicherInnen, US-AmerikanerInnen gemacht, ohne daß sie nur dies wären. Ein junges Beispiel ist, daß Menschen auch zu „Ossis" oder "Wessis" gemacht werden können, indem sie als unterschiedlich wahrgenommen und beschrieben werden. Prozesse, wie Differenz geschaffen und von den Einzelnen angeeignet wird, waren also nach der Vereinigung auch zwischen den Deutschen zu beobachten.

In diesem Buch geht es uns um dreierlei: Einmal wollen wir verschiedene Beiträge zur Analyse der wechselseitigen Prozesse, durch die Geschlecht und Ethnizität sozial geschaffen und konstruiert werden, liefern.

Zugleich wollen wir das Wechselverhältnis zwischen Ansätzen deutscher und englischer bzw. US-amerikanischer Feministinnen und feministischer Theoretikerinnen aus anderen Regionen und Kontinenten sichtbar machen. Wir wollten nicht die Klage wiederholen, daß „der weiße Feminismus" nur auf sich selbst sieht, sondern wir wollen andere und neue Sichtweisen einbringen. Es geht aber nun nicht darum, eine vorherrschende Sicht durch ein neues einheitliches Muster abzulösen. Vielmehr faszinieren uns die Möglichkeiten der „wechselnden Blicke"; indem wir verschiedene Perspektiven in der feministischen Theorie austauschen und durchspielen, lernen wir Neues über uns und die Anderen. Dabei sehen wir uns aber im Streit zwischen Kulturrelativismus und Universalismus nicht auf der kulturrelativistischen Seite, war doch der eurozentrisch auftretende Universalismus, der andere Zugänge außerhalb seines eigenen Kanons negiert hat, nicht wirklich universal (siehe Sarkhoch in diesem Band). Das Spiel der wechselnden Blicke setzt in diesem Sinne die Vorwegnahme der Gleichheit unterschiedlich sozialisierter Individuen und verschiedener Wir-Gruppen voraus; feministische Ansätze treffen hier mit gleichen Geltungsansprüchen aufeinander und vermitteln sich in Kommunikation; so können sich universale Ansätze „von unten" herausbilden.

Drittens stellen wir die Leichtigkeit und Natürlichkeit bisheriger Grenzziehungen, die auch in schwergewichtige soziale Kategorien wie „Rasse"[1], „Ethnie" oder „Kultur" eingelassen sind, selbst in Frage. In der Frauenforschung wurde in letzter Zeit gezeigt, daß „Frau" und „Geschlecht" keine natürliche Zuweisung und Bestimmung enthält, sondern daß es eine Frage sozialer Auslegungen und sozialer Kämpfe ist, was es heißt, in einer Gesellschaft eine Frau zu sein. Sie versuchte den Balanceakt, den sozialen Zusammenhang des Geschlechts aufzuzeigen und auszuleuchten, ohne seine soziale Bedeutung zu bagatellisieren. Dabei wurde sichtbar, daß Geschlecht zum Kristallisationspunkt vielfältiger und komplexer Formen von Ungleichheit und von Handlungsstrategien wird, die mit einem einfachen Mann-Frau-Dualismus nicht wahrzunehmen sind. Ein solcher Dualismus prägt aber noch weitgehend die feministische Debatte um Rassismus, Ethnizität und kulturelle Differenz, wo umstandslos Trennlinien zwischen „Erster" und „Dritter Welt" oder „Weiß" und „Schwarz" gezogen werden. Deswegen ist ein drittes Ziel, die soziale Herausbildung dieser Grenzlinien und ihre begrifflichen Marksteine zu hinterfragen, ohne die Bedeutung ethnischer Unterdrückung zu banalisieren. Dazu gehört ein neues Verständnis nicht nur von „Rasse", sondern auch von Kategorien wie Ethnizität und Kultur, die in der politischen Diskussion teils zu Schlagwörtern avanciert sind. Ebenso wichtig erscheint eine Öffnung der Wahrnehmung für neue interkulturelle Praxisformen jenseits der Produktion kollektiver Identitäten, die aus einer behaupteten gemeinsamen Abstammung, Sprache und Kultur stammen.

Das Problemfeld von Ethnizität und Geschlecht ist wichtig und wird noch wichtiger werden, denn bei den Auseinandersetzungen um *gender* und *ethnicity* handelt es sich um eine der zentralen Zukunftsfragen moderner Gesellschaften. Die Globalisierung hat nun auch die postindustriellen Gesellschaften in Westeuropa und Nordamerika in dem Sinne erfaßt, daß ihre Wirtschaft international abhängig wird und der Nationalstaat nur noch begrenzte Handlungsfähigkeiten hat. Zugleich werden die Menschen zunehmend mobil, und alle postindustriellen Gesellschaften haben einen beträchtlichen Anteil an MigrantInnen oder Zugewanderten, die als ethnische Gruppen klassifiziert und meist diskriminiert werden. Diese Differenz, die ihnen auf den Leib und in den Paß geschrieben wird, stützt soziale Ungleichheit ab. Zugleich steht sie in einem komplexen Vermittlungszusammenhang mit der ebenfalls kollektiv zugewiesenen Geschlechterungleichheit. Eine Beschäftigung mit sozialer Ungleichheit in postindustriellen Ge-sellschaften kann sich weder mit den herkömmlichen Schichtungsansätzen, noch mit Individualisierungsthesen begnügen, die diese Kollektivzuweisungen übersehen. Vielmehr verspricht der Blick auf die soziale Positionierung von Frauen und von MigrantInnen und auf damit einhergehende Bewertungen und Einordnungen wichtige Erkenntnisse darüber, wie („objektive" und zugeschriebene) Differenz zum Kristallisationspunkt modernisierter Ungleichheit wird - einer Ungleichheit, die die Individuen voraussetzt und doch über kollektive Zuschreibung von Identitäten und entsprechende Verteilung von Ressourcen wirkt. Statt einer exotischen Randproblematik sind diese Fragen zentral für Theorien der Gleichheit und der Demokratisierung in modernen Gesellschaften.

Angestoßen wurde die Kontroverse über Differenzen zwischen Frauen auch durch die feministische Antirassismusdebatte. Sie hat unbewußte Herrschaftsmuster einheimischer Frauen in Frauenbewegung und Frauenforschung kritisiert und das Bewußtsein über die Frage von Rassismus und Klassendominanz vorangetrieben. Dennoch stehen wir vor dem Problem, daß wir die neuen komplexen Verhältnisse nicht allein mit globalen Strukturkategorien wie „Rasse" oder (fremde) „Kultur" angehen können, die anfällig für deduktionistische Vorgehensweisen sind. Es besteht die Gefahr, daß sie erneut einen gewissen Dualismus transportieren und über die Unterschiede zwischen der einzelnen Person und der Gesamtstruktur hinweggehen. In der deutschen feministischen Antirassismusdebatte hat sich als politische Sprachregelung das Wort von den „schwarzen" und den „weißen Frauen" durchgesetzt. Damit wurden die herrschenden Benennungen in kritischer Absicht übernommen - ebenso jedoch der zugrundeliegende Dualismus (siehe Lenz in diesem Band). Manche Migrantinnen und Jüdinnen sehen sich jedoch nicht als „schwarze Frauen", wie es diese politische Einordnung vorsieht. Auch viele einheimische deutsche Frauen erkennen sich nicht in der Zuschreibung „weiße Frauen", die die einzelne Frau mit der rassistischen Struktur gleichsetzt und kaum Wahlmöglichkeiten läßt - z.B. sich glaubwürdig gegen den Rassismus einzusetzen. Einerseits wurden nun MigrantInnen und ihre Organisationen in feministischen Auseinandersetzungen „sichtbarer", was ein sehr wichtiger Schritt ist. Andererseits führte dualistisches Denken zu Fragmentierungen und zu Polarisierungen in den antirassistischen Frauengruppen, denen bis heute nicht entgegengewirkt werden konnte. Deswegen suchen gegenwärtig Viele nach neuen Ansätzen und Synthesen, mit denen diese Verengungen in der Debatte zu durchbrechen wären.

Die Beiträge in diesem Band erweitern die bisherigen Sichtweisen entscheidend, und sie deuten an, daß mit dem klassischen Kanon von *sex, race, class* die gegenwärtigen Prozesse nicht mehr zu begreifen sind: Es geht um Frauen und Männer als Individuen im Spannungsfeld von Klasse und Ethnizität, die in Frauenbewegungen neue Wege suchen. Weiter geht es darum, wie sich diese Zuschreibungen in unterschiedlichen Rechten ausdrücken und was die normative Grundlage für Gleichheit und Differenz von Kollektiven bilden kann, die sich jeweils wie die Frauen oder die Schwarzen auf eine gemeinsame Identität bezogen haben. Wenn die inneren Differenzen in diesen Kollektiven zutagetreten, die Unterschiede zwischen Frauen z.B. leitend in der Politik werden, wie läßt sich dann noch ein Anspruch auf gleiche Menschenrechte begründen? Welche Konflikte enthalten soziale Bewegun-

gen, die versuchen, diese Menschenrechte, z.B. auf körperliche Unversehrtheit, gegenüber (mächtigen) Frauen einer unterdrückten Ethnie durchzusetzen? All diese Fragen zeigen, wie wichtig neue Ansätze sind.

Das Buch beginnt mit einem Beitrag von *Lila Abu-Lughod*, der sich mit den
Konnotationen der sozialen Konstruktion von Selbst und Anderen beschäftigt. Abu-Lughod untersucht, wie diese Differenz durch eine Ethnologie,
welche voneinander abgrenzbare Entitäten festschreibt, geschaffen und re-
produziert werden kann. Sie problematisiert diese vielfach paradigmatische
Unterscheidung von Selbst und Anderen als eine Praxis, in der Differenz als
Rechtfertigung von Ungleichheit entlang der Scheidelinie der Macht behauptet wird, und weist Möglichkeiten, solche essentialistischen Dichotomien zu überwinden. So stellt sie Strategien vor, die sie „gegen Kultur
schreiben" nennt: Anstelle eines statischen Kulturbegriffs sollen die Handlungen der Individuen und Gruppen Ausgangspunkt jeglicher Analyse sein
und einen historischen, möglichst realistischen Blick auf die soziale Welt
ermöglichen. Narrative „Ethnologien des Partikularen" sollen einen vermit-
telnden Diskurs der Nähe bereitstellen, der dem „Prozeß des Andersmachens" entgegenwirken kann. Abu-Lughod kritisiert „nicht-westliche"
Orientierungen, die auf kultureller Abgrenzung beruhen, sowie feministische Rückbesinnungen auf das Weibliche. Sie versteht darunter - ähnlich
wie Soussan Sarkhoch - eher einen „umgekehrten Orientalismus" bzw.
„Kulturfeminismus", die die Struktur von hergestellten hierarchischen
Grenzziehungen nicht in Frage stellen, sie vielmehr fortschreiben und so
dazu tendieren, historische Praxis zu negieren.

Winnie Wanzala verbindet die Fragen von „Rasse", „Klasse" und Geschlecht mit der persönlichen Identität. Sie geht aus von einer Untersuchung
der Frauenbewegungen in Namibia seit der Unabhängigkeit, die ganz im
Gegensatz zu den pauschalen Annahmen eines „globalen weißen Feminismus" von schwarzen Frauen getragen und vorangetrieben wird. Es zeigt
sich, daß viele Konflikte nicht allein auf unterschiedliche Hintergründe von
„Rasse" und Klasse zurückgehen, sondern auch auf unterschiedlichen persönlichen Eigenschaften und Erfahrungen der Frauen beruhen. Winnie
Wanzala thematisiert anhand dieser *personality conflicts* die Bedeutung der
Frauen als Individuen im Spannungsfeld von Klasse und „Rasse". Sie entfal-
tet den Ansatz des „Geschlechtskomplexes" (*gender complex*), um die
unterschiedliche Identität von Frauen in diesem Spannungsfeld zu begreifen.
Als möglichen Umgang mit diesen Unterschieden in der Frauenbewegung
schlägt sie vor, ein Bewußtsein des Subjektiven (und damit auch der Relati-
vität der eigenen Position) zu entwickeln, was ermöglicht, die Verschiedenheit von Frauen zu respektieren und für die Bewegung fruchtbar zu machen.

Im Zentrum von *Soussan Sarkhochs* Beitrag steht die Kritik an theoretischen Ansätzen wie politischen Überlegungen, die Differenzen überbetonen und als natürliche Phänomene festschreiben. Auf den ersten Blick irritierend ist, daß sie solche Argumentationsmuster bei ganz unterschiedlichen gesellschaftlichen Gruppen und Richtungen entdeckt: Nach Sarkhoch besteht eine strukturelle Ähnlichkeit zwischen Teilen des gegenwärtigen feministischen Diskurses, der geschlechtsspezifische Unterschiede ontologisiert, und kulturrelativistischen Argumentationen politischer Bewegungen, die - wie z.B. in Iran - fundamentalistische Positionen vertreten. Die Verneinung von Universalität, wie sie laut Sarkhoch sowohl für sogenannte gynozentrische wie für postmoderne Theorieansätze charakteristisch ist, hält sie zugleich für die theoretische Grundlage von fundamentalistischen und rassistischen Strömungen. Sarkhochs wissenschaftliches und politisches Interesse gilt der Situation von Frauen in der „Dritten Welt", und sie fragt, ob die gängigen Entwürfe und Begriffe feministischer Theoretikerinnen in der Lage sind, historische Prozesse und Machtverhältnisse offenzulegen, ohne in kulturalistische und ontologisierende Interpretationen, die emanzipatorische Veränderungen nicht zulassen, zu verfallen.

Beate Rössler nimmt die alte feministische Debatte um Differenz versus Gleichheit auf und startet einen weiteren Versuch, um über diese unfruchtbare und schlichte Gegenüberstellung hinauszukommen. Sie fragt, wie sich die These von der sozialen Konstruktion der Geschlechtsidentität mit der anderen These von den einzuklagenden Gruppenrechten als Frauen, die aufgrund der Zähigkeit der Machtverhältnisse auch in liberalen Demokratien noch benachteiligt und unterdrückt werden, vereinbaren läßt.

Annie Bunting beschäftigt sich mit den Stärken und Schwächen von feministischen und sogenannten kulturrelativistischen Ansätzen, welche beide den derzeit dominanten Menschenrechtsdiskurs aus unterschiedlichen Blickwinkeln kritisieren. Während Feministinnen versuchen, universalistische Menschenrechtsstandards auch für Frauen weltweit durchzusetzen, wollen KulturrelativistInnen die kulturelle Differenz zwischen Frauen in solche Überlegungen einbezogen wissen. Buntings Versuch, beide Positionen füreinander fruchtbar zu machen, betrachten wir als einen ersten Schritt, um neue Perspektiven für Menschenrechtsstrategien zu weisen.

Bronwyn Winter nimmt die Strafprozesse zur Beschneidung von afrikanischen Mädchen und Frauen (Exzision) in Frankreich zum Anlaß, um mit bestechender Genauigkeit die Argumentationslinien der einzelnen Parteien, die auch den öffentlichen Diskurs bestimmen, zu analysieren. Dabei widmet sie sich insbesondere der dominanten Polarisierung zwischen einerseits kulturrelativistischen Positionen, die im Namen von Toleranz und Antirassismus die Kriminalisierung von Exzision als einer kulturellen Tradition ver-

12

dammen, und andererseits eher universalistischen Überlegungen, die auf die Unteilbarkeit des französischen Rechts pochen bzw. die Unversehrtheit des weiblichen Körpers als ein Menschenrecht einklagen. Besonders spannend ist, wie die Feministinnen zur Frage der Strafverfolgung von Exzision stehen: Winter zeigt, wie schwierig es ist, vor dem Hintergrund des liberal-demokratischen Rechtssystems, der französischen Kolonialgeschichte und der bestehenden Ungleichheit zwischen Frauen und Männern akzeptable Antworten zu finden.

Ursula Müller analysiert die gegenseitigen Wahrnehmungen von Sozial-wissenschaftlerinnen aus West- und Ostdeutschland. In den Äußerungen westdeutscher Forscherinnen zeigt sich, daß grundlegende Probleme der Bundesrepublik abgespalten und auf die Ex-DDR projiziert werden, wie etwa die weiterhin unzureichende öffentliche Kinderversorgung. Dabei werden Fremdheitserfahrungen umgedeutet in offene oder subtile Abwer-tungen der Anderen. Diese Konstruktion von Anderssein trägt angesichts vorherrschender Macht- und Interessenlagen zur Abwertung auch der Merkmale der Frauenarbeit im Osten bei, die gegenüber den konservativen Geschlechterleitbildern und Arbeitsteilungen im Westen einen emanzipato-rischen Gehalt hätten.

Ilse Lenz weist daraufhin, daß das Problemfeld von Ethnizität und Ge-schlecht im Zeitalter der Globalisierung und Internationalisierung eine zen-trale Zukunftsfrage auch für die „Mehrheiten" in den Industrieländern ist. Sie versucht eine kritische Bestandsaufnahme vorliegender Ansätze zu Se-xismus und Rassismus und fragt, inwiefern sie sich eignen, politische Stra-tegien gegen beide Unterdrückungsverhältnisse zu entwickeln. Sie betont, daß Rassismus und Geschlechtsunterdrückung unterschiedlich sind, sich aber gegenseitig verstärken können. Um bisherige Dualismen, etwa im Sinne von schwarze Frauen/weiße Frauen zu hinterfragen, bezieht sie sich auf neuere Debatten zu den kulturellen Aspekten sozialer Ungleichheit und zur sozialen Konstruktion von Ethnizität und verbindet dies mit dem Ansatz einer dreifachen Vergesellschaftung nach Geschlecht, Klasse und nationaler Herkunft.

All denen, die zum Zustandekommen dieses Buches beigetragen haben, sei herzlich gedankt. So danken wir dem Ministerium für Wissenschaft und Forschung in NRW, das den Aufenthalt von Winnie Wanzala im Rahmen der Marie-Jahoda-Gastprofessur für internationale Frauenforschung an der Ruhr-Universität Bochum und ihren Beitrag ermöglicht hat. Dank geht auch an das Graduiertenkolleg „Geschlechterverhältnis und sozialer Wandel", das Soussan Sarkhoch als Gastdozentin eingeladen hat und das die Übersetzun-gen der englischsprachigen Artikel finanziert hat. Wir danken Reinhart Kößler, der die Artikel von Lila Abu-Lughod, Annie Bunting und Bronwyn

Winter übersetzte. Die Übersetzung des Beitrags von Winnie Wanzala leisteten Andrea Germer und Ilse Lenz. Schließlich sei Peter Maaß und Janet Rauch für die fachkundige Herstellung der Druckvorlage und Nena Nikolic für ihre Hilfe bei Literaturrecherchen gedankt.

Bochum, im Dezember 1995
Die Herausgeberinnen

Anmerkung

1. *Race* kann im Englischen auch „Rasse" als soziale Zuschreibung bezeichnen; in diesem Sinne wurde er zur Kritik der Diskriminierung nach *sex, race, class* übernommen. Im Deutschen macht sich der Begriff der Rasse an vermeintlich grundlegenden biologischen Unterschieden fest, die allerdings angesichts der biologischen Forschung nicht haltbar sind, und er ist durch seine zentrale Rolle in der nationalsozialistischen Gewaltherrschaft völlig diskreditiert. Die Diskussion um Rassismus und Antirassismus, die an *sex, race, class* anschließt, hat sich mit dem Rassenbegriff in Deutschland u.E. noch nicht hinreichend auseinandergesetzt und läuft deswegen Gefahr, biologistische Anklänge zu reproduzieren. Um zu verdeutlichen, daß die Autorinnen *race* im Kontext sozialer Zuschreibung und Diskriminierung fassen, wird der Begriff in den Übersetzungen mit „Rasse" wiedergegeben.

Lila Abu-Lughod

Gegen Kultur Schreiben *

Kultur schreiben (*Writing Culture*) heißt der Sammelband, mit dem eine wichtige neue Form der Kritik an den Prämissen der Kulturanthropologie begann (Clifford; Marcus 1986). Doch schloß er zwei wesentliche Gruppen aus, deren Lage genau die grundlegendsten dieser Voraussetzungen bloßlegt und in Frage stellt: Feministinnen und „*halfies*" - Personen, deren nationale oder kulturelle Identität aufgrund von Migration, Erziehung im Ausland oder ihrer Abstammung gemischt ist[1]. In seiner Einleitung entschuldigt sich Clifford für das Fehlen der Feministinnen; niemand erwähnt die *halfies* oder die autochthonen AnthropologInnen, die ihnen nahestehen. Vielleicht sind sie noch nicht zahlreich genug oder sie haben sich noch nicht ausreichend selbst als Gruppe definiert.[2] Die Bedeutung dieser beiden Gruppen liegt nicht in einem höheren moralischen Anspruch oder einer besonderen Befähigung zur Anthropologie, sondern in den spezifischen Dilemmata, denen sie gegenüberstehen. Diese Dilemmata lassen die Probleme deutlich hervortreten, die sich aus der Annahme der Kulturanthropologie von einem grundlegenden Unterschied zwischen dem Selbst und dem Anderen ergeben.

Feministinnen und *halfies* bringen in ihrer anthropologischen Praxis die Grenze zwischen dem Selbst und dem Andern ins Wanken. In diesem Beitrag untersuche ich, wie sie uns dadurch ermöglichen, über das Zustande-kommen und die politischen Auswirkungen dieser Unterscheidung nachzu-denken und schließlich das Verständnis von Kultur, von dem diese Unter-

* Niemand von den vielen Leuten, denen ich für die Unterhaltungen, auf denen ich über die Jahre aufgebaut habe, Dank schulde, sollte dafür verantwortlich gemacht werden, was ich daraus gemacht habe. Als Mellon Fellow an der University of Pennsivania zog ich Gewinn aus Diskussionen mit Arjun Appadurai, Carol Breckenridge und verschiedenen anderen Teilnehmerinnen an dem Seminar "Orientalism and Beyond" des South Asia Program. Ich bin auch den Mitgliedern des Gender Seminar 1987-88 am Institute for Advanced Study dankbar für Diskussionen. Dan Rosenberg gab mir erste Anstöße, kritisch über die Parallelen zwischen "Kultur" und "Rasse" nachzudenken. Weiterhin danke ich Tim Mitchell u.a. an der School of American Research. Letztlich hat mich aber die Großzügigkeit der Awlad 'Ali-Familien in Ägypten, mit denen ich zusammengelebt habe, veranlaßt, nach Wegen zu suchen, um die Vorstellungen vom Anderssein zu untergraben. Mein jüngster längerer Aufenthalt bei ihnen wurde durch einen Fulbright Islamic Civilization Award ermöglicht.
Dieser Artikel erschien in englischer Fassung unter dem Titel:"Writing Against Culture". In: Fox, Richard G. Hg. (1991): *Recapturing Anthropology: Working in the Present.* Santa Fe, S. 137-162.

scheidung abhängt, neu zu bewerten. Ich möchte zeigen, daß „Kultur" im anthropologischen Diskurs darauf hinwirkt, Abgrenzungen Geltung zu verschaffen, die unvermeidlich eine Art Hierarchie mit sich bringen. Deshalb sollten AnthropologInnen jetzt ohne übertriebene Hoffnungen, daß ihre Texte die Welt verändern könnten, eine Vielfalt von Strategien verfolgen, *gegen* Kultur zu schreiben. Für diejenigen, die sich für Textstrategien interessieren: Ich erkunde die Vorteile dessen, was ich „Ethnographien des Besonderen" nenne; diese verstehe ich als Instrumente eines taktischen Humanismus.

Selbst und Andere

Der Begriff der Kultur (vor allem in seiner Funktion, „Kulturen" zu unterscheiden) ist lange Zeit von Nutzen gewesen. Dennoch könnte er jetzt zu etwas geworden sein, dem AnthropologInnen in ihren Theorien, ihrer ethnographischen Praxis und in ihrem ethnographischen Schreiben entgegen arbeiten sollten. Ein sinnvoller Weg, um die Gründe herauszufinden, ist eine Überlegung zu dem Beitrag, den die gemeinsamen Elemente der feministischen und der *halfie*-Anthropologie zur Klärung der für das Paradigma der Anthropologie zentralen Unterscheidung zwischen Selbst und Anderem leisten. Marilyn Strathern (1985, 1987) spricht einige der Probleme im Hinblick auf den Feminismus in Aufsätzen an, die sowohl von Clifford wie Rabinow in *Writing Culture* zitiert werden. Sie nimmt an, daß die Beziehung zwischen Anthropologie und Feminismus schwierig ist. Das führt sie zu dem Versuch, zu verstehen, warum die feministische Wissenschaft trotz ihrer radikalen Rhetorik die Anthropologie nicht grundlegend ändern konnte und warum der Feminismus noch weniger von der Anthropologie profitieren konnte als umgekehrt.

Die Schwierigkeiten ergeben sich für Strathern daraus, daß trotz eines gemeinsamen Interesses an Formen von Differenz die wissenschaftliche Praxis von Feminismus und Anthropologie „unterschiedlich strukturiert ist in der Art und Weise, wie sie Wissen organisieren und Grenzen ziehen" (Strathern 1987, S. 289) und besonders, was die „Natur der *Beziehung* der Forschenden zu ihrem Gegenstand" angeht (1987, S. 284). Feministische Wissenschaftlerinnen wissen sich einig in ihrem Gegensatz zu Männern oder dem Patriarchat und entwickeln einen aus vielen Stimmen zusammengesetzten Diskurs; sie „entdecken das Selbst dadurch, daß sie sich der Unterdrückung durch den Anderen bewußt werden" (1987, S. 289). Die AnthropologInnen, deren Ziel es ist, „Differenzen zu verstehen" (1987, S. 286), konstituieren ihr „Selbst" gleichfalls in Beziehung zu einem Anderen, aber sie sehen das Andere nicht als „Ziel von Angriffen" (1987, S. 289).

Indem sie die Beziehung zwischen Selbst und Anderem betont, bringt Strathern uns ins Zentrum des Problems. Doch zieht sie sich in ihrer eigentümlich unkritischen Darstellung der Anthropologie vor der Machtproblematik, die für den Feminismus zweifellos konstitutiv ist, zurück. Wenn sie die Anthropologie als eine Disziplin bestimmt, die „sich immer noch versteht als das Studium des sozialen Verhaltens oder der Gesellschaft als Systeme oder kollektive Vorstellungen" (1987, S. 281), spielt sie die Beziehung zwischen Selbst und Anderem herunter. Wenn sie die Beziehung zwischen dem anthropologischen Selbst und dem Anderen als von Gegnerschaft nicht geprägt charakterisiert, so ignoriert sie den grundlegendsten Aspekt dieser Beziehung. Das ausdrückliche Ziel der Anthropologie mag sehr wohl „die Erforschung des Menschen"[3] sein, aber die ganze Disziplin ist um die historisch hergestellte Scheidelinie zwischen dem Westen und dem Nicht-Westen herum aufgebaut. Sie war und ist in erster Linie die Erforschung des nicht-westlichen Anderen durch das westliche Selbst, auch wenn sie in neuem Gewand ausdrücklich dem Anderen eine Stimme zu verleihen sucht oder einen Dialog zwischen dem Selbst und dem Anderen darstellen will, sei dies in Form von Texten oder durch die Darstellung der Begegnung in der Feldforschung[4]. Und zumindest seit der Entstehung der Anthropologie ist die Beziehung zwischen dem Westen und dem Nicht-Westen geprägt gewesen durch westliche Herrschaft. Deswegen könnten die Schwierigkeiten, die Strathern im Verhältnis zwischen Feminismus und Anthropologie spürt, eher als das Ergebnis von Prozessen zu verstehen sein, die sich in der Selbst-Konstruktion durch den Gegensatz zu Anderen vollziehen und die bei beiden diametral entgegengesetzt verlaufen. Diese Prozesse beginnen jeweils auf unterschiedlichen Seiten der Machtscheide.

Die anhaltende Stärke dessen, was Morsey (1988, S. 70) als „die Hegemonie der Tradition des spezifisch Anderen" in der Anthropologie bezeichnet hat, wird durch die defensive Haltung bei partiellen Ausnahmen belegt. AnthropologInnen (wie Ortner 1991), die Feldforschung in den Vereinigten Staaten oder in Europa durchführen, fragen sich, ob sie nicht die disziplinären Grenzen der Anthropologie gegenüber anderen Fächern wie Soziologie oder Geschichte verwischt hätten. Eine Möglichkeit, ihre Identität als AnthropologInnen zu wahren, besteht darin, die erforschten Gemeinschaften als „Andere" erscheinen zu lassen. Das Studium ethnischer Gruppen und der Machtlosen garantiert dies[5]. Das Gleiche gilt für die Konzentration auf „Kultur" oder, wie Appadurai (1988) gezeigt hat, für die darauf aufbauende ganzheitliche Methode; auf die Gründe werde ich zurückkommen. Es gibt hier zwei Streitpunkte. Der eine betrifft die Überzeugung, man könne über die eigene Gesellschaft nicht objektiv urteilen, wovon westliche wie nicht-westliche einheimische SoziologInnen betroffen sind. Der zweite ist die still-

schweigende Annahme, daß AnthropologInnen den Nicht-Westen untersuchen; *halfies*, die ihre eigenen oder verwandte nicht-westliche Gemeinschaften erforschen, können immer noch leichter als AnthropologInnen wahrgenommen werden als AmerikanerInnen, die AmerikanerInnen untersuchen.
Während die Anthropologie noch immer als Forschung über vorgefundene
„Andere" dort draußen durch ein unproblematisches und nicht weiter ge-
kennzeichnetes westliches „Selbst" betrieben wird, ist die feministische
Theorie weiter. Sie ist eine wissenschaftliche Praxis, die ebenfalls mit Selbst
und Anderen umgeht, doch hat sie in ihrer relativ kurzen Geschichte bereits
die Gefahr erkannt, Selbst und Andere als vorgegeben zu behandeln. Für die
Entwicklung einer Kritik der Anthropologie ist es lehrreich, den Weg nach-
zuvollziehen, der innerhalb zweier Jahrzehnte zu dem führte, was manche
die Krise der feministischen Theorie, andere die Entwicklung des Postfemi-
nismus nennen würden.
Seit Simone de Beauvoir ist es zumindest im modernen Westen unbestrit-
ten, daß Frauen das Andere gegenüber dem Selbst von Männern gewesen
sind. Der Feminismus war eine Bewegung, der es darum ging, Frauen dabei
zu unterstützen, Selbst und Subjekte anstelle von Objekten und Anderen der
Männer zu werden[6]. Die Krise der feministischen Theorie - verknüpft mit
einer Krise der Frauenbewegung - folgte unmittelbar auf die feministischen
Versuche, diejenigen, die als Andere gesetzt worden waren, in Selbst zu
verwandeln, oder mit der populären Metapher: Frauen zum Sprechen zu
bringen. Diese Krise war das Problem der „Differenz". Für wen aber sprachen die Feministinnen? Die Einwände von Lesben, Afro-Amerikanerinnen
und anderer „women of color", daß ihre Erfahrungen als Frauen anders
seien als jene weißer heterosexueller Mittelklasse-Frauen, problematisierten
innerhalb der Frauenbewegungen die Identität von Frauen als Selbst. Interkulturelle Forschungen über Frauen zeigten auch, daß maskulin und feminin
in anderen Kulturen nicht, wie wir sagen, die gleiche Bedeutung haben,
noch gleicht das Leben von Frauen in der Dritten Welt dem Leben von Frau-
en im Westen. Wie Harding (1986, S. 246) formuliert, liegt das Problem
darin, daß „wenn einmal 'Frau' in 'Frauen' dekonstruiert ist und erkannt
wird, daß 'Geschlecht' (gender) keine feststehenden Bezugspunkte hat, der
Feminismus selbst sich als Theorie auflöst, die die Stimme einer naturali-
sierten oder essentialistisch definierten Sprecherin zum Ausdruck bringen
kann"[7].
Aus seiner Erfahrung mit dieser Krise des Selbst- oder des Subjektseins
kann der Feminismus der Anthropologie zwei nützliche Merkpunkte bieten.
Zunächst ist das Selbst immer eine Konstruktion, nie ein natürliches oder
vorgefundenes Wesensmerkmal, auch wenn das so scheinen mag. Dann
zieht der Prozeß der Schaffung eines Selbst durch die Opposition gegenüber

einem Anderen immer die Gewalt des Zurückdrängens oder Ignorierens anderer Formen von Differenz nach sich. Die feministischen Theoretikerinnen sahen sich gezwungen, die Folgen für die Identitätsbildung und die Möglichkeiten der politischen Aktion zu erforschen, die sich aus den verschiedenen Überschneidungen des Geschlechts (*gender*) als eines Systems der Differenz mit anderen Systemen der Differenz ergeben. Dabei geht es in der modernen kapitalistischen Welt vor allem um „Rasse" und Klasse.

Wo steht dann die feministische Anthropologin? Strathern (1987, S. 286) charakterisiert sie durch die Erfahrung einer Spannung - „gefangen zwischen den Strukturen ... sieht sie oder er sich zwei unterschiedlichen Möglichkeiten gegenüber, sich auf ihren oder seinen Themenbereich zu beziehen". Der interessantere Aspekt der Lage der Feministin ist freilich, was sie mit dem *halfie* gemeinsam hat: ihre Fähigkeit, das Selbst der Anthropologie in aller Ruhe anzunehmen, ist blockiert. Für beide ist, wenn auch auf unterschiedliche Weise, das Selbst gespalten, gefangen an der Schnittstelle zwischen Systemen der Differenz. Mir geht es hier weniger um die existenziellen Folgen dieser Spaltung, die beredt von anderen erforscht worden sind (z.B. Joseph 1988, Kondo 1986, Narayan 1989). Vielmehr interessiert mich die Sensibilität, die solche Spaltungen für drei entscheidend wichtige Probleme hervorrufen: Positionalität, Adressatenkreise der Wissenschaft und die Macht, die den Unterscheidungen zwischen Selbst und Anderen innewohnt. Was geschieht, wenn das „Andere", das die AnthropologInnen untersuchen, zugleich zumindest teilweise als ein Selbst konstruiert ist?

Feministinnen und *halfie*-AnthropologInnen können der Frage der Positionalität nur schwer ausweichen. Das Stehen auf schwankendem Grund macht klar, daß jede Sichtweise eine Sicht von irgendwo her ist und jeder Sprechakt ein Sprechen von irgendwo her. Die KulturanthropologInnen waren nie vollständig von der Ideologie der Wissenschaft überzeugt und haben seit langem den Wert, die Möglichkeit und die Definition der Objektivität infrage gestellt[8]. Doch sie scheinen noch immer zu zögern, sich der Folgerungen aus der tatsächlichen Situiertheit ihres Wissens zu versichern[9].

Zwei verbreitete und miteinander verschränkte Einwände gegen die Arbeiten von feministischen oder eingeborenen oder halb-eingeborenen AnthropologInnen, die beide mit Parteilichkeit zu tun haben, verraten die Zähigkeit der Objektivitätsideale. Der erste Einwand hat mit der Parteilichkeit - als Verzerrung oder Position - der Beobachtenden zu tun. Der zweite hängt mit dem stückhaften, unvollständigen Charakter des präsentierten Bildes zusammen. Die *halfies* werden eher mit dem ersten, Feministinnen mit dem zweiten Problem in Verbindung gebracht. Das Problem bei der Erforschung der eigenen Gesellschaft, so wird gesagt, liegt in der Gewinnung einer genügenden Distanz. Da für die *halfies* das Andere auf bestimmte Art und

Weise das Selbst ist, soll die mit den einheimischen AnthropologInnen geteilte Gefahr der Identifikation und des allzu leichten Abgleitens in Subjektivität bestehen[10]. Diese Sorgen legen die Vermutung nahe, daß die AnthropologInnen noch immer als Wesen definiert werden, die getrennt vom Anderen zu stehen haben, selbst wenn sie ausdrücklich versuchen, die Kluft zu
überbrücken. Bourdieu hat klarsichtig die Folgen analysiert, die diese Au-
ßenseiterposition für das anthropologische (Miß-)Verständnis des sozialen
Lebens hat (1977, S. 1-2). Doch selbst er schafft es nicht, mit dieser Lehre
zu brechen. Ihm entgeht eine eigentlich auf der Hand liegende Tatsache:
Das Außenseiter-Selbst steht niemals einfach draußen. Er oder sie steht in
einer ganz bestimmten Beziehung mit dem Anderen der Untersuchung,
nicht einfach als Westlerin oder Westler, sondern als Franzose in Algerien
während des Unabhängigkeitskrieges, als Amerikaner in Marokko während
des Arabisch-Israelischen Krieges 1967 oder eine Engländerin im postkolonialen Indien. Was wir als „außen" bezeichnen, ist eine Position *innerhalb*
eines größeren politischen und historischen Zusammenhangs. Nicht weniger
als der *halfie* steht auch der „*wholie*"[11] in einer spezifischen Position gegenüber der untersuchten Gemeinschaft.

Die Debatten über feministische Anthropologinnen verweisen auf eine
zweite Quelle des Unbehagens mit der Positionalität. Auch wenn sie beanspruchen Geschlechterforschung zu machen (*studying gender*), werden feministische Anthropologinnen nicht ernst genommen, weil sie nur ein teil-
weises Bild von den untersuchten Gesellschaften gäben; es wird ihnen unterstellt, sie kümmerten sich nur um die Frauen. Anthropologen untersuchen
die Gesellschaft, die nicht spezifizierte Form. Die Erforschung von Frauen
ist die spezifizierte Form, die allzu leicht abgetrennt wird, wie Strathern
bemerkt[12]. Doch es wäre leicht zu zeigen, daß die meisten Studien zu ganzen
Gesellschaften genauso einseitig waren. Wie die Nachfolge-Studien von
Wiener (1976) zu Malinowskis Trobriandern oder von Bell (1983) zu den
gut erforschten australischen Aborigines zeigen, waren dies Studien über
Männer[13]. das entwertet diese Studien überhaupt nicht; es gemahnt uns nur
daran, daß wir beständig auf die Positionalität des anthropologischen Selbst
und seine Wiedergabe von anderen achten müssen. Unter anderen hat James
Clifford (1986, S. 6) überzeugend argumentiert, daß ethnographische Wie-
dergaben immer „Teilwahrheiten" sind. Notwendig ist die Anerkennung der
Tatsache, daß sie auch positionierte Wahrheiten sind.

Das gespaltene Selbst schafft für beide der hier betrachteten Gruppen ein
zweites Problem, das für die Anthropologie generell aufschlußreich ist: vielfältige Adressatenkreise. Zwar beginnen alle AnthropologInnen das zu spüren, was man Rushdie-Effekt nennen könnte, nämlich die Folgen davon, daß
sie in einem globalen Zeitalter leben und daß die von ihnen Beforschten an-

fangen, ihre Arbeiten zu lesen und die Regierungen der Länder, in denen sie
arbeiten, Bücher zu verbieten und Visa zu verweigern. Feministinnen und
halfies kämpfen in der Anthropologie aber in besonders schmerzhafter
Weise mit vielfältigen Ansprüchen an Verantwortlichkeit. Feministische
Anthropologinnen haben nicht nur einen einzigen Adressatenkreis, nämlich
die anthropologische Fachöffentlichkeit, sondern sie schreiben zugleich
noch für Feministinnen. Die jeweiligen Beziehungen dieser beiden Gruppen
zu ihrem Forschungsbereich als Anthropologinnen liegen miteinander über-
kreuz und sie machen die EthnographInnen auf unterschiedliche Weise verantwortlich[14]. Weiter umfassen die feministischen Kreise nicht-westliche
Feministinnen, häufig aus den Gesellschaften, die die feministischen Anthropologinnen erforscht haben, und diese machen sie auf neue Weise verantwortlich[15].

Die Dilemmata der *halfies* sind noch extremer. Als AnthropologInnen
schreiben sie für ihre anthropologische, zumeist westliche Fachwelt. Doch
weil sie auch mit nichtwestlichen Gemeinschaften oder mit Subkulturen innerhalb des Westens identifiziert werden, werden sie auch von gebildeten
Mitgliedern dieser Gemeinschaften zur Rechenschaft gezogen. Wichtiger
noch: Nicht nur, weil sie sich unter Bezugnahme auf zwei Gemeinschaften
positionieren, sondern weil sie, wenn sie das Andere darstellen, sich selbst
darstellen, haben sie beim Sprechen ein komplexes Bewußtsein von der Rezeption ihrer Präsentation und engagieren sich dabei mit besonderer Intensität. *Halfies* ebenso wie feministische AnthropologInnen sind gezwungen,
sich gründlich mit der Politik und Ethik ihrer Darstellungen auseinanderzu-
setzen. Es gibt keine einfachen Lösungen für ihre Dilemmata.

Halfies und feministische Anthropologinnen zwingen uns, anders als AnthropologInnen, die in westlichen Gesellschaften arbeiten und für die Selbst
und Andere ebenfalls miteinander verstrickt sind, zur Auseinandersetzung
mit einem dritten Problem. Es ist die Fragwürdigkeit der Annahme, die Beziehungen zwischen Selbst und Anderen stünden außerhalb von Machtverhältnissen. Aufgrund von Sexismus und Rassendiskriminierung können sie
als Frauen, Personen gemischter Abstammung oder AusländerInnen erfahren haben, was es heißt, Andere gegenüber dem herrschenden Selbst zu sein,
- im Alltagsleben in den USA, Großbritannien oder Frankreich oder im
westlichen Wissenschaftsbetrieb. Dies ist nicht einfach eine Erfahrung der
Differenz, sondern der Ungleichheit. Ich möchte aber über Strukturen, nicht
über Erfahrungen sprechen. In den wichtigsten politischen Systemen der
Differenz, von denen die ungleiche Welt des modernen Kapitalismus immer
abhängig war, sind Frauen, Schwarze und Menschen des größten Teils des
Nicht-Westens historisch als Andere konstituiert worden. Feministische und
Schwarze Forschung sind im akademischen Betrieb weit genug vorange-

kommen, um aufzudecken, in welcher Form die Beforschung durch „weiße Männer" - um eine Kurzformel für eine komplexe und historisch konstituierte Subjekt-Position zu benutzen - dazu führt, daß von diesen für sie gesprochen wird. Dies wird zu einem Abzeichen und Instrument der Macht.

Die Anthropologie kann zwar auf eine lange Geschichte der selbstbewußten Gegnerschaft gegen den Rassismus verweisen und ebenso auf eine schnell zunehmende selbstkritische Literatur über die Verbindungen der Anthropologie mit dem Kolonialismus[16], sowie auf das Experimentieren mit ethnographischen Techniken, um das Unbehagen an der Macht der AnthropologInnen über den anthropologisch Beforschten zu lindern. Doch die grundlegenden Fragen der Herrschaft werden weiterhin umgangen. Selbst Versuche, die InformantInnen zu BeraterInnen zu machen und in dialogischen (Tedlock 1987) oder polyvokalen Texten „die Anderen sprechen" zu lassen - Dekolonisierung auf der Ebene des Textes - lassen die grundlegende Konfiguration der globalen Macht unangetastet, auf der die Anthropologie mit ihren Verbindungen zu anderen Institutionen in der Welt beruht. Es genügt, einen gleichgelagerten Fall zu betrachten, um wahrzunehmen, wie eigenartig dieses Vorgehen ist. Was würden wir sagen, wenn männliche Wissenschaftler den Wunsch äußerten, in ihren Texten „Frauen sprechen zu lassen" und dabei durch ihre Kontrolle über das Schreiben und andere wissenschaftliche Tätigkeiten weiter Herrschaft über alles Wissen über sie ausübten, wobei ihre Position durch eine bestimmte Organisation des ökonomischen, politischen und sozialen Lebens abgesichert wäre?

Wegen ihres gespaltenen Selbst wechseln feministische und *halfie*-AnthropologInnen beklommen hin und her zwischen den Positionen des Sprechens „über" und des Sprechens „als". Ihre Lage ermöglicht es uns, deutlicher zu sehen, daß spaltende Praktiken, ob sie nun wie im Fall von Geschlecht (gender) und „Rasse" Unterschiede naturalisieren oder sie einfach elaborieren wie es m.E. der Begriff der Kultur tut, fundamentale Methoden zur Durchsetzung von Ungleichheit sind.

Kultur und Differenz

Das Konzept der Kultur ist der versteckte Begriff hinter allem, was soeben über die Anthropologie gesagt wurde. In der amerikanischen Anthropologie wird meist so verfahren, als sei „Kultur", die sich notorisch einer Definition widersetzt und als Bezugspunkt zweideutig ist, dennoch der wahre Gegenstand anthropologischer Forschung. Man könnte aber auch behaupten, daß Kultur für die Anthropologie wichtig ist, weil die anthropologische Unterscheidung zwischen Selbst und Anderem darauf beruht. Kultur ist das entscheidende Instrument zur Herstellung des Anderen. Als professioneller

Diskurs, der die Bedeutung der Kultur herausarbeitet, um kulturelle Unterschiede zu erklären, zu erläutern und zu verstehen, hilft die Anthropologie
zugleich mit, diese Differenz zu konstruieren, hervorzubringen und aufrechtzuerhalten. Der anthropologische Diskurs verleiht der kulturellen Differenz und der darin implizierten Trennung zwischen Gruppen von Menschen den Anschein des Selbstverständlichen.

In dieser Hinsicht funktioniert das Konzept der Kultur in Vielem wie sein
Vorgänger - „Rasse" -, wenn auch die Form, die es im zwanzigsten Jahrhundert gefunden hat, einige wichtige politische Vorzüge aufweist. Anders
als „Rasse" und anders als noch der Kulturbegriff des 19. Jahrhunderts als
Synonym für Zivilisation im Gegensatz zur Barbarei läßt das gegenwärtige
Konzept multiple anstelle von lediglich binären Differenzen zu. Das wirkt
der ansonsten naheliegenden Tendenz zur Hierarchisierung sogleich entgegen: Der Übergang von „*der* Kultur" zu „Kultur(en)" hat einen relativieren-
den Effekt[17]. Der wichtigste Vorteil dieses Kulturbegriffs ist aber, daß so
Differenz aus dem Bereich des Natürlichen und Angeborenen herausgenommen wird. Ob sie nun als eine Reihe von Verhaltensweisen, Sitten, Traditionen, Regeln, Rezepten, Lehren oder Programmen verstanden wird - entsprechend der Liste von Definitionen bei Geertz (1973, S. 44): Kultur ist er-
lernt und kann sich ändern.

Doch ungeachtet seiner anti-essentialistischen Absicht behält der Kulturbegriff einige der Tendenzen zum Festschreiben der Differenz[18] bei, die Begriffen wie der „Rasse" eigen sind. Das ist leichter zu sehen, wenn wir eine
Disziplin betrachten, wo es zu einem Wechsel von der einen zur anderen
Sichtweise gekommen ist. Der Orientalismus als u.a. ein wissenschaftlicher
Diskurs ist nach Said (1978, S. 2), „ein Denkstil, der auf einer ontologischen
und epistemologischen Unterscheidung zwischen 'dem Orient' und - zumeist
- 'dem Okzident' beruht. Er zeigt, daß der Orientalismus durch das Überein-
anderlegen von Geographie, „Rasse" und Kultur die Unterschiede zwischen
Menschen „des Westens" und Menschen „des Ostens" auf so rigide Weise
fixiert, daß sie ebensogut als angeboren betrachtet werden könnten. Im
zwanzigsten Jahrhundert war kulturelle Differenz und nicht „Rasse" der
grundlegende Gegenstand der Orientalistik, die sich nun der Aufgabe widmete, die „Kultur"-Phänomene, vor allem Religion und Sprache, zu interpretieren, auf die grundlegende Unterschiede in Entwicklung, wirtschaftli-
cher Leistungsfähigkeit, Regierungssystem, Charakter usw. zurückgeführt
wurden.

Einige antikoloniale Bewegungen und gegenwärtige Kämpfe funktionier-
ten in einer Weise, die man als umgekehrten Orientalismus bezeichnen
könnte: Versuche zur Umkehr der Machtverhältnisse streben danach, für das
Selbst das aufzuwerten, was das frühere System als Anderes entwertet hat.

Gandhis Berufung auf eine größere Spiritualität eines hinduistischen Indien gegenüber dem Materialismus und der Gewalttätigkeit des Westens und die islamistische Berufung auf einen größeren Glauben an Gott gegenüber der Unmoral und Korruption des Westens akzeptieren beide die essentialistischen Grundlagen der orientalistischen Konstruktionen. Während sie diese auf den Kopf stellen, behalten sie doch einen rigiden Sinn für Differenz auf kultureller Grundlage bei.

Hier läßt sich eine Parallele zum Feminismus ziehen. Es ist eine Grundthese des Feminismus, daß „Frauen gemacht und nicht geboren werden". Für die meisten Feministinnen ist es wichtig, Unterschiede des Geschlechts (sex) in der Kultur und nicht in der Biologie oder der Natur anzusiedeln. Dies hat einige feministische Theoretikerinnen angeregt, sich mit den gesellschaftlichen und persönlichen Auswirkungen des Geschlechts (gender) als eines Systems der Differenz zu befassen, während es für viele andere zu Forschungen über eine Frauenkultur und zu daran anknüpfenden Strategien geführt hat. Der Kulturfeminismus (vgl. Echols 1984) nimmt viele Formen an, aber er besitzt viele der Eigenschaften des umgekehrten Orientalismus (s.o.). Für französische Feministinnen wie Irigaray (1985a, 1985b), Cixous (1983) und Kristeva (1981) stellen maskulin und feminin, wenn nicht gar männlich und weiblich wesentlich unterschiedliche Existenzweisen dar. Angloamerikanische Feministinnen wählen einen anderen Weg. Einige versuchen, die kulturellen Unterschiede zwischen Männern und Frauen zu „beschreiben" - Gilligan (1982) und ihre Anhängerinnen (z.B. Belenky u.a. 1986), die den Begriff der „anderen Stimme" ausarbeiten, sind bekannte Beispiele. Andere wollen die Unterschiede „erklären", sei es durch eine psychoanalytische Theorie mit sozialen Bezügen (z.B. Chodorow 1978), eine aus dem Marxismus hergeleitete Theorie der Konsequenzen der Arbeitsteilung und der Rolle von Frauen in der sozialen Reproduktion (Hartsock 1985), eine Analyse der mütterlichen Praxis (Ruddick 1980), oder gar eine Theorie sexueller Ausbeutung (MacKinnon 1982). Ein großer Teil der feministischen Theorie- und Praxisansätze will das gesellschaftliche Leben entsprechend dieser „Frauenkultur" aufbauen oder reformieren[19]. Es hat Vorschläge für eine frauenzentrierte Universität gegeben (Rich 1979), eine feministische Naturwissenschaft (Rose 1983, 1986), eine feministische Methodologie in den Natur- und Sozialwissenschaften[20] und sogar eine feministische Spiritualität und Ökologie. Diese Vorschläge bauen fast alle auf Werten auf, die traditionell im Westen mit Frauen in Verbindung gebracht werden: ein Gefühl der Zuwendung und Verbundenheit, mütterliches Nähren, Unmittelbarkeit der Erfahrung, Eingebundensein in das Körperliche gegenüber dem Abstrakten usw.

Diese Aufwertung, die Kulturfeministinnen ebenso wie umgekehrte Orientalisten an ihnen zugeschriebenen und zuvor abgewerteten Eigenschaften vornehmen, mag vorläufig von Nutzen sein, um ein Gefühl der Einheit entstehen zu lassen und Kämpfe für Machtbildung zu führen. Aber die Scheidelinie, die die Erfahrungen von Selbstsein und Unterdrückung, auf die sich diese Aufwertung bezieht, einmal strukturiert hat, wird so mit einigen gefährlichen Tendenzen verewigt. Zunächst übersehen die Kulturfeministinnen die Verbindungen zwischen den beiden Seiten der Scheidelinie und die verschiedenen Arten, wie sie sich gegenseitig definieren. Zweitens übersehen sie die Unterschiede innerhalb jeder Kategorie, die durch trennende Praxen konstruiert wurden, wie Klasse, „Rasse" und Sexualität - um die feministische Litanei von in problematischer Weise abstrakten Kategorien zu wiederholen -, aber auch ethnische Herkunft, persönliche Erfahrung, Alter, Art des Lebensunterhalts, Gesundheit, ländliche oder städtische Lebenssituation und historische Erfahrung. Drittens, und dies ist vielleicht am wichtigsten, ignorieren sie die verschiedenen Weisen, in denen Erfahrungen historisch konstruiert wurden und sich über die Zeit hinweg verändert haben. Der Kulturfeminismus ebenso wie die relativalistischen Bewegungen tendieren dazu, sich auf Vorstellungen von Authentizität und der Rückkehr zu den positiven Werten zu beziehen, die im herrschenden Anderen nicht vertreten sind. Wie in den extremsten Fällen offenkundig wird, löschen solche Wendungen die Geschichte aus. Die Anrufung kretischer Göttinnen in manchen kulturfeministischen Zirkeln und in komplexerer und ernsthafterer Form die machtvolle Berufung auf die Gemeinschaft des Propheten im siebten Jahrhundert in manchen islamischen Bewegungen sind gute Beispiele.

Mir geht es darum, daß die Vorstellung von Kultur, die beide Typen von Bewegungen benutzen, keine Garantie dafür zu bieten scheint, der Tendenz zum Essentialismus zu entgehen. Nun könnte gesagt werden, daß in der Anthropologie „Kultur" in reflektierterer und konsistenterer Weise benutzt wird und daß hier die Verpflichtung klarer ist, den Begriff als analytisches Werkzeug zu verwenden. Aber jetzt äußern sich viele besorgt darüber, daß der Kulturbegriff dazu tendiert, Differenzen festzuschreiben. Mit seiner überzeugenden Argumentation, daß „Eingeborene" ein Hirngespinst der anthropologischen Imagination sind, zeigt Appadurai zugleich die Komplizenschaft des anthropologischen Kulturbegriffs mit der andauernden „Einkerkerung" nicht-westlicher Völker in Zeit und Raum auf (1988). Während ihnen gleiche Möglichkeiten zu Bewegung, Reisen und geographischer Interaktion, welche die WestlerInnen für selbstverständlich halten, vorenthalten wurden, wurde den von AnthropologInnen erforschten Kulturen tendenziell auch die Geschichte verweigert.

Andere, u.a. auch ich (1990b), haben darauf hingewiesen, daß Kulturtheorien auch leicht dazu tendieren, die Kohärenz überzubetonen. Clifford merkt zum einen an, daß „auf Feldforschung beruhende Anthropologie als Fachdisziplin bei der Begründung ihrer Autorität kohärente kulturelle Andere und jeweils ein interpretierendes Selbst konstruiert und rekonstruiert" (Clifford 1988a, S. 112), und zum anderen, daß die Ethnographie eine Art Kultursammlung entsprechend der Kunstsammlung ist, in der „unterschiedliche Erfahrungen und Tatsachen ausgewählt, gesammelt, von ihrem zeitlichen Zusammenhang abgetrennt werden und in einem neuen Arrangement dauerhaften Wert verliehen bekommen" (Clifford 1988b, S. 231). Organische Ganzheits-Methaphern und die holistische Methodologie, die für die Anthropologie charakteristisch ist, begünstigen beide Kohärenz, die ihrerseits wieder zu der Wahrnehmung der Gemeinschaften als umgrenzt und besonders beiträgt.

Sicher muß diese Absonderung nicht notwendig zugleich Wertigkeit bedeuten; das Wahrzeichen der Anthropologie im zwanzigsten Jahrhundert war geradezu ihre Förderung des Kulturrelativismus gegenüber Wertung und Urteil. Wenn die Anthropologie in gewissem Ausmaß immer eine Form von kultureller (Selbst-)Kritik war (Marcus; Fischer 1986), so war dies auch ein Aspekt der Weigerung, Differenz in Hierarchie zu übersetzen. Doch beide Positionen wären ohne Differenz unmöglich. Es wäre sinnvoll, zu überdenken, was der hohe Einsatz eigentlich bedeutet, den die Anthropologie bei der Aufrechterhaltung und Verewigung des Glaubens an die Existenz von Kulturen hat, die als abgegrenzt, different und separat von unserer eigenen identifizierbar sind[21]. Schmuggelt Differenz in jedem Fall Hierarchie mit ein?

In seinem Orientalismus-Buch fordert Said (1978, S. 28), „den Orient" und „den Okzident" ganz fallenzulassen. Damit beabsichtigt er nicht, alle Unterschiede auszulöschen, sondern wahrzunehmen, daß es viel mehr sind und wie komplex sie sich überschneiden. Wichtiger noch, seine Analyse einer Disziplin soll zeigen, wie und wann bestimmte Unterschiede, in diesem Fall von Orten und Menschen, die ihnen zugeordnet sind, in die Herrschaft des einen über den anderen einbezogen werden. Sollten AnthropologInnen nicht „Kultur" und „Kulturen" mit ähnlicher Skepsis behandeln als Schlüsselbegriffe eines Diskurses, in dem Anderssein und Differenz, wie Said (1989, S. 213) zeigt, „die Qualität von Talismanen" angenommen haben?

Drei Weisen des Gegen Kultur Schreibens

Wenn „Kultur", schattiert durch Kohärenz, Zeitlosigkeit und Abgegrenztheit, das wichtigste anthropologische Instrument zur Herstellung des „Anderen" ist und wenn Differenz, wie sich an den Feministinnen und *halfies* zeigte, meist eine Machtbeziehung ist, dann sollten AnthropologInnen vielleicht über Strategien nachdenken, gegen Kultur zu schreiben. Ich möchte drei solcher Strategien besprechen, die ich aussichtsreich finde. Obwohl sie keineswegs die Möglichkeiten erschöpfen, so ist die Art von Projekten, die ich beschreiben werde - theoretisch, substantiell und textuell - jedenfalls sinnvoll für AnthropologInnen, die sensibel sind für Fragen der Positionalität und Verantwortlichkeit und die daran interessiert sind, die anthropologische Praxis zu etwas zu machen, das nicht einfach die globalen Ungleichheiten abstützt. Am Schluß werde ich mich aber den Grenzen jeglicher anthropologischer Reform zuwenden.

Diskurs und Praxis

Theoretische Debatten sind eine der Formen, in denen AnthropologInnen sich miteinander auseinandersetzen. Sie sind daher ein wesentliches Feld für den Kampf über „Kultur". Es scheint mir, daß die gegenwärtigen Diskussionen und Konstellationen um zwei zunehmend populäre Begriffe - Praxis und Diskurs - in der Tat eine Akzentverlagerung weg von Kultur signalisieren. Zwar besteht immer die Gefahr, daß diese Begriffe einfach als Synonyme für Kultur benutzt werden, doch war mit ihnen beabsichtigt, uns instand zu setzen, das gesellschaftliche Leben ohne die Unterstellung eines Ausmaßes an Kohärenz zu analysieren, wie sie das Kultur-Konzept nun einmal mit sich bringt.

Praxis wird in der Anthropologie mit Bourdieu assoziiert (1977, s. auch Ortner 1984). Sein theoretischer Ansatz ist um die Probleme von Widerspruch, Mißverständnis und Fehlwahrnehmung herum organisiert und bevorzugt Strategien, Interessen und Improvisationen gegenüber den eher statischen Kulturelementen wie Regeln, Modellen und Texten. Die Herkunft und Bedeutung von „Diskurs" ist in der Anthropologie unterschiedlicher[22]. In der Herleitung von Foucault und bezogen auf Vorstellungen von diskursiven Formationen, Apparaten und Technologien soll der Begriff eben die Unterscheidung zwischen Ideen und Praxis oder zwischen Text und Welt verweigern, welche durch das Konzept der Kultur allzu leicht befördert wird. In seinem eher soziolinguistischen Sinn lenkt der Begriff die Aufmerksamkeit darauf, welchen sozialen Gebrauch Individuen von verbalen Ressourcen machen. In beiden Fällen ermöglicht er es, innerhalb einer sozialen Gruppe das Spiel vielfältiger, wechselnder und miteinander wetteifernder Aussagen mit praktischen Folgen zu beobachten. Die Begriffe der Praxis wie des Diskurses sind nützlich, weil sie der Annahme der Gebundenheit entgegenwirken, ganz abgesehen von dem Idealismus (Asad 1983) des Konzeptes der Kultur[23].

Verbindungen

Eine andere Strategie beim gegen Kultur Schreiben besteht darin, neue Orientierungen für die Probleme oder den Themenbereich zu suchen, mit denen sich die Anthropologie befaßt. Einen wichtigen Schwerpunkt sollten die verschiedenen historischen und zeitgenössischen Verknüpfungen und Zusammenhänge zwischen einer Gemeinschaft und den AnthropologInnen bilden, die dort arbeiten und über sie schreiben, ganz zu schweigen von der Welt, der sie angehören und die es ihnen ermöglicht, gerade an diesem Ort diese Gruppe zu erforschen. Das ist mehr ein politisches als ein existenzielles Projekt, obwohl die reflexiven AnthropologInnen, die uns gelehrt haben, uns auf die Begegnung in der Feldarbeit als Platz der Konstruktion ethnographischer „Fakten" zu konzentrieren, uns auch auf eine wichtige Dimension dieses Zusammenhangs aufmerksam gemacht haben. Andere, gleichfalls wichtige Arten von Verbindungen haben weniger Aufmerksamkeit auf sich gezogen. Pratt (1986, S. 42) stellt eine regelrechte Mystifizierung in der ethnographischen Literatur fest bezüglich der „übergreifenden Programme europäischer Expansion, in dem sich der Ethnograph oder die Ethnographin unabhängig von ihren eigenen Ansichten darüber gefangen sehen und der ihre eigene materielle Beziehung zu der untersuchten Gruppe bestimmt." Wir müssen Fragen zu den historischen Prozessen stellen, durch die es möglich wurde, daß Leute wie wir sich mit anthropologischen Studien über solche Leute befassen, über die augenblickliche Weltlage, die es uns ermöglicht, uns dieser Art von Arbeit just an diesem Ort zu widmen und darüber, wer uns vorausgegangen ist und wer da auch heute zusammen mit uns dort ist, also TouristInnen, Reisende, MissionarInnen, Consultants für AID, Peace Corps-ArbeiterInnen. Wir müssen uns fragen, womit all dieser „Wille zum Wissen" über das Andere in der Welt verknüpft ist.

Diese Fragen können nicht auf allgemeiner Ebene gestellt werden; sie sollten gefragt und beantwortet werden, während wir spezifische Situationen, Konfigurationen und Geschichten nachvollziehen. Auch wenn sie nicht direkt die Stellung der EthnographInnen betreffen und selbst wenn sie zu einer Übersystematisierung führen, die lokale Interaktionen auszulöschen droht, so stellen doch Studien wie die von Wolf (1985) über die lange historische Interaktion zwischen bestimmten westlichen Gesellschaften und den Gemeinschaften in dem, was jetzt als Dritte Welt bezeichnet wird, wichtige

Mittel zur Beantwortung solcher Fragen dar. Das gleiche gilt für Studien
wie die von Mintz (1985), die die komplexen Transformations- und Aus-
beutungsprozesse nachzeichnen, an denen in Europa und anderen Weltge-
genden der Zucker beteiligt war. Die anthropologische Hinwendung zur Geschichte, das Aufspüren von Verbindungen zwischen der Gegenwart und der
Vergangenheit bestimmter Gemeinschaften ist ebenfalls eine wichtige Entwicklung.

Nicht alle Projekte über Verknüpfungen müssen historisch sein. AnthropologInnen kümmern sich zunehmend um die nationalen und transnationalen Verbindungen von Menschen, kulturellen Formen, Medien, Techniken
und Waren[24]. Sie studieren, wie der Weltkapitalismus und die internationale
Politik mit der Lage von Menschen, die in bestimmten Gemeinschaften
leben, verflochten sind. All diese Projekte erfordern einen Wechsel des
Blickwinkels, um Erscheinungen des Zusammenhangs einzubeziehen. Sie
legen die Unzulänglichkeiten des Kulturbegriffs bloß und ebenso die Unbe-
stimmtheit von Wesen, die mit dem Begriff *Kulturen* bezeichnet werden.
Zwar mag es in den neuen Arbeiten eine Tendenz geben, einfach den Ob-
jektbereich zu erweitern und den Ort von der Kultur zur Nation zu verschie-
ben, doch sollte idealerweise die Aufmerksamkeit auch den wechselnden
Gruppierungen, Identitäten und Interaktionen innerhalb solcher Grenzen
wie über sie hinweg gelten. Wenn es je eine Zeit gegeben hat, zu der AnthropologInnen wenigstens manche Gemeinschaften, ohne ihnen allzu viel
Gewalt anzutun, als isolierte Einheiten betrachten konnten, so macht die
Natur der globalen Interaktionen dies in der Gegenwart mit Sicherheit unmöglich[25].

Ethnographien des Partikularen

Eine dritte Strategie des Schreibens gegen Kultur geht davon aus, daß wir
die eine Einsicht von Geertz über Anthropologie akzeptieren, auf die alle in
diesem „experimentellen Moment" (Marcus; Fischer 1985) aufgebaut haben,
die Textualität ernst nehmen. Geertz hat behauptet, daß eines der Hauptbe-
schäftigungen von AnthropologInnen das Schreiben ist, und daß das, was sie
schreibe Fiktionen sind - was nicht bedeutet, daß es reine Erfindungen wären[26]. Gewiß hat die Praxis des ethnographischen Schreibens ein ganz über-
mäßiges Maß an Aufmerksamkeit von denen erfahren, die an *Kultur schreiben* beteiligt waren und ebenso von einer wachsenden Zahl von Leuten, die
nicht darin einbezogen waren. Ein großer Teil der Feindschaft gegenüber
ihrem Projekt entsteht aus dem Verdacht, daß sie mit ihren literarischen
Neigungen allzu bereitwillig die Politik der Ethnographie in ihre Poesie haben übergehen lassen. Und doch haben sie eine Frage aufgeworfen, die nicht

übergangen werden kann. Denn soweit es das Geschäft von Anthropolog-Innen ist, andere durch ihr ethnographisches Schreiben darzustellen, muß doch gewiß auch das Ausmaß, in dem Menschen in den Gemeinschaften, die sie erforschen, „anders" erscheinen, teilweise eine Funktion der Art und Weise sein, wie die AnthropologInnen über sie schreiben. Gibt es Möglich-keiten, über das Leben von Leuten zu schreiben, und dabei die anderen als weniger anders zu konstituieren?

Ich würde behaupten, daß ein machtvolles Instrument zur Erschütterung des Kulturbegriffs und zur Unterminierung des mit ihm verbundenen Pro-zesses des „Andersmachens" (*othering*) darin besteht, „Ethnographien des Partikularen" zu schreiben. Die Generalisierung, die für Arbeitsweise und Schreibstil in den Sozialwissenschaften charakteristisch ist, kann heute nicht mehr als neutrale Beschreibung gelten (Foucault 1978; Said 1978; Smith 1987). Für die Anthropologie hat sie zwei unglückliche Folgen, die es wert machen, darauf zu verzichten. Ich will darauf kurz eingehen, bevor ich einige Beispiele aus meiner eigenen Arbeit vorstelle, die zeigen, was man hoffen kann, durch Ethnographien des Partikularen zu erreichen.

Es geht mir hier nicht um verschiedene Fragen, die häufig in Zusammen-hang mit Verallgemeinerungen aufgeworfen werden. So wurde oft darauf hingewiesen, daß die generalsierende Form des sozialwissenschaftlichen Diskurses Abstraktion und Verdinglichung begünstigt. Die feministische Soziologin Dorothy Smith hat das Problem in ihrer Kritik des soziologi-schen Diskurses lebhaft formuliert und bemerkt, daß die komplexe Organi-sation der Tätigkeiten wirklicher Personen und ihre wirklichen Beziehungen in den Diskurs gelangen durch Begriffe wie Klasse, Modernisierung, for-male Organisation. Es wird ein Bereich theoretisch konstituierter Objekte geschaffen, das den diskursiven Bereich von seiner Verankerung im Leben und in der Arbeit wirklicher Personen befreit und der soziologischen For-schung freie Hand gibt, sich auf einem Feld begrifflicher Einheiten zu erge-hen (Smith 1987, S. 130).

Andere Kritiken haben sich an unterschiedlichen Fehlern festgemacht. Zum Beispiel vermerkt die verstehende Anthropologie in ihrer Kritik an der Suche nach allgemeinen Gesetzen in den positivistischen Sozialwissenschaf-ten deren Versäumnis, die zentrale Bedeutung des Sinns für die menschliche Erfahrung zu berücksichtigen. Doch das Ergebnis war, Verallgemeinerun-gen über Verhalten durch Verallgemeinerungen über Sinn zu ersetzen.

Ich möchte auch klarstellen, um was es bei dem Plädoyer für Partikularität nicht geht: Es darf nicht als Forderung mißverstanden werden, Mikro ge-genüber Makroprozessen zu privilegieren. In der Ethnomethodologie (s. Watson 1991) und anderen Forschungszweigen zum Alltagsleben werden Wege gesucht, um allgemeine Aussagen über Mikrointeraktionen zu machen. Von HistorikerInnen läßt sich sagen, daß sie den Einzelheiten von Makroprozessen nachgehen. Auch muß die Beschäftigung mit den Einzelheiten des Lebens von Individuen keine Vernachlässigung der Kräfte und Dynamiken bedeuten, die nicht lokal verankert sind. Im Gegenteil manifestieren sich die Folgen außerlokaler und langzeitlicher Prozesse nur lokal und spezifisch; sie werden hervorgebracht in den Handlungen von Individuen, die ihr partikulares Leben leben, sind eingeschrieben in ihre Körper und Worte. Wofür ich eintrete ist eine Art zu schreiben, die dies besser vermittelt.

Es gibt zwei Gründe, aus denen AnthropologInnen mit Generalisierungen vorsichtig sein sollten. Diese sind erstens als Teil des professionellen Diskurses der „Objektivität" und Expertise unausweichlich eine Sprache der Macht. Zum einen ist es die Sprache derjenigen, die scheinbar am Rand und außerhalb dessen stehen, was sie beschreiben. Auch hier ist die Kritik von Smith am soziologischen Diskurs wichtig. Sie hat argumentiert (1987, S. 62), daß diese scheinbar distanzierte Form der Reflexion über das soziale Leben in Wirklichkeit einen Ort hat: Es repräsentiert die Perspektive derer, die in professionelle, manageriale und administrative Strukturen eingebunden sind und ist damit Teil des „regierenden Apparats dieser Gesellschaft". Diese Kritik gilt auch für die Anthropologie mit ihrer gesellschaftsvergleichenden anstelle einer innergesellschaftlichen Perspektive und für ihre Anfänge in der Erforschung und Kolonisierung der nicht-europäischen Welt anstelle des Managements interner sozialer Gruppen wie Arbeiter, Frauen, Schwarze, Arme oder Gefangene.

Dann müssen wir aber, selbst wenn wir uns eines Urteils darüber enthalten, wie eng die Sozialwissenschaften mit den Management-Apparaten verquickt sind, immer noch anerkennen, wie alle professionellen Diskurse von Natur aus Hierarchien geltendmachen. Allein schon die Kluft zwischen den professionellen und autoritativen Diskursen der Generalisierung und den Sprachen des Alltagslebens (unserer eigenen und der der anderen) schafft eine grundlegende Trennung zwischen den AnthropologInnen und den Menschen, über die geschrieben wird. So erleichtert diese Kluft die Konstruktion von anthropologischen Objekten als gleichzeitig anders und untergeordnet.

In dem Maße also, wie AnthropologInnen die Alltagssprache und die Sprache des Textes einander annähern können, wird diese Art der Herstellung des Andern umgekehrt. Wie eine Erinnerung an die Lage von feministischen Anthropologinnen nahelegt, liegt das Problem darin, daß es berufliche Risiken für EthnographInnen geben könnte, die diese Strategie verfolgen wollen. So habe ich an anderer Stelle (1990) darauf hingewiesen, daß Rabinows erfrischend vernünftige Beobachtungen über die Politik des ethnographischen Schreibens - nämlich daß sie eher im heimatlichen Milieu, im Wissenschaftsbetrieb zu finden sind als in der kolonialen und neokolonialen Welt - uns hilft, ein paar Dinge über die feministische Anthropologie und über das Unbehagen an ihr zu verstehen, das selbst jemand wie Clifford in seinem Einleitungsaufsatz zu *Writing Culture* offenbart[27]. Er entschuldigte die Aussparung feministischer Anthropologinnen damit, daß sie sich nicht mit textueller Innovation befaßten. Vorausgesetzt, daß wir Cliffords fragwürdige Unterscheidung zwischen textueller Innovation und Transformationen in Inhalt und Theorie hinnehmen, könnten wir einräumen, daß feministische Anthropologinnen wenig zu der neuen Welle des Experimentierens mit der Form beigetragen haben.

Doch dann würde uns ein Moment des Nachdenkens auch auf die Gründe bringen, warum dies so ist. Ohne uns auch nur mit den grundlegenden Fragen über Individuen, Institutionen, Patronage und Lebensstellung aufzuhalten, können wir auf die politischen Aspekte des feministischen Projektes selbst verweisen. Feministische Wissenschaftlerinnen haben sich engagiert, um sicherzustellen, daß das Leben von Frauen in Beschreibungen von Gesellschaften repräsentiert wird und daß die Erfahrungen von Frauen und die Geschlechter-Kategorie selbst in Darstellungen der Funktionsweise von Gesellschaften theoretisch berücksichtigt wird. Daher haben sie sich immer auch für das alte politische Verständnis der Repräsentation interessiert. Ein Konservatismus der Form war vielleicht hilfreich, weil das Ziel darin bestand, KollegInnen davon zu überzeugen, daß eine Anthropologie, die die Geschechlechter-Kategorie einbezieht, nicht einfach gute Anthropologie ist, sondern bessere Anthropologie.

Die feministische Anthropologie steht zudem unter dem Druck der Notwendigkeit, Professionalität unter Beweis zu stellen. Im Gegensatz zu Cliffords Behauptung (1986, S. 21), haben Frauen in der Tat „unkonventionelle Formen des Schreibens" hervorgebracht. Er hat sie einfach ignoriert und damit einige professionelle Anthropologinnen unberücksichtigt gelassen wie Bowen (Bohannan) (1954), Briggs (1970) und Cesara (Poewe) (1982), die mit anderen Formen experimentiert haben [28]. Noch wichtiger ist das, was man als besondere „Frauentradition" im ethnographischen Schreiben bezeichnen könnte. Weil dies aber keine professionelle Tradition ist, könnte es sein, daß feministische Anthropologinnen, die sich ihres Status nicht sicher sind, diese Tradition nur zögernd für sich beanspruchen und erkunden. Ich meine die häufig ausgezeichneten und populären Ethnographien, die von den „unausgebildeten" Ehefrauen von Anthropologen geschrieben wurden, also Bücher wie Elizabeth Ferneas *Guests of the Sheik* (1965), Marjorie Shostaks *Nisa* (1981), Edith Turners *The Spirit of the Drum* (1987) und Margery Wolfs *The House of Lim* (1968). Sie richteten ihre Bücher an ein

Publikum, das sich von dem der Standard-Ethnographien etwas unterscheidet und folgten daher auch anderen Konventionen: Sie äußern sich offener zur eigenen Positionalität, betonen weniger ihre wissenschaftliche Autorität und gehen stärker auf einzelne Individuen und Familien ein.

Warum genügt diese andere Tradition nicht den Ansprüchen an textuelle Innovation? Eine Teilantwort findet sich schon in *Writing Culture*. Die VertreterInnen der neueren Experimente und Kritiken am ethnographischen Schreiben brechen mit der langweiligen ethnographischen Routine vor allem durch Anleihen bei Elite-Disziplinen wie Philosophie oder Literaturtheorie; sie wenden sich dagegen nicht eher prosaischen Quellen zu wie gewöhnlichen Erfahrungen oder den Lebensbedingungen ihrer anthropologischen Objekte[29]. Sie weisen die Rhetorik der Sozialwissenschaften nicht zugunsten der Alltagssprache zurück, sondern zugunsten eines ausgewählten Diskurses, der so stark vom Jargon geprägt ist, daß ein Verlagslektor sich veranlaßt sah, ein scherzhaftes Jargon-Gedicht zu schreiben, das mit ihrem Vokabular von Tropen, Thaumasmus, Metonymie, Pathopoiesis, Phänomenologie, Ekphonesis, Epistemologie, Deiktik und Hypotyposis spielt - und dieses Gedicht wurde ironischerweise als Widmung in das Vorwort des Buches aufgenommen (Clifford; Marcus 1986, S. 9). Was immer die Verdienste ihrer Beiträge sein mögen, so läßt sich die Botschaft des Hyperprofessionalismus doch schwerlich überhören. Trotz ihrer Sensibilität für Fragen des Andersseins und der Macht und für die Bedeutung der Textualität für diese Fragen benutzen sie einen Diskurs, der sogar noch exklusiver ist als der der gewöhnlichen Anthropologie, den sie kritisieren, und der so die hierarchischen Unterscheidungen zwischen ihnen selbst und den anthropologischen Anderen noch verstärkt.

Das zweite Problem mit Generalisierungen leitet sich nicht aus ihrer Teilhabe an den autoritativen Diskursen des Professionalismus her, sondern davon, daß sie tendenziell Effekte von Homogenität, Kohärenz und Zeitlosigkeit hervorbringen. Generalisiert man ausgehend von den Erfahrungen und Unterhaltungen mit einer Anzahl von bestimmten Menschen in einer Gemeinschaft, so tendiert man dazu, die Unterschiede einzuebnen und sie zu homogenisieren. Der Anschein des Fehlens interner Differenzierungen macht es einfacher, eine Gruppe von Menschen als diskrete, umgrenzte Einheit zu verstehen, wie „die Nuer", „die Balinesen" und „die Awlad 'Ali-Beduinen", die dies oder jenes tun und das eine oder andere glauben. Das Bemühen, generalisierte ethnographische Beschreibungen über die Ansichten und Handlungen von Menschen zu liefern, legt es nahe, Widersprüche, Interessenkonflikte, Zweifel und Streitigkeiten einzuebnen, ganz abgesehen von wechselnden Motivationen und Umständen. Das Auslöschen von Zeit und Konflikt macht das, was innerhalb der durch Homogenisierung geschaffenen Grenzen liegt, zu etwas Wesenhaftem und Festem. Diese Effekte sind für die Anthropologie besonders schwerwiegend, weil sie zu der Fiktion beitragen, es gebe wesentlich unterschiedene und abgegrenzte Andere, die sich von einem ebenso essentiellen Selbst absondern ließen. Soweit Differenz, was ich behauptet habe, hierarchisch ist und das Bestehen auf Trennung eine Form der Verweigerung von Verantwortung, müssen Generalisierungen grundsätzlich mit Mißtrauen behandelt werden.

Aus diesen Gründen schlage ich vor, mit narrativen Ethnographien des Partikularen in einer fortdauernden Tradition der Schreibweisen zu experimentieren, die auf Feldforschung aufbauen[30]. Mit dem Erzählen von Geschichten über bestimmte Individuen in Zeit und Raum hätten solche Ethnographien Elemente mit der oben erwähnten alternativen „Frauentradition" gemein. Ich würde erwarten, daß sie eine Reihe von anderen Typen anthropologischer Projekte eher ergänzen als ersetzen, von theoretischer Diskussion bis zur Erkundung neuer Themen innerhalb der Anthropologie [31]. Im Schlußteil werde ich auf den Grund eingehen, aus dem es immer noch wichtig ist, Ethnographien zu schreiben. Vorher möchte ich aber eine Vorstellung vom möglichen Wert solcher Ethnographien vermitteln.

In der Anthropologie werden gewöhnlich Generalisierungen über Gemeinschaften durch Aussagen vorgenommen, daß sie durch bestimmte Institutionen, Regeln oder Arten, Dinge zu tun gekennzeichnet seien. So können wir sagen und sagen auch oft Dinge wie: „Die Bongo-Bongo sind polygyn." Aber man könnte sich weigern, in dieser Weise zu generalisieren und statt dessen fragen, wie eine bestimmte Gruppe von Individuen - beispielsweise ein Mann und seine drei Ehefrauen in einer beduinischen Gemeinschaft in Ägypten, die ich seit einem Jahrzehnt kenne - die „Institution" leben, die wir Polygynie nennen. Betont man die Partikularität dieser Ehe und baut man durch die Diskussionen, Erinnerungen, Meinungsverschiedenheiten und Handlungen der Beteiligten ein Bild davon auf, könnte man mehrere theoretische Thesen untermauern.

Erstens würde die Weigerung zu generalisieren die konstruierte Qualität jener Typisierung beleuchten, die in konventionellen sozialwissenschaftlichen Darstellungen mit so großer Regelmäßigkeit produziert wird. Zweitens würde das Zeigen der tatsächlichen Umstände und der detaillierten Geschichten von Individuen und ihrer Beziehungen zueinander darauf hindeuten, daß solche Einzelheiten, die ja, wie wir aus unserer eigenen persönlichen Erfahrung wissen, immer vorhanden sind, auch immer entscheidend wichtig für die Konstituierung von Erfahrung sind. Drittens würde die Rekonstruktion der Streitigkeiten, Rechtfertigungen und Interpretationen von Menschen dazu, was sie und andere tun, erklären, wie gesellschaftliches Leben vor sich geht. Damit würde gezeigt, daß einerseits zwar die Grundlagen ihrer Diskurse festgelegt sind und wie in jeder Gesellschaft unterschiedliche, manchmal einander widersprechende und häufig historisch wechselnde Diskurse umfassen; daß aber andererseits Menschen innerhalb dieser Grenzen um Interpretationen des Geschehens kämpfen, Strategien entwickeln, Schmerz empfinden und ihr Leben leben. In gewissem Sinn ist das so neu nicht. Bourdieu (1977) zum Beispiel theoretisiert in ähnlicher Weise über gesellschaftliche Praxis. Doch der Unterschied liegt darin, daß man textuelle Mittel sucht, um darzustellen, wie dies geschieht, anstatt einfach theoretische Behauptungen aufzustellen, daß es so ist.

Durch die enge Orientierung auf einzelne Individuen und ihre wechselnden Beziehungen würde notwendig die problematischste Konnotation von Kultur unterlaufen: Homogenität, Kohärenz und Zeitlosigkeit. Individuen sehen sich Wahlentscheidungen gegenüber, kämpfen mit anderen, machen widersprüchliche Aussagen, streiten über unterschiedliche Sichtweisen zu denselben Ereignissen, erleben Höhen und Tiefen in verschiedenen Beziehungen und Veränderungen in ihren Lebensumständen und Wünschen, stehen neuen Anforderungen gegenüber und können nicht vorhersagen, was ihnen und den ihnen Nahestehenden zustoßen wird. So kann es dazu kommen, daß der Begriff der „Beduinen-Kultur" kaum mehr Sinn macht, wenn man versucht, zusammenzusetzen und zu vermitteln, wie das Leben für eine alte beduinische Matriarchin aussieht.

Bittet man sie, ihr Leben zu erzählen, so antwortet sie, man solle nur an Gott denken. Aber sie erzählt lebendige Geschichten über ihren Widerstand gegen arrangierte Heiraten, ihre Entbindungen, ihre Sorgen um kranke Töchter, die auf eine bestimmte Weise in ihrem Gedächtnis fixiert sind. Sie erzählt auch von Hochzeiten, an denen sie teilgenommen hat, über schmutzige Lieder, die gewisse junge Männer sangen, als sie die Schafherden der Eltern schoren, und von Reisen in überfüllten Taxis, als sie einen Mann in den Hintern gezwickt hat, um ihn von ihrem Schoß zu verscheuchen.

Der regelmäßigste Zug in ihrem Alltagsleben ist ihr Warten auf die Gebetszeiten. Ist es schon Mittag? Noch nicht. Ist es schon Nachmittag? Noch nicht. Ist schon Sonnenuntergang? Großmutter, Du hast noch nicht gebetet? Es ist schon nach Sonnenuntergang. Sie breitet ihren Gebetsteppich vor sich aus und betet laut und vernehmlich. Am Ende, während sie ihren Gebetsteppich zusammenfaltet, fleht sie zu Gott, er möge alle Moslems beschützen. Sie sagt die Namen Gottes auf, während sie die Kette mit den Gebetsperlen durch die Hände gleiten läßt. Der einzige Schmuck in ihrem Zimmer ist ein Photo an der Wand, das sie selbst und ihren Sohn auf der Pilgerreise in Mekka zeigt.

Ihr Rücken ist so gebeugt, daß sie kaum stehen kann, deshalb verbringt sie ihre Tage im Sitzen oder liegt auf ihrer Matratze. Sie ist so gut wie blind und klagt über ihre vielen Schmerzen. Leute kommen und gehen, ihre Söhne, ihre Neffen, ihre TÖchter, ihre Nichten, ihre Enkelinnen, ihr Urenkel. Sie plaudern, sie besprechen mit ihr Beziehungen zwischen Leuten, Heiraten, Verwandtschaftsangelegenheiten. Sie gibt Ratschläge, sie tadelt sie, weil sie etwas nicht gemacht haben, wie es sich gehört. Und sie spielt mit ihrem Urenkel, der drei ist, und neckt ihn: „Du, mir ist der Schnupftabak ausgegangen. Komm her, damit ich an Deinem kleinen Zacken schnupfen kann."

Ihre Frömmigkeit und strenge Beachtung des Protokolls bei der Aufnahme von Gästen und dem Austausch von Besuchen und Grüßen scheinen sie nicht davon abzuhalten, unglaubliche Geschichten und unmoralische Erzählungen zu genießen. Als ich sie 1987 besuchte, hatte sie gerade eine neue Lieblingsgeschichte bei ihrer Tochter gehört, die selbst eine verheiratete Mutter von fünf Kindern ist und in der Nähe von Alamein lebt. Es ist eine Geschichte von einem alten Ehepaar, die beschließen, ihre Töchter zu besuchen, und sie ist lustig, weil sie eine verkehrte Welt darstellt.

Diese Geschichte schilderte eine Welt, wo Leute das Undenkbare taten. Statt der üblichen Süßigkeiten und Kekse brachte das Paar seinen Töchtern Säcke voller Mist als Geschenk. Als die erste Tochter, bei der sie waren, Wasser holen gegangen war, begannen sie all die großen Behälter mit Honig und Öl auszukippen, die sich im Haus ihres Ehemanns, eines Kaufmanns, befanden. Die Tochter kam zurück, sah, daß sie alles ausleerten, und warf sie hinaus. So gingen sie weiter, um ihre zweite Tochter zu besuchen. Als diese ihnen ihr Baby eine Weile zur Aufsicht gelassen hatte, tötete der alte Mann das Kind, nur um es vom Schreien abzuhalten. Sie kam zurück, sah es und warf sie hinaus. Als nächstes kamen sie zu einem Haus, in dem ein geschlachtetes Schaf war. Sie machten sich Gürtel aus den Därmen und Kappen aus den Mägen, probierten sie an und bewunderten einander in ihrer neuen Pracht. Aber als die alte Frau ihren Mann fragte, ob sie mit ihrem neuen Gürtel nicht hübsch aussehe, antwortete er: „Du wärest wirklich hübsch, wenn nicht die Fliege auf Deiner Nase säße." Damit schlug er nach der Fliege und brachte dabei seine Frau um. Als er in seinem Schmerz jammerte, begann er zu furzen. Voll Zorn über seinen Hintern, der über seiner toten Frau furzte, erhitzte er einen Pfahl, stieß ihn hinein und brachte sich um.

Die alte Frau kichert, während sie die Geschichte erzählt, genau wie sie schallend über Geschichten von der übermäßigen Sexualität alter Frauen lacht. Wie verträgt sich dieser Sinn für Humor, dieser Hang zum Schlüpfrigen mit der Hingabe ans Gebet und den Protokollen der Ehrbarkeit? Sie äußert ihre Sehnsucht nach der Vergangenheit, als die Gegend leer war und sie Meilen im Umkreis schauen konnte; als sie als kleines Mädchen spielte und gelegentlich einen Tonscherben oder eine Glasflasche auf dem Gelände ausgrub, das jetzt von der staatlichen Altertümer-Organisation abgezäunt ist; als ihre Familie mit den Schafherden wanderte und auf den Weiden in der Wüste molk und butterte - wie verträgt sich das mit ihrer heftigen Verteidigung ihres Lieblingsenkels, dessen Vater wütend war, weil der junge Mann auf einer Hochzeit am Ort Schnaps getrunken haben soll? In der Gemeinschaft trinken die Leute nicht, und natürlich ist Trinken auch von der Religion verboten. Was kann „Kultur" bedeuten, betrachtet man die komplexen Reaktionen dieser alten Frau?

Zeit ist die andere wichtige Dimension, die eingebaut wird, wenn man die Erzählung des Alltagslebens der Menschen ernstnimmt. Der junge Mann, der beschuldigt wurde, auf der Hochzeit getrunken zu haben, wird von seinem Vater geschlagen; darauf verkauft er seinen Kassettenrecorder an einen Nachbarn, um an Geld zu kommen, und verschwindet dann. Seine Großmutter weint um ihn, seine Tanten sprechen darüber. Sein Vater sagt nichts. Es dauert Tage, bis ein entfernter Schwager kommt, um der Großmutter zu versichern, daß es dem jungen Mann gut gehe und anzudeuten, daß man wisse, wo er steckt (er arbeitet auf einer Baustelle etwa 100 km entfernt). Niemand kennt die Folgen dieses Ereignisses. Wird er wiederkommen? Was wird sein Vater tun? Es geht um die Familienehre, um die Reputation für Frömmigkeit, um väterliche Autorität. Als der junge Mann einige Wochen später zurückkommt, in Begleitung eines Onkels mütterlicherseits (von 50 km weiter im Westen), der interveniert, um jeglicher weiteren Bestrafung zuvorzukommen, weint seine Großmutter vor Erleichterung. Es hätte leicht auch anders ausgehen können. Seit seinem Verschwinden waren ihre Tage ausgefüllt mit Sorgen, Diskussionen, Warten und Ungewißheit über die nächsten Ereignisse. Diese Schläge und dieses Weglaufen, also Ereignisse, die sich in der Zeit zugetragen haben, werden Teil der Geschichte jener Familie, der beteiligten Individuen und ihrer Beziehungen. Aus dieser Sequenz von Ereignissen in einer bestimmten Familie im Jahr 1987 können wir das herauslesen, was wir die „höheren Mächte" nennen, die sie möglich gemacht haben: Dinge wie zunehmende Gelegenheiten zur Lohnarbeit, die Kommerzialisierung beduinischer Hochzeiten und den Zustrom von Waren aus der Stadt. Aber weil diese „Mächte" allein in den Handlungen von Individuen verkörpert sind, die in Zeit und Raum leben, können sie durch Ethnographien des Partikularen am besten erfaßt werden.

Selbst das Ritual, diese gemeinschaftliche Praxis, für die die Zeit eine so andere, vielleicht zyklische Bedeutung zu haben scheint und die im anthropologischen Diskurs so vollständig das (exotische, primitive) kulturell Andere kennzeichnet, erweist sich als partikular und alles andere als zeitlos. Beobachtet man es aus der Nähe und achtet auf die tatsächlich Beteiligten und das rituelle Ereignis, enthält es Unvorhersagbarkeit. Sogar im Ritual erzeugt die Entwicklung dessen, was man nicht vorauswissen kann, große Dramatik und Spannung. Ich möchte wieder ein Beispiel aus meiner Arbeit geben. Noch in der Woche meiner Ankunft in der beduinischen Gemeinschaft in Ägypten, in der ich Jahre verbringen sollte, erläuterten die jungen Mädchen in meinem Haushalt mir die genaue Abfolge der Ereignisse, die jede Braut bei einer beduinischen Hochzeit durchlaufen mußte. Über die Jahre hinweg habe ich an vielen Hochzeiten teilgenommen, die alle diesem Ablauf folgten, von denen aber jede besonders war. Für jede Braut und jeden Bräutigam, ganz abgesehen von ihren Familien, bedeutet die Hochzeit den Augenblick einer wesentlichen Transformation ihres Lebens; das betrifft nicht allein ihren Status, sondern Kontakte, Alltagsleben, Erfahrung und die Zukunft. Jede Hochzeit unterschied sich von den anderen durch die Familien, die zusammengebracht wurden, durch das Netzwerk von Beziehungen, das entstand und durch die Güter, die ausgetauscht, verbraucht und zur Schau gestellt wurden.

Wichtiger noch, die Elemente der Unvorhersagbarkeit waren zahlreich. Würde die Braut bleiben? Würde sich das Paar vertragen? Würden sie Kinder haben? Wie bald? Sogar der zentrale Ritus der Hochzeitsfeier selbst - die Defloration oder der öffentliche Jungfräulichkeits-Test - war ein Ereignis hoher dramatischer Spannung, dessen Ergebnis man im Voraus nicht kennen konnte. Das Muster der Defloration, das ich an anderer Stelle (1988) beschrieben habe, ist standardisiert: Während des Tages, wenn die Hochzeitsgäste versammelt sind, dringt der Bräutigam begleitet von seinen Freunden in den Frauenbereich ein und betritt den Raum, in dem seine Braut wartet, die von mehreren alten Frauen umgeben ist und von ihnen unterstützt wird. Doch bei jeder Defloration ist eine spezifische Gruppe von Menschen beteiligt, und sie findet auf eine ganz bestimmte Weise statt. Die Erzählungen der Frauen, die bei der Braut bleiben, wenn der Bräutigam ihre Jungfernschaft nimmt, unterstreichen diese Spezifizität. Sie beschreiben die Reaktionen der Braut, ihre Worte, das Ausmaß ihres Kampfes, ihre eigene spezifische Position im Zimmer, die Reaktionen des Bräutigams, ihren Rat an ihn, die Probleme, die es zu lösen galt, die Anspannung, um dieses Blut herauszubekommen. Sie vergleichen die Bräute, die sie gekannt haben und die Blutflecken auf dem weißen Tuch. Sie beurteilen die Fähigkeiten und Qualitäten der verschiedenen alten Frauen, die drinnen bei den Bräuten bleiben. Ihre Erzählungen wie auch die Reaktionen aller anderen TeilnehmerInnen an Hochzeiten legen die zentrale Frage offen, die für das Drama von Hochzeiten sorgt: Wird es Blut geben? Die Ereignisse nehmen unterschiedlich ihren Gang. Das ist die Natur des „Lebens wie es gelebt wird" (Riesman 1977), überall. Generalisierungen, die die Effekte der Zeitlosigkeit und Kohärenz erzeugen und so die essentialistische Vorstellung von „Kulturen" untermauern, die sich von der unseren unterscheiden und von Völkern, die von uns abgetrennt sind, lassen uns dies vergessen.

Taktischer Humanismus?

Die Kritiken an der Anthropologie, die neuerdings von verschiedenen Seiten aus vorgetragen wurden, regen dazu an, zu hinterfragen, worüber wir arbeiten, wie wir schreiben und für wen wir schreiben. Ich habe behauptet, daß kulturelle Differenz, die sowohl das Fundament als auch das Produkt des anthropologischen Diskurses war, eine problematische Konstruktion ist und habe eine Reihe von Strategien vorgeschlagen, die zumeist von anderen schon benutzt werden, um „gegen Kultur zu schreiben". Ich habe aus meiner eigenen Arbeit Beispiele dafür angeführt, wie eine dieser Strategien - die Ethnographie des Partikularen - eine besonders nützliche Methode darstellen könnte, das Kulturkonzept durcheinanderzubringen.

Der besondere Wert dieser Strategie liegt darin, daß sie Ähnlichkeiten in allen unseren Lebensumständen zum Vorschein bringt. Festzustellen, daß wir alle im Partikularen leben, bedeutet nicht, daß alles Partikulare dasselbe ist. Es kann durchaus sein, daß wir sogar beim Blick auf den Alltag grundlegende Unterschiede entdecken, wie etwa diejenigen zwischen der Alltagserfahrung einerseits in einer Welt, die organisiert wurde, um Strukturen, Institutionen oder andere Abstraktionen hervorzubringen, wie Mitchell das vom modernen Westen behauptet (1988), und andererseits in Welten, wo dies nicht der Fall ist. Aber die Alltäglichkeit bricht die Kohärenz und führt die Kategorie der Zeit ein; sie orientiert uns so auf Ablauf und Widerspruch. Und das Partikulare weist darauf hin, daß andere so leben, wie auch wir unser Leben sehen, nicht als Roboter, die mit kulturellen „Regeln" programmiert sind, sondern als Menschen, die durchs Leben gehen und sich dabei mit Entscheidungen herumschlagen, Fehler machen, versuchen, gut auszusehen, Tragödien und persönliche Verluste ertragen, Freude an anderen haben und Augenblicke des Glücks finden.

Die Sprache der Verallgemeinerung kann diese Art von Erfahrungen und Tätigkeiten nicht vermitteln. In unserem eigenen Leben balancieren wir die Darstellungen von uns selbst, welche die Sozialwissenschaft anbietet, mit der Umgangssprache, die wir in persönlichen Unterhaltungen benutzen, um über unser Leben zu reden und es zu verstehen, ebenso wie unsere FreundInnen, unsere Familie und unsere Welt. Doch für diejenigen, die „außerhalb" unserer Welt leben, steht uns kein Diskurs der Nähe zur Verfügung, um den distanzierenden Diskursen der Anthropologie und anderer Sozialwissenschaften entgegenzuwirken - Diskursen, die auch EntwicklungsexpertInnen, Regierungen, JournalistInnen und anderen dienen, die sich mit der Dritten Welt befassen.

Ethnographien des Partikularen könnten diesen Diskurs der Nähe bereitstellen, einer Nähe, welche die humanistischen Konventionen immer gefördert haben, die von den nicht-professionellen und abgewerteten Ethnographinnen bevorzugt wurden. Warum sich aber auf den Humanismus berufen, der doch in poststrukturalistischen und postmodernen Kreisen so sehr diskreditiert ist?[32] Es gibt gewiß gute Gründe für Mißtrauen gegenüber einer Philosophie, die andauernd die fortwährende Existenz systematischer sozialer Unterschiede durch die Berufung auf ein vorgeblich universelles Individuum als Helden und autonomes Subjekt verschleiert hat; gegenüber einer Philosophie, die es uns ermöglichte, anzunehmen, die Beherrschung und Ausbeutung der Natur durch den Menschen sei gerechtfertigt aufgrund seines Platzes in der Mitte des Universums; gegenüber einer Philosophie, der es entgangen ist, daß ihr wesentlich Menschliches kulturell und gesellschaftlich spezifische Charakteristika aufweist und in Wirklichkeit die meisten Menschen ausschließt; und gegenüber einer Philosophie, die sich zu verstehen weigert, wie wir als Subjekte in machtbezogenen Diskursen konstruiert werden.

Weil der Humanismus im Westen weiterhin die Sprache der menschlichen Gleichheit mit der größten moralischen Kraft ist, können wir ihn noch nicht aufgeben, und wenn nur als Konvention des Schreibens. Mit der Befürwortung neuer Formen des Schreibens - Nachahmung, Dialog, Kollage usw. - brechen die AntihumanistInnen die narrativen Subjektidentitäten und Subjekt-Identifikationen auf und fordern ihren LeserInnen neben Sozialkritik raffinierte Lesestrategien ab. Können AnthropologInnen das erwarten? Schon jetzt klagen manche, daß experimentelle Ethnographien langweilig seien, und lehnen es ab, sich nerven zu lassen. Der Humanismus ist eine Sprache, die von mehr Menschen gesprochen (und gelesen) wird, selbst wenn er nicht, wie er vorgibt, eine universelle, sondern eine Lokalsprache ist. Um Wirkung auf Menschen auszuüben, müssen wir vielleicht diese Sprache noch immer sprechen, dann aber im Bewußtsein ihrer Grenzen.

Das könnte man taktischen Humanismus nennen, der politisch notwendig und zugleich in seiner Wirksamkeit begrenzt ist, da die Anthropologie in einer Welt, die durch globale Ungleichheit entlang der Linien „kultureller" Differenz gekennzeichnet ist, auf der Herrschaftsseite verortet ist. Wir sollten keine Illusionen darüber haben, daß taktischer Humanismus, ob in der Form von Ethnographien des Partikularen oder anderen Arten, gegen Kultur zu schreiben, zu einer universellen Sprache oder einem universellen Gut beiträgt. Doch von unseren Positionen als AnthropologInnen, wie brüchig unsere Identifikationen, wenn wir FeministInnen oder „*halfies*" sind, auch sein mögen, arbeiten wir als Angehörige des Westens und damit tragen wir zu einem westlichen Diskurs bei. Wie Mudimbe in *The Invention of Africa* schreibt, „ist es unmöglich, sich eine Anthropologie ohne das westliche epistemologische Bindeglied vorzustellen" (1988, S. 19). Ich habe zuvor schon gesagt, daß die Positionalität unentrinnbar ist. Das gleiche gilt für die Tatsache, die Riesman in seiner Antwort auf Vorschläge für eine dialogische Anthropologie offen benennt: „daß wir beständig andere Menschen für unsere eigenen Zwecke benutzen" und „dabei das Wissen, das sie uns geben, für Ziele benutzen, die sie selbst sich niemals würden vorstellen können" (1982). Das heißt nicht, daß die Ziele es nicht wert wären, verfolgt zu werden, oder daß der Umgang mit dem westlichen Diskurs nicht entscheidend wichtig wäre. Wie Said bemerkt, „haben anthropologische Darstellungen ebenso starke Auswirkungen auf die Welt der Darstellenden wie auf die dargestellten Personen oder Zusammenhänge" (1989, S. 224). Der Westen besitzt noch immer eine enorme diskursive, militärische und wirtschaftliche Macht. Unser Schreiben kann diese Macht entweder abstützen oder ihr entgegenwirken.

Auch wenn unsere Anstrengungen auf den Westen gerichtet sind, müssen wir uns auf Probleme einstellen, die sich ergeben, wenn unsere hochaufgeklärten humanistischen Absichten bei Menschen in anderen Zusammenhängen ankommen, wo die Konventionen vielleicht nicht anerkannt und die Machtfragen anders buchstabiert werden. Ich kann das wieder mit meiner Arbeit illustrieren. Ich schrieb in einer Situation verbreiteter westlicher Antipathie gegen die Menschen des Nahen Ostens und wollte damit eine Vorstellung von der gewöhnlichen alltäglichen Menschlichkeit einer arabischen Gemeinschaft vermitteln[33]. Zwar kann ich versuchen, den Mitgliedern der Gemeinschaft diesen Zusammenhang zu erklären, aber sie können meine Arbeit nicht in der gleichen Weise wahrnehmen. Als ich die individuellen Bindungen und Verwundbarkeit der Beduinen anhand ihrer Poesie offenlegte, um bei WestlerInnen ein Gefühl des Wiedererkennens statt der Distanz zu schaffen, löste dies in Ägypten einige ganz andere Reaktionen aus. Als eine Frau jemanden aus dem Buch ein paar Gedichte vorlesen hörte, die sie Jahre zuvor rezitiert hatte, rief sie halb scherzhaft: „Du hast uns schockiert!" Für sie könnte ein Buch über bestimmte Leute und über das Alltagsleben in ihrer Gemeinschaft nur die öffentliche Zurschaustellung von Familiengeheimnissen sein.

Auch meine Darstellung der Art und Weise, wie sich im Leben von Männern Ideale persönlicher Autonomie und Unabhängigkeit zeigen, nahm in Ägypten komplexe und differente Bedeutungen an. Ein Exemplar einer arabisch geschriebenen, langen Rezension meines Buches kam einem Awlad 'Ali-Beduinen zur Kenntnis, der Beamter war und hoffte, im ägyptischen

Staatsdienst aufzusteigen. Er konfrontierte meinen Gastgeber mit dem Artikel und war zornig, daß ich berichtet hatte, daß die Awlad 'Ali-Beduinen gern Gewehre trugen, die Steuer umgehen und das Recht wahren, Streitigkeiten unter sich selbst beizulegen, anstatt die Regierung eingreifen zu lassen. Wie mein Gastgeber mir erzählte, sagte der Mann anklagend: „Dein Mädchen hat das geschrieben!" Was dann geschah, werde ich nie erfahren, weil ich nicht da war und nur die Version meines Gastgebers gehört habe. Er verhielt sich wie gewöhnlich herausfordernd und gab zurück, daß er mir alles beigebracht habe, was ich wisse. Und stimmte das nicht? Hatte dieser Mann nicht unlizenzierte Gewehre? Gab er alle seine Schafe zur Besteuerung an? Mein Gastgeber hatte mir oft gesagt, er wolle, daß mein Buch ins Arabische übersetzt würde, damit die Ägypter die hochstehenden moralischen Standards seiner Gemeinschaft verstehen und wertschätzen lernen würden, wo viele Ägypter doch Beduinen verachteten. Aber dieser Vorfall zeigte, daß er nur eine Stimme von vielen in der beduinischen Gemeinschaft war und daß seine Vorstellungen darüber, was ihm Respekt verschaffen könnte, sich von denen eines Regierungsanhängers unterschieden. Meine Arbeit, die für ein anderes Publikum bestimmt war, war in die lokale politische Arena geraten, wo die Beziehung zwischen den Awlad 'Ali-Beduinen und dem ägyptischen Staat eine umstrittene Frage war.

Wie alle anthropologischen Arbeiten heutzutage werden meine Schriften zweifellos in eine Reihe anderer Debatten einbezogen werden. Das ist kein Grund zum Verzweifeln. Vielmehr zwingen uns solche Probleme, über Dilemmata in der anthropologischen Praxis nachzudenken, die wir nicht länger ignorieren können; denn wir leben in einer Zeit, wo es schwieriger geworden ist, die Grenzen von „Kultur" an Ort und Stelle zu halten und wo die Weltpolitik weniger vorhersehbar ist. Solche Probleme ermöglichen es uns zugleich, vorläufige Strategien zu wählen, die unseren Hoffnungen entsprechen, aber ohne sich selbstgerechte Illusionen über den weiterreichenden Wert unserer Beiträge zu machen.

Anmerkungen

1. Die Bezeichnung *halfies* übernehme ich von Kirin Narayan (persönliche Mitteilung). [Wir haben *feminists* mit „Feministinnen" und *feminist anthropologists* mit „feministische Anthropologinnen" übersetzt, da die andere Konstitution von „Selbst" und „Anderen" bei feministischen Anthropologinnen und Wissenschaftlerinnen einen Ausgangspunkt für Lila Abu-Lughod bietet und sie oft auf die Forschungserfahrungen von Frauen verweist; dennoch deutet sie an, daß auch Männer feministische Anthropologie betreiben, also auch von feministischen AnthropologInnen gesprochen werden kann; die Hg.].
2. Ebenso verweisen Marcus und Clifford (1985) und Marcus und Fischer (1986) auf Feministinnen als wichtige Quellen kultureller und anthropologischer Kritik, diskutieren aber nicht deren Arbeiten. Fischer (1984, 1986, 1988) hat sich allerdings seit langem für das Phänomen der Bikulturalität interessiert. [Die Bezeichnungen 'anthropology' und 'anthropologists' im englischen

Original beziehen sich offenkundig auf die Disziplinen der „cultural anthropology" und in geringerem Maß der „social anthropology". Ein voll befriedigendes Äquivalent ist im Deutschen nicht verfügbar, so daß der Sprachgebrauch des Originals übernommen wurde; Assoziationen zur physischen wie auch zur philosophischen Anthropologie verbieten sich schon aufgrund des Zusammenhangs, d.Ü.]

3.   *the study of man [sic].*
4.   Vgl. Arbeiten u.a. von Crapanzano 1980, Dumont 1978, Dwyer 1982, Rabinow 1977, Riesman 1977, Tedlock 1983, Tyler 1986.
5.   Es ist noch immer selten, daß AnthropologInnen in dieser wie in anderen Gesellschaften das tun, was Laura Nader (1969) vor vielen Jahren gefordert hat: „Nachhol-Studium" (*study-up*).
6.   Seine verschiedenen Strategien beruhen auf dieser Teilung und der Serie von Gegensätzen (Kultur/Natur, öffentlich/privat, Arbeit/Heim, Transzendenz/Unmittelbarkeiten, abstrakt/partikular, Objektivität/Subjektivität, Autonomie/Verbundenheit usw.), die damit zusammenhängen: (a) Frauen sollten die Möglichkeiten haben, an der hoch bewerteten Welt der Männer teilzuhaben, wie Männer zu werden oder deren Privilegien zu innzuhaben, (b) die Werte und die Arbeit der Frauen sollten, auch wenn sie verschieden sind, wie die der Männer bewertet werden, oder c) Frauen und Männer sollten sich beide verändern und jeweils in die Sphäre der anderen eintreten, so daß die Unterschiede des Geschlechts (*gender*) beseitigt werden könnten.
7.   Dadurch wird der Feminismus nicht, wie Harding hinzufügt, als politische Identität aufgelöst, aber die vordringlichste Frage in feministischen Kreisen ist es nun, wie eine Politik der Solidarität, der Bündnisse und der Nähe entwickelt werden soll, die auf der Anerkennung der Differenz aufbaut anstelle der Solidarität eines einheitlichen Selbst, das durch seinen Gegensatz zu einem anderen definiert ist, das es zuvor seinerseits als Anderes definiert hatte. Die interessantesten Gedanken hierzu stammen von Haraway (1985).
8.   Zur Konvergenz zwischen anthropologischer und feministischer Kritik der Objektivität s. Abu-Lughod (1990a).
9.   In seiner Ansprache vor der American Anthropological Association 1988 machte Edward Said es zu seinem zentralen Punkt, daß die AnthropologInnen sich nicht nur um den „anthropologischen Schauplatz" kümmern sollten, sondern um die „kulturelle Situation, in der anthropologische Arbeit wirklich getan wird" (1989, S. 212).
10. Ein Großteil der Literatur über indigene Anthropologie ist den Vor- und Nachteilen dieser Identifikation gewidmet; s. Fahim (1982) und Altorki; El-Solh (1988).
11. Abgeleitet von *whole*, d.h. „ganz".
12. Vgl. Strathern 1985; vgl. auch meine Auseinandersetzung mit Untersuchungen zu den Geschlechterverhältnissen in der Anthropologie zum Mittleren Osten (Abu-Lughod 1989).
13. In paralleler Weise nimmt man an, daß die, die schwarze Erfahrung untersuchen, eine spezifizierte Form der Erfahrung untersuchen. Man kann auch sagen, und Leute wie Adrienne Rich haben es getan, daß die universelle, unspezifizierte Form der Erfahrung selbst wieder partikular ist. Es ist die Erfahrung des Weißseins.
14. Crapanzano (1977) hat meines Erachtens über den regelmäßigen Prozeß der Distanzierung von der Felderfahrung und des Aufbaus von Identifikationen mit dem anthropologischen Adressatenkreis geschrieben, den AnthropologInnen durchlaufen, wenn sie aus dem Feld zurückkehren.
15. Das geschieht beispielsweise in hitzigen Debatten im Bereich der Frauenstudien zum Mittleren Osten darüber, wer das Recht hat, für die Frauen im Mittleren Osten zu sprechen.
16. Vgl. z. B. Asad 1973, Clifford 1983, Fanian 1983, Hymes 1969, Kuper 1988.
17. Im Original bezieht sich die Autorin auf eine Formulierung von Clifford 1988a, S. 234, der auf den Übergang von der Groß- zur Kleinschreibung und die mögliche Pluralbildung anspielt, also von *Culture* zu *culture(s)*; d.Ü.
18. *tendencies to freeze difference.*
19. Manche möchten eine Unterscheidung zwischen „womanism" und „feminism" machen, aber in einem Großteil der Literatur gehen sie ineinander über.
20. Vgl. Mies 1983; Reinharz 1983, Smith 1987, Stanley; Wise 1983; s. Harding 1987 für eine vernünftige Kritik.

21. Arens (1979) hat zum Beispiel die provokative Frage gestellt, warum AnthropologInnen so hartnäckig an dem Glauben festhalten, daß in manchen Kulturen der Kannibalismus eine akzeptierte rituelle Praxis sei, während die Beweise in Form von Augenzeugenberichten doch so dürftig (oder laut ihm nicht existent) sind.

22. Ich untersuche den Gebrauch von „Diskurs" in Abu-Lughod 1989 und Abu-Lughod; Lutz 1990.

23. Bei meiner eigenen Arbeit über eine beduinische Gemeinschaft in Ägypten begann ich im Bezugsrahmen von Diskursen anstelle von Kulturen einfach aus dem Grund zu denken, daß ich irgendwie damit zurecht kommen mußte, daß es zwei einander widersprechende Diskurse über interpersonale Beziehungen zu geben schien - den Diskurs der Ehre und Bescheidenheit und den poetischen Diskurs der Verletzbarkeit und Bindung. Die Individuen orientierten sich an beiden und benutzten sie in unterschiedlichen Situationen (Abu-Lughod 1986). Auch bei einer neueren Überlegung zu beduinischen Reaktionen auf den Tod (Abu-Lughod o.J.) mußte ich mir die Tatsache erklären, daß es in dieser Gemeinschaft vielfältige Diskurse über den Tod gibt. Die Leute spielten mit einander widersprechenden Erklärungen für bestimmte Todesfälle; in einem Fall nannten sie unbeabsichtigten Totschlag, Dummheit, bestimmte Handlungen von Familienmitgliedern, den [bösen] Blick, Schicksal und den Willen Gottes. Darüber hinaus waren die beiden wichtigsten Diskurse - die rituelle Totenklage und der islamische Diskurs vom Willen Gottes - unterschiedlichen sozialen Gruppen zugeordnet, nämlich Männern und Frauen, und sie hatten die Wirkung, das Machtgefälle zwischen ihnen zu bestätigen und zu legitimieren.

24. Vgl. z.B. Appadurai 1991. Zwei neue Zeitschriften bieten Diskussionsforen zu diesen transnationalen Fragen: *Bulletin of the Center for Transnational Cultural Studies* und *Diaspora. A Journal of Transnational Studies*.

25. Für Hinweise auf ein „Weltsystem" im dreizehnten Jahrhundert s. J. Abu-Lughod 1989.

26. Vgl. Geertz (1975, 1988). Das hat Dumont (1986) kürzlich wiederholt, als er erklärte, Veränderungen in der Gesellschaftstheorie seien lediglich methodologische Veränderungen. [Das im Original im Haupttext enthaltene Wortspiel zwischen *fiction* und *fictitious* mit der wichtigen Anspielung auf Romandichtung läßt sich auf Deutsch nicht adäquat wiedergeben, d.Ü.]

27. Ausführlicher geht der interessante Beitrag von Gordon (1988) auf Cliffords Unbehagen am Feminismus ein.

28. Zu der Liste ließen sich viele andere hinzufügen, zuletzt Friedl (1989).

29. Das kann auch erklären, warum Paul Riesman, dessen Experiment in ethnographischem Schreiben 1974 auf Französisch und 1977 auf Englisch veröffentlicht wurde und also eines der ersten war, übergangen wurde.

30. Siehe mein eigenes Experiment mit dieser Art von narrativer Ethnographie, Abu-Lughod 1993.

31. Vgl. die Beiträge in Fox 1991.

32. Die Assoziation mit dem Humanismus ist so vernichtend, daß Saids Abgleiten in diese Haltung der entscheidende Punkt von Cliffords (1980) Kritik an seinem Buch *Orientalismus* ist.

33. Die Stärke des anti-arabischen Rassismus im Westen hat dies zuweilen zu einem entmutigenden Projekt gemacht. Ein neuerer Artikel zur „Wichtigkeit des Umarmens" benutzte eine Fehlinterpretation meiner Arbeiten als Beleg für die Behauptung, die natürliche Gewalttätigkeit und Blutrünstigkeit der Araber läge in ihrem angeblichen Versäumnis begründet, ihre Kinder in den Arm zu nehmen; s. Bloom 1989.

Literatur

Abu-Lughod, Lila (1986): *Veiled Sentiments: Honor and Poetry in a Bedouin Society*. New York.
- (1988): *Constructions of sexuality: public and private in Bedouin weddings*. Paper presented at the conference „Feminist Perspectives on Women in the Arabo-Islamic Culture". Cornell University.
- (1989): Zones of theory in the anthropology of the Arab world. In: *Annual Review of Anthropology*, 18, S. 276-306.

44 *Lila Abu-Lughod*

- (1990a): Can there be a feminist ethnography? In: *Women and Performance: A Journal of Feminist Theory*, 5, S. 7-27.
- (1990b): Shifting politics in Bedouin love poetry. In: Lutz, Catherine; Dies. Hg., a.a.O., S. 24-45.
- (1993): *Writing Women's Worlds: Bedouin Stories*. Berkeley.
- (o.J.): *Islam and the discourses of death*. Unveröffentlichtes Manuskript.
-; Lutz, Catherine (1990): Introduction: discourse, emotion, and the politics of everyday life. In: Lutz, Catherine; Abu-Lughod, Lila Hg., a.a.O., S. 1-23.
Altorki, Soraya; El-Solh, Camillia (1988): *Arab Women in the Field: Studying Your Own Society*. Syracuse, New York.
Appadurai, Arjun (1988): Putting hierarchy in its place. In: *Cultural Anthropology*, 3, S. 36-49.
- (1991): Global ethnoscapes: notes and queries for a transnational anthropology. In: Fox, Richard G. Hg., a.a.O., S. 191-210.
Arens, William (1979): *The Man-Eating Myth: Anthropology and Anthropophagy*. New York.
Asad, Talal (1973): *Anthropology and the Colonial Encounter*. London.
- (1983): Anthropological conceptions of religion: reflections on Geertz. In: *Man*, 18, S. 237-259.
Belenky, Mary u.a. (1986): *Women's Ways of Knowing*. New York.
Bell, Diane (1983): *Daughters of the Dreaming*. Melbourne.
Bloom, Howard (1989): The importance of hugging. In: *Omni*, 11 (5): 30, 116.
Bowen, Elenore S. (1954): *Return to Laughter*. Neuaufl. 1964, Garden City, NY.
Bourdieu, Pierre (1977): *Outline of a Theory of Practice*. Cambridge.
Briggs, Jean (1970): *Never in Anger*. Cambridge, MA.
Cesara, Manda (1982): *Reflections of a Woman Anthropologist: No Hiding Place*. London; New York.
Chodorow, Nancy (1978): *The Reproduction of Mothering*. Berkeley.
Cixous, Helene (1983): The laugh of the Medusa. In: Cohen, K.; Cohen, P. Hg.: *The Signs Reader*. Chicago, S. 279-297.
Clifford, James (1980): Review of „Orientalism", by Edward Said. In: *History and Theory*, 19, S. 204-223.
- (1983): Power in dialogue in ethnography. In: Stocking, G.W., Jr. Hg.: *Observers Observed: Essays on Ethnographic Fieldwork*. Madison, S. 121-156.
- (1986): Introduction: partial truths. In: Ders.; Marcus, G. Hg., a.a.O., S. 1-26.
- (1988a): On ethnographic self fashioning. In: Ders. Hg., a.a.O., S. 92-113.
- (1988b): On collecting art and culture. In: Ders. Hg.: *The Predicament of Culture: Twentieth-Century Ethnography, Literature, and Art*. Cambridge, S. 215-251.
- Marcus, George E. Hg. (1986): *Writing Culture: The Poetics and Politics of Ethnography*. Berkeley.
Crapanzano, Vincent (1977): On the writing of ethnography. In: *Dialectical Anthropology*, 2, S. 69-73.
- (1980): Tuhami: *Portrait of a Moroccan*. Chicago.
Dumont, Jean-Paul (1978): *The Headman and I*. Austin.
- (1986): Prologue to ethnography or prolegomena to anthropology. In: *Ethos*, 14, S. 344-367.
Dwyer, Kevin (1982): *Moroccan Dialogues: Anthropology in Question*. Baltimore.
Echols, Alice (1984): The taming of the id: feminist sexual politics 1968-83. In: Vance, C. Hg.: *Pleasure and Danger*. Boston.
Fabian, Johannes (1983): *Time and the Other: How Anthropology Makes Its Object*. New York.
Fahim, Hussein Hg. (1982): *Indigenous Anthropology in Non-Western Countries*. Durham, NC.
Fernea, Elizabeth W. (1965): *Guests of the Sheik: An Ethnography of an Iraqi Village*. Neuauflage 1969, Garden City, NY.
Fischer, Michael M. J. (1984): Towards a third world poetics: seeing through short stories and films in the Iranian culture area. In: *Knowledge and Society*, 5, S. 171-241.
- (1986): Ethnicity and the post-modern arts of memory. In: Clifford, J.; Marcus, G. Hg., a.a.O., S. 194-233.

- (1988): Aestheticized emotions and critical hermeneutics. In: *Culture, Medicine and Psychiatry*, 12, S. 31-42.

Foucault, Michel (1978): *Discipline and Punish*. New York.

Fox, Richard G. Hg. (1991): *Recapturing Anthropology: Working in the Present*. Santa Fe.

Friedl, Erika (1989): *Women of Deh Koh: Lives in an Iranian Village*. Washington, DC.

Geertz, Clifford (1973): The impact of the concept of culture on the concept of man. In: Ders. Hg.: *The Interpretation of Cultures*. New York, S. 33-54.

- (1975): Thick description: toward an interpretive theory of culture. In: Ders. Hg.: *The Interpretation of Cultures*, London, S. 3-30.

- (1988): *Works and Lives: The Anthropologist as Author*. Stanford.

Gilligan, Carol (1982): *In a Different Voice*. Cambridge, MA.

Gordon, Deborah (1988): *Writing culture, writing feminism: The poetics and politics of experimental ethnography*. In: Inscriptions, 3/4, S. 7-24.

Haraway, Donna (1985): A manifesto for cyborgs: science technology and socialist feminism in the 1980s. In: *Socialist Review*, 80, S. 65-107.

Harding, Sandra (1986): *The Science Question in Feminism*. Ithaca.

- (1987): The method question. In: *Hypathia*, 2, S. 19-35.

Hartsock, Nancy (1985): *Money, Sex, and Power: Toward a Feminist Historical Materialism*. Boston.

Hymes, Dell Hg. (1969): *Reinventing Anthropology*. New York.

Irigaray, Luce (1985a): *Speculum of the Other Woman*. Ithaca.

- (1985b): *This Sex Which Is Not One*. Ithaca.

Joseph, Suad (1988): Feminization, familism, self, and politics: research as a Mughtaribi. In: Altorki, S.; El-Solh, C. Hg., a.a.O., S. 25-47.

Kondo, Dorinne (1986): Dissolution and reconstitution of self: implications for anthropological epistemology. In: *Cultural Anthropology*, 1, S. 74-88.

Kristeva, Julia (1981): Women's time. In: *Signs*, 7, S. 13-35.

Kuper, Adam (1988): *The Invention of Primitive Society: Tranformation of an Illusion*. Boston; London.

Lutz, Catharine; Abu-Lughod, Lila Hg. (1990): *Language and the Politics of Emotion*. New York.

MacKinnon, Catharine (1982): Feminism, Marxism, method, and the state: an agenda for theory. In: *Signs*, 7, S. 515-544.

Marcus, George E.; Clifford, James (1985): The making of ethnographic texts: preliminary report. In: *Current Anthropology*, 26, S. 267-271.

-; Fischer, Michael M. J. (1986): *Anthropology as Cultural Critique: An Experimental Moment in the Human Sciences*. Chicago.

Mies, Maria (1983): Towards a methodology for feminist research. In: Bowles, G.; Klein, R. D. Hg.: *Theories of Women's Studies*, Boston; London.

Mintz, Sidney (1985): *Sweetness and Power: The Place of Sugar in Modern History*. New York.

Mitchell, Timothy (1988): *Colonizing Egypt*. Cambridge.

Morsy, Soheir (1988): Fieldwork in my Egyptian homeland: toward the demise of anthropology's distinctive-other hegemonic tradition. In: Altorki, S.; El-Solh, C. Hg., a.a.O., S. 69-90.

Mudimbe, Valentine Y. (1988): *The Invention of Africa: Gnosis, Philosophy and the Order of Knowledge*. Bloomington.

Nader, Laura (1969): „Up the Anthropologist"-perspectives gained from studying up. In: Hymes, D. Hg.: *Reinventing Anthropology*. New York, S. 284-311.

Narayan, Kirin (1989): *Saints, Scoundrels, and Storytellers*. Philadelphia.

Ortner, Sherry B.(1984): Theory in anthropology since the sixties. In: *Comparative Studies in Society and History*, 26, S. 126-166.

- (1991): Reading America: preliminary notes on class and culture. In: Fox, Richard G. Hg., a.a.O., S. 163-190.

Pratt, Mary Louise (1986): Fieldwork in Common places. In: Clifford, J.; Marcus, G. Hg., a.a.O., S. 27-50.

Rabinow, Paul (1977): *Reflections on Fieldwork in Morocco*. Berkeley.

Reinharz, Shulamit (1983): Experimental analysis: a contribution to feminist research. In: Bowles, G.; Klein, R. D. Hg.: *Theories of Women's Studies*. London; Boston, S. 162-191.

Rich, Adrienne (1979): Toward a woman-centered university. In: Dies. Hg.: *On Lies, Secrets and Silence*. New York, S. 125-156.

Riesman, Paul (1977): *Freedom in Fulani Social Life*. Chicago.

- (1982): *Fieldwork as initiation and as therapy*. Paper presented at the 81st annual meeting of the American Anthropological Association, Washington, DC.

Rose, Hilary (1983): Hand, brain, and heart: a feminist epistemology for the Natural Sciences. In: *Signs*, 9, S. 73-90.

- (1986): Women's work: Women's knowledge. In: Mitchell, Juliet; Oakley, Ann Hg.: *What is Feminism? A Re-Examination*. New York, S. 161-183.

Ruddick, Sara (1980): Maternal thinking. In: *Feminist Studies*, 6 (2), S. 342-367.

Said, Edward (1978): *Orientalism*. New York.

- (1989): Representing the colonized: anthropology's interlocuters. In: *Critical Inquiry*, 15, S. 205-225.

Shostak, Marjorie (1981): *Nisa: The Life and Words of a !Kung Woman*. Cambridge, MA.

Smith, Dorothy (1987): *The Everyday World as Problematic*. Boston.

Stanley, Liz; Wise, Sue (1983): *Breaking Out: Feminist Consciousness and Feminist Research*. London.

Strathern, Marilyn (1985): Dislodging a worldview: challenge and counter-challenge in the relationship between feminism and anthropology. In: *Australian Feminist Studies*, 1, S. 1-25.

- (1987): An awkward relationship: the case of feminism and anthropology. In: *Signs*, 12, S. 276-292.

Tedlock, Dennis (1983): *The spoken Word and the Work of Interpretation*. Philadelphia.

- (1987): Questions concerning dialogical anthropology. In: *Journal of Anthropological Research*, 43, S. 325-337.

Turner, Edith (1987): *The Spirit and the Drum: A Memoir of Africa*. Tuscon.

Tyler, Stephen (1986): Post-modern ethnography: from document of the occult to occult document. In: Clifford, J.; Marcus, G. Hg., a.a.O., S. 122-140.

Watson, Graham (1991): Rewriting culture. In: Fox, Richard G. Hg., a.a.O., S. 73-92.

Weiner, Annette (1976): *Women of Value, Men of Renown*. Austin.

Wolf, Eric R. (1982): *Europe and the People without History*. Berkeley.

Wolf, Margery (1968): *The House of Lim*. New York.

Winnie Wanzala

Von der „angenommenen" Einheit zur „praktischen" Einheit. Die Frauenbewegung in Namibia[1]

Es gibt einige gute Gründe dafür, die Geschlechterfrage in Namibia kritisch zu untersuchen. Besonders seit der Unabhängigkeit Namibias haben viele geschlechtsbewußte Frauen[2] versucht, ihre Kräfte zu vereinen und Strategien zu Geschlechterproblemen zu entwickeln. Jedoch wurden viele durch die Machtverhältnisse unter Frauen in den Führungsriegen der Frauenorganisationen in Windhoek oder unter Frauen generell entmutigt. Mich beschäftigt die Frage, warum diese Machtverhältnisse auch in der Zeit nach der Apartheid Spaltungen unter Frauen verstärken. Weiterhin geht es mir auch um die Konsequenzen, die diese Spaltungen für die Repräsentation der Belange und Interessen benachteiligter Frauen, besonders aus ländlichen Gebieten, mit sich bringen. Diese Probleme sind nur zu verstehen, wenn man die soziohistorischen Zusammenhänge, die vorherrschenden sozialen Machtverhältnisse und die komplexen Einflüsse berücksichtigt, die uns zu unverwechselbaren Individuen werden lassen. Ich diskutiere auch Ansätze, wie die Differenzen unter Frauen zu transzendieren wären und wie ein gegenseitiger Respekt als Prinzip für die Solidarität unter Frauen in der Bewegung geschaffen werden kann.

Der soziohistorische Kontext

Namibia war bis zum Jahre 1990, als es im Rahmen einer liberal-demokratischen Staatsform unabhängig wurde, eine Kolonie Südafrikas, so daß es dem südafrikanischen Recht unterstand. Daher galt die südafrikanische Politik der separaten Entwicklung oder der Apartheid auch in Namibia, und alle ethnischen Gruppen wurden auf separate *homelands* aufgeteilt und beschränkt. Die Bantustan-Politik, die 1966 in Namibia eingeführt wurde, führte zur Einrichtung von „ethnisch" definierten *homelands*. Das verbleibende Land war weißen Siedlern vorbehalten.

Unter Aufsicht der UN wurden 1989-1990 Wahlen durchgeführt, und die SWAPO (South West Africa People's Organisation) wurde zur Regierungspartei in Namibia. Die neue Regierung verfolgte eine Politik der nationalen

Versöhnung, um die Nationenbildung und ein harmonisches Miteinander der verschiedenen „Rassen" zu fördern. Die Mehrheit der armen Schwarzen verfolgt diese Politik mit Bitterkeit, weil dies für sie bedeutet, daß die vorigen Nutznießer der Apartheid ihren Vorteil weiter wahren können. Für die Mehrheit der Weißen in Namibia beinhalteten die Politik der nationalen Versöhnung und die Errichtung eines demokratisch-kapitalistischen Systems, daß sich in der Wirtschaft wenig änderte.

Auch nach der Apartheid tritt deren Erbe in der kapitalistischen Unterentwicklung zutage: Es gibt einen exportorientierten, städtischen formellen Sektor, ausländisches Kapital, einen großen Subsistenz- und informellen Sektor, Rohstoffexport aus dem Bergbau und der kommerziellen Landwirtschaft und schließlich eine unterentwickelte verarbeitende Industrie.

Die „rassische" Zusammensetzung der Beschäftigten im öffentlichen und privaten Sektor wird sich erst langfristig verändern. Aus der Abhängigkeit der Mehrheit schwarzer NamibierInnen von Beschäftigungsmöglichkeiten im informellen Sektor ergeben sich Folgerungen für Entwicklungsstrategien, die ausländische Investitionen in kapitalintensiven Industrien fördern. Während die Inhaber hoher politischer Ämter meist schwarze Männer sind, sind die Führungspositionen in der Verwaltung meist von Weißen besetzt. Der private Sektor wird von Weißen - im wesentlichen NamibierInnen der deutschen und Afrikaans-sprechenden Gruppen - und westlichen Firmen dominiert. Nur wenige schwarze Frauen sind in politischen Ämtern oder höheren Verwaltungspositionen zu finden, doch bilden sie gleichzeitig die Führungsspitze der organisierten Frauenbewegung und sind Mitglieder der Regierungspartei SWAPO.

Die Regierungspolitik der Nationalen Versöhnung nach der Unabhängigkeit war nur unter den Schwarzen, *Coloureds* und Weißen der Mittel- und Oberschicht erfolgreich. Dies ist einleuchtend, weil sie sich in denselben gesellschaftlichen Kreisen bewegen, ihnen die gleichen Ämter und Funktionen offenstehen, sie in denselben gehobenen Wohnvierteln leben und ihre Kinder dieselben Privatschulen besuchen. In der unteren Mittelschicht und bei den Armen hingegen sind Verständigung und Rassenintegration faktisch nicht existent. Sie sind überwiegend Schwarze. Die große Mehrheit der *coloured* Bevölkerung gehört der Mittel- und unteren Mittelschicht an, wobei eine bedeutende Zahl sehr arm ist. Die schlechtergestellten Schwarzen und *coloureds* leben immer noch in den ehemaligen schwarzen und *coloured townships* und bleiben dadurch sozial getrennt voneinander. Sogar innerhalb des schwarzen *township* Katutura gibt es Tendenzen zu einer ethnischen Unterscheidung im Wohnbereich; in anderen Worten gibt es überwiegend Oshivambo-sprachige, Otjiherero-sprachige oder Nama-Damara-sprachige Viertel usw.

Angesichts des Erbes der Apartheid, die die Mobilität einschränkte und die einzelnen Gruppen in „ethnischen" *homelands* festhielt, spiegeln die Ideologie und die Mitgliedschaft der politischen Parteien bestimmte „rassische" und ethnische Identitäten wider. Die wirtschaftliche Macht ist in den Händen der weißen Minderheit, die sich nicht aktiv am politischen Prozeß beteiligt; etwa die Hälfte nahm nicht an den Parlaments- und Präsidentschaftswahlen im Dezember 1994 teil. Seit der Unabhängigkeit sind kaum Weiße der Regierungspartei SWAPO beigetreten[3], und viele haben der größten Oppositionspartei DTA ihre Unterstützung entzogen. Dies zeigt ihre geringe Unterstützung der jetzigen politischen Verhältnisse. Mehr als 60% der schwarzen NamibierInnen unterstützen die SWAPO, doch gibt es hier auch zwischen den schwarzen Gruppen wichtige ethnische Spaltungen.

Es ist klar, daß die Parteipolitik, Ethnizität, Klasse, „Rasse", Religion und unendlich viele subjektive Faktoren in Namibia nach der Apartheid wesentliche Hindernisse auf dem Weg zur Einheit bilden. Doch stellen diese Faktoren eine noch größere Bedrohung für die sozialen Bewegungen wie z.B. die Frauenbewegung dar, die als eine Grundlage ihrer Kämpfe den Versuch unternehmen, diese tiefen sozialen Spaltungen zu transzendieren. Denn die Beziehung zwischen dem Geschlecht und den anderen identitätsstiftenden Kategorien ist hoch komplex. Das Geschlecht wurde tendenziell unter Faktoren sozialer Spaltung wie Klasse, „Rasse" und Ethnizität, die durch die Apartheid geschaffen wurden, untergeordnet oder entlang der Achse dieser Faktoren strukturiert.

Das Verständnis der Unterdrückung der Frauen und die Widersprüche im Patriarchat

Angesichts der soziopolitischen Veränderungen in Namibia hat sich auch das Verständnis der Unterdrückung der Frauen gewandelt. Dies zeigte sich besonders im Übergang vom Kolonialismus zur Unabhängigkeit mit dem Auftreten von Widersprüchen im Patriarchat. Während des Befreiungskampfes wurde in der SWAPO-Publikation *To Be Born a Nation* von 1981 die Unterdrückung der Frauen als doppelte Unterdrückung bezeichnet. Mit diesem Begriff wurden das weiße männliche Patriarchat und der Kolonialismus als alleinige Ursachen der Unterdrückung schwarzer Frauen anerkannt. Man nahm an, daß die Frauenfrage nicht nur zusätzlich zur kolonialen Unterdrückung hinzukam, sondern auch deren Ergebnis sei. Man dachte, daß das Ende des Kolonialismus logischerweise zur Emanzipation der Frauen führen würde. In diesem Modell der doppelten Unterdrückung werden Diskriminierung nach Klasse und „Rasse" zusammengefaßt, da sowohl Frauen als auch Männer sie erfahren; als sekundärer Faktor wird die Geschlechtsdiskriminierung hinzuaddiert, die nach der politischen Befreiung aufzuheben wäre. Tatsächlich wurde die Geschlechterfrage jedoch dem Befreiungskampf untergeordnet oder unter dessen Fittiche genommen.

Vor und nach der Unabhängigkeit benutzten Aktivistinnen den Begriff der dreifachen Unterdrückung (*triple oppression*) für die klassen-, „rassen"- und geschlechtsspezifische Unterdrückung von Frauen (Cleaver; Wallace, 1990). Er beinhaltet, daß in Namibia schwarze Frauen in der Geschichte ein größeres Ausmaß an Unterdrückung zu ertragen hatten als schwarze Männer. Dieses Konzept weist darauf hin, daß Geschlechtsdiskriminierung auch im Befreiungskampf stattfindet und hebt Klassenunterschiede zwischen Männern und Frauen hervor, da Männer durch das System der Wanderarbeit (das selbst unterdrückerisch und geschlechtsspezifisch war) Zugang zur Geldwirtschaft hatten, während Frauen als Bäuerinnen auf den Subsistenzsektor beschränkt blieben (vgl. Hishongwa 1992). Zwar konnten auch einige Frauen Arbeit als Hausangestellte finden, doch waren diese Beschäftigungsverhältnisse ungesichert und unterbezahlt. Der Ansatz der dreifachen Unterdrückung brachte das Verständnis für das Wesen der Unterordnung von Frauen in Namibia einen Schritt weiter als im ursprünglichen Konzept der „doppelten Unterdrückung".

Für namibische Frauen war vor und nach der Unabhängigkeit klar, daß das Ungleichgewicht zwischen den Geschlechtern innerhalb des Befreiungskampfes thematisiert werden müßte. Und sie waren sich bewußt, daß die politische Unabhängigkeit nicht automatisch die Emanzipation der Frauen mit sich bringen würde, wie die SWAPO in den frühen 1970er Jahren angenommen hatte. Seit der Unabhängigkeit sahen sich schwarze namibische Frauen, die in der Frauenbewegung in der SWAPO aktiv sind, mit überwältigend großen Aufgaben konfrontiert:

1) Ein von Männern dominierter Staatsapparat, der gegenüber Forderungen nach einer Beschäftigung mit dem Geschlechterungleichgewicht nicht ganz unzugänglich ist, schrieb die Gleichheit der Geschlechter in der Verfassung fest, und die Regierung unterzeichnete die UN-Konvention zur Abschaffung aller Formen von Diskriminierung gegen Frauen. Dennoch nehmen die Männer die Gleichstellung der Geschlechter nicht durchgehend ernst.

2) Die namibischen Frauen müssen sich der Frage von Differenzen unter Frauen stellen, nämlich Persönlichkeitskonflikten *(personality conflicts),* die auf ungelöste Erlebnisse aus der Vergangenheit zurückgehen. Dabei stoßen verschiedene Vorstellungen der Frauen zur Frauenemanzipation aufeinander[4]. Die vorherrschende Geschlechtsideologie mißt Männern einen höheren Wert bei und assoziiert sie mit sozial hochbewerteten Berufen. Auf der Ebene persönlicher Beziehungen zwischen Frauen zeigt sich der Einfluß

dieser Ideologie in der mangelnden Akzeptanz oder dem Neid gegenüber Frauen in „Männerberufen"[5].

3) Die Frauenbewegung in Namibia hat einen historisch besonderen „rassischen" und ideologischen Charakter. Außerhalb des Rahmens der ehemaligen Befreiungs- und heutigen Regierungspartei haben sich die Frauen bislang noch nicht effektiv organisiert. *SWAPO Women's Council* (SWC; der SWAPO-Frauenrat) hat seine Rolle seit der Unabhängigkeit nicht neu definiert. Sein Hauptziel liegt weiterhin in der Unterstützung der Regierungspartei, vor allem in Wahlzeiten. Doch haben die SWAPO-Frauen eine dominante Position in der Frauenbewegung, weil sie in der Anerkennung der Regierung und der Geldgeber in der Entwicklungshilfe eine Vorrangstellung haben.

Vor diesem Hintergrund besteht eine Spannung zwischen der Realität des Patriarchats und der Geschlechtsdiskriminierung einerseits und der realen Spaltung der Frauen durch die Ideologie andererseits. Zwar haben bereits vor der Unabhängigkeit eine Reihe von Aktivistinnen anerkannt, daß nicht alle Frauen gleichermaßen auf der Basis von Klasse, „Rasse" und Geschlecht unterdrückt werden. Angesichts einer über soziale Kategorien hinweg bestehenden gemeinsamen Unterdrückung riefen sie zur Einheit unter Frauen auf. Dennoch besteht immer noch eine Tendenz, das Konzept der dreifachen Unterdrückung zu verwenden. Gegenwärtig orientiert sich die Frauenbewegung an der Annahme einer kollektiven Schwesternschaft, in der die Auswirkungen der Faktoren sozialer Schichtung und individueller Unterschiede auf die Solidarität von Frauen nicht berücksichtigt werden.

Faktoren sozialer Schichtung und Frauenorganisationen im postkolonialen Namibia

Die formale Organisation der Frauenbewegung spiegelt soziale und individuelle Unterschiede zwischen Frauen wider. Es gibt zwei nationale Zusammenschlüsse, die sich im Jahre 1990/91 aus dem vergeblichen Versuch bildeten, einen landesweiten Dachverband aller Frauengruppen zu gründen. Einige der beteiligten Frauen brachten den Ruhm der SWAPO und ihrer politischen Vergangenheit mit ein, vor allem die Tatsache, daß die SWAPO als die einzige und wahre Vertretung des namibischen Volkes anerkannt war und einen erfolgreichen Befreiungskampf geführt hatte. Etliche von ihnen meinten, daß deshalb eine führende Rolle in der Frauenbewegung für sie angemessen sei. Andere waren durch die Zugehörigkeit zur DTA gebrandmarkt, einer Partei, der aufgrund ihrer zweifelhaften Herkunft als Marionette der südafrikanischen Kolonialregierung ein unauslöschlicher Makel anhaftet. Andere waren Mitglieder der Workers' Revolutionary Party oder des Elternkomitees, das die Mißhandlungen in den Gefangenenlagern der

SWAPO vor der Befreiung öffentlich kritisiert hatte; einige ihrer Verwandten waren in den Kerkern umgebracht worden oder werden immer noch vermißt. In dieser frühen Phase der Unabhängigkeit konnten die Frauen nur schwer tiefe persönliche Konflikte vermeiden, die sich aus ihren politischen Erfahrungen der letzten Zeit ergaben. Es war klar, daß die Frauen dies alles nicht einfach überwinden oder automatisch aufgrund einer gemeinsamen Geschlechtsidentität zusammenarbeiten konnten; sie konnten sich von der politischen Geschichte Namibias nicht künstlich isolieren[6].

Nach einer fast einjährigen Debatte endete der Versuch, eine Dachorganisation zu gründen, in einer Spaltung nach parteipolitischen Orientierungen: Die neu entstehende NANAWO (National Association of Women) wurde als „SWAPO-Gruppierung" betrachtet; die Federation of Namibian Women, die sich auch aus diesen Versuchen bildete, wird mit den Frauenabteilungen der Oppositionsparteien in Zusammenhang gebracht[7]. Die Worker and Peasant Women's Association ist ein eigenständiger Verband, obwohl ihre Mitglieder aus der Workers' Revolutionary Party kommen. Dieser Versuch der Gründung eines Dachverbandes schlug wegen parteipolitischer Differenzen fehl; er zeigt, wie die Ideologie die bestehende Konfiguration der Frauenorganisationen entscheidend mitgestaltet hat (vgl. Becker 1995).

Ein bestimmter Teil der Frauen wird als etablierte Frauen oder als Frauen in der institutionalisierten Bewegung bezeichnet. Dies sind schwarze Frauen im Department of Women's Affairs (DWA; Abteilung für Frauenfragen), das 1990 im Präsidialamt eingerichtet wurde. Die Etablierung des DWA wurde nicht durch Netzwerke oder öffentliche Diskussionen zwischen Frauen in Namibia oder Nichtregierungsorganisationen (NROs) von Frauen angeregt; sie war eine Initiative des Präsidialamtes. Windhoek hat nur 130 000 EinwohnerInnen, und die meisten PolitikerInnen und Geschäftsleute kennen einander persönlich. Diese persönlichen Kontakte sind manchmal klassenübergreifend, da sie auf sehr alten familiären Beziehungen oder auf ethnischer Identität beruhen. Sie haben auch einen politischen Charakter, wenn sich enge Freundschaften bei der Unterstützung derselben Seite im Befreiungskampf entwickelten. Deshalb decken sich persönliche Kontakte teils mit ideologischer Nähe, mit der „Rasse" oder Ethnizität.

Außerhalb des parteipolitischen Rahmens und der Regierung kann man die Gruppen, die sich mit Frauenfragen beschäftigen, in folgende Kategorien einteilen: Es gibt unabhängige spezielle Interessengruppen wie Women's Solidarity und Sister Collective. Des weiteren bestehen lokale und internationale NROs wie das Legal Assistance Center, Namibia Development Trust, verschiedene UN-Abteilungen und internationale Verbindungsbüros wie z.B. die Swedish International Development Authority. Sie beschäftigen sich mit Entwicklung und mit Frauen, weil die TeilnehmerInnen an ländlichen Entwicklungsprojekten normalerweise Frauen sind. In eine andere Kategorie gehören internationale Service-Clubs und -organisationen wie die Federation of Business and Professional Women (Bund der Frauen in Unternehmen und professionellen Berufen). Gewerkschaften wie die LehrerInnengewerkschaft, die StudentInnengewerkschaft und die Hausangestelltengewerkschaft haben Frauenbüros (women's desks[8]) und einen bedeutenden weiblichen Mitgliederanteil. In der Hausangestelltengewerkschaft sind Frauen auch in der Führung vertreten. Frauenbüros haben alle großen Kirchen in Namibia, also die lutherische, katholische, methodistische und anglikanische Kirche, die auch Mitglieder des Dachverbandes Council of Churches in Namibia (CCN) sind. Schließlich gibt es noch das Women's Forum, einen informellen ad-hoc-Ausschuß, der einen Raum für Frauen schaffen will, in dem Geschlechterfragen außerhalb des Rahmens organisierter Gruppen diskutiert werden können.

In den unabhängigen Frauenorganisationen außerhalb der Parteien wie Sister Collective und Women's Solidarity haben sich eine kleine Anzahl schwarzer Frauen mit guter Ausbildung und junger berufstätiger weißer Frauen zusammengetan, um einige spezielle Interessengruppen ins Leben zu rufen. In diesen unabhängigen Organisationen wurde der Einfluß der „Rasse" erfolgreich überwunden. Allerdings sind nur eine Handvoll weißer Frauen engagiert, die auch meist aus dem Ausland kommen. Wie in der ganzen Gesellschaft finden Kontakte und Verständigung über Rassenbarrieren hinweg am erfolgreichsten unter den Eliten statt, während Frauen der unteren Einkommensstufen weiterhin streng nach „Rasse" voneinander getrennt bleiben.

Die Mitgliedschaft von Frauen in parteipolitischen und unabhängigen Organisationen ist weitgehend deckungsgleich; deshalb wirken sich die persönlichen Konflikte von Frauen aus verschiedenen parteipolitischen Organisationen auch in den unabhängigen Gruppen aus. In der Tat existieren einige Gruppen nur auf dem Papier oder sind seit langem eingeschlafen, da dieselben Frauen vielleicht in anderen Frauenorganisationen aktiv sind, die mehr Anerkennung finden. Das Motiv zur Gründung einer Organisation ist zum einen natürlich das Anliegen, Frauen an der Basis zu helfen, zum anderen aber manchmal, daß eine Aktivistin findet, daß sie mit Frauen in etablierten Organisationen nicht zusammenarbeiten kann. Die Kooperation der etablierten Frauenorganisationen miteinander folgt nicht allein dem Diktat ideologischer Differenzen, da auch Frauen der DTA und der SWAPO schon zusammengearbeitet haben. Manchmal herrscht in maßgeblichen Cliquen Ablehnung gegenüber einzelnen Frauen vor, deren Expertise deshalb nicht in Anspruch genommen wird.

Einige Frauen aus unabhängigen Gruppen haben aus einer Reihe von Gründen Aversionen gegenüber etablierten Frauen geäußert, insbesondere gegen das DWA. Sie waren betroffen über eine begrenzte Weitergabe von Informationen und unregelmäßige Rückmeldungen über deren Aktivitäten. In ihrer Wahrnehmung dominieren die DWA-Frauen auch Feiertage wie den Namibischen Frauentag oder den Pan-Afrikanischen Frauentag in dem Sinne, daß die Frauen aus Institutionen die wichtigsten Funktionen, wie etwa die Reden, monopolisieren, während die NRO-Frauen sich als Zuschauerinnen marginalisiert fühlen. Einige Frauen in professionellen Berufen und Intellektuelle äußerten sich zudem besorgt darüber, daß ihr Fachwissen in der Vorbereitung solcher Veranstaltungen angeeignet wird, während die Anerkennung dafür an etablierte Frauen geht, die ihre Ergebnisse auf lokalen und internationalen Foren vorstellen. Ähnliche Bedenken wurden in bezug auf den Vorbereitungsprozeß zur Weltfrauenkonferenz von einigen Frauen geäußert, die an der Erstellung des nationalen Berichts von Namibia beteiligt waren.

Einige NRO-Frauen äußerten sich besorgt darüber, daß Frauen an der Basis oder vom Land ausgenutzt würden; so wird behauptet, sie würden gelegentlich in Bussen zu Versammlungen nach Windhoek gebracht, um die Legitimation der etablierten Frauen zu verstärken. Diese Spannungen äußerten sich tendenziell in Form von Konkurrenz unter Frauen: die Aktivistinnen geben Kontakte und Informationen nur begrenzt weiter[9]. Ebenso gibt es eine Tendenz, eher gegenseitig um die Popularität an der Basis zu konkurrieren, anstatt sich zusammenzutun, um tragfähige Beziehungen zu ländlichen Frauen aufzubauen[10].

Persönlichkeitskonflikte, die mit politischen Unterschieden eng verwoben sind, hatten weitgehende Auswirkungen in einem Zusammenhang, wo eine Kerngruppe von Aktivistinnen Zugang zu Ressourcen wie z.B. Expertise zu Rechtsfragen oder zur Finanzierung von Projekten und Programmen hat. Diese Ressourcen sind zentral, um in den Kernbereichen, die Frauen betreffen, wie z.B. Zugang zu Land, Bildung, Gesundheitswesen, Beschäftigung und die Aufhebung diskriminierender Gesetzgebung, wirklich etwas zu erreichen. Da nur wenige Frauen über Zugang zu diesen Ressourcen verfügen, haben Schwierigkeiten in ihrer Zusammenarbeit oder Koordination weitreichende Konsequenzen für Frauen an der Basis, die ihre Hilfe am dringendsten benötigen.

Dreifache Unterdrückung und die Beziehungen zwischen Frauen in Namibia

Aus einer Reihe von Gründen gilt das Konzept der dreifachen Unterdrük-kung weder für alle schwarzen Frauen, noch trifft es für weiße oder viele *coloured* Frauen zu. So sehen sich beispielsweise viele Frauen in der widersprüchlichen Position, daß sie einer historisch benachteiligten „Rasse" angehören, nun aber auch einer sozial bessergestellten Schicht. Dies sind meist schwarze namibische Frauen, die im Exil Zugang zu Bildung hatten und nun Regierungsämter im öffentlichen Sektor besetzen. Bis zu den Wahlen von 1994 gab es zwei Ministerinnen (für Lokal- und Regionalregierung und Wohnen, sowie Jugend und Sport) und eine stellvertretende Ministerin (für Außenpolitik). Nach den Wahlen sind weiterhin zwei Ministerinnen in den gleichen Positionen tätig, aber die Zahl der stellvertretenden Ministerinnen hat sich auf drei erhöht (Außenpolitik, Gefängnisse und Gemeindearbeit zur Besserung (*correctional services*), Grundbildung). Andere Frauen befinden sich in der widersprüchlichen Lage, daß sie der historisch gesehen privilegierten „Rasse" und Klasse angehören und nun solidarisch mit anderen Frauen versuchen, gegen patriarchale Strukturen anzugehen. Ein anderer Widerspruch zeigt sich darin, daß mit Sicherheit weiße und *coloured* Frauen, aber auch viele schwarze Frauen, die führend in der Bewegung sind, Hausangestellte zu ausbeuterischen Bedingungen beschäftigen, ohne sich der Form von Unterdrückung bewußt zu sein, für die sie in ihrem eigenen Haushalt verantwortlich sind. Wie die meisten ArbeitgeberInnen von Hausangestellten zahlen sie niedrige Löhne. Da diese Arbeitsverträge meist ablehnen, sind die Arbeitsverhältnisse ungesichert.

Seit der Unabhängigkeit fand die Frauenbewegung keinen Anklang bei weißen oder *coloured* Frauen - außer den Anti-Apartheid-Aktivistinnen - , da bei diesen Gruppen die Idee der „Befreiung" historisch mit „Kommunismus" assoziiert wurde. Bei den afrikaans-sprachigen[11] und deutschsprachigen Gruppen in Namibia erweist sich eine Geschlechterideologie als sehr wirkungsvoll, die Frauen mit dem Haus gleichsetzt und als Bewahrerinnen der Kultur sieht. Die *coloured* Bevölkerung identifiziert sich in hohem Maße mit dieser Kultur, weil Afrikaans für sie so etwas wie die „Muttersprache" ist. Der Lebensstil vieler weißer Frauen entsprach in der Tat dem vorgegebenen Rahmen der herrschenden Geschlechterideologie: Sie führten den Haushalt, und ihre Ehemänner waren die „Brotverdiener". Sie erlebten nicht wie die meisten schwarzen Frauen unter der Apartheid und bis heute den Widerspruch zwischen den gesellschaftlichen Erwartungen an ihre Geschlechterrolle und der sozialen Anforderung, ihre Familie zu versorgen. Es ist offensichtlich, daß die enge Verbindung der Frauenbewegung mit einem Befreiungskampf, mit dem sich die Mehrheit der weißen und *coloured*

Frauen nicht identifizieren konnte oder wollte, zu einer Spaltung der Frauen nach „Rassenzugehörigkeit" geführt hat, die nur schwer zu überwinden sein wird.

Mehr als in jeder anderen „Rassen"-Gruppe sind schwarze Frauen in ihren jeweiligen Parteien, Gewerkschaften, Jugendverbänden oder Studentenvereinigungen und in lokalen Gruppen aktiv. Weibliche Parteimitglieder sind automatisch Mitglieder von deren Frauenabteilungen. Diese Frauenabteilungen wiederum haben, entsprechend den Gebieten, in denen ihre jeweiligen Parteien populär sind, mehr oder weniger ausgeprägte Verbindungen zu halbstädtischen und ländlichen Gegenden im Norden und Süden,

Unter schwarzen Gruppen in Namibia wird Klasse zu einem wichtigen sozialen Spaltungsfaktor. So bleiben viele schwarze Frauen auf der Graswurzelebene - Frauen, die einen *shabeen* oder einen *cuca shop* haben[12], Straßenverkäuferinnen und andere - außerhalb des Bereichs des Frauenkampfes. Einige sind auf kommunaler Ebene aktiv geworden; z.B. haben sich ca. 250 Frauen in Katutura in einem Kreditverband, der Okutumbatumba Hawkers' Association (Okutumbatumba StraßenverkäuferInnen-Vereinigung), zusammengeschlossen, um kleine Darlehen zugänglich zu machen. Hausangestellte hatten nach der Erringung der Unabhängigkeit mit der Gründung der Gewerkschaft Domestic and Allied Workers Union (NDAWU) die Möglichkeit, sich zu organisieren. NDAWU lehnt eine spezifische Politik mit Frauenbezug, außer in der Frage der sexuellen Belästigung, ab. Frauen auf dem Land haben eher Kontakt mit der Kirche, mit Entwicklungshilfe-NROs und mit lokalen Behörden als mit Frauenorganisationen in Windhoek. Doch ist zu berücksichtigen, daß auch ländliche Frauen keine homogene Gruppe bilden (siehe Yaaron et al. 1992) und vor allem lokale FührerInnen Kontakt zu parteipolitischen Frauenabteilungen in Windhoek haben.

In Uukwaluudhi, einem Landbezirk im Norden, interviewte ich Teilnehmerinnen an dem Integrated Area Based Project[13], das von der UNICEF und dem Ministerium für Lokal- und Regionalregierung und Wohnen gefördert wird. Die Frauen waren überrascht, daß sich jemand für ihre Ansichten interessierte, da, wie sie sagten, niemand sie fragt, was sie davon halten; sie sind daran gewöhnt, daß man ihnen sagt, was sie tun sollen. Zur Zeit des Interviews (Okt. 1992) kannten diese Frauen keine Frauenverbände in Windhoek außer dem SWAPO Women's Council. Frauen in halbstädtischen Gebieten wie Ondangua und Oshakati fühlten sich sehr isoliert von Frauenorganisationen in Windhoek und sie wünschten sich Unterstützung in bezug auf das soziale Bewußtsein über Verhütungsmittel und häusliche Gewalt.

Selbst in der Region Windhoek erscheint die Fähigkeit von Frauenorganisationen, nach außen gerichtete Aktivitäten durchzuführen und zu koordinieren gering. Ich führte im Januar 1994 Interviews mit 95 Frauen an der Basis durch, die in armen schwarzen und *coloured* Vierteln in Windhoek leben, um das Bewußtsein der Frauen an der Basis über Frauenorganisationen und ihre Aktivitäten in Windhoek zu untersuchen. Die Ergebnisse zeigen, daß die Frauen wenig darüber wissen. Weniger als die Hälfte kannte den Namen einer Frauenorganisation in Windhoek; weniger als die Hälfte von diesen erwähnte dabei kirchliche Frauengruppen, zu denen sie gehören, und sonst wurden nur genannt: SWAPO Women's Council, Namibia Women's Centre und - als die bekanntesten - Women's Solidarity und Sister Collective. Fast alle Befragten stimmten zu, daß Frauen aufgrund sozialer Schichtung gespalten sind.

Ich führte auch einige informelle Interviews mit Frauen durch, die im wissenschaftlichen Mittelbau oder in der Verwaltung an der Universität und der polytechnischen Hochschule arbeiten. Eine wissenschaftliche Mitarbeiterin meinte: „Wir kennen die Ziele dieser Organisationen nicht und sie klingen alle gleich; wir wissen nicht, an welche wir uns wenden sollen, und sie alle scheinen zu spezialisiert, als daß normale Frauen sich anschließen und dort wohl fühlen könnten." Anscheinend finden selbst Frauen mit so hoher Ausbildung wie sie, daß Frauenführerinnen in einer Sprache über Frauenfragen reden, die nicht leicht zugänglich ist. Eine *coloured* Sekretärin an der Universität von Namibia merkte zum Einfluß der „Rasse" in der Frauenbewegung an:

„Ich möchte nichts kategorisch behaupten, aber es scheint, daß man sich um schwarze Frauen in der Bewegung mehr kümmert als um weiße oder *coloureds*... Ich weiß nicht warum... Die meisten Frauen in der Bewegung waren im Exil und so wurde ihnen vielleicht eher bewußt, daß auch Frauen Organisationen brauchen, um weiterzukommen. Schwarze Frauen sind sich dieser Form der Unterdrückung stärker bewußt und auch der Gründe, warum sie mit der Bewegung angefangen haben. Ich würde sagen, daß die meisten *coloured* Frauen meiner Meinung nach sehr unwissend (in bezug auf Frauenfragen, W.W.) sind."

Diese Anmerkungen verweisen darauf, daß es nicht nur um eine Klassenspaltung zwischen Frauen geht. Es gibt auch die Notwendigkeit für existierende Frauengruppen, in Windhoek Aktivitäten nach außen zu unternehmen und Frauen in professionellen Berufen anzusprechen, die die natürlichen Trägerinnen der städtischen Frauenbewegung sind.

Bisher habe ich den Einfluß sozialer Schichtungsfaktoren auf die Beziehungen von Frauen innerhalb der formell organisierten Bewegung, zwischen ihnen und anderen Frauen und zwischen Frauen generell betrachtet. Im Folgenden will ich die Bedeutung von individuellen Unterschieden zwischen Frauen für die soziale Repräsentation aufgrund des Geschlechts untersuchen.

Der Geschlechtskomplex

Mein zweiter theoretischer Vorschlag lautet, daß zwischen der individuellen Identität einer Frau und ihrer Erfahrung von Unterdrückung einerseits und den geschlechtsbezogenen Repräsentationen auf sozialer Ebene andererseits eine Kluft besteht; ich spreche hier vom Geschlechtskomplex. Konkreter gesagt bezieht sich der Geschlechtskomplex auf die Tatsache, daß jede einzelne Frau auch durch andere Faktoren als die vorherrschende Geschlechtsideologie geprägt wird und daß ihre Identität deswegen komplex ist. Als wichtige prägende Faktoren der individuellen Identität einer Frau sind zu nennen:

Die Geschlechtskultur in der Familie, d.h., ob es in unseren Familien eine Gegensozialisation abweichend von der vorherrschenden Geschlechtsideologie gab oder ob die geschlechtliche Sozialisation entweder auf der vorherrschenden Geschlechtsideologie oder auf kulturspezifischen Geschlechtsideologien beruhte. Die individuelle Identität einer Frau drückt sich in ihrer Berufslaufbahn und in ihrem Charakter aus, d.h. ob sie in ihren Beziehungen mit anderen eher aggressiv, passiv, diplomatisch oder derb ist. Die Vielzahl der Faktoren, die unsere Identität und unsere Selbstbilder beeinflussen, wird nicht immer den sozialen Kategorien von „Rasse", Klasse, Ethnizität oder Geschlecht entsprechen, die uns auferlegt werden. Dies bedeutet, daß es zwischen dem individuellen Selbstbild oder der Identität und den uns auferlegten sozialen Kategorien eine Kluft gibt (vgl. Bhabha 1994). Aus diesem Grunde neigen wir dazu, uns in sozial repräsentativen Gruppen zusammenzutun, um mit unseren Kämpfen die Stigmata, die sich an soziale Kategorien wie z.B. Schwarz oder Frau heften, anzugreifen. Aber wegen dieser Kluft fühlen einige Personen auch, daß eben die sozialen Bewegungen, die sie vertreten wollen, nicht repräsentativ sind. In anderen Worten identifizieren sich manche Individuen nicht mit der Kategorie „Frau" oder „Herero" (eine ethnische Gruppe in Namibia) oder können dies nicht, da z.B. ihre Sozialisationserfahrungen nicht diesen Kategorien entsprechen. Außerdem halten sie es vielleicht nicht für notwendig, gesellschaftlich für die Verbesserung ihrer Lebenschancen zu kämpfen.

Theoretisch können persönliche Faktoren, die die individuelle Identität beeinflussen, von Faktoren sozialer Schichtung getrennt werden, wie etwa Geschlechtsideologie, politische Ideologie, Klasse, „Rasse" und Ethnizität. Jedoch vermitteln sich in der Wirklichkeit persönliche Faktoren und Faktoren sozialer Schichtung in einer dauernden, komplexen Dialektik und letztlich gestalten beide die persönliche Sozialisation der Individuen.

Deshalb ist das Ergebnis dieses Sozialisationsprozesses bei jedem Individuum einzigartig; Elemente gemeinsamer Erfahrung können eine Grundlage für Gruppenidentität unter Frauen bilden. Es gibt auch entscheidende

Unterschiede in der Persönlichkeit und im Alter, die unterschiedliche Positionen für Frauen in der politischen Hierarchie der Frauenbewegung mit sich bringen. Unterschiede in der Persönlichkeit (Aggression, Passivität) können entweder bestehende soziale Hierarchien verstärken oder neue Grundlagen für Hierarchien schaffen, die der sozioökonomischen Stellung der einzelnen Frau sogar entgegenlaufen. Sozial bessergestellte Frauen in Namibia haben z.B. die Tendenz, sich um einige starke Persönlichkeiten in der Bewegung zu scharen. Diese Frauen sind vielleicht selbstbewußter, aggressiver und können sich besser oder freier äußern. Andere können sich vielleicht weniger gut ausdrücken, aber angesichts ihrer Rolle im Befreiungskampf schreibt man ihnen Führungsqualitäten zu. Einige dieser Frauen haben eine gute Ausbildung, aber geringen politischen Einfluß; doch können sie sich meist gut artikulieren und sammeln eine loyale Gruppe um sich. Dies sind vor allem jüngere Frauen in der Bewegung. Andere haben zwar einen relativ geringeren Bildungsstand, aber ihre Beteiligung im Kampf hat ihnen politische Macht und wichtige Regierungsämter verschafft; sie äußern sich weniger, sind jedoch aufgrund ihrer politischen Position einflußreich. Tendenziell wollen sich Frauen in der Gegenwart solcher Frauen nicht offen kritisch äußern, die als mächtig oder einflußreich wahrgenommen werden.

Die Bedeutung der geschlechtsspezifischen Sozialisation soll in dieser Analyse nicht bestritten werden. Institutionen, wie die Kirche oder die Erziehung, haben historisch Geschlechterrollenerwartungen verbreitet. Die Unterschiede zwischen Frauen implizieren jedoch, daß die Auswirkungen verschiedener Geschlechtsideologien - die oft kultur-, klassen- oder sogar familienspezifisch sind - von Frau zu Frau variieren. Auf individueller Ebene erfahren Frauen Unterdrückung unterschiedlich; das gilt auch für die Intensität und das Bewußtsein, ob und in welcher Form ihr Geschlecht mit der Unterdrückung, die sie erfahren, in Zusammenhang steht. Folglich gibt es oft nur begrenzte Übereinstimmung unter Frauen aus derselben oder aus unterschiedlichen Gruppen in bezug darauf, was geschlechtsspezifische Unterdrückung ausmacht und was nicht.

Der Geschlechtskomplex tritt darin zutage, daß Frauen ihre schwerwiegendsten persönlichen Konflikte auch mit anderen Frauen erfahren können. So können beispielsweise gerade heutzutage die matrilinearen Erbregeln der meisten schwarzen Gruppen in Namibia bedeuten, daß einer Frau beim Tod ihres Ehemannes sein Besitz von seinen Schwestern weggenommen wird (siehe Andima 1994). Wenn sich Frauen mit Männern, also ihren Ehemännern und Freunden, identifizieren, hat das Auswirkungen auf die Solidarität unter Frauen[14]. Da es in Namibia mehr Frauen als Männer gibt und viele Männer nicht in der Lage sind, eine Familie finanziell voll zu unterstützen, stehen Frauen oft in Konkurrenz zueinander.

Diese Beispiele weisen darauf hin, daß Unterdrückung ein hochgradig differenziertes Phänomen ist. Dieses Verständnis von Unterdrückung geht über die eindimensionale Vorstellung von einer unterdrückten Gruppe und einem Unterdrücker hinaus. Es ermöglicht uns auch zu begreifen, daß die, die in einem bestimmten Kontext unterdrückt werden, in einem anderen Zusammenhang selbst zu UnterdrückerInnen werden können (vgl. Russon 1992). Ein weiterer Zugang zu diesem Verständnis bietet sich, wenn man Macht in einer Gesellschaft als diffus und situationsabhängig betrachtet.

Namibias historische Erfahrung, seine extreme soziale Schichtung und der von mir vorgeschlagene Erklärungsansatz des Geschlechtskomplexes weisen darauf hin, daß Geschlecht in diesem multikulturellen Zusammenhang keine fundamentale Identität darstellt. Dies bedeutet, daß weiße bürgerliche Frauen weder automatisch für einander noch für weiße Frauen der Arbeiterklasse repräsentativ sein können, wie die westliche Erfahrung gezeigt hat; noch können sie notwendigerweise Frauen anderer „Rassen" und Ethnien repräsentieren (vgl. Lewis 1992). In ähnlicher Weise können auch führende schwarze Frauen aus der Mittelschicht nicht selbstverständlich im Namen von benachteiligten schwarzen Frauen ihrer eigenen oder anderer ethnischer Gruppen sprechen oder sie repräsentieren.

Ich möchte betonen, daß dieser Ansatz zu Geschlecht und Repräsentation sich nicht dazu eignet, bessergestellten und opportunistischen Frauen die Legitimation zu geben, als Fürsprecherinnen von Frauen aufzutreten, über deren Erfahrungen sie nichts wissen; noch soll damit der legitime Einsatz von schwarzen Frauen der oberen Mittelschicht angezweifelt werden, die die Frauen, denen sie helfen wollen, wirklich verstehen und sich die Zeit nehmen, auf ihre Erfahrungen einzugehen. Eine Aktivistin in Windhoek fragte wie folgt:

„Wir müssen uns ernsthaft fragen, was uns dazu befähigt, uns in andere Frauen einzufühlen? Was gibt uns das Recht, zu sprechen oder unsere Stimme mit einzubringen? Was ermöglicht es uns, prägende Faktoren zu überwinden? Um wieviel ist die „Rassen"barriere größer als die der Klasse? Kann sich eine weiße Mittelschichtfrau schlechter als eine schwarze Mittelschichtfrau in eine arme schwarze Frau vom Land einfühlen, während die Werte und die sozioökonomische Stellung bei beiden relativ ähnlich sind? Was ermöglicht Frauen den Zugang zueinander?"

Die Antwort, daß die schwarze Frau nicht von vornherein physiologisch geeigneter oder historisch besser legitimiert ist, kann nicht bedeuten, daß eine opportunistische weiße Frau das Recht hätte, sich einzumischen und sich so zu legitimieren.

Theorie, Praxis und der Mythos der Einheit in Verschiedenheit

Ich habe a) die Machtbeziehungen unter Frauen angesichts von Klasse, „Rasse", Ethnizität und anderer Differenzen und b) den Ansatz eines Geschlechtskomplexes untersucht, um folgende Fragen zu klären: Warum haben sich Frauen in der von tiefgehenden Spaltungen geprägten namibischen Gesellschaft nicht effektiver zusammengeschlossen? Um dies zu verstehen, habe ich das Geschlecht als Identität in den gesamtgesellschaftlichen Kontext gestellt, um zu sehen, wie es mit anderen Faktoren sozialer Spaltung zusammenwirkt. Mein Ergebnis ist, daß Geschlecht als Identität im Befreiungskampf untergeordnet wurde und nach dem Ende der Apartheid durch andere Faktoren sozialer Spaltung strukturiert oder unterteilt wurde. Dies zeigt, daß diese Faktoren, welche die Bevölkerungen in der Geschichte und weltweit gespalten haben, auch die Solidarität unter Frauen behindern. Schließlich hilft uns dieser Ansatz auch zu verstehen, weshalb es in den Kämpfen von Frauen manchmal nicht gelang, Unterschiede der „Rasse" oder der Klasse zu überwinden. Mein Theorieansatz zielt auch darauf ab, zu erklären, warum einige Frauen ihr Geschlecht nicht als das wesentliche Element ihrer Identität verstehen: die Gründe liegen in den sozialen Spaltungen oder in ernsten Konflikten mit anderen Frauen; für einige spielt auch die Konkurrenz um Zugang zu Möglichkeiten im „öffentlichen" Bereich eine Rolle.

Weiterhin versuche ich, die Debatte um Geschlecht weiterzuführen - nicht nur über das Patriarchat hinaus, sondern auch über die Spaltung von Frauen nach „Rasse" und Klasse hinaus auf die Ebene der individuellen Unterschiede (vgl. Bhabha 1994). Der Zweck dieses Ansatzes besteht nicht darin, das Konzept „Frau" unendlich aufzusplittern, die Realität des Patriarchats zu leugnen oder geschlechtsspezifischen Kämpfen ihre Legitimation zu entziehen. Mein wesentliches Ziel ist vielmehr, die Notwendigkeit zu verdeutlichen, daß führende Frauen der Bewegung aktiv und beständig nach den Ansichten der Frauen fragen, die darin keine Stimme haben, so daß auch sie eine aktive Rolle in den Debatten über den sozialen Wandel spielen können. Hierbei handelt es sich um Graswurzel-Frauen in den *townships* und in ländlichen Gebieten, die am meisten sowohl auf effektive Netzwerke und Strategieentwicklung, als auch auf dauerhafte Kontakte und Kommunikation mit Frauen aus städtischen Frauenorganisationen angewiesen sind.

Ein anderes Ziel ist, die Argumentation, daß Frauen „mit einer Stimme sprechen müssen" endgültig zu widerlegen. Die Regierung und die Geldgeber in der Entwicklungshilfe haben damit Druck auf Frauen in Namibia ausgeübt, obwohl Männer, die verschiedene politische Parteien oder soziale Gruppen und Organisationen gründen, nie unter Druck gesetzt werden, nur mit einer Stimme zu sprechen. Frauen bilden keine monolithische Kategorie; deshalb haben sie nie mit einer Stimme gesprochen und werden dies auch niemals tun. In diesem Zusammenhang geht es mir darum, daß man nicht vorweg eine Einheit in der Verschiedenheit unter Frauen annehmen kann. Eine solche Einheit muß konkret und bewußt hergestellt und kultiviert werden - sei es auch nur als Grundlage, auf der verschiedenartige feministische Bewegungen mit unterschiedlichen, facettenreichen[15] Zielen soweit wie möglich zusammenarbeiten können. Das Motiv für Gruppen in Windhoek, trotz verschiedener oder gegensätzlicher feministischer Standpunkte soweit wie möglich zusammenzuarbeiten, sollte darin liegen, durch ihre Koordination zu garantieren, daß die Frauen, die sich auf der Graswurzelebene oder auf dem Land autonom organisieren, aus der Expertise und den Verbindungen von Frauen mit Ressourcen Nutzen ziehen können.

Meine kritische Analyse sollte nicht den Eindruck erwecken, daß Frauen in Namibia bislang völlig unfähig gewesen wären, zusammenzuarbeiten oder gewisse Ziele zu erreichen. Es gibt eine ganze Reihe erfolgreicher Beispiele wie etwa die Rechtsreform, wenngleich auch hier noch viel zu tun bleibt. Eine Kommission für Rechtsreform und Entwicklung wurde eingerichtet; sie hat ein Komitee für Frauen im Recht, das Forschungen in Römisch-Holländischem Recht und im Gewohnheitsrecht durchführt, um Revisionen der Gesetze vorzuschlagen, die Frauen diskriminieren. Bisher wurden auf diesem Wege bereits diskriminierende Steuergesetze reformiert. Weiterhin gelang es diesem Komitee, die traditionellen Führer einer Gruppe im Norden des Landes davon zu überzeugen, Frauen eigenständigen Zugang zu Land zu ermöglichen. Die Ehegesetze, die Frauen den Status von Minderjährigen zuschreiben, werden gegenwärtig einer Revision unterzogen.

Trotz der Erfolge des Einsatzes von Rechtsanwältinnen im Komitee für Frauen im Recht oder anderer Initiativen, die Frauen auf dem Land einkommensschaffende Aktivitäten eröffneten, haben kritische Feministinnen in Windhoek das Bedürfnis geäußert, sich dem Problem der mangelnden Solidarität unter Frauen zu stellen und gemeinsame Strategien zu entwickeln[16]. Sie äußern sich besorgt über die Verschwendung von Ressourcen, wenn Anstrengungen zur Einleitung von Forschungsvorhaben oder einkommensschaffenden Projekten mehrfach von verschiedenen Seiten erfolgen, während dies durch den Austausch von Informationen, Kontakten und Expertise effektiver koordiniert werden könnte.

Für kritische Aktivistinnen und Feministinnen ist es wichtig, sich mit den Spaltungen unter Frauen zu befassen. Bislang herrscht die Tendenz vor, bei der Beschäftigung damit eine Gemeinsamkeit Schwesternschaft oder die Idee von „Einheit in Verschiedenheit" zum Ausgangspunkt der Diskussion und Strategiebildung zu nehmen, wobei sich aber die dominanten Frauen durchsetzen. Kritische Feministinnen weisen inzwischen die Annahme einer „Einheit in Verschiedenheit" zurück und versuchen bewußt, eine Kultur der Selbstkritik zu fördern, die zu einer bewußten Anerkennung der Unterschiede unter Frauen und der Berechtigung kritischer Stimmen führen kann. Dies kann auch die Bereitschaft fördern, mit Frauen zusammenzuarbeiten, die bislang absichtlich oder aus Unachtsamkeit ausgeschlossen werden. Während ich diesen theoretischen Ansatz unterstütze, will ich Feministinnen und Aktivistinnen - vor allem die Frauen in Führungsrollen - dazu auffordern, die Subjektivität[17] ihres Wissens, ihrer Ansätze und Erfahrungen zu erkennen. Gilt es, eine Kultur der Selbstkritik unter führenden Frauen der Bewegung zu schaffen, ist dies ein wichtiges Element. Es kann die Motivation verstärken, sich an Frauen zu wenden, die durch soziale Kategorien stigmatisiert oder auf andere Weise ausgeschlossen sind.

Das Transzendieren der Differenz durch das Bewußtsein des Subjektiven

Die Realität von Differenzen anzuerkennen, ist paradoxerweise ein Mittel, sie zu transzendieren oder ein wechselseitiges Einfühlungsvermögen unter denen zu fördern, die unterschiedlich sind. Doch kann beides nur geschehen, wenn der Begriff der Differenz einen positiven Beiklang erhält. Historisch wurde in Namibia „Differenz als bedrohlich" angesehen; dies Verständnis ist negativ, da die, die unterschiedlich sind, als Bedrohung wahrgenommen werden. In einem solchen Zusammenhang können sich unterdrückerische Hierarchien herausbilden. Auf theoretischer Ebene kann man diese Hierarchien als Ergebnis einer relativistischen Konstruktion von Differenz[18] betrachten. In diesem Fall fehlen Anstrengungen, um wechselseitig bindende ethische Prinzipien und Verhaltensregeln zu entwickeln, die die Unterschiede zwischen den betroffenen Individuen und Gruppen entsprechend aufnehmen. Statt dessen werden Unterschiede - ob physiologisch oder philosophisch/ethisch - tendenziell als Bedrohung gesehen. Diese Verhältnisse können in eine Art Sozialdarwinismus abgleiten, in dem sich die stärksten Gruppen oder Individuen in Gesellschaft, Wirtschaft oder Politik durchsetzen. Die kolonialen Projekte in Afrika und dem Rest der „Dritten Welt" zeigen, wie aus einem Verständnis einer bedrohlichen und unversöhnlichen Differenz heraus eine subjektive (in diesem Fall eurozentrische) Sicht der Welt als universal durchgesetzt wurde. Wenn Unterschiede als völlig relativistisch gesehen werden, in anderen Worten, wenn Differenz als ein Grund zum Ausschluß, zur Unterwerfung oder zur Ausrottung gesehen wird, dann gewinnen die stärksten Gruppen oder Meinungen die Oberhand und verkünden ihre subjektiven Wahrnehmungen als Universalien.

Ein anderes Ergebnis des relativistischen Verständnisses von Differenz ist die Kooptation in den *mainstream* oder die Homogenisierung. In dieser Herrschaftsform wird die Behauptung aufgestellt, daß das System auf Forderungen von unten reagiert habe. Es handelt sich z.b. um die Forderung von lokalen Aktivistinnen in Dörfern oder Vororten wie Katutura, daß unterprivilegierte Frauen Zugang zu Macht bekommen sollten. Auch viele Frauen an der Basis wünschen sich z.b., ihre Lebenschancen durch eine Beteiligung im Prozeß des sozialen Wandels und der Entwicklung ihrer Gemeinschaft zu verbessern. Eine lokale Aktivistin in einer Dorfgemeinde in Nordnamibia drückte in ihren Worten aus, was Machtbildung (*empowerment*, d.Ü.) heißt:

> „Frauen wollen ihre Position in der Gesellschaft verbessern, um sich gegenseitig und den Männern zu helfen. Wir wollen nicht die Männer beherrschen. Aber wir wollen, daß die Leute erkennen, daß Frauen genau wie Männer arbeiten können."

Es wird angenommen, daß der Begriff Machtbildung, der im Entwicklungsjargon voll übernommen wurde, diese von unten her gestellten Forderungen im wesentlichen erfassen soll; aber er wurde von Entwicklungshilfeträgern und der Regierung in den *mainstream* kooptiert und dabei in seiner Bedeutung verändert. Im Ergebnis wurde Machtbildung als Projekt aus dem Graswurzelbereich herausgenommen; wenn Frauen an der Basis sich weiter zur Bedeutung von Machtbildung in ihrem Leben äußern und Strategien für Machtbildung entwickelt werden sollen, die diese Frauen in die Planung und Durchführung von Projekten einbeziehen, stehen dem oft die ExpertInnen und hochrangigen BeamtInnen entgegen, die Machtbildung eher eine andere Bedeutung geben. Die unterschiedlichen Äußerungen von Machtbildung an der Graswurzel werden dem Ganzen, d.h. den vorherrschenden Gesellschaftsstrukturen, untergeordnet. Dies geschieht vor allem im Rahmen von *top-down*-Strategien, die Demokratie zur Basis bringen wollen, wie z.B. die Schaffung von lokalen Regierungsstrukturen, die tendenziell eher die lokalen Eliten stärken, als daß sie die LandbewohnerInnen - gerade die Frauen - in den politischen Prozeß einbeziehen. Besonders ärgerlich sind Träger der Entwicklungshilfe, die ihre Sicht der Machtbildung aufzwingen, indem sie sich auf praktische Bedürfnisse (Einkommensschaffung) oder strategische Bedürfnisse (Zugang zu Gesundheit und Bildung) innerhalb der Ansätze zu *Women in Development* (WID) oder *Women and Development* (WAD)[19] stützen, ohne die geschlechtliche Arbeitsteilung oder die Geschlechtsideologien auf dem Land in Frage zu stellen[20]. Städtische Frauenorganisationen wurden nicht wirklich an der Gestaltung von Entwicklungsprojekten im Interesse von Landfrauen wie dem Integrated Area Based Project der UNICEF in Uukwaluudhi beteiligt; viele solcher Projekte in ländlichen Regionen wurden ohne angemessene Berücksichtigung der geschlechtsspezifischen Bedürfnisse, die von einfachen Frauen auf dem Land geäußert wurden, durchgeführt.

Das Konzept von Differenz wird mißbraucht, wenn es kooptiert wird. Die Kooptation von Konzepten in der Entwicklung, wie z.B. Machtbildung, ist allgegenwärtig. Zu den negativen Auswirkungen der Kooptation als einer Form relativistischer Differenz könnte auch gehören, daß kulturelle Gruppen und Frauen an der Basis keine politischen Aussagen mehr treffen können. Sie können ihre Kämpfe nicht mehr politisieren, wenn man behaupten kann, daß das System bereits auf ihre Forderung nach Machtbildung eingegangen sei.

Kulturrelativismus ist eine andere Konsequenz der relativistischen Differenz; oft werden Formen der Unterdrückung innerhalb einer Gruppe mit der Begründung legitimiert, daß solche Verhältnisse für die Bewahrung des kulturellen Erbes stehen. Es gehört zu den wesentlichen Herausforderungen innerhalb feministischer Kämpfe, die Verbindungen zwischen verschiedenen Formen der Ungleichheit zu erkennen. Dies ist vordringlich, da in von Ungleichheit gekennzeichneten Gesellschaften Differenz tendenziell als Begründung für Ausschluß oder Ausbeutung instrumentalisiert wird; oder sie wird kooptiert, um so die Legitimität sozialer Kämpfe außer Acht lassen oder negieren zu können.

Die Art von Differenz, die ich hier vertrete, ist antirelativistisch; sie schließt von vornherein die totale Fragmentierung durch einen absoluten Relativismus aus, welche entweder zur Hierarchie (d.h. die Durchsetzung des Subjektiven als Universales) oder zur Kooptation führt, bei der in anderer Weise hegemoniale Subjektivität durchgesetzt wird (vgl. Braidotti 1994). Das Ziel dieses antirelativistischen Ansatzes besteht darin, feministische Universalien (wie die Annahme einer Einheit in Verschiedenheit) zu dekonstruieren, indem das Prinzip des Bewußtseins des Subjektiven als Ausgangspunkt der Diskurse und Debatten von Intellektuellen und AktivistInnen gesetzt wird. So kann es zum Ausgangspunkt einer Strategie werden, um eine Kultur der Selbstkritik bei Intellektuellen und AktivistInnen zu fördern (vgl. Shrijvers 1993). Auf dieser Grundlage können vielfältige Emanzipationsstrategien entwickelt und gemeinsame Wunschziele (wenn es sie gibt) von Frauen mit unterschiedlichem Hintergrund benannt werden. Gegensätzliche Strategien oder Meinungen müssen als subjektive begriffen werden, so daß Frauen sich selbstkritisch verhalten und Wege und Mittel zur Versöhnung (wenn möglich) oder zum Kompromiß gefunden werden.

Ich hoffe, daß dieser Ansatz, der vom Bewußtsein des Subjektiven ausgeht, führende schwarze Frauen in Namibia dazu motivieren wird, die Legitimität einer über Klassen, „Rassen" und ethnische Barrieren hinweg angenommenen Schwesternschaft in Frage zu stellen, um zu vermeiden, daß nun emanzipatorische schwarze feministische Universalien den benachteiligten schwarzen Frauen und all den Frauen, die sich vom *mainstream* ausgeschlossen fühlen, aufgezwungen werden. Dies bedeutet, daß gesellschaftlich festgelegte Grenzen, die die herrschenden Machtstrukturen reflektieren, wie in diesem Falle Klasse und Ethnizität, Anlaß dazu geben, die eigene Wahrnehmung zu hinterfragen; doch stellen sie keinen Grund dafür dar, Ausbeutung zu begünstigen und keine Entschuldigung dafür, Abgrenzungen oder Stigmatisierungen zu vollziehen oder einzelne Gruppen oder Personen auszuschließen. Daher sind Feministinnen und Aktivistinnen aufgerufen, das Bewußtsein des Subjektiven zu kultivieren - als eine Grundlage dafür, soziale Grenzen zu überschreiten und vielfältige feministische Programme zu entwickeln. Sie sind auch dazu aufgerufen, die Differenzen, die durch Barrieren wie Klasse, „Rasse" und Ethnizität geschaffen werden, und die zugrundeliegenden Machtstrukturen zu erkennen, anstatt anzunehmen, daß diese Verhältnisse sich nur wenig auf die Beziehungen unter Frauen auswirken.

Das Konzept des Geschlechtskomplexes fordert Feministinnen und Aktivistinnen auf zu erkennen, daß Machthierarchien nicht nur auf den Unterschieden der Klasse, „Rasse" und Ethnizität aufbauen, die soziale Machtstrukturen widerspiegeln. Individuelle Unterschiede (bezüglich Selbstbehauptung, Aggression, Fähigkeit, Andere zu beeinflussen, Popularität, Charisma u.s.w.) wirken mit sozialen Differenzen zusammen und bilden ebenfalls eine Grundlage für Machtverhältnisse. Eben sie lassen die soziale Identität sehr komplex und instabil werden.

Soziale Schichtung und Geschlechtsidentität im namibischen, westlichen und internationalen Feminismus

In der Geschichte Namibias haben ungleiche Machtbeziehungen dazu geführt, daß vorherrschende Gruppen und einzelne Personen ihre subjektive Sicht als universal durchsetzen konnten. In der Volkskultur im postkolonialen Namibia ist das Bewußtsein über die Subjektivität von Wissen und Wahrnehmung gering; die Ansichten von sozialen und politischen Gruppen, vor allem die der Führung, werden eher absolut gesetzt. Homogenisierung, Essentialismus oder Gruppenkonformismus waren grundlegend für die hierarchische Organisation der nationalistischen oder Befreiungsbewegung und für das Projekt der Nationwerdung nach der Unabhängigkeit, das die nationale Versöhnung als ein Rezept für die Versöhnung zwischen verschiedenen Gruppen verordnet. Ein Trend zur Homogenisierung zeigt sich auch in der institutionalisierten Frauenbewegung, die sich aus der hierarchisch aufgebauten nationalistischen Bewegung unter Führung der SWAPO herausbildete. Zur politischen Wirklichkeit und zu sozialen Bewegungen in Namibia gehören eine Negation subjektiven Bewußtseins und die Vorstellung, daß die vorherrschende Sicht die einzig akzeptable sei. Differenz wird eher als bedrohlich und fragmentierend wahrgenommen, denn als Motiv für Offenheit gegenüber unterschiedlichen Standpunkten in oder zwischen Gruppen. Während Kämpfe von Gruppen, die die Faktoren sozialer Schichtung und kulturelle Vielfalt widerspiegeln, relativ akzeptiert sind, werden individuelle subjektive Erfahrungen gerade in denjenigen Gruppen nur wenig oder gar nicht anerkannt, die geschlechts- oder klassenbezogene Kämpfe führen wollen. Die Kluft zwischen individueller Erfahrung und sozialer Repräsentation wird praktisch negiert (vgl. Babha 1994). Ich werde im Folgenden mit Bezug auf den westlichen - vor allem den bürgerlichen und radikalen - *mainstream*-Feminismus, auf den internationalen Feminismus und auf Frauenbewegungen in Südafrika und Namibia genauer darauf eingehen.

Frauenbewegungen vor allem von bürgerlichen oder radikalen amerikanischen Feministinnen haben vertreten, daß das Private, Persönliche oder Subjektive politisch ist; mit dieser Strategie wurde die Dichotomie zwischen privat und öffentlich angegriffen, die Frauen auf das Haus begrenzte und die Unterdrückung der Frau im privaten/häuslichen Bereich legitimierte. Bis vor kurzem konzentrierten sie sich auf das Ungleichheitsverhältnis zwischen Frau und Mann in der Gesellschaft (Patriarchat); tendenziell wurde angenommen, daß trotz der Unterschiede zwischen Frauen gemeinsame und die Faktoren sozialer Schichtung übergreifende Formen der Unterdrückung existieren. Die Differenz wird insoweit anerkannt, als sie verschiedene Formen der Unterdrückung widerspiegelt, die Frauen zu unterschiedlicher Zeit und an unterschiedlichem Ort erfahren. Es wird angenommen, daß die subjektive weibliche Erfahrung (im Gegensatz zur subjektiven männlichen) aus der kollektiven Unterdrückung der Frauen besteht, die alle unterschiedlichen Formen dieser erfahrenen Unterdrückung umgreift. Deshalb kann eine Frau für die andere sprechen. Dieses geschlechtsbezogene Konzept des Subjektiven soll dazu dienen, die vorherrschende männliche Sicht der Welt in Frage zu stellen und Raum für eine weibliche Weltsicht zu schaffen. Die bürgerliche und radikale Strömung wurde von marxistischen Feministinnen hinterfragt, die die These vertraten, daß die Klasse der wichtigste Faktor sozialer Schichtung sei und daß Geschlechtsdiskriminierung durch die sozialistische Revolution abgeschafft würde.

Vor allem in den 1970ern und 1980ern führten Brüche nach „Rasse" und Trennungen nach Klasse zur Spaltung des Feminismus im Westen, vor allem in den USA, wo schwarze Feministinnen aufzeigten, daß Frauen nicht gemeinsam unterdrückt werden und daß weiße Frauen Täterinnen, sowie Nutznießerinnen eines wirtschaftlichen und politischen Systems, das Wei-

ßen Vorteile bringt, sind. Die Faktoren sozialer Schichtung spalteten auch
die Feministinnen in Südafrika, wo die politische Loyalität der weißen
Kämpferinnen für das Frauenstimmrecht in den 1920ern der südafrikanischen Regierung galt und nicht ihren schwarzen Schwestern, denen das
Wahlrecht verweigert wurde. Im internationalen Feminismus gibt es in
letzter Zeit gegensätzliche Strategien für die weltweite Emanzipation der
Frau. Sie werden repräsentiert von westlichen Entwicklungsexpertinnen, die
Ansätze für Frauen in der Entwicklung wie WID oder WAD entwarfen, gegen Dritte-Welt-Feministinnen im Netzwerk DAWN[21], die für eine gerech-
tere Weltordnung eintreten, welche mit der Reform internationaler Finanz-
institutionen wie der Weltbank oder dem IWF beginnen müßte. Im süd-
lichen Afrika gibt es seit der Unabhängigkeit verschiedene feministische
Richtungen; in Namibia wird wie zuvor im westlichen *mainstream*-Femi-
nismus tendenziell angenommen, daß es über Klasse, „Rasse" und andere
Schichtungsfaktoren hinweg ein gemeinsames feministisches Sprechen geben kann.

Die Tendenz von *mainstream*-Feminismen, ob von bürgerlichen oder weißen Feministinnen in den USA oder von schwarzen Feministinnen in Namibia, ging dahin, die Bedeutung von Unterdrückung essentialistisch zu
begreifen oder zu homogenisieren - anzunehmen, daß die gemeinsame Unterdrückung von Frauen mehr wiegt als die Unterschiede zwischen ihnen.
Frauen im heutigen Namibia haben auf einer grundlegenden Ebene über die
Faktoren sozialer Schichtung hinweg gemeinsame Interessen im Bereich der
Reproduktion, Mutterschaft und einem Teil der Hausarbeit und haben tendenziell das, was einige Feministinnen eine untergeordnete Stellung in Beziehung zu Männern nennen würden. Aber die Arbeit und der Lebensalltag
von Frauen unterscheiden sich beträchtlich voneinander; zudem identifizieren sie sich eher mit ihrem Haushalt oder ihrer jeweiligen Statusgruppe (ob
durch Klasse oder Ethnizität oder „Rasse" geprägt), so daß ihre Aufmerksamkeit für die gemeinsamen Interessen von Frauen verringert oder abge-
lenkt wird. Vor allem sozial bessergestellte Frauen haben starke wirtschaftliche und soziale Interessen am Erhalt der wirtschaftlichen und staatlichen
Strukturen, soweit sie davon Vorteile haben. Deswegen werden sich die politischen Ziele dieser Frauen weder auf eine Umverteilung richten, noch die
Notwendigkeit gesellschaftlicher Veränderung aufnehmen (vgl. Staudt 1986,
S. 203). Die Herausforderung für den Feminismus in Namibia und anderswo
liegt darin, die Bedeutung der individuellen, subjektiven Differenzen, die
sich aus den Faktoren sozialer Schichtung und dem Geschlechtskomplex
ergeben, für eine gemeinsame feministische Plattform zu erkennen. Dies
kann auf lokaler, nationaler und internationaler Ebene geschehen.

Die bisherigen Beispiele deuten an, daß die Geschlechtssubjektivität (Männer sprechen nicht für Frauen) abgelöst wurde - nämlich sowohl von Klassensubjektivität (Frauen verschiedener Klassen sprechen nicht füreinander) als auch von „rassisch"-ethnischer Subjektivität (Frauen verschiedener „Rassen"/ethnischer Gruppen sprechen nicht füreinander). Die „Rassen"-Subjektivität wird von der Klassenspaltung unterhöhlt, da die Klassenzugehörigkeit Frauen derselben „Rasse" oder ethnischen Gruppe spaltet und gegensätzliche Interessen hervorruft. Die individuelle Subjektivität stellt infrage, inwieweit geschlechtsbezogene soziale Kämpfe von Feministinnen in den Industriestaaten oder in der „Dritten Welt" verdeutlicht „für Frauen sprechen" können; sie zeigt die Kluft zwischen individueller subjektiver Erfahrung und Identität und der sozialen Repräsentation auf.

Das Bewußtsein der individuellen Subjektivität, d.h. ein Bewußtsein, daß Frauen als Individuen einzigartig und voneinander unterschiedlich sind, ist deshalb ein entscheidend wichtiger Ausgangspunkt für AktivistInnen und WissenschaftlerInnen in multikulturellen und stark geschichteten Gesellschaften wie Namibia. Es bildet den Ausgangspunkt, um vielfältige feministische Programmatiken zu entwickeln und verschiedenartige Frauenbewegungen anzuerkennen, die unterschiedliche, wenn nicht gegensätzliche Interessen von Frauen vertreten. Wird die individuelle Differenz als Ausgangspunkt akzeptiert, so ergibt sich die Möglichkeit, die Kluft zwischen individueller Subjektivität und der sozialen Repräsentation in den jeweiligen Frauengruppen zu schließen. Dies ermutigt eine offene Debatte zwischen denen, deren soziale und individuelle Präferenzen sich so weit überschneiden, daß sie Gruppen bilden; es gewährleistet auch, daß innerhalb von Gruppen Tendenzen zur Homogenisierung oder zum Essentialismus (d.h. der Erzwingung von Universalien) vermieden werden.

Das Bewußtsein individueller Subjektivität muß erarbeitet werden; es ist nicht von selbst da. Es erfordert auch eine Bewußtwerdung darüber, daß die konventionelle „weibliche" Erfahrung oder die Unterdrückung der Frau für manche Frauen nur begrenzte Relevanz hat. Die Vergegenwärtigung der Subjektivität und die bewußte Anwendung dieses Prinzips ist eine Aufgabe für sich. Doch bildet dies eine entscheidende Voraussetzung, um brauchbare Methoden zu entwickeln, mit denen Frauen über Konflikte verhandeln und sie überbrücken sowie Widersprüche mit dem Ziel aufarbeiten können, die Bereiche herauszufinden, in denen Frauen mit verschiedener Herkunft zusammenarbeiten können - und die Felder zu benennen, wo das nicht oder erst in der Zukunft möglich scheint.

Anstatt einer angenommenen Grundlage für Einheit, nämlich der biologischen und sozialen Kategorie Frau, ist so eine konkrete und bewußte Grundlage zu entdecken, auf der Einheit wachsen kann. Ein Element unter-

scheidet die konkrete Einheit von der „Einheit in Verschiedenheit": Sie beruht auf der Voraussetzung, daß sich jede einzelne Frau ihrer Subjektivität
bewußt ist und so eine Offenheit für verschiedene Standpunkte und Strategien entwickelt.

Zu einer konkreten Einheit

Die Wege, auf denen konkrete Einheit praktisch umgesetzt und zur gemeinsame Basis wird, werden sich nach dem jeweiligen Zusammenhang unterscheiden, je nach den spezifischen Erfahrungen von Unterdrückung und
besonders von Unterdrückungen, die Frauen gegenüber Frauen ausüben.
Aber ein gemeinsamer Ausgangspunkt könnte darin liegen, Frauen aufzu-
fordern, die Grenzen (nach Klasse, „Rasse", Ethnie oder individueller Erfahrung) zu erkennen oder sich bewußt zu machen, von denen sie selbst
definiert werden und die ihr eigenes Verständnis für Unterdrückungsformen,
die andere Frauen erfahren, einschränken.

Dieser Ansatz kann in einem Workshop verwirklicht werden, wo führende
Frauen, Aktivistinnen und Interessierte ihre eigenen „Genealogien der Subjektivität" entwerfen können (vgl. Braidotti 1994, S. 11). Diese Genealogie
kann folgende Punkte enthüllen: ihre Positionierung in der Sozialstruktur,
ihre besondere Familienkultur (d.h. die Geschlechtserwartungen zu Hause),
die Netzwerke und Kultur persönlicher Freundschaften (d.h. ob Freund-
schaftsbeziehungen eher hierarchisch oder kooperativ sind) und die Persön-
lichkeitsorientierung (aggressiv, selbstbewußt, passiv) und andere persönliche Einflüsse, die sie ihrer Meinung nach geprägt haben. Diese Genealogien
sollten ihnen und anderen Einsichten in ihre eigene Voreingenommenheit
bei bestimmten Fragen geben. Man kann eine Reihe von Fragen, die NamibierInnen und andere Frauen betreffen, auflisten und die Beteiligten bitten,
ihre Ansichten dazu zu äußern. Diese Übung könnte ExpertInnen einbeziehen, die aufzeigen, welche Beziehungen sich zwischen Positionierung, per-
sönlichem Hintergrund und dem jeweiligen *bias* ergeben können. In diesem
Prozeß kann das Bewußtsein des Subjektiven, d.h. die Begrenztheit der eigenen Wahrnehmung, Sichtweise oder des Verständnisses, wahrgenommen
werden; wenn jede Frau diese Begrenztheit erkennt, kann sie den Wunsch
nach einer umfassenderen Sichtweise verspüren, und sie wird damit das
Bewußtsein des Subjektiven gewonnen haben. Sie kann sich daraufhin dazu
anregen lassen, ihr eigenes Verständnis zu erweitern und sich für andere,
selbst für kritische gegensätzliche Sichtweisen zu öffnen. Im Ergebnis
schafft sie bei sich Raum für andere oder gegensätzliche Sichtweisen und
kann sich so in andere einfühlen. Einfühlung setzt Transzendieren (über das
Selbst Hinausschreiten in der Erfahrung der/s Anderen) voraus.

Der antirelativistische Aspekt einer solchen Übung liegt darin, daß Differenz nicht - wie im Fall einer rein relativistischen Weltsicht - als völlig fragmentierend erscheint. Eher wird in einem antirelativistischen Ansatz Differenz wahrgenommen und als unvermeidbar akzeptiert. Doch erscheint sie nicht als unüberwindbar. Sie erscheint weder als Bedrohung noch als Begründung zur Herrschaft oder zum Ausschluß wie in einer relativistischen Weltsicht. Aus antirelativistischer Perspektive wird die Differenz zu einer Grundlage, um zu akzeptieren, daß es mehr als einen Weg gibt, die Realität zu sehen, die Erfahrung einer Frau zu sehen oder Frauen zu befreien. Auf Grundlage eines solches Verständnisses von Differenz können wir erkennen, daß wir, weil unsere persönliche Wahrnehmung begrenzt ist, die Wirklichkeit oder das Ganze nur begreifen können, wenn wir unsere persönliche Erfahrung oder Voreingenommenheit durch Einfühlen in andere, durch das Akzeptieren verschiedener Standpunkte und Kritik an unserer eigenen Auffassung überschreiten. Auf dieser Grundlage kann die konkrete Einheit zwischen Frauen eher praktiziert werden als durch eine angenommene „Einheit in Verschiedenheit". Ich hoffe, ich konnte eine Strategie entwerfen, mit der konkreter gemeinsame Wege beschritten werden können. Das Bewußtsein des Subjektiven zu erreichen und Einfühlung zu entfalten stellt einen Prozeß dar und nicht einen Moment plötzlicher Einsicht. Weitere praktische Aspekte dieses Ansatzes, d.h. des Prozesses, in dem gegensätzliche Interessen aufgearbeitet und in praktische mehrdimensionale Programme eingebracht werden, können am besten von den beteiligten Frauen ausgeführt werden und sollen hier nicht vorgeschrieben werden.

Geht man vom Bewußtsein des Subjektiven als Ausgangspunkt für konkrete Einheit aus, ergibt sich die Problematik, daß sich eine Art falscher Harmonie, eine Schwächung oder Zurückhaltung, sich selbstbewußt einzubringen, entwickeln kann, da ja alle Standpunkte subjektiv sind. Das ist eine reale Gefahr, wenn nicht Mittel und Wege gefunden werden, die zentralen Fragen auszumachen, mit denen Frauen sich identifizieren oder die sie anregen, sich einzufühlen. Die vorherrschenden Machtstrukturen der Klasse, „Rasse" und anderer sozialer Spaltungsfaktoren stellen ein ständiges Hindernis für „Transzendenz" dar, d.h. für die Fähigkeit, sich in diejenigen einzufühlen oder mit denen zu identifizieren, die angesichts der Faktoren sozialer Schichtung und des Geschlechtskomplexes sozial anders situiert oder verortet sind. Und sie hemmen dauernd das „Bewußtsein des Subjektiven", d.h. die Erkenntnis, daß der eigene Standpunkt nur einer unter vielen ist. Es gibt keinen Weg, auf dem Frauen während dieses Prozesses von der sozialen Wirklichkeit oder von ihrem Eigeninteresse abgeschirmt werden können. Frauen haben ständig mit den herrschenden Machtstrukturen zu tun, an de-

nen sie beteiligt sind und die ihre Interessen prägen, auch wenn sie gleichzeitig versuchen, sich über diese Grenzen hinweg in andere einzufühlen.
Die Herausforderung für sozial bessergestellte Frauen liegt darin, eine gesellschaftliche Vision zu entwickeln, die breite Interessen anspricht, und
eine praktikable Strategie für den sozialen Wandel zu finden, die nicht nur
ihnen, sondern auch den am stärksten Benachteiligten nutzt. Das Bewußtsein des Subjektiven kann zumindest als eine wesentliche Voraussetzung für
das Transzendieren sozialer Spaltungen, für das Finden konkreter gemeinsamer Grundlagen und schließlich für sozialen Wandel gelten. Also wird die
Idee, daß die Bedingungen sozialer Schichtung nur verschiedene Ebenen der
Unterdrückung von Frauen widerspiegeln, nicht als gegeben hingenommen
(vgl. Mbilinyi 1992).
Letztendlich sind Feministinnen dadurch aufgerufen, einen umfassenden
Ansatz zur Geschlechtergleichheit zu entwickeln. Auf Klasse, „Rasse" oder
Ethnie bezogene Kämpfe unter Frauen führen lediglich zu einer Wiederholung wenn nicht gar zu einer Verstärkung der bestehenden Machtverhält-
nisse. Kämpfe, bei denen Geschlechtsbewußtsein entlang der vorherrschenden Linien sozialer Schichtung kultiviert wird, werden Frauen auf dieselbe
Weise einander gegenüberstellen, wie dies mit Männern aus dem Bürgertum
und der Arbeiterschaft geschah. Es ist offensichtlich, daß - solange andere
Formen der Unterdrückung herrschen - auch die Geschlechtsunterdrückung
weiterbestehen wird, da in hierarchischen Gesellschaften jede Form von
Differenz (sei es Klasse, Religion, Ethnie, Behinderung u.s.w.) als Rechtfertigung für Ausbeutung oder Ausgrenzung benutzt wird (vgl. Bookchin
1982).
Die zentrale Frage lautet, ob es im Interesse bessergestellter Frauen liegt,
die vorherrschenden Machtstrukturen (durch ein Bewußtsein des Subjektiven) zu verändern, um auf die Bedürfnisse sozioökonomisch benachteiligter
Frauen einzugehen. Ist das „Bewußtsein des Subjektiven" das wesentliche
Element, das sie dazu motivieren könnte? Oder stellen ihre Eigeninteressen
ein zu großes Hindernis für die Entwicklung eines solchen Bewußtseins dar?
Wurden bessergestellte Frauen zu sehr kooptiert oder sind sie überzeugt davon, daß die Hauptprobleme von Frauen in einem liberal-demokratischen
Rahmen gelöst werden können? Führt die freie Marktwirtschaft aus sich
heraus zur Unterdrückung oder sind es andere Aspekte dieses Systems, wie
etwa der Ausschluß bestimmter Gruppen vom Zugang zu ihm, die unbe-
grenzte individuelle materielle Akkumulation, die vorherrschenden Werte-
systeme und die sozialen Unterstützungsmechanismen, die der Veränderung
bedürfen? Bis zu welchem Grad können Probleme auf der nationalen Ebene
angegangen werden, wenn internationale Faktoren und Kräfte die politische
Ökonomie Namibias bestimmt haben und weiter bestimmen? Welche Aus-

sichten bestehen dafür, daß internationale soziale Veränderungen in die Tagesordnung frauenbewegter namibischer Aktivistinnen einbezogen werden können? Frauen in Namibia könnten sich erfolgreich in diese Entwicklungsdebatten einmischen, indem sie das Bewußtsein des Subjektiven kultivieren. Dies könnte einen sensiblen Prozeß des Verhandelns mit allen betroffenen Individuen ermöglichen, in dem zwischen Aktivistinnen und Wissenschaftlerinnen Kommunikationswege entstehen und sie sich darauf vorbereiten, die herrschenden Machtstrukturen infragezustellen.

Anmerkungen

1. Dieser Artikel entstand im Zusammenhang mit meiner Wahrnehmung der internationalen Marie-Jahoda-Gastprofessur für Frauenforschung an der Ruhr-Universität Bochum. Ich danke dem Ministerium für Wissenschaft und Forschung, der Ruhr-Universität Bochum und der Fakultät für Sozialwissenschaften für ihre Unterstützung.
    Hier stelle ich Materialien zu den folgenden Fragen zusammen: 1) den Einfluß von Faktoren sozialer Ungleichheit (*social stratifiers*) auf die städtischen Frauenorganisationen in Namibia 2) die Einstellungen und Sichtweisen von Frauen auf dem Land und in Windhoek zu diesen Organisationen. Dazu wurden qualitative und quantitative Methoden benutzt.
    Qualitative Ansätze wurden herangezogen, um die Verhältnisse in Frauenorganisationen in der Hauptstadt Windhoek zu untersuchen. Bei den Frauenorganisationen und Nichtregierungsorganisationen (NRO), die zum soziökonomischen Status von Frauen arbeiten, wurde jeweils mindestens eine Frau in einer Führungsposition oder mit langer Mitgliedschaft interviewt; es handelt sich um mehrere parteipolitische Gruppen, nicht parteigebundene Gruppen, offizielle Ansprechpartnerinnen für Frauen (*women's desks*) in Kirchen und Gewerkschaften, internationale und lokale NRO (Nicht-Regierungsorganisationen), Zweigverbände von internationalen Service-Clubs. Diese Interviews folgten einem Leitfaden, aber die Fragen waren weitgehend offen und bezogen sich auf die Äußerungen der Befragten.
    Fünf qualitative Interviews zu den Einstellungen von Frauen in Windhoek zu Frauenverbänden wurden unter Sekretärinnen und Dozentinnen an der Universität Namibia erhoben. Weiterhin wurden 95 Frauen aus schwarzen und „farbigen" Wohnvierteln nach einer Zufallsstichprobe zu ihren Einstellungen mit einem Fragebogen interviewt. Frauen in ländlichen und halbstädtischen Regionen im Norden Namibias wurden in fokussierten Gruppeninterviews befragt. Alle Fragen waren offen, aber die Hauptthemen waren ihre Sichtweise von Geschlechtergleichheit und das Ausmaß ihrer Kontakte mit Frauenorganisationen in Windhoek.
    Ich möchte allen Frauen in Namibia danken, die durch ihre Bereitschaft, viel Selbstreflexion und Selbstkritik zu ertragen, die Stärke der Frauenbewegung bewiesen haben und die mich bei dieser Untersuchung ermutigt haben. Es ist eine Sache, wenn Frauen feststellen, daß sie mit Diskriminierungen aufgrund des Geschlechts konfrontiert sind; es ist eine andere, die Gründe für ein eigenes Versagen in der Bewegung wahrzunehmen und die eigenen Motive, Entscheidungen und Aktionen zu hinterfragen. Letzteres ist eine ungeheure Herausforderung, denn es ist schmerzlicher, unserer Schwäche anzuerkennen als die von anderen zu sehen. Aber Schmerz gehört zu einem Geburtsprozeß, und nur durch einen schwierigen Prozeß der Wiedergeburt können Frauen sich daran machen, die Bewegung mit neuer Hoffnung und Stärke zu festigen - nicht notwendigerweise im Rahmen eines Verbandes, sondern durch verschiedene Verbände und Gruppen, die, während sie sich koordinieren und gegenseitig ergänzen, die reiche Vielfältigkeit und die verschiedenen Stimmen der Frauen in Namibia zum Ausdruck bringen. Diese Untersuchung soll Frauen dabei dienlich sein, einige der Schwierigkeiten wahrzunehmen, und sie soll zum Prozeß der Strategieentwicklung zur Festigung der Frauenbewegung beitragen.

Sehr dankbar bin ich Joseph und Catherine Wanzala, deren Unterstützung all die Jahre unschätzbar war, und Colin Gleichmann für seine dauernde Unterstützung und sein Vertrauen. Ich möchte auch Reinhart Kößler danken, ohne dessen Interesse an meinem Theorieansatz bereits zu Anfang viel des Folgenden nicht möglich gewesen wäre. Ebenso danke ich Brigitte Hasenjürgen und Ilse Lenz für die Diskussionen während der Marie-Jahoda-Gastprofessur. Patricia McFadden, Guy Mhone, Ibbo Mandaza von der SAPES-Stiftung in Harare danke ich für die Möglichkeit, meinen Theorieansatz in bezug auf das südliche Afrika zu verfolgen. Schließlich danke ich ganz besonders Pamela Classen für ihre tatkräftige Unterstützung der Untersuchung in Windhoek.

2. *gender conscious*; dieses Wort wurde analog zu „frauenbewußt" geprägt, da die Frauenfrage zunehmend als eine Geschlechterfrage wahrgenommen wird und verweist auf die große Bedeutung des *consciousness raising* auch im namibischen Kontext; Anm d.Ü.

3. Vor der Unabhängigkeit gab es eine sehr kleine Gruppe von weißen SWAPO-Mitgliedern, die den Kampf gegen die Apartheid und für die nationale Befreiung trotz hoher persönlicher Kosten mittrugen; Anm. d. Ü.

4. Z.B. organisierten junge SWAPO-Aktivistinnen in den 1980ern die Gruppe *Namibian Women's Voice* (NWV) außerhalb der Partei der Befreiungsbewegung. Anstatt einer Mobilisierung der Frauen für die Partei konzentrierte sich NWV eher auf die Bewußtseinsbildung von Frauen zur Geschlechterungleichheit, was zu Zusammenstößen mit der SWAPO und dem SWAPO *Women's Council* führte. Viele junge Aktivistinnen, die von SWAPO zum Austritt aufgefordert wurden, traten der Partei nicht wieder bei, und einige sind bis heute sehr distanziert und bitter gegenüber den offiziellen SWAPO-Führerinnen.

5. Eine Aktivistin stellte ihre Sicht der Beziehungen zwischen Frauen in den Gewerkschaften wie folgt dar: „Es fehlt an Solidarität zwischen Frauen. Viel Eifersucht. Frauen akzeptieren eher die Führungsrolle eines Mannes, aber nicht einer anderen Frau. (Ich sehe das so:) Männer stehen den Frauen in den Gewerkschaften nicht im Weg. Die Frauen verletzen sich gegenseitig. Ein Beispiel sind die Schwangerschaften bei Teenagern. In den Schulen empfinden die Lehrerinnen und ältere Frauen diese jungen Frauen als Bedrohung, weil die mit den Männern dieser Lehrerinnen schlafen und so schwanger werden. Manchmal glaube ich nicht, daß das Geschlecht ein Hindernis für Frauen ist; Männer geben oft Stellen an ihre Kusinen oder an Leute aus der gleichen ethnischen Gruppe."

6. Eine Aktivistin, die Mitglied der Worker's Revolutionary Party ist, erzählte, wie sie die Auswirkungen der ideologischen Differenzen in den Treffen von 1990-1991 persönlich erfahren hat: „Wir kamen anfangs zusammen - 12-13 Gruppen, verschiedene Organisationen. Wir fingen im April 1990 kurz nach der Unabhängigkeit damit an. Nach der Wahl war das Konkurrenzgefühl sehr stark. Die Wunden waren noch frisch; mein Bruder war im Kerker gestorben. Wir kämpften auf diesen Treffen... aber das war eine sehr gute Übung; wir kämpften das durch und lernten uns so kennen. Trotz der Auseinandersetzungen mag ich die Leute, mit denen ich ganz anderer Meinung war. Einmal mußte jemand dazwischengehen, sonst wäre ich verprügelt worden. Aber das führte dazu, daß Frauen mehr Selbstvertrauen gewannen und lauter auftraten... (Ich war) SWAPO-Mitglied. Aber als ich von den Fällen von Mißbrauch, Mißhandlungen und Korruption der SWAPO-Führer hörte, trat ich aus. So bin ich gegenüber der SWAPO-Regierung an der Macht in einer prekären Position. Sie würden mich z.B. nie zu öffentlichen Auftritten einladen. Deswegen ist meine Gruppe politisch isoliert. Deshalb siehst Du uns nie in der Zeitung. Sogar die DTA hält sich fern von uns. Wir gelten als Unruhestifterinnen."

7. Diese Oppositionsparteien sind: NUDO - National Union Democratic Organization; UDF - United Democratic Front; NIP - Namibian Independence Party.

8. Die Organisation benennt eine Ansprechpartnerin für Frauenfragen und Frauen in der Mitgliedschaft, die meist auch ein Sekretariat hat; es handelt sich also um kleine Frauenbüros unterhalb des Status von mit Rechten und besonderen Ressourcen ausgestatteten Frauenbeauftragten; d.Ü.

9. Eine weiße Aktivistin äußerte ihre Besorgnis, wie folgt: „...Die Frage ist, warum und wie bestimmte Informationen wem zur Verfügung gestellt werden? Darauf sollten Frauenorganisationen und Einzelne sorgfältig achten und ihre Rolle in diesem Prozeß beobachten. Es scheint, daß Informationen, Kontakte oder Namen nicht weitergegeben werden, daß bestimmte Frauen oder

Organisationen für gewisse Foren nicht eingeladen oder die TeilnehmerInnen umbesetzt werden; einige SprecherInnen, die in bezug auf bestimmte Fragen ExpertInnen sind oder Fachwissen haben, werden bewußt außen vor gelassen und ihre Stimmen werden nicht gehört. Die Kompetenz und Fähigkeit weißer Frauen wird als Bedrohung gesehen. Was sie anbieten können, wird nicht anerkannt. Sie bekommen ein Etikett angehängt und was sie sagen, wird zurückgewiesen. Einige weiße Frauen lassen sich wegen ihrer Schuld als Weiße zu Vorzeigefrauen machen. Die Bewegung sollte so weit kommen, daß weiße Frauen einen Beitrag leisten können. Alle Ressourcen müssen genutzt werden, um zu garantieren, daß die Bewegung erfolgreich ist."

10. Eine Aktivistin aus der Mittelklasse stellte ihre Sicht der Beziehungen zwischen Frauen in Windhoek und auf dem Land wie folgt dar: „Es ist schwer zu sagen, wie die Einstellung zu Landfrauen aussieht, weil wir sie nur so selten treffen. Man trifft sich nur, wenn Frauen zu Feiertagen wie dem Pan African Women's Day mit Bussen in die Stadt gebracht werden. Oder wenn sich Frauen bei Seminaren treffen. Aber meistens triffst Du nur die Frau vom Land mit etwas mehr Bildung, die als Vertreterin geschickt wird, weil sie als Einzige ein bißchen Englisch kann. Also triffst Du nicht wirklich die Landfrauen. Wenn die „Massen" kommen, sprechen sie kein Englisch, und so sitzen sie nur dabei und sagen nichts."

11. Dies bezeichnet weiße Südafrikaner holländischer, französischer und italienischer Herkunft.

12. *Shabeens* sind informelle Kneipen ohne Lizenz; meistens betreibt man sie in privaten Haushalten und sie bilden eine wichtige finanzielle Basis für die weiblichen Haushaltsvorstände in der Region Windhoek. Sie tauchten ab 1950 in der Old Location auf (das heutige Wohnviertel Hochland Park in Windhoek), wo sie das Staatsmonopol auf Bier infragestellten. Als die schwarzen Einwohner der Old Location in das schwarze *township* Katutura zwangsumgesiedelt wurden, führten die Frauen eine Demonstration durch u.a. auch für das Recht, ihre *shabeens* zu betreiben. Obwohl heute Lizenzen erhältlich sind, sind *shabeens* ein Teil der Kultur geworden und bleiben vor allem in Katutura weiter eine wichtige Einkommensquelle.

Cuca shops sind auch informelle Kneipen ohne Lizenz, die im Norden Namibias in improvisierten Buden betrieben werden; dort im Ovambo *homeland* hatte der Staat nie ein Monopol auf Bierverkauf, so daß es eine lange Tradition des Bierverkaufs außerhalb der Privathäuser gibt.

Prostitution ist ein Teil dieser *shabeen* und *cuca shop* Kultur wie auch im formellen Geschäft, also in lizenzierten Bars. Obwohl die Prostitution insgesamt in Namibia keine auffällige Branche ist und einige Gemeinschaftsführer abstreiten würden, daß sie überhaupt existiert, ist sie eine Einkommensquelle für eine Reihe von Frauen und eine Wachstumsbranche.

13. Integriertes regionales Projekt. Es handelt sich um ein Pilotprojekt des Ministeriums für Lokal- und Regionalregierung und Wohnen und UNICEF, um ein nationales Ernährungssicherungsprogramm zu initiieren. Es ist unter dem Namen Integrated Area Based Project bekannt und zielt darauf, die Sicherheit im Ernährungsbereich durch Projekte wie Gemüsegärten, Einzäunen oder Bäckereien zu verbessern; die Ausbildung orientiert sich auf Vermittlung und Entwicklung von Fertigkeiten.

14. Eine Aktivistin äußert sich zu den Problemen, die sich aus den Familienbanden zwischen Männern und Frauen für geschlechtsbezogene Bewegungen ergeben: „Einige Beziehungen zwischen Männern und Frauen zeigen jenseits der Einfühlung und Identifikation mit Männern als Söhnen, Liebhabern, Brüdern usw. eine neurotische wechselseitige Abhängigkeit, die die Frauen auf eine Weise bindet, die ihnen nicht gut tut".

15. D.h. diese Gruppen arbeiten an einer Reihe von Fragen, die Frauen betreffen.

16. In einem unveröffentlichten Papier stellen die beiden Geschlechterforscherinnen Diane Hubbard und Colette Solomon das Problem der Solidarität unter Frauen in Namibia wie folgt dar: „Die Herausforderung für einen Feminismus, der die Bedürfnisse und Wünsche der Frauen - von Subsistenzbäuerinnen bis zu berufstätigen Frauen in der Stadt - einbezieht, ist ungeheuer groß, und die Frauenbewegung sucht immer noch einen Weg, um die Kluft zwischen Frauen an der Basis und der Bildungselite ebenso zu überbrücken wie die zwischen Windhoek und dem Rest der Nation. Die fortbestehenden Spaltungen nach „Rasse", Klasse, Ethnizität und politischer Überzeugung stellen ein ernstes Hemmnis für ein gemeinsames Vorgehen dar. Eine zusätzliche

Einschränkung ist eine persönliche Konkurrenzhaltung, die manchmal Frauen daran hindert, andere Frauen zu unterstützen (obwohl sich das allmählich bessert), und eine vergleichbare Konkurrenzhaltung der Gruppen, wozu die Konkurrenz um Mitglieder, Einfluß und finanzielle Förderung gehört. Zudem sind auch die aktivsten Frauen noch dabei, ihre Fähigkeiten in den Bereichen Netzwerkbildung, Lobbying und Strategieentwicklung auszubauen."

17. In sehr grundlegendem Sinne bezieht sich das Subjektive auf eine voreingenommene, parteiliche, partielle, vorurteilsbehaftete und willkürliche Wahrnehmung der Gesellschaft oder der Individuen; subjektive Wahrnehmungen können auf der Ebene einer Person, einer Gruppe, einer Gesellschaft, einer Nation oder sogar eines Kontinents geäußert werden (z.B. Radikalfeminismus im Gegensatz zum afrikanischen Feminismus). Eine subjektive Sicht ist nicht notwendigerweise abzulehnen, nur weil sie willkürlich oder voreingenommen ist, denn sie bringt eine einzigartige Wahrnehmung oder Sichtweise zum Ausdruck. Wenn wir unsere Sicht als subjektiv sehen, dann verstehen und akzeptieren wir, daß es verschiedene Wege des Wahrnehmens und Verstehens gibt und wir schaffen einen Raum, indem weitere, auch provokative Sichtweisen legitim geäußert werden können.
Wenn jedoch unsere subjektive Sichtweise anderen als universal, als einzig mögliche Sicht aufgezwungen wird, kann sie Ungerechtigkeit begründen; sie kann für die, denen sie aufgezwungen wird, zur Quelle von Schmerz und Leiden werden. Universalien sind nicht notwendigerweise repressiv oder aufgezwungen, da sie Standards ausdrücken können, auf die sich alle beteiligten Gruppen und Individuen durch freiwillige Annahme geeinigt haben und die deswegen als wechselseitig bindend anerkannt wurden. Diese Universalien können in der Tat den Schutz von Einzelnen oder Gruppen vor Formen von Ungerechtigkeit gewährleisten, die sich im (subjektiven) Rahmen einer Kultur ergeben. Obwohl das Universale meist als Gegenteil des Relativismus betrachtet wird, ist es möglich, eine universale Vision aus unterschiedlichen Sichtweisen zu schaffen, die wechselseitig anerkannt und verbindlich sind.

18. *relativistic construction of difference.* Hier wird Relativismus im konventionellen Sinne gebraucht, d.h. daß die Dinge nur so Existenz oder Bedeutung erhalten, wie sie die Denkenden, PolitikerInnen, ForscherInnen oder AktivistInnen wahrnehmen und reflektieren. Das Relative bedeutet also, daß alles Denken und Wissen subjektiv ist. Die Wahrnehmenden und Subjekte werden Verhältnisse deshalb entsprechend ihrer jeweiligen Situiertheit (Klasse, „Rasse", ethnische oder ideologische Position und persönliche Sozialisationserfahrung oder Geschlechtskomplex) und also ihrer Voreingenommenheit (subjektiven Sicht) wahrnehmen (Vgl. Braidotti 1994). Deswegen ist Differenz zentraler Bestandteil der komplexen gesellschaftlichen Wirklichkeit. Im gesellschaftlichen Leben hat Differenz eine Reihe sozialer Konsequenzen, von denen hier zwei benannt werden: Sie kann als antirelativistische Differenz behandelt werden (*antirelativistic difference*); in diesem Fall kann eine unterschiedliche Sicht als eine unter vielen aufgenommen werden, ohne daß sich negative Folgen für die Sprechenden ergeben und ohne daß der Status der Differenz negiert wird. Differenz kann auch relativistisch behandelt werden; dann wird eine unterschiedliche Sicht als Bedrohung der vorherrschenden Sichtweise dargestellt, die als universal durchgesetzt wurde. Das kann zu negativen Konsequenzen für die Sprechenden führen - oder aber die Differenz wird negiert und zum Teil des Ganzen gemacht, so daß ihr kein besonderer Status mehr zuerkannt wird; in anderen Worten, es findet ein Prozeß der Homogenisierung statt.

19. Die Ansätze zu *Women in Development* (WID) oder *Women and Development* (WAD) wurden im Zuge der Dekaden der Frau seit 1975 entwickelt; WID richtet sich auf die Integration von Frauen durch Erziehung, Beschäftigung und Zugang zu Ressourcen in eine Entwicklung, die selbst wenig hinterfragt wird; Anm. d. Üb.

20. So äußert sich eine UNICEF-Beraterin in einem Integrated Area Based Project in Nordnamibia: „Die feministische Bewegung hat in einigen westlichen Ländern einen Umsturz verursacht und negative Reaktionen bei den Männern hervorgerufen, die militante Frauen als Bedrohung sehen. Wir wollen die traditionelle Lage nicht verändern."

21. DAWN (Development Awareness with Women for a New Era) ist ein Netzwerk von AktivistInnen und Forscherinnen aus dem Süden, die eine Reihe von Veröffentlichungen und Forderungen für strukturelle Veränderungen der Entwicklung vorgelegt haben; vgl. u.a. DAWN

(1985): *Development, Crisis and Alternative Visions. Third World Women's Perspectives.* Stavenger. Vgl. die deutsche Zusammenfassung: DAWN (1985): Morgenrot für die Feminisierung der Entwicklung? In: *Peripherie*, 25/6, S. 143-165; Anm d. Ü.

Literatur

Andima, Jochbeth (1994): Namibian Women and Land. In: *Southern African Political and Economic Monthly*, 7, 6, S. 48 - 49.

Becker, Heike (1994): Women's organizations in Namibia: Striving to get their rightful place. In: *Namibia Review*, 3, 3, S. 6 - 9.

- (1995): *Namibian Women's Movement 1980-1992. From Anticolonial Resistance to Reconstruction.* Frankfurt a.M.

Bhaba, Homi (1994): *The Location of Culture.* London.

Bookchin, Murray (1982): *The Ecology of Freedom: The Emergence and Dissolution of Hierarchy.* Palo Alto.

Braidotti, Rosi (1994): *Women, the Environment, and Sustainable Development: Towards a Theoretical Synthesis.* London.

Cleaver, Tessa; Wallace, Marion (1990): *Namibian Women and War*, London; New Jersey.

Hishongwa, Ndeutala (1992): *The Contract Labour System and its Effects on Family and Social Life in Namibia: a Historical Perspective.* Windhoek.

Hubbard, Diane; Solomon, Colette (1994): *The Women's Movement in Namibia.* Unveröffl. Manuskript, Legal Assistance Centre, Windhoek,

Lewis, Desiree (1992): The politics of feminism in South Africa. In: *Staffrider*, 10, 3, S. 15 - 21.

Mbilinyi, Marjorie (1992): Research methodologies in gender issues. In: Meena Hg. a.a.O. S. 31 - 70.

Meena, Ruth Hg. (1992): *Gender in Southern Africa: Conceptual and Theoretical issues.* Harare.

Russon, Ray (1992): *The feminization of underdevelopment: a theoretical discussion.* A paper presented at the Southern African Universities Social Sciences Conference (SAUSSC) December 14-16, 1992, Maseru Sun Cabanas, Lesotho.

Staudt, Kathleen (1986): Stratification: Implications for women's policies. In: Robertson, Claire; Berger, Iris Hg.: *Women and Class in Africa.* New York, London, S. 197 - 215.

SWAPO (1981): *To Be Born a Nation - The Liberation Struggle for Namibia.* London.

Shrijvers, Joke (1993): *The Violence of Development.* Utrecht, New Dehli.

Yaaron, Gil u.a. (1992): *Rural Development in the Okavango Region of Namibia.* Windhoek.

Soussan Sarkhoch

Die internationale feministische Theorie neu hinterfragt

Dieser Aufsatz ist das Ergebnis einer doppelten Suche: die Suche nach Theorien, die mir helfen sollten, die Erfahrung im „ersten real-existierenden Gottesstaat", wie der libanesisch-deutsche Autor Bassam Tibi die islamische Republik ironisch bezeichnet, zu verarbeiten, sowie die Suche nach theoretischen Ansätzen für meine Forschungsarbeit über die Situation der Frauen in Iran. Daraus erklärt sich die Zweiteilung des Textes. Im ersten Teil setze ich mich mit allgemeinen Denkansätzen auseinander, die nicht nur im feministischen Diskurs[1] zu finden sind, sondern auch im „Dritte-Welt"-Diskurs; im zweiten Teil arbeite ich jene theoretischen Ansätze der Frauenforschung heraus, die mir für meine Forschungsarbeiten hilfreich erschienen.

Die Kritik am euro-amerikanischen feministischen Diskurs übe ich vor dem Hintergrund der oben erwähnten Erfahrung in meinem Heimatland, und sie ist auch als eine Art Selbstkritik zu verstehen. Ich war nämlich überrascht zu sehen, daß bestimmte Denkansätze, die in den sechziger und siebziger Jahren im Denken der oppositionellen Intellektuellen und damit auch in meinem Denken zu finden waren, nun weiterhin unreflektiert das Denken mancher AutorInnen, besonders das der Feministinnen, bestimmen. Mir scheint, daß nicht nur die Erfahrung in den islamischen Ländern, sondern auch die weltweite Erfahrung des Zusammenbruchs des real-existierenden Sozialismus, all jene zu einer kritischen Neureflexion zwingen, die ihre Utopie eines besseren und gerechteren Lebens für alle Menschen nicht zu einem unverwirklichbaren Traum werden lassen möchten.

Ich kritisiere hier Denkansätze, die zunächst ohne Beziehung zueinander erscheinen, wie z.B. die Verwerfung des Anderen, die Verneinung der Universalität, die Wiederaufnahme der kulturalistischen Dichotomie Abendland - Morgenland. Aber sie sind alle Aspekte eines Diskurses, der als postmodern bezeichnet werden kann und der sich durch die Verneinung der Errungenschaften der Aufklärung und der bürgerlichen Revolution auszeichnet. Ein Diskurs, der durch die Überbetonung der Differenz, ob es sich um das Geschlechterverhältnis, um Kulturen oder einzelne Individuen handelt, ei-

nem unhistorischen Relativismus und Partikularismus frönt, öffnet Tür und
Tor für fundamentalistische Argumente jeder Couleur und sogar für rassistische Ansätze.
Abgesehen von diesen Aspekten, die aus der Anlehnung an den *mainstream*
herrühren, hat die euro-amerikanische feministische Theoriebildung und
Frauenforschung neue Ansätze entwickelt, die uns erlauben, die Situation
der Frauen in verschiedenen Gesellschaften differenzierter zu sehen und ihre
Besonderheiten genauer zu erfassen. Im zweiten Teil versuche ich demzu-
folge drei mir wichtig erscheinende Aspekte dieser Theorieansätze, 1. Formen der männlichen Dominanz, 2. die Machtfrage und die Opferfrage sowie
3. das Verhältnis von Geschlecht und Klasse, herauszuarbeiten.
Bei meiner theoretischen Auseinandersetzung beschränke ich mich auf
den feministischen Diskurs, da diesem mein Hauptinteresse gilt und meinem
Forschungsvorhaben entspricht. Die Auseinandersetzung mit den AutorInnen wird dabei mehr grundsätzlichen Charakter tragen und von der Erör-
terung von Einzelfragen absehen, da dies sinnvoll nur anhand konkreter
Untersuchungsergebnisse erfolgen kann. Es geht mir weniger um die Kritik
an Resultaten einzelner AutorInnen oder einer ganzen Denkrichtung, als um
die Kritik an bestimmten, immer wiederkehrenden Denkansätzen oder
Denkmethoden und Argumenten.

Skizze des feministischen Diskurses

Im Vorfeld der detaillierteren inhaltlichen Betrachtung ist es notwendig, die
großen Linien des feministischen Diskurses zu skizzieren, ohne dabei auf
Einzelheiten und Unterschiede in verschiedenen Ländern einzugehen.
Die neue euro-amerikanische Frauenbewegung, die ihren Ausgang von
der „Außerparlamentarischen Opposition" der Jahre um 1968 nahm, verbreitete sich nach dem Ende des Vietnamkrieges und dem Abklingen des
Protestes entscheidend. Bald nach ihrer Entstehung fand eine Abkoppelung
des Feminismus von anderen sozialen und politischen Bewegungen statt und
ein Teil der Frauenbewegung entwickelte sich unter dem Losungswort
„autonom" weiter[2]. Mit dieser Sezession entstand auch das Bedürfnis nach
einem theoretischen Selbstverständnis. Der weitere Diskurs stand unter der
Leitfrage: Was ist eine Frau, oder was ist „die" Frau? Der berühmte Satz
Simone de Beauvoirs „Man wird nicht als Frau geboren, man wird dazu gemacht" bildete „die heftig umstrittene Frage, die auch tiefgehende Spaltungen bewirkte" (Blanquart 1988). Vereinfacht ausgedrückt: der Versuch einer
neuen Bestimmung weiblicher Identität bezeichnet den Kernpunkt der be-
ginnenden Kontroverse innerhalb der feministischen Theoriebildung. Zwei
Zitate können dies veranschaulichen:

„Der humanistische Feminismus besteht in einer Revolte gegen Weiblichkeit. Die patriarchalische Kultur hat Frauen eine andere weibliche Natur zugeschrieben, womit sie den Ausschluß der Frauen von den meisten wichtigen und interessanten gesellschaftlichen Bereichen ... rechtfertigte. ... Die Reduktion der Frau auf Weiblichkeit hemmt die Entwicklung ihres gesamten menschlichen Potentials und macht Frauen passiv, abhängig und schwach. Dem humanistischen Feminismus gilt Weiblichkeit als das primäre Mittel zur Unterdrückung der Frau...." (Young 1989, S. 38-9)

Im Gegensatz dazu bekennt sich der gynozentrische Feminismus zur Weiblichkeit:

„Der gynozentrische Feminismus betrachtet den weiblichen Körper und die traditionell weiblichen Aufgaben als Ausgangspunkt positiver Wertvorstellungen... Die Unterdrückung der Frau besteht in der Abwertung und Repression der weiblichen Natur und deren Aktivitäten durch die patriarchale Kultur."(ebd. 47)

Der Gynozentrismus stellt ein dualistisches Denkmodell dar, das auf der Dichotomie weiblich/männlich aufgebaut ist. Die biologistische und essentialistische Grundlage eines solchen Denkmodells ist in der Frauenforschung kritisiert worden in einer Diskussion, welche die Frage nach der Definition des sozialen Geschlechts (gender) thematisiert[3]. Viele Kritikerinnen gehen so weit, das Denken in Dichotomien sogar als in seinem Wesen androzentrisch zu bewerten[4].

Die Aktivitäten der humanistischen Feministinnen haben den Frauen weite, traditionell den Männern vorbehaltene gesellschaftliche Bereiche geöffnet und sind nun auf die Gleichstellung der Frauen in diesen Bereichen gerichtet. Die gynozentrischen Feministinnen finden das Schaffen einer Frauenkultur vorrangig, die sich in eigenen öffentlichen Sphären, Frauencafès, Frauenseminaren, Frauenfeten, überhaupt Veranstaltungen aller Art für Frauen ausdrückt; eine Erscheinung, die mich sehr überraschte, als ich nach langjähriger Abwesenheit wieder nach Europa kam.

Inzwischen aber beherrscht eine andere Tendenz den „feminist mainstream" (Knapp 1992, S. 302). Bei der ersten Lektüre der neueren feministischen Texte waren mir die neuen geisteswissenschaftlich orientierten Begriffe aufgefallen: „Diskurs", „Konstrukt", „Dekonstruktion", „Metaerzählung", um nur die wichtigsten zu nennen. Überspitzt gesagt, handelt es sich bei dieser neuen feministischen Tendenz um einen Teil-Diskurs innerhalb des umfassenderen poststrukturalistischen oder postmodernen Diskurses. Rothfield (1992) bezeichnet die Kontroverse in dieser Phase mit einem von Althusser (in anderem Zusammenhang) geprägten Begriff als eine Kontroverse zwischen Humanismus und Anti-Humanismus.

Obwohl die postmodernen Feministinnen manche Prämissen des Gynozentrismus kritisieren (vgl. u.a. Young 1989 u. 1990), scheint es mir, daß einige Affinitäten zwischen dem gynozentrischen Feminismus und den postmodernen DenkerInnen bestehen, auf die ich später zu sprechen komme⁵. Um aber diese Diskussion wenigstens verfolgen zu können, sah ich mich gezwungen, mich mit den theoretischen Originaltexten auseinanderzu-setzen, besonders mit Schriften Foucaults, desjenigen der neuen französi-schen Denker, der die feministische Theoriebildung stark beeinflußt. Seine Thematisierung der Macht übt große Anziehung auf Feministinnen aus, da sie in ihren emanzipatorischen Bestrebungen der Frage nach den bestehen-den Herrschaftsverhältnissen eine zentrale Stelle einräumen⁶.

Die von einigen anderen Feministinnen geäußerte Kritik an der Postmo-derne hat hauptsächlich die Praxis im Blick. Mit dem Argument, daß eine konsequente Verfolgung der postmodernen Ideen jede feministische Bewe-gung ebenso wie jede andere soziale Bewegung unmöglich machen würde, insistiert sie auf der Gemeinsamkeit der Interessen von Frauen und be-schwört die feministische Solidarität⁷.

Problematische Denkansätze in Theorie und Praxis

Ich neige dazu, Young (1989, S. 47) recht zu geben, wenn sie feststellt, daß der humanistische und der gynozentrische Feminismus „oft in problemati-scher Weise miteinander verflochten" seien. Auch ist es schwierig, eine Grenze zwischen dem gynozentrischen Feminismus und dem anti-humani-stischen (im Sinne Althussers) zu ziehen. Doch beziehen viele gynozentri-sche Feministinnen trotz der Affinität ihres Denkens zu den postmodernen Ideen dagegen Stellung. Deshalb gilt meine Kritik nicht einer Strömung, sondern bestimmten Denkschemata, denen ich ganz verstreut in vielen Tex-ten immer wieder begegnet bin. Diese fasse ich in den folgenden Punkten zusammen, auf die ich anschließend im Einzelnen eingehe:

1. Identifikation mit dem männlichen Bild des Weibes
2. Verwerfung des Anderen
3. Verneinung der Universalität
4. Das Epitheton „westlich" - die Wiederaufnahme einer alten Dichotomie
5. Sozialromantische Verklärung

Identifikation mit dem männlichen Bild des Weibes

In dem bereits vielfach kritisierten dualistischen Denkmodell: Mann/Frau, Kultur/Natur, Verstand/Emotion beziehungsweise Geist/Körper usw. bilden der Mann zusammen mit Kultur und Verstand bzw. Geist einen Komplex und die Frau, Natur und Emotion den entgegengesetzten Pol. Die gynozen-trisch denkenden Frauen übernehmen dieses Schema und verstehen sich als das naturnahe emotionale Wesen. Dieses Bild entspricht genau der Vorstellung, die sich die Männer in androzentrischen Gesellschaften von den Frauen gemacht haben. Ich sehe darin eine einfache Trotzhaltung: du sagst, ich sei emotional und ich könne nicht denken. Gut, ich bin halt emotional und nicht rational; aber das ist nicht schlecht, sondern sogar sehr gut.

Wir finden den gleichen Mechanismus bei den unterdrückten Völkern. Die Kolonisatoren nannten die Kolonisierten „faul, diebisch, unzuverlässig", und so verhielten sich die Kolonisierten (Memmi 1991). Man identifiziert sich mit dem Bild, das der Gegner von einem entwirft, und in der weiteren Entwicklung entstehen daraus jene Züge, die als kulturspezifisch angesehen werden. Wir können solch einen Vorgang in den islamischen Ländern beobachten. Die Europäer haben sich ein Bild des Orientalen als eines fatalistisch-frommen Menschen entworfen, eines Menschen, der seine Identität in der Religion findet (vgl. Said 1981). „Homo islamicus" nennt Maxim Rodinson (1971) das Wesen, das in den europäischen Augen entstand. Der Schleier wurde in diesem Bild zum Symbol des Orients und eine unverschleierte Frau aus den islamischen Ländern wurde sofort als westlich klassifiziert. Als zunächst einmal alle Versuche des Ausbruchs aus dem postkolonialen Dilemma scheiterten, d.h. alle Versuche, eine Lösung für die ökonomischen und sozialen Probleme, zum Teil ein Erbe der kolonialen Zeit, zu finden, wurde die Frage nach der verlorenen Identität gestellt, und in dem Bild, das der einstige Feind sich von uns gemacht hatte, wurde die Identität gefunden. „Zurück zur Religion" wurde zur Parole des Tages und das weitere kennen wir aus der jüngsten Geschichte.

Wie sind solche Reaktionen zu beurteilen? Als Anpassung, Unterwerfung oder als Widerstand? Ich teile die Ansicht von Erdheim, der meint, daß sich in solch einem Verhalten „ebenfalls der gleitende Übergang von der Ersatzbefriedigung zur Selbsteinschränkung [zeigt]; es sind zwar Formen des Widerstands gegen die Herrschaft, zugleich aber auch Ausdruck der aufgezwungenen Passivität und der Notwendigkeit zur Verstellung" (1990, S. 422). Mehr als bei der postkolonialen Bewegung sehe ich diese Reaktion bei der Frauenbewegung als eine notwendige Stufe auf dem Weg zur Bildung neuen Selbstbewußtseins: Durch Bejahung ihres historisch So-gewordenen-Seins gewinnen die Frauen zuerst einmal ihre Handlungsfähigkeit zurück und zerstören gleichzeitig das gängige „Emanzen"-Bild der Öffentlichkeit, ein Bild, das viele Frauen von der Beteiligung an der Bewegung abschreckte. Sie korrigieren damit auch eine ältere Vorstellung der Frauenbewegung, die darin bestand, daß man sich dem Bild des Mannes von sich selbst angleichen müsse, um Gleichberechtigung zu erlangen. Nicht nur für die Praxis, sondern auch im Bereich der Theorie hat der Gynozentrismus somit eine Funktion: „Unsere Konzentration auf das soziale Geschlecht war notwendig, um die Grenzen feministischer Transformationsanstrengungen in der Soziologie zeigen zu können" (Stacey; Thorne 1991, S. 841)[8].

Verwerfung des Anderen

Der Versuch der feministischen Wissenschaftlerinnen, eine feministische Wissenschaftstheorie zu entwickeln, ist wohl die interessanteste Erscheinung in der Frauenbewegung[9]. Dieser Prozeß begann mit der Kritik des Wertfreiheitsanspruchs der etablierten Wissenschaften, einer Kritik, die in den sechziger und siebziger Jahren allgemein zur Diskussion stand. Zunächst einmal wurde anhand einiger wissenschaftlicher Ergebnisse gezeigt, wie Wissenschaftler ihre patriarchalisch strukturierten Vorstellungen von der Gesellschaft in ihre Analysen hinein projizieren, gleich, ob es sich um die Lebensbeschreibung von Tieren in der Biologie handelt oder um die Interpretation von Sitten und Bräuchen anderer Völker in anderen Kontinenten. Wurden Frauen nicht geradezu ignoriert, dann beschrieb man sie so, wie man sie zu Hause gern sah. In der Geschichtsschreibung und sogar in der Sozialgeschichte waren Frauen einfach nicht präsent. Die feministische Kritik ging zunächst davon aus, daß in einer nur von Männern betriebenen Wissenschaft androzentrische Werte vorherrschen und daß es der Ausschluß der Frauen aus der Wissenschaft war, der zu solchen Ergebnissen geführt hat.

Nun sind Frauen als Folge der 150 jährigen Frauenbewegung in die heiligen Gefilde der Wissenschaft eingedrungen, auch wenn sie noch in der Minderheit sind und meist in unteren Stellungen arbeiten. Damit begann eine andere Tendenz in der Kritik. Wissenschaftlerinnen stießen auf Widerstände im Wissenschaftsbetrieb selbst und machten darin neue negative Erfahrungen. Der gynozentrische Feminismus zog daraus den Schluß, daß Wissenschaft grundsätzlich männlich sei und zu den männlichen Sphären gehöre. Grundsätze und Prämissen der Wissenschaft wie Rationalität, Objektivität, Abstraktion, Meßbarkeit und Exaktheit wurden in Frage gestellt - eine Position, die bereits kritisiert worden ist (vgl. Harding 1990; Weedon 1990). M.E. verfahren einige der Kritikerinnen nach dem oben beschriebenen dualistischen Denkschema, in welchem die Vernunft für ein männliches Prinzip gehalten und deshalb verworfen wird.

Dieser Denkansatz erscheint mir problematisch und im genauen Sinn des Wortes fragwürdig. Legitim daran ist, daß die Frage nach der Objektivität von Erkenntnis erneut aufgeworfen wird, so wie es in der Geschichte der Philosophie immer der Fall war, wenn neue Erkenntnisse zur Überprüfung vorgefaßter Systeme und Weltbilder zwangen. Angreifbar daran ist, daß ein Nicht-Ich bestimmt und zum Träger all jener Eigenschaften aufgebaut wird, die als negativ gelten sollen, um schließlich pauschal und rigoros verworfen

zu werden. Entscheidend ist die Art und Weise des Verfahrens, das ich Pau-
schalisierung und Rigorismus nenne. Es ist eine Verfahrensweise, die an das
erinnert, wozu die Lehren Karl Marx' in der Sowjetunion gemacht wurden.
Der Satz von Marx, die „herrschende Kultur ist die Kultur der Herrschenden" wurde so verstanden, als ob jede Kultur in einer Gesellschaft die Kultur
der Herrschenden sei. So wurden alle geistigen Produkte aus kapitalistischen
Ländern verworfen, gleichviel, ob es sich um Kunstwerke oder um wissenschaftliche Theorien handelte. Der undifferenzierten Verwerfung folgte
dann oftmals die kritiklose Übernahme mancher Theorien, sobald nämlich
deren prakische Verwertbarkeit offenkundig wurde, wie etwa bei der Einführung des tayloristischen Systems der Fabrikation.

Anders verfährt Ernst Bloch bei der Bewertung philosophischer und kultureller Werke. Für ihn gibt es in den geistigen und materiellen Werken der
Menschen stets ein „Mehr", das über ihre zeitliche und räumliche Begrenzung und auch über ihre Zugehörigkeit zu Klassen, Nationalitäten und Geschlechtern hinausweist.

Ein Teil der feministischen Wissenschaftskritik verfuhr auf die oben ge-
kennzeichnete pauschalisierende Weise, indem sie beinahe alle Aspekte der
bestehenden Kultur mit der Begründung verwarf, daß diese im Wesentlichen
eine männliche Kultur sei, ohne zu beachten, daß diese Kultur sich in einem
sehr widersprüchlichen Prozeß entwickelt hat. Gibt es aber eine Überbewer-
tung des Geistes in der Tradition der idealistischen Philosophie, so findet
der Körper seine Bedeutung in der materialistischen Philosophie, einer Philosophie, die ebenfalls von Männern gemacht wurde. Inzwischen sind diese
Positionen, wie erwähnt, kritisiert worden. Die Frauenforschung hat ein dif-
ferenzierteres Verhältnis zur bestehenden Wissenschaft gewonnen, verhält
sich der Überlieferung gegenüber sichtend und gewinnt auf diese Weise
neue Ansätze für die Bildung feministischer Theorien (vgl. die Berichte
darüber bei Harding 1990; Weedon 1990).

Verneinung der Universalität

Die beiden oben beschriebenen Aspekte des dualistischen Denkmodells des
Gynozentrismus basieren auf der Kritik an einer der wichtigsten Prämissen
der Aufklärung: dem Anspruch auf Universalität:

> „Der gynozentrische Feminismus widerspricht dem humanistischen Feminismus in
> einer seiner grundlegenden Annahmen, nämlich dem Ideal einer universellen
> Gleichheit im Wesen der Menschen, eines universellen Menschseins, wonach für
> alle Personen die Entwicklung ihrer Fähigkeiten das Gleiche bedeutet." (Young
> 1989, S. 57)

Dies ist der Grund, warum manche Feministinnen so empfänglich für die
Aufnahme postmoderner Ideen sind, die in einer Infragestellung der Ideale

der Aufklärung, insbesondere des Universalitätspostulats, bestehen. Aber während der Gynozentrismus das universale Menschenbild als männlich diskreditiert und es durch ein duales Bild ersetzt, - das universelle Bild des Mannes und der Frau, - sind die postmodernen Feministinnen in ihrer Kritik radikaler, und stellen den Universalitätsanspruch grundsätzlich in Frage. Sie kritisieren gerade dieses Bild der Frau und zweifeln, ob man von „der" Frau reden kann (vgl. Knapp 1992, S. 290; Young 1990). In Übereinstimmung mit den postmodernen Ideen glauben sie, der Begriff „Frau" sei eine Verallgemeinerung, welche die Verschiedenheit unter den Frauen negiere und deshalb repressiv sei. Young geht in ihrer Kritik soweit, das Bedürfnis nach Gemeinschaft als Grundlage von faschistoiden Bestrebungen zu diffamieren und bezieht sich dabei auf Adornos Kritik der Aufklärung (ebd., Young 1990).

Bei der Diskussion des Universalitätspostulats werden m.E. zwei Ebenen des Denkens verwechselt: zum einen die Ebene der abstrakten Ideale und zum anderen die Ebene ihrer Konkretisierung. Die Annahme eines universellen Wesens der Menschen ist eine abstrakte Idee, die beinhaltet, daß die Menschen trotz ihrer biologischen, ethnischen, religiösen und sonstigen individuellen Differenzen im Wesen gleich sind, ohne eine Aussage über das Wesen des Menschen zu enthalten. Sie impliziert natürlich eine Wertschätzung: Die Menschen sind mit allen ihren Unterschieden gleichwertig. Sie ist weder eine Negation noch ein Übergehen der realen Differenzen. Wären die Menschen vollkommen gleich, wäre diese Anstrengung des Begriffs, die Einheit in Differenz zu sehen, nicht notwendig.

Der Streit der Geister beginnt bei der Konkretisierung dieser Idee. Marx z.B. kritisiert die Abstraktheit der idealistischen und die Zeitlosigkeit der materialistischen Auffassung vom Menschen. Er stellt nicht die Universalität des Begriffes vom Menschen in Frage, sondern kritisiert den abstrakt-zeitlosen Universalbegriff und ersetzt ihn durch den konkret-historischen.

Auf einer anderen Ebene machen Individuen, soziale Gruppen und ganze Gesellschaften sich ein Bild vom Menschen. Sie gestalten es nach ihrem eigenen Bild, machen es zu ihrem Ebenbild, so wie sie sich ein Bild von Gott machen: psychologisch gesehen ein naiver, unschuldiger Vorgang, der aber gefährlich wird, wenn dieses Bild zur gesellschaftlichen Norm erhoben wird und alles, was ihm nicht entspricht, als das Andere, das Fremde identifiziert und meist auch diskriminiert wird. Es ist das Bestreben der herrschenden sozialen Gruppen, ihr Bild zur Norm zu erheben. Dies erreichen sie, indem sie es zum universellen Bild des Menschen idealisieren. So wird in der euro-amerikanischen Gesellschaft das Bild des weißen und bürgerlichen Mannes zum universellen Ideal erhoben. Hier setzt mit Recht die feministische Kritik an und entlarvt dieses Bild als ethnozentrisch und andro-

zentrisch. Aber nicht die Universalität dieses Bildes, sondern seine Partikularität ist zu kritisieren: man muß das Bild gerade an seinem Universalitätsanspruch messen, auch wenn die „universalistische Rhetorik" immer wieder
der Verschleierung von „Parteilichkeiten" und von „intellektuellen Hege-
monialansprüchen" gedient hat (List 1989, S. 7)[10].

Um Mißverständnisse zu vermeiden, möchte ich feststellen, daß es mir
nicht um jene Werte geht, die den Anspruch auf Universalität erheben und
in Wirklichkeit ethnozentrisch oder androzentrisch sind. Besonders Sitten
und ästhetische Werte sind historisch und kulturell sehr verschieden. Sitten
unterscheiden sich so sehr, daß Verhaltensweisen, die in einer Gesellschaft
als respektvoll gelten, in einer anderen als herabwürdigend empfunden werden, wobei sowohl größere Kulturzusammenhänge als auch subkulturelle
Normen bestimmend wirken können. Dennoch gleichen sich alle Menschen
darin, daß sie Sitten und Rituale befolgen, und darin, daß sie ihre Sitten und
Gewohnheiten - obgleich meist unbewußt - ändern, wenn die Umstände es
erfordern. Das Universalitätspostulat beinhaltet keine Werte, sondern Rechte, die allen Menschen zustehen müssen, wie etwa das Recht auf freie Mei-
nungsäußerung. Hierbei handelt es sich nicht um juristische Rechte und Gesetze, sondern um politische Rechte. Sollen Gesetze gerecht sein, so müssen
sie Differenzen und die konkrete Situation in Rechnung stellen.

Auf der politischen Weltbühne wird in den internationalen Menschenrechtskonferenzen wird seit Jahren eine Diskussion geführt, die m.E. in
Wirklichkeit ein Scheingefecht ist. Die eine Partei, meist Vertreter der
Großmächte und reicher Staaten, treten dabei als Verteidiger der universellen Rechte auf, während die andere Partei, meist die Wortführer der kleinen
Staaten, auf das Recht zu kultureller Besonderheit insistieren. Die Aufgabe
einer politisch aufklärenden Wissenschaft, auch der Frauenforschung, bestünde darin, den Scheincharakter dieses Disputs zu durchschauen und die
wahren Interessen beider Positionen, d.h. ihre Herrschaftsinteressen nachzuweisen: bei den einen das Interesse an der Durchsetzung von Hegemo-
nialansprüchen im Weltmaßstab, bei den anderen das Interesse an der
Durchsetzung von Machtansprüchen im nationalen Rahmen. Ich möchte
hier nur daran erinnern, daß der sehr westlich orientierte Schah bei den Diskussionen um Menschenrechte und Frauenrechte genauso wie seine anti-
westlich eingestellten Nachfolger auf das Recht zu kultureller Besonderheit
pochte[11].

Das Epitheton „westlich" - die Wiederaufnahme einer alten Dichotomie
Die feministische Kritik der Universalität bezieht sich auf die Andersartigkeit der nicht-europäischen Kulturen und Menschen; sie glaubt sich in Einklang mit der Kritik der ehemals kolonisierten Völker am Eurozentrismus.

Deshalb finden wir in den Auseinandersetzungen mit der bestehenden Kultur Europas und der USA häufig das Epitheton „westlich"[12]. Aber nicht nur im feministischen Diskurs, sondern auch sonst werden die Ausdrücke „westlich", „Okzident" und „Abendland" häufig synonym verwendet.

Solange das Wort „westlich" ohne eine weitere Erklärung und als Kritik, wie meist bei den Feministinnen, gebraucht wird, ist mir nicht klar, was damit gemeint ist. Wird damit auf den Gegensatz im kalten Krieg hingewiesen oder auf den alten Gegensatz des liberalen zum autoritären Denken im politischen Diskurs innerhalb Europas? Die geographischen Ausdrücke „West" und „Ost" erhalten ihren politisch-gesellschaftlichen Inhalt vom Standpunkt des/r Sprechenden. Anders verhält es sich mit diesen dichotomischen Ausdrücken, wenn sie synonym mit „Abendland" und „Morgenland" benutzt werden, mit Begriffen, die in der Geistesgeschichte Europas eine lange Überlieferung haben. Um den ideologischen Gehalt dieser Begriffe deutlich zu machen, möchte ich kurz ihre Geschichte in Erinnerung rufen.

Exkurs: Abendland - Morgenland

Die geographisch neutralen Begriffe „Abendland" und „Morgenland" erhielten in der Zeit der Kreuzzüge ihren politischen Gehalt. Sie entstanden in Europa etwa zur Zeit Luthers und dienten der Selbstidentifikation und der Abgrenzung gegen einen Feind, dem man sich zivilisatorisch unterlegen fühlte. Sie waren zuerst einmal mit religiösen Inhalten gefüllt und wurden synonym mit christlicher und islamischer Welt benutzt. Erst später (etwa im 19. Jahrhundert) wurden sie kulturalistisch stilisiert[13].

Die Notwendigkeit einer ideologischen Abgrenzung zur Zeit der Kreuzzüge lag darin, daß die Gegner mehr Gemeinsames als Trennendes aufwiesen. In beiden politischen Sphären lag die Hegemonie bei jungen, in Expansion begriffenen Völkern, die die machtpolitische Weltbühne der damaligen Zeit neu betreten hatten und ethnisch wenig oder gar nichts Gemeinsames mit den Hegemonie-Völkern der Alten Welt hatten.

In den ehemaligen Pharaonen- und Perserreichen Westasiens und Nordafrikas herrschten zunächst arabische Dynastien. Später übernahmen türkische Dynastien die Macht. In Europa hatte sich das Zentrum der Macht von Süden nach Norden in das Gebiet der neu nach Europa eingewanderten Stämme verlagert. Sowohl die arabischen und türkischen Stämme als auch die nördlich der Alpen lebenden Völker hatten in der Peripherie der Alten Welt als eine dauernde Bedrohung der „Zivilisation" gelebt und immer wieder Strafexpeditionen erleiden müssen. Sozioökonomisch gesehen wiesen die asiatischen wie die nordeuropäischen Völker trotz struktureller Unterschiede viele Gemeinsamkeiten auf. Beide Gesellschaften basierten hauptsächlich auf Landwirtschaft und Viehzucht und das Verhältnis zu Grund und Boden bestimmte, wenn auch in verschiedener Weise, ihre soziale Differenzierung. Kulturell standen die christianisierten wie die islamisierten Völker in der gleichen Tradition, nämlich der des judaistischen Monotheismus, aber gleichzeitig auch in der römisch-griechischen Tradition, da sowohl das Christentum wie auch der Islam aus der Synthese der beiden Traditionen entstanden waren. Aber die islamische Welt wies in mancher Hinsicht mehr Gemeinsamkeit mit der römisch-griechischen Welt auf, da der Verstädterung und dem Handel in ihren Zentren quantitativ wie qualitativ eine größere Bedeutung zukam. Auch hatten die islamischen Gelehrten mit der Rezeption der klassischen griechischen Philosophie begonnen, während die Christen Europas erst später und vermittelt über die islamische Philosophie mit ihr bekannt wurden.

Das Paradox bestand darin, daß die politische Einheit der islamischen wie der christlichen Welt, die religiös einheitlichen Imperien des islamischen Khalifats und des Reiches Karls des Großen in Auflösung begriffen waren. Um so mehr brauchte man eine ideologische Abgrenzung und Rechtfertigung, um die politisch-ökonomischen Ziele zu verfolgen. Da die Christen Europas den Islam nur vom Hörensagen kannten und ihn nicht als eine Fortführung der judaistisch-monotheistischen Tradition sahen, war es ein Leichtes für sie, die Muslime zu Heiden zu erklären. Die Muslime, die die Christen von einem Nebeneinander in der eigenen Welt kannten, und die Rechtgläubigkeit des Christentums anerkannten[14], mußten mehr Spitzfindigkeit aufbringen, um sich abzugrenzen und zum heiligen Krieg aufzurufen[15].

Somit wurden die Begriffe „Abendland" und „Morgenland" zu ausgesprochenen Abgrenzungsbegriffen, die der Bestimmung eines Feindbildes religiösen Inhalts dienten. Als aber bei der Weiterentwicklung Europas zur Moderne die religiösen Inhalte politisch unbedeutend wurden und die Aufklärung religiöse Feindbilder überhaupt in Frage stellte, - ich erinnere nur an Lessings „Nathan der Weise", - entstand aus politisch-ökonomischen Gründen wiederum das Bedürfnis nach einer Abgrenzung, dieses Mal unter anderem Vorzeichen. Die zeitweilig unterlegenen, aber nie besiegten Gegner der Aufklärung stilisierten jetzt „Abendland-Morgenland" zu einer kulturellen Dichotomie, zu einem essentiellen Gegensatz, der schon im Altertum die politischen Widersprüche bestimmt habe. Sie erklärten sich selbst zu den kulturellen Erben der griechisch-römischen Welt und die anderen zu den Erben der altorientalischen Reiche, besonders der Perser, den klassischen Feinden der Griechen und Römer. Um die alte, religiös definierte Dichotomie unbehelligt wieder verwenden zu können, erklärten sie die Moderne zur ungebrochenen Weiterentwicklung der christlichen Kultur, obwohl diese sich selbst im Widerspruch zu Religion und Kirche entwickelte.

Hatten die Begriffe „Abendland" und „Morgenland" also im Mittelalter zum Teil der Selbstverteidigung und Selbstidentifikation gegen einen überlegenen und auch expandierenden politischen Feind gedient, waren sie in ihrer Verwendung durch die abendländische Reaktion nun zur reinsten Rechtfertigungsideologie für die Beherrschung und Ausbeutung fremder Völker geworden. Man verfuhr so, daß man die Ungleichheiten und Ungleichzeitigkeiten kulturalistisch mit der alten Dichotomie „Morgenland-Abendland" erklärte. Diese Strömung kristallisiert sich in einem Diskurs, den man mit Edward Said als den Diskurs des Orientalismus bezeichnen könnte. Eine ganze wissenschaftliche Disziplin sah ihre Aufgabe darin, die Kultur und die Menschen in den islamischen Ländern als das Andere, als das Nicht-Ich zu beschreiben. Der Widerspruch Orient-Okzident war geboren und der „homo islamicus" konstruiert.

Obwohl diese Begriffsbildung in der Moderne stattfindet und ein Teil der Moderne ist, würde ich sie nicht in der Tradition der Aufklärung sehen, sondern sie als anti-aufklärerisch bezeichnen, da sie eine der wichtigsten Prämissen der Aufklärung, das Universalitätspostulat, nicht erfüllt. Ich begreife den Widerspruch zwischen dem Universalitätspostulat der Aufklärung und dem Hegemonialstreben der europäischen Kultur im Zuge der Welteroberung als einen inneren Widerspruch der Moderne (vgl. auch Schlesier 1993, S. 230-2; Goldziher 1876).

Als ich die kulturalistische Argumentation, der man in den Schriften der OrientalistInnen immer wieder begegnet, nun bei AutorInnen wiederfand, die gegen Ethnozentrismus und Eurozentrismus Stellung beziehen, war ich sehr überrascht. Diese Art der Stellungnahme beruht m.E. auf einer falsch verstandenen Identifikation mit den ehemals kolonialisierten Völkern und ihrer Suche nach eigenen Identitäten in sozialreligiösen oder ethnischen Volksbewegungen, ohne die neuesten Erfahrungen dieser Völker kritisch zu reflektieren. Ich möchte hier anhand eines Beispiels aus der Praxis des Feminismus in den USA zeigen, wie das Insistieren auf Differenz und auf das Recht der Andersartigkeit in rassistische Argumentation umschlagen kann.

Bei der Diskussion um die Zulassung der Abtreibung in den USA wurde oft argumentiert, daß die Probleme der schwarzen Frauen anders als die der weißen seien. Die weißen kämpften nur für die Legalisierung der Abtreibung, während es den schwarzen darauf ankomme, das Recht auf finanzielle Unterstützung durch die Krankenkassen durchzusetzen. Handelt es sich hier um ein Problem der Rassenzugehörigkeit oder um ein Problem der wirtschaftlichen Situation der Frauen? In einem afrikanischen Land, wo es starke soziale Differenzierungen gibt, könnte doch das gleiche Problem entstehen: einem Teil der Frauen würde die Legalisierung genügen, dem anderen, größeren dagegen nicht. Gibt es in den USA nicht auch weiße Frauen, die sich aus Armut keine Abtreibung leisten können? Wird bei der Darstellung sozialer Probleme, von denen verschiedene Bevölkerungsgruppen betroffen sind, die ethnische Besonderheit dieser Gruppen in den Vordergrund gestellt, entsteht der Eindruck rassistischer Argumentation. Es war und ist die Aufgabe der antirassistischen Aufklärung, Probleme, die als solche der Rassenzugehörigkeit erscheinen, als soziale und wirtschaftliche Probleme zu enthüllen. Natürlich haben Menschen schwarzer Hautfarbe in einer rassistischen Gesellschaft besondere Probleme, z.b. bei der Arbeits- oder Wohnungssuche. Aber sie haben diese Probleme nicht, weil sie schwarz oder farbig sind, sondern weil die Gesellschaft rassistisch ist.

Bei dieser Diskussion geht es mir darum, zu zeigen, daß die Betonung kultureller und sonstiger Differenzen auf Kosten der Universalität geschieht und daß die kulturalistische Definition des Menschen einer alten eurozentristischen Tradition angehört, welche gegen die besseren Absichten ihrer neueren VerkünderInnen, sogar in eine rassistische Argumentation umschlagen kann. Es liegt mir dabei fern, das Recht auf kulturelle Eigenständigkeit oder auf politische Selbstbestimmung zu negieren. Das Recht auf politische und kulturelle Selbstbestimmung ist ja gerade eines der zentralsten Rechte des universellen Menschenverständnisses, das es den Einzelnen ebenso wie Gruppen erlaubt, kulturelle, religiöse und politische Zwänge zu durchbrechen und eigene kollektive Zugehörigkeiten zu definieren; ein Recht, das erst in einem Prozeß der Befreiung wahrgenommen wird, die nicht absolut sondern partiell geschieht. Die kulturalistische Argumentation spricht den Menschen in bestimmten Gesellschaften gerade dieses Recht auf Befreiung durch die Kritik traditioneller Sitten und Werte ab, indem sie die universelle Dimension dieser Kritik verneint und sie als „westlich" diskreditiert.

In dem feministischen Diskurs gibt es eine starke Tendenz, sich an die kulturalistische Argumentation anzulehnen. Was bedeutet diese Tendenz für die Befreiung der Frau in anderen Gesellschaften?

Sozialromantische Verklärung

Die feministische Wissenschaftskritik sieht als eine ihrer Aufgaben die Suche nach der in den wissenschaftlichen Untersuchungen abwesenden Frau an. Historikerinnen und Ethnologinnen haben in minutiöser, oft sehr schwieriger Arbeit in Archiven, nach intensivem Durchwühlen der alten ethnologischen Materialien, ebenso aber auch durch ihre selbständigen Feldforschungen umfangreiches Material über Frauen in verschiedenen Epochen und Gesellschaften zu Tage gefördert[16].

Durch diese Arbeiten ist die androzentrische Behauptung, die Unterordnung der Frau und ihre Begrenzung auf Haus und Herd sei durch ihre natürlichen Anlagen bedingt und in allen Zeiten und Gesellschaften dieselbe gewesen, widerlegt worden. Die zutage geförderten Materialien zeigen, daß die Situation der Frauen in verschiedenen Epochen, Gesellschaften und Kulturen variierte und sogar in verschiedenen gesellschaftlichen Gruppen innerhalb einer Kultur und während ein und derselben Epoche nicht dieselbe war.

Verführt durch ihre Entdeckung der außerhäuslichen produktiven Tätigkeit der Frauen in früheren Zeiten und in sogenannten primitiven Gesellschaften und der daraus resultierenden Rechte der Frau - alles Dinge, um die sie heute schwer kämpfen muß - aber auch entmutigt durch das Mißlingen ihrer bisherigen Bemühungen, die Situation der Frauen in unserer Zeit grundlegend zu verändern und deren Probleme zu lösen, neigen viele Feministinnen dazu, vergangene Epochen, wie das Mittelalter, und weniger komplizierte Sozialsysteme, wie die Stammesgesellschaften, in „sozialromantischer Verklärung" (Beer 1990) zu sehen. So übersehen sie, wenn sie z.B. die Heiltätigkeit der Frauen im Mittelalter und ihr medizinisches Wissen hervorheben, wie beschränkt diese Heilkunst war und wie sehr das Erfahrungswissen, auf dem sie beruhte, mit abergläubischen und magischen Vorstellungen vermischt war. Beim Lob der Unabhängigkeit und Tapferkeit von Frauen, die ihre Kinder ganz alleine im Busch zur Welt bringen, wie es in bestimmten afrikanischen Gesellschaften geschieht, wird übersehen, daß gerade die Völker mit geringen naturbeherrschenden Technologien große Angst vor der Natur und besonders vor dem Busch haben, da dieser für sie nicht nur natürliche Gefahren bedeutet, sondern auch von übernatürlichen Wesen bevölkert ist, und daß nur der Druck des Tabus die Frauen zu diesem Verhalten zwingen konnte. Wieviel Frauen auf diese Weise Komplikationen der Geburt zum Opfer fielen oder Angsttraumata erlitten, wieviel nicht aus dem Busch zurückkehrten oder ihr Neugeborenes verloren, wird nicht bedacht. Der Zwang, den abergläubische Vorstellungen ausüben, wird vergessen, die Heillosigkeit einer übermächtigen Natur wird beschönigend zur „heilen Welt" umkonstruiert. Man könnte bösartig werden und sagen, nur Frauen, die in einer befriedeten Natur, in geschützten Räumen, unter dem Einsatz der neuesten medizinischen Errungenschaften ihre Kinder zur Welt bringen und dabei noch frustriert sind, können zu solchen Ideen gelangen. Frauen in armen Ländern, die schon bei der Geburt die Mutter verloren und das schreckliche Schicksal eines Waisenkindes ertragen haben, Frauen, die mehrere ihrer Kinder bei der Geburt verloren und dabei dem Tod ins Auge geschaut haben, werden die archaischen Gebärpraktiken ganz anders beurteilen. Ich möchte damit der richtigen Einsicht der Feministinnen, die moderne Medizin habe aus dem natürlichen Vorgang des Gebärens einen Krankheitsfall gemacht, nicht widersprechen. Es liegt mir auch fern, zu ignorieren, daß Menschen in früheren Zeiten und in sogenannten primitiven Gesellschaften über ein erprobtes Wissen, z.b. von pflanzlichen Heilkräften, verfügten, das durch eine repressive koloniale Modernisierung verloren gegangen ist. Es geht mir hier nur um die Kritik an der Zivilisationsmüdigkeit und an der sie begleitenden „sozialromantischen Verklärung" der Vergangenheit, die sich in der feministischen Theorie und Praxis breit macht. Aus der Sicht von Menschen, besonders Frauen, die die Errungenschaften der Moderne nicht genießen, kann man das Programm „zurück zur Natur" sehr wohl kritisieren, ohne dabei der naiven Fortschrittsgläubigkeit des neunzehnten Jahrhunderts zu verfallen.

Diese einseitig negative Beurteilung der geschichtlichen Entwicklung ist charakteristisch für den postmodernen Diskurs innerhalb des Feminismus. Sie beruht zum einen Teil darauf, daß die innere Widersprüchlichkeit in jeder Form der Entwicklung übersehen wird, zum anderen liegt sie in der schon erwähnten einseitigen Sichtweise in der feministischen Theoriebildung selbst begründet. Beides zusammen erschwert die Lösung eines der zentralen theoretischen Probleme des Feminismus. Dieses besteht in der Frage, warum zu bestimmten Zeiten, besonders bei den Übergängen von bäuerlichen Gesellschaften zu städtischen, eine Verengung der Handlungsräume der Frauen in manchen Bereichen und deren Verdrängung aus anderen stattfindet, während, gesamtgesellschaftlich gesehen, gleichzeitig eine relative Verbesserung der Lebensumstände und eine Erweiterung der Freiheitsräume zu beobachten sind. Dieses Phänomen wird bei der Bildung der mitteleuropäischen bürgerlichen Kleinfamilie der Neuzeit, der sogenannten Hausfrauenfamilie, besonders offenkundig. Es bildet mit den Grund für die negative Beurteilung, die die Moderne und überhaupt jede Entwicklung, die sich als Fortschritt versteht, durch manche Feministinnen erfährt, eine Beurteilung, die bei der Lektüre mancher feministischer Texte, und zwar nicht nur der historischen und ethnologischen, den Eindruck entstehen läßt, als habe das Patriarchat erst richtig mit der Moderne begonnen[17].

Mir scheint, daß es dem feministischen Diskurs lange Zeit an einer klaren Definition seines meist gebrauchten Begriffs, dem des Patriarchats, und an historischen Kenntnissen über die Entstehung der Herrschaft des Mannes mangelte. Dieser Mangel wird von vielen Feministinnen erkannt, die nun versuchen, das Patriarchat historisch zu verstehen und ein präziseres Begriffssystem für die verschiedenen historischen Formen männlicher Dominanz zu entwickeln[18].

Der gemeinsame Nenner all dieser Denkansätze ist die pauschale unreflektierte Verwerfung der Aufklärung und der Moderne. Damit rücken sie in die gefährliche Nähe des traditionellen und fundamentalistischen Denkens, das seinen Angriff gerade auf die Errungenschaften der Aufklärung konzentriert: auf Werte und Institutionen wie individuelle Freiheit und Toleranz gegenüber Andersdenkenden, den säkularen Staat usw. und nicht auf die „negativen Seiten der Moderne": die expansionistische und ausbeuterische Wirtschaft, die unser Weiterleben auf der Erde bedroht. Aufgrund unserer Erfahrung erscheint es mir, daß die Reproduktion dieser Wirtschaftsformen und Herrschaftsverhältnisse, seien sie staatlich oder durch den Markt reguliert, unter eigenen kulturellen Vorzeichen und bei Mißachtung aller wissenschaftlichen Errungenschaften, keine authentische Alternative für die wirtschaftliche Situation der Länder des Südens darstellt. Der „Kulturkampf", in dem tendenziell alle Probleme als eine Frage der kulturellen Eigenständigkeit definiert werden, erscheint als eine Ablenkung von den eigentlichen Problemen. Vor 15 Jahren konnte man in diesem Kampf noch eine Suche nach der eigenen kulturellen Identität sehen. Inzwischen aber wissen wir, daß die Menschen von dieser kulturellen Identität eine Lösung für ihre ökonomischen und sozialen Probleme erwartet haben. Eine solche Lösung kann aber nur in einer freien Diskussion und unter Beachtung der weltweiten wissenschaftlichen Ergebnisse gefunden werden und nicht unter einem theologischen und ideologischen Diktat. Nicht die formale Einführung des Parlamentarismus - den wir weltweit schon praktizieren - schafft die Voraussetzung für eine solche Diskussion, sondern ein Prozeß der Aufklärung, den wir nicht nachahmen, sondern eigenständig nachholen möchten oder müssen. Aufgrund dieser Erfahrung, die ich mit vielen Intellektuellen meines Landes teile, erscheinen mir die Angriffe, die von euro-amerikanischen Feministinnen und anderen AutorInnen aus Sympathie für die Menschen in der „Dritten" Welt geäußert werden, so befremdlich, daß ich mich zuweilen frage, ob die Zeit stehen geblieben ist[19].

Neue Ansätze in der internationalen Frauenforschung

Meine Auseinandersetzung mit dem feministischen Diskurs hatte auch das Ziel, nach neuen Ansätzen zur Präzisierung und Differenzierung meiner Forschungsarbeit über die Situation der Frauen in Iran zu suchen.

Jene Aspekte der feministischen Theoriebildung und der Frauenforschung, die mir für diese Aufgabe hilfreich erschienen, habe ich in folgende drei Themenbereiche zusammengefaßt[20]:

1) Formen männlicher Dominanz
2) Frauenmacht
3) Das Geschlechterverhältnis

Hier möchte ich mich auf deren allgemeine Bedeutung für die internationale feministische Theorie konzentrieren.

Formen männlicher Dominanz

Begriffliche Klärung

Der Begriff „Patriarchat" war lange Zeit trotz seiner zentralen Bedeutung für den Feminismus ungeklärt und wurde allgemein für jede Form männlicher Dominanz gebraucht, verwendet aber wurde er ohne jede interpretatorische Funktion als rein rhetorischer „Kampfbegriff" (Metz-Göckel 1987, zit. bei Knapp 1992, S. 289). Ich stimme deshalb mit Cockburn darin überein, daß „die vorherrschende Verwendung des Konzepts Patriarchat problematisch" und daß „diese Bezeichnung für die ungeheuer diffusen und veränderlichen Formen der männlichen Dominanz, die wir erleben, zu eng" ist (1991, S. 81). Auch von anderer Seite (vgl. Kößler 1993; Knapp 1992, S. 291) wurden Bedenken gegen einen undifferenzierten Gebrauch dieses Begriffs und seine Anwendung auf ganz unterschiedliche Gesellschaften, besonders auf die modernen Gesellschaftsformen geäußert.

Cockburns Gegenvorschlag lautet: „Die Bezeichnung [Patriarchat] sollte auf Gesellschaftsformen beschränkt werden, die durch die Autorität von Männern und Ehemännern über Ehefrauen und Kinder und von älteren Männern über jüngere charakterisiert sind" (ebd.). Die so bestimmte Form der männlichen Dominanz wäre dann typisch für Gesellschaften, in denen eine besondere Form der Familie, nämlich die Großfamilie, in der die Väter noch über ihre erwachsenen Kinder und Enkel herrschen, eine grundlegende Institution ist und als Modell wirkt. Für die männliche Dominanz in Gesellschaften, in denen die Großfamilie aufgelöst ist, die Kleinfamilie immer mehr ihre Funktion verliert und das Geschlechterverhältnis die innerfamiliären Beziehungen überschreitet, in der auch die Menschen, Frauen wie Männer, sich nicht als Repräsentanten der Familie sondern als Individuen gegenüber treten, müßte dann eine neue Bezeichnung gesucht werden. Die Bezeichnung „Andriarchat" käme da in Frage (vgl. Elias 1986, S. 427). Doch herrscht in der feministischen Literatur noch keine einhellige Meinung über den Gebrauch dieses Begriffes. Cockburn z.B. verwendet ihn zur Bezeichnung eines „breiteren, weitere Bereiche durchdringenden und älteren Systems männlicher Dominanz als das Patriarchat" (1991, S. 82). Vielleicht könnte der neu geprägte feministische Begriff „Sexismus" eine treffende Bezeichnung neuerer Formen männlicher Dominanz sein[1]. Da aber die männliche Dominanz bereits in der Moderne einen Formwandel durchgemacht hat und die Lage der Frau im 20. Jahrhundert sich gegenüber dem 18. und 19. Jahrhundert stark verändert hat, erscheint mir die Anwendung ein und derselben Bezeichnung für die gesamte Moderne unangebracht. Im weiteren Verlauf der Arbeit werde ich deshalb „männliche Dominanz" als umfassenden Begriff einführen, „Patriarchat" für historisch ältere, „Andriarchat" und „Sexismus" hingegen für moderne Formen männlicher Dominanz benutzen. Unter „Sexismus" verstehe ich die Formen, in denen auf der institutionellen Ebene des Rechts Gleichberechtigung der Geschlechter schon hergestellt ist, oder die Bevorrechtung des Mannes wenigstens schon in Frage gestellt ist. Man könnte den Sexismus als den männlichen Widerstand gegen den Kampf der Frauen um rechtliche Gleichstellung und um größeren Einfluß in Wirtschaft und Politik verstehen.

Das Patriarchat und seine historische Entwicklung

Die Debatte um das Patriarchat verweist auf ungelöste Fragen: Wie ist das Phänomen der männlichen Dominanz zu verstehen und wie konnte sie in kulturell ganz verschiedenen Gesellschaften wie z.B. im alten China, in den vorislamischen Perserreichen oder in der griechischen Welt und in der Welt des alten Testaments, um nur die bekanntesten zu nennen, entstehen? Sind diese Formen der männlichen Dominanz nur verschiedene Gesichter des Patriarchats oder müssen wir differenziertere Begriffe entwickeln, um der Wirklichkeit gerecht zu werden? Ist das Patriarchat nur eine ältere Form der männlichen Dominanz oder die älteste?

Gerda Lerner geht in ihrem Buch „Die Entstehung des Patriarchats" (1991) zum Teil diesen Fragen nach und untersucht innerhalb der Alten Welt - des alten Orient und Griechenlands - die Entstehung und Entwicklung der männlichen Dominanz.

Ihre eingehenden Quellenstudien und präzisen Analysen tragen entscheidend zur Klärung des Begriffs Patriarchat bei, und erweitern unsere Kenntnisse, so daß ohne eine ernsthafte Auseinandersetzung mit diesem Werk nicht mehr von Patriarchat gesprochen werden kann. Man könnte nur einwenden, daß sich darin manchmal ein monolineares Geschichtsbild zeigt.

Gerda Lerner stellt zuerst einmal den Begriff „Unterordnung" den der „Unterdrückung" gegenüber. „Unterordnung" scheint für die Beschreibung der Situation der Frauen geeigneter zu sein, denn dieser Begriff ermöglicht eine differenziertere Beschreibung gegenüber anderen diskriminierten sozialen Gruppen, wie Sklaven, hörigen Bauern, ausgebeuteten Arbeitern oder auch unterworfenen Völkern; sie alle werden unterdrückt, aber auf verschiedene Weise. Es klänge absurd, würde man die Situation einer wohlhabenden Frau in ihrem luxuriösen häuslichen Käfig, wie z.B. Ibsens Nora, mit der gleichen Vokabel bezeichnen, wie die eines Sklaven oder einer Arbeiterin. Vielleicht fehlt an diesem Begriff das Moment der Herrschaft. Aber es wäre zu untersuchen, inwieweit jede Unterordnung mit Herrschaft einhergeht.

Auf der Suche nach dem Zeitpunkt der „weltgeschichtlichen Niederlage des weiblichen Geschlechts" (Engels) kommt Lerner für den Nahen Osten zu dem Ergebnis: „Die Periode der 'Durchsetzung des Patriarchats' war nicht 'ein Ereignis', sondern ein Prozeß, der sich in einem Zeitraum von etwa 2500 Jahren, ungefähr von 3100 bis 600 v. Chr., vollzogen hat" (ebd., S. 25), und zwar mit „unterschiedlicher Geschwindigkeit und zu verschiedenen Zeiten." Mit anderen Worten: etwas, das sich im Zeitraum von zweieinhalb Jahrtausenden entwickelt und befestigt hat, ist nicht über Nacht abzuschaffen. Für die Frauenbewegung bedeutet das: anstatt wegen der erlittenen Rückschläge zu resignieren, kann sie auf das Erreichte stolz sein, ohne sich damit zu begnügen. Auch korrigiert Lerner mit ihrer These die gängige Vorstellung, das Patriarchat habe irgendwann mit der Moderne begonnen.

Lerner widerspricht der von Engels geäußerten Auffassung, daß das Patriarchat im Zuge der Entwicklung des Privateigentums entstanden sei, und sieht umgekehrt die „Aneignung der sexuellen und reproduktiven Kapazität der Frauen durch die Männer" als eine der „Voraussetzungen für die Entstehung des Privateigentums" (ebd., S. 26; s. Kap. 1 u. 2). Inzwischen wissen wir auch, daß der Staat in manchen Gesellschaften, gerade im vorderasiatischen Raum vor dem Privateigentum entstanden ist (vgl. Sarkhoch 1975). Wir sollten aber nicht in eine neue monolineare Erklärung der weltgeschichtlichen Entwicklung zurückfallen. Die gleichen Phänomene und Ergebnisse können auf verschiedenen Wegen zustande kommen. Neuere Forschungen zeigen, daß wir die männliche Dominanz auch in akephalen Gesellschaften vorfinden, die nicht hierarchisch, aber sehr kriegerisch organisiert waren (Godelier 1987; Lenz; Luig 1990). Man könnte mit Lerner darin übereinstimmen, daß die Verschonung der Frauen einer feindlichen Gruppe, durch welche deren „sexuelle und reproduktive Kapazitäten" angeeignet werden und für die eigene Gruppe nutzbar gemacht werden konnten, also eine frühe Form der Sklaverei also, - eine der Voraussetzungen für die allmähliche Unterordnung der Frau bildete (s. Lerner 1991, Kap. 4). Die „fremde" Frau, die Sklavin, könnte wohl die erste mit dem Einverständnis der einheimischen Frauen entrechtete Frau gewesen sein. Dies könnte uns erklären, wieso die eine Hälfte einer menschlichen Gruppe, die weder dümmer noch schwächer war als die andere, ihre allmähliche Entrechtung widerstandslos geschehen ließ. Lerner gelangt so zu der interessanten Hypothese vom Tausch des Anrechts auf Egalität gegen Privilegien (Kap. 5): „... die Möglichkeit einer freiwilligen Akzeptanz des untergeordneten Status im Tausch gegen Schutz und Privilegien - ein Zustand, der einen erheblichen Teil der Erfahrungen von Frauen in der Geschichte charakterisiert" (ebd., S. 289), könnte auch spätere Entwicklungen bis in die Moderne verständlich machen.

Eine Reihe historischer Fakten spricht für die Behauptung Lerners: Einzelne Akte der Institutionalisierung des Patriarchats, wie z.B. der Kodex

Hammurabis und dessen spätere ideologische Rechtfertigung durch „die Entthronung der mächtigen Göttinnen und ihre Ablösung durch einen dominanten mächtigen Gott", den „Allmächtigen" der monotheistischen Religionen, oder die Leugnung der weiblichen Zeugungsfähigkeit in der griechischen Philosophie[22] gingen Hand in Hand mit der gesetzlichen Sicherung des Schutzes und Lebensunterhalts von Müttern (vgl. ebd., S. 27, 180, Kap. 5 u. 7). Bemerkenswert dabei ist, wie manche Einschränkungen der räumlichen Bewegungsfreiheit der Frauen zunächst als Privileg erschienen sind.

Der Schleier, ursprünglich ein Tuch, wie es heute noch Männer in der Wüste tragen, um den Kopf gegen Sandwinde und Sonne zu schützen, wurde zu einem Privileg erklärt, bevor man es zu einem Mittel machte, um Frauen aus manchen Bereichen des Lebens auszuschließen: In den assyrisch-babylonischen Gesetzen wird den Sklavinnen bei schweren Strafen, nämlich 50 Stockschlägen und Gießen von Erdpech über den Kopf, verboten, den Kopf zu verhüllen; das Recht und die Pflicht dazu haben nur die Gattinnen, Witwen und Töchter der freien Männer (Kap. 5, Wortlaut der Gesetze, S. 176-8). Das Tuch sollte die „respektablen Frauen" vor den „nicht-respektablen" (ebd., S. 26 u. Kap. 6) auszeichnen, stellte also ein Symbol der Ehrbarkeit dar. Das gleiche Phänomen treffen wir in der Sklavenhaltergesellschaft Roms, im frühen Christentum, wo der Schleier zum Zeichen der verheirateten, ehrbaren Frau wird[23] und im Koran, wo zuerst nur die Gattinnen des Propheten verpflichtet werden, ihr Haupt zu verhüllen. Später soll der Schleier die gläubigen Frauen vor den ungläubigen auszeichnen, bis er zum Mittel der allgemeinen Geschlechtertrennung wird.

„Schutz" und „Unterhalt" zählt Lerner zu jenen „klassenspezifischen Privilegien für sich anpassende und abhängige Frauen der Oberschichten", die „die Kooperation der Frauen in diesem [patriarchalischen] System" sicherstellten (ebd., S. 26, 269). Ich möchte die Freisetzung von schwerer körperlicher Arbeit oder von Arbeit überhaupt hinzufügen. Die Bezeichnung „Privileg" soll keinesfalls eine negative Beurteilung implizieren. In schon patriarchalisch organisierten Gesellschaften, die das Recht auf selbständige Tätigkeit und selbständiges Eigentum den Frauen vollkommen oder zum Teil absprachen und sie dem Willen des Familienoberhaupts auslieferten, waren Schutz und Unterhaltssicherungen das Mindeste, was die Frauen beanspruchten. Dies waren ökonomische Rechte, die aber nicht bedingungslos vergeben wurden und nicht allen Frauen zustanden. Während einer langen Periode der Geschichte gehörten sie deshalb zu den Wunschvorstellungen der Frauen von einem besseren Leben. Ich glaube, daß uns die Berücksichtigung dieser Faktoren bei der Untersuchung gesellschaftlicher und persönlicher Veränderungen eine angemessenere Beurteilung von jetzt noch schwer verständlichen Erscheinungen, wie die Verwandlung der patriarchalischen Großfamilie in die bürgerliche Kleinfamilie oder der Übergang von der bäuerlichen Arbeit zum reinen Hausfrauendasein, ermöglichen würde. Diese Entwicklungen spielen im Bewußtsein der iranischen Frauen noch heute eine wichtige Rolle und ich beabsichtige, ihnen bei der Erhebung meines Materials weiter nachzugehen.

Wie die Geschichte der alten Völker im Nahen Osten zeigt, wurde das System der weiblichen Unterordnung nicht erst durch die monotheistischen Religionen geschaffen. Diese Religionen stellen die letzte Phase einer langen Entwicklung dar. Sie konnten bei der Festlegung der Rechte und Pflichten der Frau auf eine lange gesetzgebende Tradition zurückgreifen. Arabische Feministinnen wie Mernissi und Al-Sadawi übersehen diese Tatsache, wenn sie glauben, der Islam sei in einer Gesellschaft entstanden, in der Frauen noch bedeutende Vorrechte besaßen. Es mag sein, daß bei bestimmten Stämmen der arabischen Halbinsel die Frauen sich noch einiger Selbständigkeit erfreuten. Aber die damaligen staatlich verfaßten Gesellschaften, ob christlich, zarathustrisch oder jüdisch, waren alle patriarchalisch organisiert, was natürlich nicht bedeutet, daß es in ihnen keine nach anderen Prinzipien lebenden Völker gab. Denn diese Gesellschaften waren keine homogenen Gebilde. Durch die monotheistischen Religionen kam jedoch ein qualitativ neues Moment in der Entwicklung des Patriarchats zum Zuge: Die Unterordnung der Frau wurde durch ein religiöses System gerechtfertigt und ideologisch abgesichert. Dadurch wurde sie zum Grundstein einer von Gott gesetzten und unveränderlichen Ordnung erklärt und heilig gesprochen. Die Voraussetzung zu ihrer Verinnerlichung war geschaffen.

Diese Einsichten machen es uns verständlich, warum erst in der Moderne eine Frauenbewegung im eigentlichen Sinn, d.h. als eine autonome, die Situation der Frau grundsätzlich thematisierende Bewegung möglich war. Erst als durch den „Paradigmenwechsel" der Moderne - „die kopernikanische Wende und die Auflösung des traditionellen Himmels und die Konzentration auf den Menschen und seine Vernunft" (Küng 1985a, S. 204) - die Göttlichkeit und Heiligkeit der weltlichen Ordnung im Zuge der Aufklärung in Frage gestellt und sogar „die Bibel selbst als ein menschliches (oft widersprüchliches) Dokument jüdisch-christlichen Glaubens" (Spinoza, zit. bei Küng 1985b, S. 83) verstanden wurde, erst als ein Prozeß der Säkularisierung des Staates und der Gesetzgebung begann, der seinen Höhepunkt in der französischen Revolution erreichte, konnte auch die Gottgegebenheit der weiblichen Unterordnung problematisiert werden. Die Entmachtung der Kirche und die Negation der Religion - Negation im Sinne von Hegel als „Aufhebung", nicht als Abschaffung verstanden -, ebenso wie die Auflösung der Großfamilie als vorherrschendes Modell im Zuge der sozioökonomischen Umwälzungen schufen die Bedingungen für das Entstehen der Frauenbewegung im 19. Jahrhundert. Diese Bewegung unterscheidet sich von allen Formen politischer Betätigung der Frau in der Vergangenheit, ob es sich um die Teilnahme an revolutionären Bewegungen oder um den offenen und versteckten Widerstand gegen die Vorherrschaft von Patriarchen handelte, dadurch, daß nicht nur das Patriarchat partiell, sondern auch das in der Moderne entstandene Andriarchat und damit alle Formen der männlichen Dominanz in Frage gestellt wurden. Die Frauen begannen nach neuen Selbstdefinitionen zu suchen, „sich selbst zu setzen". Man könnte sagen, daß die Moderne für die Frauen mit der Frauenbewegung begann.

Frauenmacht

In der neueren Frauenforschung wird nicht mehr ausschließlich über das Patriarchat und die Männermacht räsoniert; es ist sogar ein Überdruß an der vielfältigen Darstellung der „verschiedenen Gesichter des Patriarchats" zu spüren (Lenz; Luig 1990). Die neueren Fragen kreisen um die Rolle der Frauen in der Geschichte. Einmal wird sehr richtig gefragt, ob es nicht andere Formen des Zusammenlebens der Geschlechter gegeben hat und noch gibt. Eine Diskussionsrichtung, die bei Bachofens Theorie des „Matriarchats" und ihrer Weiterführung durch Morgan und Engels ansetzt, zu dem vorläufigen Ergebnis gelangt, daß man nicht von Matriarchat als einer Form der Herrschaft sprechen kann, sondern daß es sich bei den Geschlechterverhältnissen in nicht-patriarchalischen Gesellschaften um „symmetrische" (Lenz 1990a) handelt. Lenz und Luig fassen dieses Ergebnis unter dem utopisch klingenden Titel ihrer Anthologie: *Frauenmacht ohne Herrschaft* (1990) zusammen. Andererseits wird gefragt, wie sich Frauen in dem Jahrtausende andauernden Patriarchat verhalten haben. Haben sie nur erduldet, waren sie also nur Opfer? Haben sie kooperiert und aktiv zur Erhaltung des Systems beigetragen, und wurden so auch zu Mittäterinnen? Oder haben sie offenen und geheimen Widerstand geleistet, den aber die offizielle männliche Geschichtsschreibung verschwiegen hat? Die beiden Diskussionsrichtungen treffen in einer zusammen, die sich um zwei Begriffe dreht: „gender" (Geschlecht) und Macht, oder besser gesagt Frauenmacht[24].

Während ich diese Diskussion verfolgte, wurde mir deutlich, daß die Frage nach der weiblichen Macht das zentrale Problem meiner Forschungsarbeit bildet. Den Anstoß zu dieser Arbeit hatte das Unbehagen an dem von den Medien verbreiteten Bild der Frau in den islamischen Ländern gegeben, - das Bild der Frau als, wie Helma Lutz es nennt, „unsichtbarem Schatten" (1989, S. 51), die weder den Mut noch die Fähigkeit besitzt, allein durchs Leben zu gehen, geschweige denn für andere zu sorgen. Woran sich die feministische Machtdiskussion entzündete, war das gleiche Unbehagen an

„der schimärenhaften Gestalt eines bloßen Anhängsels" (Heinz; Honegger 1981, S. 7). Daß Frauen zu bestimmten Zeiten und in bestimmten Gesellschaften Macht ausübten, wissen wir inzwischen. Aber die Frage stellt sich, ob sie auch unter patriarchalischen Herrschaftsverhältnissen, die ihnen nur ein Minimum an Rechten zugestehen, eine „starke Persönlichkeit" entwikkeln, auf verschiedene Weise Widerstand leisten und sich auch Einfluß sichern. Im diesem Zusammenhang ist nun zu fragen, wie dieser Widerstand näher zu beschreiben ist. Handelt es sich bei ihm um „Listen der Ohnmacht" (Heinz; Honegger 1981)? Handelt es sich gar nicht um Widerstand, sondern um die Ausnutzung von „Handlungsräumen", um „Bereiche und soziale Optionen, die in Handlungen offenstehen und die beträchtliche Spielräume umfassen können" (Lenz 1987, S. 149)? Oder kann man mit Elias sogar von einer „Machtbalance zwischen den Geschlechtern" (1986) reden? Kann man unter patriarchalischen Verhältnissen überhaupt von Frauenmacht sprechen?

Die Beantwortung all dieser Fragen setzt eine Klärung des Begriffes der Macht voraus. Worin unterscheidet sich Macht von ähnlichen Phänomenen wie Herrschaft und Einfluß? Stellt Macht „nur ein einseitiges Dominanz-Verhältnis" dar oder können unter bestimmten Bedingungen „die Untergeordneten, die Frauen, die Sklaven über eigene Machtmittel" (Lenz 1991a, S. 45) verfügen? In der feministischen Literatur konkurrieren zur Zeit zwei verschiedene Machtbegriffe, einer aus der traditionellen Soziologie und einer aus der poststrukturalistischen Philosophie: die Definition von Max Weber und der Machtbegriff bei Foucault. Es stellt sich die Frage, mit welchen Machtbegriffen man dieses Problem angehen kann.

Während Max Weber auf klassische Weise in wenigen Sätzen eine Definition der Macht gibt und dabei hinzufügt: „Der Begriff 'Macht' ist soziologisch amorph" (Weber 1980, S. 28), gibt es bei Foucault keine Definition der Macht in diesem Sinne. Gerade das „Ent-definieren" ist seine Absicht. Obwohl Macht zu einem zentralen Begriff des Feminismus avanciert ist, und Foucault „den Status eines Schutzheiligen in gewissen Zweigen der Frauenforschung" genießt (Leijenaar u.a. 1987, zit. bei Knapp 1992, S. 288), herrscht keine klare Vorstellung von seinem Machtbegriff. Deshalb halte ich es für sinnvoll, ihn selbst sprechen zu lassen. Ich zitiere im Folgenden einige seiner wichtigsten Aussagen, die seinen Machtbegriff klären können:

„Die Vielfältigkeit von Kraftverhältnissen, die ein Gebiet bevölkern und organisieren, das Spiel, das in unaufhörlichen Kämpfen und Auseinandersetzungen diese Kraftverhältnisse verwandelt, verstärkt, verkehrt; die Stützen, die diese Kraftver hältnisse aneinander finden, indem sie sich zum System verketten - oder die Verschiebungen und Widersprüche, die sie gegeneinander isolieren; und schließlich die Strategien, in denen sie zur Wirkung gelangen, und deren große Linien und institutionelle Kristallisierungen sich in Staatsapparaten, in der Gesetzgebung und in den gesellschaftlichen Hegemonien verkörpern." (Foucault 1983, S. 113 ff.)

„Es geht nicht darum ... Macht in ihrem Kern ... zu analysieren, ... sondern darum, die Macht in ihren letzten Verästelungen ... zu erfassen." (1978, S. 80)

„Die Macht muß als etwas analysiert werden, das zirkuliert, oder vielmehr als etwas, das nur in Art einer Kette funktioniert. Sie ist niemals hier oder dort lokalisiert, niemals in den Händen einiger weniger ... Die Macht funktioniert und wird ausgeübt über eine netzförmige Organisation." (ebd., S. 82)

„Das Individuum ist also nicht das Gegenüber der Macht; es ist, wie ich glaube, eine seiner ersten Wirkungen. [Nicht], daß man daraus schließen sollte, daß die Macht die am besten verteilte Sache der Welt ist, obwohl sie es im gewissen Sinne ist." (ebd., S. 83)

Zu der Frage, ob es eine Möglichkeit der Abgrenzung von Herrschaft gegenüber Macht gibt, schreibt Foucault:

„... unter Herrschaft verstehe ich nicht die massive Tatsache einer globalen Herrschaft eines einzigen über alle anderen, oder einer Gruppe über eine andere, sondern die vielfältigen Formen der Herrschaft, die im Inneren einer Gesellschaft ausgeübt werden können. Ich meine also nicht den König in seiner zentralen Position, sondern die Subjekte in gegenseitigen Beziehungen ..." (ebd., S. 79)

Und auf die Frage eines Psychologen (J.- A. Miller), wer oder was die Subjekte seien, die sich hier gegenüberstehen, antwortet Foucault:

„Es ist nur eine Hypothese, aber ich würde sagen, jeder jedem. Man hat nicht unmittelbar gegebene Subjekte, von denen das eine das Proletariat, das andere die Bourgeoisie wäre. Wer kämpft gegen wen? Wir kämpfen alle gegen alle. Und es gibt immer irgend etwas in uns, das etwas anderes in uns bekämpft." (ebd., S. 141)

Foucaults Texte machen deutlich, daß „Macht" für ihn ein „transzendentaler Grundbegriff" (Habermas 1985, S. 298), also ein philosophischer und kein soziologischer Begriff ist. VerteidigerInnen wie GegnerInnen stimmen darin überein. „Power is for him (Foucault) an explanatory concept", schreibt Hoy (1986b, S. 128); ein Prinzip also, wie der Geist für Hegel oder die Materie für Feuerbach und Marx. Daher gilt: „He is not making claims about what knowledge and power are ultimately" (ebd., S. 129). Er selbst sagt: „Das Problem, das ich bis jetzt, ungefähr seit 1970-71, zu umreißen versucht habe, war das Wie der Macht" (1978, S. 75), oder: „Das Wesentliche der Arbeit ist für mich eine neue Ausarbeitung der Theorie der Macht" (ebd., S. 109).

Wie kann man Foucaults Machtbegriff in der sozialwissenschaftlichen Debatte zwischen Voluntaristen und Strukturalisten, also jenen, die Macht als
eine von Individuen oder Institutionen ausgeübte Größe verstehen, und jenen, die Macht als Resultat struktureller Faktoren in Systemen begreifen
(Hoy ebd., S. 127), einordnen? Die meisten Interpreten, unter anderem Lukes, rechnen ihn mit Marx, Weber, Parson, Levi-Strauss und Althusser zu
den Strukturalisten (ebd.). Die Affinität zwischen Marx und Foucault wird
besonders hervorgehoben; ein Grund, warum viele Marxisten für Foucaults
Ideen empfänglich sind. Aber gerade der Passus, den Harding aus Marx'
„Grundrissen" zitiert, zeigt die Differenz in der Auffassung: „Die 'sachlichen' Abhängigkeitsverhältnisse im Gegensatz zu den persönlichen erscheinen auch so ..., daß die Individuen nun von 'Abstraktionen' beherrscht werden, während sie früher voneinander abhingen" (zit. bei Harding 1989, S.
412). Zum ersten unterscheidet Marx zwischen den persönlichen, d.h. den
früheren Formen der Abhängigkeit, und den sachlichen, d.h. den kapitalistischen Formen. Zum anderen sagt Marx, daß die Verhältnisse „erscheinen",
was einen wichtigen Unterschied zu „sind" darstellt. Produktionsverhält-
nisse sind sachliche Zwänge: „The economic structure of society is indepen-
dent of and not reducible to agents' willed intention" (Hoy 1986b, S. 127),
aber die Menschen werden von Menschen beherrscht, wenn auch durch die
Vermittlung abstrakter Strukturen und ohne Absicht. Man kann sagen, die
Strukturen sind abstrakt, aber die Herrschaft ist „verortbar". Im übrigen gibt
es bei Marx die Kategorie Macht nicht[25]. Er spricht von Gewalt, nackter und
vermittelter, und von Zwängen. Herrschaft ist für ihn ein sekundäres
Phänomen, das er gerade erklären will. Mir scheint Foucaults Machtbegriff
trotz seiner struktur-analytischen Verfahrensweise im Grunde eher persönlich, ja sogar subjektivistisch zu sein als strukturell, wie aus den Textstellen
hervorgeht. Das Netzwerk aus Machtbeziehungen, der „Diskurs" - oder wie
es in den späteren Texten erweitert zum „Dispositiv" erscheint (ein zu wenig
beachteter Begriff Foucaults[26] - ist die Struktur, die Macht zwar nicht erklärt, aber selbst auf Macht zurückzuführen ist.
    Foucaults Herrschaftsbegriff unterscheidet sich nicht von seinem Begriff
der Macht, sondern ist genauso diffus und pluralistisch, und er hat keinen
Begriff der Unterdrückung - „besonders gegenüber dem Begriff der Unterdrückung bin ich immer mißtrauisch" (Foucault 1978, S. 74). Deswegen
findet sich in seiner Theorie immanent auch kein anderes Kriterium der
Kritik als das quantitative, „die graduelle Intensität" (Habermas ebd.). Eine
Kritik auf der Grundlage von Foucaults Machtbegriff erfordert die „Einführung von normativen Vorstellungen" (Fraser 1981, S. 238). Problematisch erscheint mir auch, daß „das von Marx und Freud ... entwickelte
Repressionsmodell der Herrschaft durch einen Pluralismus von Machtstra-

tegien ersetzt" wird (Habermas 1985, S. 154). Begriffe wie „männliche Dominanz" und „Patriarchat" verlieren in Foucaults Theorie ihren Sinn. Seine politische Forderung: „Verliebe Dich nicht in Macht!" (Foucault ebd., S. 230) ist bei seinem Machtbegriff nichts anderes als ein Aufruf zum Nirwana.

Foucaults Machtbegriff bedeutet für seine Anwendung in einer Untersuchung, daß eine Frage, wie die nach der Macht von Frauen im Patriarchat, schon im voraus beantwortet ist. Es kommt nur darauf an, „das Wie" ihrer Macht, ihre Machtstrategien gegenüber anderen Machtstrategien, ihre gegenseitige Beeinflussung, „die Mechanismen" der Machtausübung herauszuarbeiten.

Anders bei Weber:

„Macht bedeutet jede Chance, innerhalb einer sozialen Beziehung den eigenen Willen auch gegen Widerstreben durchzusetzen, gleichviel worauf diese Chance beruht ... Der Begriff 'Macht' ist soziologisch amorph. Alle denkbaren Qualitäten eines Menschen und alle denkbaren Konstellationen können jemand in die Lage versetzen, seinen Willen in einer gegebenen Gesellschaft durchzusetzen." (Weber 1980, S. 28,29)

Zwei Einwände werden gegen diese Definition erhoben:

„Es geht doch nicht nur um Machtbeziehungen, seien sie nun soziale oder persönliche Machtbeziehungen. Es geht doch um die versachlichten, um die verdinglichten Machtverhältnisse, also auch um Eigentumsverhältnisse." (Diskussionsbeitrag Ursula Beer, *Symposium* 1984, S. 197)

„Bereits in der Definition eingeschlossen sind ein Machtverhältnis, in dessen Rahmen sich nur eine jeweils stärkere Seite behauptet, und ein Element der Gewalt, das das Widerstreben letztlich durchbricht. Hier verliert die Macht ihre amorphe Hülle: sie wird in einem einseitig gerichteten Prozeß verortet, in dem dem letztlichen 'Sieger' die Macht zugesprochen wird." (Lenz 1990a, S. 44)

Für Weber ist Macht ein „Beziehungsbegriff" (Jokisch 1984, S. 167). Es geht immer um zwei Parteien; ein einzelner, isolierter Mensch kann keine Macht ausüben. Damit ist der Begriff der Macht gegen den der Kraft als einer vitalen Lebensäußerung abgegrenzt, und darin unterscheidet er sich von Foucaults Machtbegriff. Der Begriff ist anthropologisch, er setzt den Willen, ein psychologisches Vermögen voraus, was ihn z.B. gegen die Kant'sche Definition absetzt[27]. Also weder die Naturkräfte, noch die sachlichen, verdinglichten Machtverhältnisse, sprich Zwänge, fallen unter diesen Begriff. Er ist aber auch von jeglicher menschlicher Gewaltanwendung unterschieden, wie z.B. einem Raubüberfall auf einen Reisenden oder dem Amoklauf eines Verrückten, da er soziologisch „innerhalb einer sozialen Beziehung" verortet ist. Selbst diese Verortung wird noch genauer bestimmt durch die Angabe: „in einer gegebenen Gesellschaft". Demnach müssen

Qualitäten und Konstellationen, die in einer bestimmten Gesellschaft den Menschen befähigen, sich durchzusetzen, in einer anderen Gesellschaft nicht unbedingt Gleiches bewirken.

Und die Macht selbst? Sie bedeutet eine Chance, ist also ein Potential; sie tritt nicht immer zutage, ist aber als Möglichkeit präsent. Damit wird impliziert, daß wir ihrer nur in bestimmten Situationen gewahr werden. „Gegen Widerstreben" beinhaltet, daß es sich um Konfliktsituationen handelt, was aber sofort mit dem Wort „auch" eingeschränkt wird. Doch was muß geschehen, damit einer „den eigenen Willen" ohne Widerstand durchsetzen kann? In einer absolut autoritären Beziehung, wo Konflikte nicht ausgetragen werden können, oder unter Verhältnissen vollkommener Harmonie, wo keine Widersprüche vorhanden sind, weil über alles Konsens besteht, kann man da noch von Macht reden oder müßte ein neuer Begriff eingeführt werden? Wenn Ilse Lenz rhetorisch fragt, ob „Macht für Frauen und Männer nicht eher eigenständige Entscheidungen über sich selbst" bedeutet, „als die Möglicheit, den eigenen Willen 'auch gegen Widerstreben' anderer durchzusetzen", so gebraucht sie „Macht" in diesem neuen Sinne, und setzt es gegen Herrschaft in einem allgemeineren Sinn ab.

Das, worauf es bei Macht vor allem ankommt, erscheint bei Max Weber in hochgradiger Verallgemeinerung: „Jede Chance, ... gleichviel worauf diese Chance beruht" oder „alle denkbaren *Qualitäten* eines Menschen und alle denkbaren *Konstellationen*". Hier kann die Interpretation ansetzen. Was können solche machtbegründenden menschlichen Qualitäten sein? Neben körperlicher Kraft alle geistigen Kräfte, List, Ausdauer, aber auch Wissen. Auch Besitz an Gewaltmitteln, Werkzeugen und Waffen, können dazu gerechnet werden. Nur persönliche Qualitäten? Interessant wird es bei den „Konstellationen", denn hier kommt das eigentlich soziale Moment ins Spiel: alle Institutionen, Verhältnisse und Strukturen, alle „sachlichen Abhängigkeiten" (Marx), die „jemand in die Lage versetzen, Macht auszuüben". Für Marx waren diese letztlich die Eigentumsverhältnisse an Produktionsmitteln. Man könnte zu den machtbegründenden Verhältnissen die rechtlichen und politischen hinzuzählen, sowie die symbolische Ordnung, ohne gleich über ihre gegenseitigen Abhängigkeiten und ihre Prioritäten als „Überbau" oder „Unterbau" diskutieren zu müssen.

Webers Machtbegriff umfaßt wie der Foucaults eine Vielzahl von Phänomenen und ist sehr allgemein, jedoch ist er - und hierin liegt der wesentliche Unterschied - nicht transzendental, und also „hinterfragbar". Man kann mit diesem Begriff arbeiten, ihn untergliedern, expandieren, reduzieren, je nach den Phänomenen, die man miteinander vergleichen und voneinander abgrenzen will. Der soziologisch amorphe Begriff Macht findet Gestalt in Herrschaft, Einfluß und Widerstand.

Ohne auf Webers Erklärung der Ursachen von Herrschaft zurückgreifen zu müssen, kann man mit Hilfe seines Machtbegriffs Herrschaft neu definieren. Herrschaft wäre demnach die auf gesellschaftlichen Strukturen basierende, institutionalisierte Konzentration von Macht, die Personen und Gruppen ein Recht auf „Verfügung über Mittel zur Erteilung negativer Sanktionen" (Jokisch 1984, S. 178) gibt. Herrschaft ist damit gleichzeitig von ihren Bedingungen, dem System gegenseitiger Abhängigkeit und sachlicher Zwänge, unterschieden. Konzentration von Macht bedeutet aber nicht Ausschließlichkeit. Historisch und anthropologisch belegt sind neben ausgesprochenen Machtmonopolen auch Oligopole der Macht in polyzentrisch organisierten Gesellschaften.

Wie steht es nun mit der Macht der „Untergeordneten" (Lenz 1990a)? Macht ist zunächst einmal delegierbar. In einer hierarchisch organisierten Gesellschaft, wie z.B. in einem bürokratischen System, haben auch die untergeordneten Funktionäre Macht. Oder besser gesagt, sie sind Organe der Herrschaft wie Kafkas Türhüter. Ein Kriterium, das Herrschaft vor anderen Formen der Machtausübung auszeichnet, wäre, daß sie „einseitig gerichtet" ist (Lenz). Die Macht der Oberschichtfrauen über Sklavinnen, Gesinde und Hausangestellte gehört in diese Kategorie. Eine ganz andere Form der Machtausübung der Untergeordneten und der Entrechteten ist die gegen die Herrschaft gerichtete Macht. Man könnte sie als die nicht-legitimierte und nicht-institutionalisierte Macht definieren, wobei sie „nicht nur die programmatische Aktion, den gewaltsamen Aufstand, sondern auch die 'Listen der Ohnmacht' umfassen kann" (Lenz 1987, S. 148). Für Gesellschaften, in denen solidarische Aktionen wie Streiks und Demonstrationen legalisiert sind, gibt diese Definition den Sachverhalt nicht genau wieder, es sei denn, man würde solche Aktionen nicht mehr als Widerstand verstehen. Die Richtung: gegen die Herrschaft ist das entscheidende Kriterium bei der Definition des Widerstands. Der individuelle Widerstand zieht seine Kraft aus den persönlichen Qualitäten und die solidarischen Aktionen aus der großen Zahl. Beruht die Macht nur auf persönlichen Qualitäten und ist sie richtungslos, könnten wir von Einfluß sprechen[28].

Ich stimme mit Nancy Fraser darin überein, daß eine solche sorgfältige Unterscheidung von Begriffen, wie Weber sie vornimmt, eine viel differenziertere Analyse der gesellschaftlichen Machtverhältnisse erlaubt, als ein „allumfassender Begriff der Macht", der „eine höchst heterogene Kollektion von Phänomenen" darstellt (Fraser 1989, S. 32). Diese Begriffe sind nicht mehr als Definitionen und Werkzeuge zu einer Analyse und ersetzen keinesfalls die Untersuchung der konkreten Verhältnisse. Nicht die Definition, sondern die Analyse wird entscheiden, ob es in einer bestimmten Gesellschaft eine „Machtbalance" (Elias) zwischen verschiedenen gesellschaftlichen Gruppen wie etwa Geschlechtern gibt, wieweit die Macht, die in ihr ausgeübt wird, auf Konsens beruht (Arendt), worauf sie sonst basiert und welcher Grad der Konzentration vorliegt.

Das Geschlechterverhältnis

„Sex" und „Gender"

Wie bei der Diskussion der gynozentrischen Positionen bereits angedeutet, hat die Frauenforschung auf der Suche „nach dem Verständnis dessen, was es heißt, Frau zu sein" (Lenz; Luig 1991, S. 3), das alte dualistische Denkmodell verlassen. Den Anstoß zur Kritik des herrschenden euro-amerikanischen Frauenbildes des 19. Jahrhunderts, in dem die Frau als „das schwache Geschlecht" erscheint, gaben die schwarzen Frauen in den USA (Becker-Schmidt; Knapp 1987). Berühmt wurde der Refrain der schwarzen Frauenrechtlerin Sojourner Truth: „Und bin ich etwa keine Frau?" - der Satz, den sie immer wieder aussprach, während sie gleichzeitig ihre körperliche Stärke vorzeigte (Davis 1984, S. 62). Sie demonstrierte, daß Frauen auch anders als das vorgegebene Frauenbild sein können. Die rassistische Argumentation zieht daraus natürlich die Konsequenz: andere Rasse - anderer Körperbau. Die körperliche Stärke der ehemaligen Sklavin Sojourner Truth aber war nicht bioloisch determiniert, sondern ein Ergebnis ihrer harten körperlichen Arbeit. Inzwischen haben vergleichende Untersuchungen, sowohl ethnologische wie historische, unser Verständnis vom Frau-Sein bereichert und vertieft. Wichtig dabei ist die theoretische Konsequenz, die die Forscherinnen daraus gezogen haben: das, was mit dem Begriff *gender* als „kulturelle Konstruktion des Geschlechts" oder als „soziale Konstruktion von 'Weiblichkeit'" bezeichnet wird. Die Existenz von zwei Englisch-sprachigen Ausdrücken, „sex" und „gender", zur Bezeichnung des deutschen Wortes Geschlecht erleichterte die Arbeit.

Wie ist aber „kulturelle Konstruktion" zu verstehen? Hagemann-White geht so weit zu behaupten: „Eine streng biologische und zugleich eindeutige Geschlechtsdefinition existiert nicht" (1984, S. 34). Sie beruft sich dabei auf die Zwitterformen in der Natur und unter den Menschen und auf das Fehlen eindeutiger Geschlechtsmerkmale außer den Geschlechtsorganen selbst. Aber wo gibt es eindeutige und streng und säuberlich getrennte Phänomene in der Natur? Alle Definitionen und Begriffe, sogar die der Umgangssprache wie Tag und Nacht, sind intellektuelle Hilfskonstruktionen zum besseren Veständnis der Welt. In Hagemann-Whites Behauptung ist die Trennung zwischen *sex* und *gender* noch nicht vollzogen, sie sucht biologistische Argumente gegen einen biologistischen Determinismus der Geschlechterbestimmung. „Vom biologischen Geschlecht [sex] analytisch zu trennen ist

Geschlecht [gender] als Modus der sozialen Existenz" (Rosenhaft 1991, S. 252). Diese Aussage bestimmt den Inhalt von „gender" m.E. sehr präzise. Dagegen geht die Aussage „das Geschlecht ist ein Konstrukt" im Sinne Butlers an der sozialen Realität vorbei (vgl. 1991). Sie erhebt die Probleme des Geschlechterverhälnisses auf die Ebene der Symbole, der Sprache und des Diskurses. Realitäten wie Gewalt gegen Frauen in den Gesellschaften, in denen die Frauen sich schon viele Rechte erkämpft haben, und sexistische Mißhandlung der Frauen in anderen Verhältnissen sind mit dem Begriff Konstrukt nicht zu erfassen. Die Verkoppelung der Geschlechterverhältnisse mit der politischen Herrschaft wird nicht ernstlich in Betracht gezogen. Wie verschieden die einzelnen Frauen auch sein und handeln mögen und wie vage der Begriff „weiblich" sein mag, so erleben Menschen, die von ihrer Gesellschaft als Frau definiert werden, bestimmte „Behandlungen", die je nach Gesellschaft variieren können, aber alle Frauen dort mehr oder weniger betreffen.

Es geht darum, die Differenzen zu untersuchen, ohne in kulturalistische Interpretationen zu verfallen. Sehen wir „das Geschlecht als Modus der sozialen Existenz", so eröffnet sich die Perspektive, die Verhältnisse in verschiedenen Gesellschaften mit unterschiedlichem kulturellem Hintergrund zu analysieren.

Anmerkungen

1. Der Begriff Diskurs ist durch die Rezeption Foucaults geprägt und es scheint mir, als habe er, wie früher der Begriff Dialektik, durch unreflektierten und zu häufigen Gebrauch an Bedeutung verloren. Ohne mit Foucault darin einig zu sein, daß jeder Diskurs Mittel der Durchsetzung von Herrschaft, Macht und gesellschaftlicher Kontrolle ist, verwende ich den Begriff in dem allgemeinen Sinne, den er ihm verleiht, wenn er darunter das Ensemble der Prozesse versteht, die Konsensus über eine Sache herbeiführen. Die Diskussionen, die um das Thema „Frau" in allen Bereichen - Kunst, Politik, Alltag und Wissenschaft - kreisen, werde ich im Folgenden den feministischen Diskurs nennen.
   Es muß hier noch erwähnt werden, daß ich während meines Studienaufenthaltes die Möglichkeit hatte, an Gesprächen mit Feministinnen und Kolloquien mit Frauenforscherinnen, sowie an Tagungen und Kulturveranstaltungen teilzunehmen. Die so gewonnenen Eindrücke sind in die Auseinandersetzung mit meiner Lektüre zur feministischen Theoriebildung eingeflossen, ohne daß ich sie jeweils besonders erwähne. Das bedeutet, daß ich auch auf Denkansätze zu sprechen komme, die in der Forschungsliteratur schon mehrfach kritisiert worden sind oder sogar als „längst überwunden" gelten, während sie in der feministischen Bewegung noch lebendig sind.
2. Vgl. Blanquart 1988; Gerhard 1990 u. 1992; Haug 1988; Nave-Herz 1987; Young 1987 und die Aufsätze in *Frauenbewegungen in der Welt.* (Bd.1, 2) (1988, 1989) hg. von Autonome Frauenredaktion.
3. Vgl. d. folgende Kap. über das Geschlechterverhältnis.
4. Vgl. dazu Harding 1991, S. 130-133.
5. Ob man jedoch soweit gehen kann wie Flax (1990), die behauptet, die feministische Theorie gehöre im Grunde zur postmodernen Philosophie, ist eine Frage, die eine geistesgeschichtliche Untersuchung erfordert, und die im Rahmen dieser Arbeit nicht behandelt werden kann (vgl. die Diskussion bei Harding 1990, S. 100-101; Knapp 1992, S. 290-291).

6. Vgl. Derrida 1972, 1988, 1989; Foucault 1974, 1978, 1983; Lyotard 1982, 1986; Rorty 1980, 1985, 1991.
7. Vgl. Notz 1991; Hauser 1989; Lovibond 1989; Benhabib 1990; und andere Aufsätze in den Bänden *Feminism and Foucault: Reflections on Resistance* 1988 hg. von Irene Diamond u. Lee Quinby; und *Feminism - Postmodernism* 1990 hg. von Linda J. Nicholson.
8. Auf die weitere Entwicklung dieses Denkansatzes, der zur neuen Mütterlichkeit führte und vielfach kritisiert worden ist, weise ich hin, ohne näher darauf einzugehen.
9. Vgl. Harding 1991; Weedon 1990; ferner die Bände *Feminism and Sociological Theory* 1989 hg. von Ruth A. Wallace; *Feministische Philosophie* 1990 hg. von Herta Nagel-Docekal; *Feministische Vernunftkritik* 1992 hg. von Ilona Ostner u. Klaus Lichtblau.
10. Zur Diskussion der Universalität vom Standpunkt des Feminismus vgl. Benhabib 1989, besonders S. 475-6.
11. Vgl. dazu die Diskussionen auf den Internationalen Menschenrechtskonferenzen.
12. Ich möchte nur einen Satz zitieren, worin eine Autorin mit Emphase ihren Gegner als „Westerner" bezeichnet: „At this moment in history, our feminism needs both enlightenment and postmodernist agendas - but we don't need the same ones fr the same purposes, or in the same forms as do white, bourgeois, androcentric Westerners." (Harding 1990, S. 101). Man könnte auch sagen: rassistische, bürgerliche, androzentrische Männer.
13. So z.B. in Oswald Spenglers „Untergang des Abendlandes".
14. S. Koran Sure 5.82 und 5.69.
15. Zu dieser Darstellung vgl. Sarkhoch 1975.
16. Als Beispiel könnte man die Geschichtsforschung zum Alltagsleben der Frauen in verschiedenen Städten nennen. Vgl. u.a. Ennen 1984; Pernoud 1991; sowie die Bände *Frauenalltag in Bielefeld* 1986 hg. von Ilse Brehmer u. Ilse Jacobi-Dittrich; *Frauenleben in Münster* 1991 hg. von Arbeitskreis Frauengeschichte in Münster; zur Geschichte allgemein: *Frauen in der Geschichte* 1970 hg. von Annette Kuhn u. Gerhard Schneider; *Frauenmacht in der Geschichte* 1986 hg. von J. Dahlhoff; zum ethnologischen Material: *Frauenmacht ohne Herrschaft* 1990 hg. von Ilse Lenz u. Ute Luig; Whyte 1978.
17. Vgl. Kuhn; Schneider Hg. a.a.O., besonders das Vorwort.
18. Cockburn 1991; Lerner 1991; ein kurzer Hinweis auf die Diskussion des Begriffs Patriarchat findet sich auch bei Knapp 1992, S. 291.
19. Ähnliche Gedanken vertritt der Philosoph Sadik I. Al-Azm. Vgl. „Aufklärung im Orient", Frankfurter Rundschau vom 18.4.1995, S. 10.
20. Bei der Darstellung dieser drei Bereiche werde ich jedoch auf ihre Relevanz für meine spezielle Arbeit nicht näher eingehen.
21. Zur Definition dieses Begriffs vgl. Knapp 1992, S. 311. Sie berichtet von Grosz' (1990) Syntheseversuch, „in Machtverhältnissen zwischen Geschlechtern drei Ebenen" zu unterscheiden, „die miteinander zusammenhängen: Sexismus, patriarchales System und Phallozentrismus". Diese Ebenen entsprechen der Handlungsebene, der Ebene der Institution und der Ebene der symbolischen Ordnung. Während Grosz die Begriffe synchronisch verwendet, benutze ich sie, mangels besserer Begriffe, um diachronische Sachverhalte zu bezeichnen.
22. „Erzeugerin des Kindes ist die Mutter nicht / wie man es glaubt, nur Nährerin des jungen Keims" Äschylos in den „Eumeniden", 3. Teil der „Orestie", zit. nach Lerner ebd., S. 254-5; vgl. auch Aristoteles (1959): „Denn ranghöher und göttlicher ist der Bewegungsursprung, der als männlich in allem Werden liegt, während der Stoff das Weibliche ist"; oder „Ein Weibchen ist wie ein verkrüppeltes Männchen, und der Monatsfluß ist Same, nur nicht reiner Same. Denn nur eines fehlt ihm, die Lebensquelle, ... denn diese Lebensquelle bringt erst der männliche Same mit." De Generatione Animalium II,1,732a, S. 72 u. 89; zit. nach ebd., S. 255-8.
23. Vgl. hierzu Elias 1986; Rieplhuber 1986.
24. Eine systematische Zusammenfassung dieser neuesten Diskussion, auch der nicht-deutschsprachigen, sowie ausführliche Literaturangaben sind bei Knapp: „Macht und Geschlecht" 1992 zu finden. Diesem Aufsatz verdanke ich viele Anregungen.
25. Ich fand im Register der MEW keinen Hinweis darauf. Liegt dies an der offiziellen sowjetischen Interpretation?.

26. Eine Ausnahme bildet Knapp 1992, S. 306-310.
27. „Macht ist ein Vermögen, welches großen Hindernissen überlegen ist". *Kritik der Urteilskraft* zit. b. Hradil 1980, S. 22.
28. Es wäre auch noch zu bestimmen, um welche Form von Macht es sich bei illegalen Gruppen wie der Mafia handelt. Hier müßte zuerst ihre Beziehung zu den bestehenden Herrschaftsverhältnissen analysiert werden.

Literatur

Achinger, Gertrud; Alburquerque, Gracia P.T. (1992): Arbeitsbelastung und Familienstruktur. In: *Peripherie*, 46, S. 18-30.

Al-Azm, Sadik I. (1995): Aufklärung im Orient. In: *Frankfurter Rundschau* (18. April), S. 10.

Alcoff, Linda (1988): Cultural Feminism vs. Postmodernism. The Identity Crisis in Feminist Theory. In: *Signs*, 13, S. 405-436.

Anderson, Karen (1991): Frauenwelt, Männerwelt und politische Ökonomie bei den Huronen im 17. Jahrhundert. In: Lenz, Ilse; Luig, Ute Hg., a.a.O. S. 172-200.

Arbeitskreis Frauengeschichte in Münster Hg. (1991): *Frauenleben in Münster. Ein historisches Lesebuch.* Münster.

Aristoteles (1959): Über die Zeugung der Geschöpfe. In: Gohlke, Paul Hg.: *Lehrschriften.* Paderborn.

Auerheimer, George (1989): Kulturelle Identität - ein gegenaufklärerischer Mythos? In: *Das Argument*, 175, S. 381-94.

- (1992): Universelle Rechtsansprüche und die Anerkennung kultureller Differenz - ein Antagonismus? In: *Das Argument*, 195, S. 665-74.

Autonome Frauenredaktion Hg. (1988): *Frauenbewegungen in der Welt 1. Westeuropa.*

- (1989): 2. *Dritte Welt.* Hamburg.

- (1990): 3. *Außereuropäische kapitalistische Länder.* Hamburg.

Baringhorst, Sigrid (1993): Migrantinnen in Europa. Aspekte der Mehrfachdiskriminierung. In: *Peripherie*, 49, S. 68-78.

Barrow, Logie u.a. Hg. (1991): *Nichts als Unterdrückung. Geschichte und Klasse in der englischen Sozialgeschichte.* Münster.

Beck, Ulrich (1986): *Risikogesellschaft. Auf dem Weg in eine andere Moderne.* Frankfurt a.M.

Becker-Schmidt, Regine; Knapp, Gudrun-Axeli (1987): *Geschlechtertrennung - Geschlechterdifferenzierung: Suchbewegungen sozialen Lernens.* Bonn.

Beer, Ursula Hg. (1987): *Klasse Geschlecht. Feministische Gesellschaftsanalyse und Wissenschaftskritik.* Bielefeld.

Beer, Ursula (1990): *Geschlecht, Struktur, Geschichte. Soziale Konstituierung des Geschlechterverhältnisses.* Frankfurt a.M.; New York.

Benhabib, Seyla (1989): Der verallgemeinerte und konkrete Andere. Ansätze zu einer feministischen Moraltheorie. In: List, Elisabeth Hg., a.a.O., S. 454-87.

- (1990): Epistemologies of Postmodernism: A Rejoinder to Jean-Francois Lyotard. In: Nicholson, Linda J. Hg., a.a.O., S. 107-130.

Bernstein, Richard J. Hg. (1985): *Habermas and Modernity.* Cambridge.

Blanquart, Louisette (1988): Für eine geschlechtlich differenzierte Gesellschaft. In: Autonome Frauenredaktion Hg., a.a.O., S. 105-112.

Boulding, Ilse (1976): *The Underside of History: A View of Women through Time.* Boulder, Colorado.

Brehmer, Ilse; Jacobi-Dittrich, Juliane Hg. (1986): *Frauenalltag in Bielefeld.* Bielefeld.

Brückner, Margrit (1987): *Die janusköpfige Frau - Lebenstärken und Beziehungsschwächen.* Frankfurt a.M.

Butler, Judith (1991): *Das Unbehagen der Geschlechter.* Frankfurt a.M.

Chodorow, Nancy (1985): *Das Erbe der Mütter. Psychoanalyse und Soziologie der Mütterlichkeit.* München.

Cockburn, Cynthia (1991): Das Material männlicher Macht. In: Barrow, Logie u.a. Hg., a.a.O., S. 67-84.

Cotts, Nancy (1987): *The Grounding of Modern Feminism.* New Haven.

Davis, Angela (1984): *Rassismus und Sexismus. Schwarze Frauen und Klassenkampf in USA.* Frankfurt a.M.

Dahlhoff, J. u.a. Hg.(1986): *Frauenmacht in der Geschichte: Beiträge des Historikerinnentreffens 1985 zur Frauengeschichtsforschung.* Düsseldorf.

de la Motte, Brunhild (1991): Feminismus im Spannungsfeld von Humanismus und Poststrukturalismus. In: Weimann, Robert; Gumbrecht, Hans U. Hg., a.a.O., S. 121-32.

Derrida, Jacques (1972): *Die Schrift und die Differenz.* Frankfurt a.M.

- (1988): *Randgänge der Philosophie.* Wien.

- (1989): *Wie nicht sprechen.* Wien.

Diamond, Irene; Quinby, Lee Hg. (1988): *Feminism and Foucault: Reflections on Resistance.* Boston.

Doulatabadi, Mahmud (1991): *Der leere Platz von Scolutsch.* Zürich.

Dreyfus, N.L.; Rabinow, P. (1983): *Michel Foucault: Beyond Structuralism and Hermeneutics.* Chicago.

Dröge-Modelmog, Ilse; Mergener, Gottfried Hg. (1987): *Orte der Gewalt. Herrschaft und Macht im Geschlechterverhältnis.* Opladen.

Eisenstein, Zillah R. (1988): *The Female Body and the Law.* Berkeley.

Elias, Norbert (1978): *Was ist Soziologie?* München.

- (1986) Wandlungen der Machtbalance zwischen den Geschlechtern. In: *Kölner Zeitschrift für Soziologie und Sozialpsychologie,* 38, S. 424-249.

Ennen, Edith (1984): *Frauen im Mittelalter.* München.

Erdheim, Mario (1984): *Die gesellschaftliche Produktion von Unbewußtheit. Eine Einführung in den ethnopsychoanalytischen Prozeß.* Frankfurt a.M.

Evers, Hans-Dieter (1991): Revivalismus und Modernität. In: Zapf, Wolfgang Hg., a.a.O., S. 97-100.

Ferguson, Kathy E. (1992): Politischer Feminismus und Dekonstruktionstheorien. In: *Das Argument,* 196, S. 873-85.

Foucault, Michel (1974): *Von der Subversion des Wissens.* München.

- (1974a): *Die Ordnung des Diskurses.* München.

- (1974b): *Die Ordnung der Dinge.* Frankfurt a.M.

- (1978): *Dispositive der Macht. Über Sexualität, Wissen und Wahrheit.* Berlin.

- (1983): *Der Wille zum Wissen.* Sexualität und Wahrheit 1. Frankfurt a.M.

Fraser, Nancy (1981): Foucault on Modern Power: Empirical Insights and Normative Confusions. In: *Praxis International,* 1, S. 272-87.

- (1989): *Unruly Practices. Power, Discourse, and Gender in Contemporary Social Theory.* Minneapolis.

- ; Nicholson, Linda J. (1990): Social Criticism without Philosophy: An Encounter between Feminism and Postmodernism. In: Nicholson, Linda J. Hg., a.a.O., S. 19-38.

Freison, Joseph (1893): *Geschichte des kanonischen Eherechts bis zum Verfall der Glossenliteratur.* Paderborn 2. Ausgabe; Aalen, 1963 Nachdruck.

Frevert, Ute (1986): *Frauen-Geschichte. Zwischen Bürgerlicher Verbesserung und neuer Weiblichkeit.* Frankfurt a.M.

- (1991): Klasse und Geschlecht - Ein deutscher Sonderweg. In: Barrow, Logie u.a. Hg., a.a.O., S. 259-270.

Friedberg, Emil (1865): *Das Recht der Eheschließung in seiner geschichtlichen Entwicklung.* Leipzig; Nachdruck 1965.

Gabrieli, Francesco (1973): *Die Kreuzzüge aus arabischer Sicht.* Zürich.

Gerhard, Ute (1990): *Unerhört. Die Geschichte der deutschen Frauenbewegung.* Hamburg.

Godelier, Maurice (1972): *Rationalität und Irrationalität in der Ökonomie.* Frankfurt a.M.

- (1987): *Die Produktion der großen Männer.* Frankfurt a.M.; New York.

Goldziher, Ignac (1876): *Der Mythos bei den Hebräern und seine geschichtliche Entwicklung. Untersuchungen zur Mythologie und Religionwissenschaft.* Leipzig.

Griffin, Susan (1987): *Frau und Natur. Das Brüllen in ihr.* Frankfurt a.M.

Habermas, Jürgen (1970): *Zur Logik der Sozialwissenschaften.* Frankfurt a.M.

- (1981): *Theorie des kommunikativen Handelns.* 2 Bde., Frankfurt a.M.

- (1985): *Der philosophische Diskurs der Moderne.* (12 Vorlesungen 1983-4). Frankfurt a.M.

- (1985a): *Die neue Unübersichtlichkeit.* Frankfurt a.M.

- (1990): *Die nachholende Revolution.* Frankfurt a.M.

Hagemann-White, Carol (1984): *Sozialisation: Weiblich-männlich?* Opladen.

Harding, Sandra (1989): Geschlechtsidentität und Rationalitätskonzeptionen. Eine Problemübersicht. In: List, Elisabeth Hg., a.a.O., S. 425-453.

- (1990): Feminism, Science, and the Anti-Enlightenment Critiques. In: Nicholson, Linda J. Hg., a.a.O., S. 83-106.

- (1991): *Feministische Wissenschaftstheorie. Zum Verhältnis von Wissenschaft und sozialem Geschlecht.* Hamburg.

Haug, Frigga (1988): Perspektiven eines sozialistischen Feminismus. 20 Jahre Frauenbewegung in Westdeutschland und West-Berlin. In: Autonome Frauenredaktion Hg., a.a.O., S. 25-52.

-; Hauser, Kornelia (1989): Frauenerfahrung und Geschlechtsbegriff. In: *Das Argument,* 177, S. 695.

Hauser, Kornelia (1980): Wissenschaftlicher Feminismus als Befreiungsprojekt. In: *Das Argument,* 177, S. 741-45.

Heinz, Bettina; Honegger, Claudia Hg. (1981): *Listen der Ohnmacht: Zur Sozialgeschichte weiblicher Widerstandsformen.* Frankfurt a.M.

Heinz, Bettina; Honneger, Claudia (1981): Zum Strukturwandel weiblicher Widerstandsformen im 19. Jahrhundert. In: Dies. Hg., a.a.O., S. 7-68.

Honneth, Axel Hg. (1989): *Zwischenbetrachtungen: Im Prozeß der Aufklärung. Jürgen Habermas zum 60. Geburstag.* Frankfurt a.M.

-; Joas, H. (1980): *Soziales Handeln und menschliche Natur.* Frankfurt a.M.

Hoy, David C. Hg. (1986): *Foucault: A Critical Reader.* New York.

Hoy, David C. Hg. (1986a): Introduction. In: Ders. Hg., a.a.O., S. 1-26.

- (1986b): Power, Repression, Progress: Foucault, Lukes and the Frankfurt School. In: Ders. Hg., a.a.O., S. 123-48.

Hradil, Stefan (1980): *Die Erforschung der Macht. Über die empirische Ermittlung von Machtverteilungen durch die Sozialwissenschaften.* Stuttgart u.a.

IMSF Hg. (1989): *Matriarchat und Patriarchat. Zur Entstehung der Familie. Ethnographische Forschung/ theorethische Diskussion. Beiträge aus der UdSSR, den USA, der DDR.* Frankfurt a.M.

Irigaray, Luce (1979): *Das Geschlecht, das nicht eins ist.* Berlin.

- (1980): *Speculum - Spiegel des anderen Geschlechts.* Frankfurt a.M.

- (1984): *Éthique de la Différence Sexuelle.* Paris.

Jacobus, Mary u.a. Hg. (1990): *Body/Politics. Women and the Discourses of Science.* New York.

Jameson, Frederic (1990): Postmoderne und Utopie. In: Weimann, Robert; Gumbrecht, Hans U. Hg., a.a.O., S. 73-109.

- (1991): *Postmodernism, or the Cultural Logic of Late Capitalism.* London.

Jay, Martin (1984): *Marxism and Totality: The Adventures of a Concept from Lukacs to Habermas.* Berkeley.

- (1986): In the Empire of Gaze: Foucault and the Denigration of Vision in Twentieth-century French-Thought. In: Hoy, David C. Hg., a.a.O., S. 175-204.

Jokisch, Rodrigo (1984): Macht - Frauen - Individualität. In: Schaeffer-Hegel, Barbara Hg., a.a.O., S. 167-182.

Kaufmann, Franz-Xaver (1989): *Religion und Modernität.* Tübingen.

Knapp, Gudrun-Axeli (1992): Macht und Geschlecht. Neuere Entwicklungen in der feministischen Macht und Herrschaftsdiskussion. In: Dies; Wetterer, Angelika Hg., a.a.O., S. 287-321.

Knapp, Gudrun Axeli; Wetterer, Angelika Hg. (1992): *Traditionen Brüche: Entwicklungen in der feministischen Theorie.* Freiburg.

Koonz, Claudia (1984): Frauen schaffen ihren "Lebensraum" im Dritten Reich. In: Schaeffer-Hegel, Barbara Hg., a.a.O., S. 47-57.

Kößler, Reinhart (1993): *Despotie in der Moderne.* Frankfurt a.M.

Kristeva, Julia (1978): *Die Revolution der poetischen Sprache.* Frankfurt a.M.

- (1987): *Soleil Noir. Dépression et Melancholie.* Paris.

Kuhn, Thomas (1976): *Die Struktur wissenschaftlicher Revolutionen.* 2.rev. Aufl. Frankfurt a.M.

Kuhn, Annette Hg. (1983): *Frauenarbeit. Frauen im Mittelalter 1.* Düsseldorf.

- (1984): *Frauenbild und Frauenrechte. Frauen im Mittelalter 2.* Düsseldorf.

Kuhn, Annette; Schneider, Gerhard Hg. (1970): *Frauen in der Geschichte: Frauenrechte und die gesellschaftliche Arbeit der Frauen im Wandel.* Düsseldorf.

Leacock, Eleanor (1981): History, Development, and the Division of Labor by Sex: Implications for Organisation. In: *Signs,* 7, 2, S. 474-91.

- (1989): Begriffliche und historische Probleme der Interpretation der Geschlechter. In: IMSF Hg., a.a.O., S. 147-180.

Lenz, Ilse; Luig, Ute Hg. (1990): *Frauenmacht ohne Herrschaft: Geschlechterverhältnisse in nichtpatriarchalischen Gesellschaften.* Berlin.

Lenz, Ilse (1987): Zur Frage weiblicher Handlungsräume und weiblichen Widerstands in der sozialen Entwicklung. In: Dröge-Modelmog, Ilse; Mergener, Gottfried Hg., a.a.O., S. 146-157.

- (1990a): Geschlechtersymmetrische Gesellschaften. Neue Ansätze nach der Matriarchatsdebatte. In: Dies.; Luig, Ute Hg., a.a.O., S. 17-74.

- (1990b): Geschlechtersymmetrie als Geflecht von Frauen- und Männermacht: Zu den Minangkabau in der vorkolonialen Epoche. In: Dies.; Luig, Ute Hg., a.a.O., S. 280-305.

- (1990c): Frauenbewegung und die Ungleichzeitigkeit der Moderne. In: *Peripherie,* 39/40, S. 161-175.

- (1992): Geschlechterordnung oder Geschlechteraufbruch in der postindustriellen Veränderung. Zur Kritik der Zweigeschlechtlichkeit in der Frauenforschung. In: Kulke, Christiane; Scheich, Elvira Hg.: *Zwielicht der Vernunft. Die Dialektik der Aufklärung aus der Sicht von Frauen.* Pfaffenweiler, S. 107-119.

-; Luig, Ute (1990): Jenseits von Matriarchat und Patriarchat. In: Dies. Hg., a.a.O., S. 1-16.

Lerner, Gerda (1989): Welchen Platz nehmen Frauen in der Geschichte ein? Alte Definitionen und neue Aufgaben. In: List, Elisabeth Hg., a.a.O., S. 334-352.

- (1991): *Die Entstehung des Patriarchats.* Frankfurt a.M.

List, Elisabeth Hg. (1989): *Denkverhältnisse. Feminismus als Kritik.* Frankfurt a.M.

List, Elizabeth (1989): Denkverhältnisse. Feminismus als Kritik. In: Dies. Hg., a.a.O., S. 7-36.

Lovibond, Sabine (1989): Feminism and Postmodernism. In: *New Left Review,* 178, S. 5-28.

- (1992): Feminism and Pragmatism: A Reply to Richard Rorty. In: *New Left Review,* 193, S. 56-74.

Lyotard, Jean-Francois (1982): Reponse a la Question: Qu'est-ce que le Postmoderne? In: *Critique,* 419, S. 357-367.

- (1986): *Das postmoderne Wissen.* Graz; Wien.

- (1987): *Der Widerstreit.* München.

Lutz, Helma (1989): Unsichtbare Schatten?: Die "orientalische" Frau in westlichen Diskursen - Zur Konzeptionalisierung einer Opferfigur (1). In: *Peripherie,* 37, S. 51-65.

Martin, Emily (1989): *The Woman in the Body: A Cultural Analysis of Reproduction.* Boston.

Martin, Biddy (1988): Feminism, Criticism, and Foucault. In: Diamond, Irene; Quinby, Lee Hg., a.a.O., S. 3-19.

Meillassoux, Claude (1972): From Reproduction to Production: A Marxist Approach to Economic Anthropology. In: *Economy and Society*, 1, S. 93-105.

Memmi, Albert (1991): *The Colonizer and the Colonized*. Erw. Aufl. Boston.

Mercier, L. S. (1982): *Das Jahr 2444. Ein Traum aller Träume*. Frankfurt a.M.

Metz-Göckel, Sigrid (1987): Die zwei (un)geliebten Schwestern. Zum Verhältnis von Frauenbewegung und Frauenforschung im Diskurs der neuen sozialen Bewegungen. In: Beer, Ursula Hg., a.a.O., S. 25-27.

Milan Women's Bookstore Collective Hg. (1990): *Sexual Difference: A Theory of Social Symbolic Practice*. Bloomington.

Nadig, Maya (1984): Frauen in der Kultur - Macht und Ohnmacht. Zehn ethnopsychoanalytische Thesen. In: Schaeffer-Hegel, Barbara Hg., a.a.O., S. 284-92.

Nagel-Docekal, Herta Hg. (1990): *Feministische Philosophie*. Wien; Oldenburg.

Nave-Herz, Rosemarie (1987): *Die Geschichte der Frauenbewegung in Deutschland*. 2. Aufl., Düsseldorf.

Ng, Roxana (1989): Geschlecht, Ethnizität oder Klasse? In: *Das Argument*, 175, S. 395-408.

Nicholson, Linda J. Hg. (1990): *Feminism - Postmodernism*. New York.

Nietzsche, Friedrich (1967 ff.): *Sämtliche Werke in 15 Bänden*. Berlin.

Ostner, Ilona; Lichtblau, Klaus Hg. (1992): *Feministische Vernunftkritik. Ansätze und Traditionen*. Frankfurt a.M.; New York.

Pernoud, Régine (1991): *Leben der Frauen im Mittelalter*. Pfaffenweiler.

Reese-Schäfer, Walter (1988): *Lyotard zur Einführung*. Hamburg.

Reiter, Rayna u.a. Hg. (1975): *Toward an Anthropology of Women*. New York; London.

Rieplhuber, Rita (1986): *Die Stellung der Frau in der neutestamentlichen Schrift und im Koran*. Altenberge.

Riesbrodt, Martin (1990): *Fundamentalismus als patriarchalische Protestbewegung*. Tübingen.

Rodinson, Maxime (1971): *Islam und Kapitalismus*. Frankfurt a.M.

Rorty, Richard (1980): *Philosophy and the Mirror of Nature*. Oxford.

- (1985): Habermas and Lyotard on Postmodernity. In: Bernstein,Richard J. Hg., a.a.O., S. 167-75.

- (1991): Feminism and Pragmatism. In: *Radical Philosophy*, 59, S. 23-58.

Rosaldo, Michelle Z. (1974): Women, Culture, and Society. A Theoretical Overview. In: Dies.; Lamphere, Louise Hg., a.a.O., S. 17-42.

Rosaldo, Michelle Z.; Lamphere, Louise Hg. (1974): *Women, Culture, and Society*. Standford.

Rosenhaft, Eve (1991): Geschichten und ihre Geschichte - ein Nachwort. In: Barrow, Logie. u.a. Hg., S. 248-258.

Rossanda, Rossana (1975): *Über die Dialektik von Kontinuität und Bruch. Zur Kritik revolutionärer Erfahrungen. Italien, Frankreich, SU, Polen, China, Chile*. Frankfurt a.M.

Rothfield, Philipa (1992): Subjektivität, Erfahrung, Körperlichkeit. Feministische Theorie zwischen Humanismus und Anti-Humanismus. In: *Das Argument*, 196, S. 831-848.

Rubin, Gayle (1975): The Traffic in Women: Notes on the Political Economy of Sex. In: Reiter, Rayna u.a. Hg., a.a.O., S. 157-210.

Rundell, J. (1987): *Origins of Modernity: The Origins of Modern Social Theory from Kant to Hegel to Marx*. Cambridge.

Russel, Bertrand (1947): *Macht. Eine Sozialkritische Analyse*. Zürich.

Said, Edward (1981): *Orientalismus*. Frankfurt a.M.

- (1986): Foucault and the Imagination of Power. In: Hoy, David C. Hg., a.a.O., S. 149-56.

Sarkhoch, Soussan (1975): *Die Grundstruktur der sozio-ökonomischen Organisation der iranischen Gesellschaft in der ersten Hälfte des neunzehnten Jahrhunderts*. Univ.Diss. Münster.

Schaeffer-Hegel, Barbara Hg. (1984): *Frauen und Macht: Der alltägliche Beitrag der Frauen zur Politik des Patriarchats*. Berlin.

Schenk, Herrad (1980): *Die feministische Herausforderung. 150 Jahre Frauenbewegung in Deutschland.* München.

Schlesier, Renate (1993): Jerusalem mit der Seele suchen. Mythos und Judentum bei Freud. In: Graf, Fritz Hg.: *Mythos in mythenloser Gesellschaft: Das Paradigma Roms.* Stuttgart u.a., S. 230-267.

Schreiner, Kay M. Hg. (1986): *Frauen in der "Dritten Welt".* Wuppertal.

Schwarzer, Alice Hg. (1992): *Krieg. Was Männerwahn anrichtet und wie Frauen Widerstand leisten.* Frankfurt a.M.

Scott, James C. (1990): *Domination and the Art of Resistance. Hidden Transcripts.* New Haven.

VI Symposium der Internationalen Assoziation der Philosophinnen (1992). Amsterdam.

Smith, Dorothy E. (1989): Eine Soziologie für Frauen. In: List, Elisabeth Hg., a.a.O., S. 353-424.

Stacey, Judith; Thorne, Barrie (1991): Feministische Paradigmenwechsel in den Wissenschaften? Die Revolution in der Soziologie fand nicht statt. In: *Das Argument*, 190, S. 829-44.

Symposium (1984): Männlich- weibliche Machtmuster und ihr Einfluß auf Frauenkonflikte in der Öffentlichkeit. In: Schaeffer-Hegel, Barbara Hg., a.a.O., S. 183-97.

Taylor, Charles (1978): *Hegel.* Frankfurt a.M.

- (1986): Foucault on Freedom and Truth. In: Hoy, David C. Hg., a.a.O., S. 69-102.

Toulmin, Stephan (1992): *Die unerkannte Aufgabe der Moderne.* Frankfurt a.M.

Walby, Sylvia (1990): *Theorizing Patriarchy.* Oxford.

Wallace, Ruth A. Hg. (1989): *Feminism and Sociological Theory.* London; New Dehli.

Walzer, Michael (1986): The Politics of Michel Foucault. In: Hoy, David C., a.a.O., S. 51-68.

Weedon, Chris (1990): *Wissen und Erfahrung: Feministische Praxis und poststrukturalistische Theorie.* Zürich.

Weigel, Sigrid (1990): *Topographien der Geschlechter. Kulturgeschichtliche Studien zur Literatur.* Hamburg.

Weigel, Sigrid Hg. (1992): *Leib- und Bildraum. Lektüren nach Benjamin.* Köln.

Weimann, Robert (1991): Das Ende der Moderne? Versuch über das Autoritätsproblem in unserer Zeit. In: Ders.; Gumbrecht, Hans U. Hg., a.a.O., S. 9-53.

Weimann, Robert; Gumbrecht, Hans U. Hg. (1991): *Postmoderne - globale Differenz.* Frankfurt a.M.

Wellmer, Albrecht (1985): Reason, Utopia and Dialectic of Entlightenment. In: Bernstein, Richard J. Hg., a.a.O., S. 35-66.

West, Guida; Blumberg, Rhoda-Lois (1990): *Women and Social Protest.* New York; Oxford.

Westdeutsche Frauenbewegung (1992): Zwischen Autonomie und dem Recht auf Gleichheit. In: *Feministische Studien*, 10, S. 35-55.

Whyte, Martin King (1978): *The Status of Women in Preindustrial Societies.* New Jersey.

Wobbe, Theresa (1989): *Gleichheit und Differenz. Politische Strategien von Frauenrechtlerinnen um die Jahrhundertwende.* Frankfurt a.M.; New York.

Woolf, Virginia (1977): *Drei Guineen.* München.

Young, Iris Marion (1989): Humanismus, Gynozentrismus und feministische Politik. In: List, Elisabeth Hg., a.a.O., S. 37-65.

- (1990): *The Ideal of Community and the Politics of Difference.* In: Nicholson, Linda J. Hg., a.a.O., S. 300-323.

Zapf, Wolfgang Hg. (1991): *Die Modernisierung moderner Gesellschaften: Verhandlungen des 25. Deutschen Soziologentages in Frankfurt am Main.* Franfurt a.M.; New York.

Ziehe, Thomas (1984): *Zugriffsweisen mütterlicher Macht.* In: Schaeffer-Hegel, Barbara Hg., a.a.O., S. 123-132.

Beate Roessler

Zwischen Befreiung und Typisierung.
Zur Problematik von Geschlechtsidentität und Gruppenrechten[*]

In der gegenwärtigen feministischen Philosophie kann man einen grundlegenden Konflikt erkennen, einen Konflikt, der auf der Gegensätzlichkeit zweier theoretischer Konzeptionen beruht: die erste Konzeption, die ich im Titel abkürzend mit „Befreiung" und „Geschlechtsidentität" bezeichnet habe, behauptet, daß nicht nur das soziale, das *gender*, sondern auch das biologische Geschlecht - *sex* -, also die Zweigeschlechtlichkeit von Frau und Mann, und damit die Binarität der Geschlechtsidentitäten grundsätzlich und ausschließlich kulturell konstruiert sei; folglich sei die richtige Emanzipationsstrategie von Frauen zur Befreiung von diesen Geschlechtsidentitäten die „Dekonstruktion" der Kategorien selbst, ihre permanente Infragestellung und Kritik, ihre permanente „Subversion", wie Judith Butler dies nennt. Die zweite Konzeption, auf die ich im Titel mit den Begriffen „Typisierung" und „Gruppenrechte" verwiesen habe, behauptet demgegenüber, daß für die Emanzipation von Frauen die Sicherung gleicher Rechte und Freiheiten konstitutiv sei; um Frauen als Frauen Rechte zu sichern, ist es folglich notwendig, Frauen als Gruppe zu klassifizieren und zu typisieren, also gerade an der Binarität der Geschlechtsidentitäten festzuhalten. Damit stehen wir jedoch, jedenfalls auf den ersten Blick, vor zwei kontradiktorischen Thesen: die erste behauptet, für die Emanzipation von Frauen seien Rechte notwendig, die ihnen spezifisch als Frauen im Gegensatz zu Männern zukommen und für deren Einklagen die Typisierung von Frauen als Frauen notwendig bleibt. Und die zweite These behauptet, daß es für die Emanzipation von Frauen notwendig sei, die Konstruktion der Zweigeschlechtlichkeit als genau das: nämlich Konstruktionen im Dienste von Macht- und Dominanzstrukturen zu durchschauen und sie zu überwinden, also sich gerade von jeglicher Typisierung zu befreien, da diese Typisierung unauflöslich mit der Hierarchisierung zwischen Männern und Frauen verbunden

---

[*] Dieser Artikel erschien bereits in der Zeitschrift *Babylon*, 1994, Heft 13/14; hier handelt es sich um eine leicht gekürzte Fassung.

sei und jede Typisierung deshalb, ob sie wolle oder nicht, diese Hierarchisierung weiter fortschreibe.

Was mich im Folgenden interessiert, ist zum einen die Frage, wie diese Polarisierung innerhalb der feministischen Philosophie genauer zu beschreiben ist und wie es zu ihr überhaupt kommt und zum andern die Frage, wie sich dieser theoretische und praktische Konflikt auflösen läßt. Dabei ist die These, die ich zu begründen suchen werde, eine doppelte: in einem ersten Schritt werde ich zeigen, daß es tatsächlich gute Gründe dafür gibt, *beide* Pole der beschriebenen Problematik - nämlich die Notwendigkeit von Rechten für Frauen auf der einen Seite, die Einsicht in die Konstruktivität von Geschlechtsidentitäten auf der anderen Seite - für plausibel zu halten. Und in einem zweiten Schritt will ich dann begründen, warum zwischen der Idee von bestimmten Rechten für Frauen einerseits und der Idee der Befreiung von traditionalen Geschlechtsidentitäten als Konstruktionen andererseits nicht eine alternative Beziehung, eine solche des gegenseitigen Ausschlusses, oder eine dilemmatische Beziehung besteht, sondern daß im Gegenteil die eine Idee allererst die Ermöglichung der anderen bedeutet.

Dabei werde ich folgendermaßen vorgehen: zunächst sollen beide Pole der Problematik plausibilisiert und damit auch motiviert werden, und zwar zunächst von der Perspektive der Idee von Gruppenrechten, dann von der Perspektive der Idee der Konstruktion von Geschlechtsidentitäten aus. Ich werde also zunächst einmal den Konflikt, den ich dann löse, aufbauen und begründen. In einem zweiten Teil unterscheide ich dann vier verschiedene Positionen im Blick auf das Verhältnis beider Seiten zueinander, wie sie meiner Ansicht nach in der feministischen Philosophie gegenwärtig vorliegen, vier Positionen oder Modelle, von denen ich drei als unplausibel kritisieren werde und schließlich das vierte als plausibel darzustellen suche. Denn erst die vierte Position wird in der Lage sein, den theoretischen Widerspruch zu erklären und einen Rahmen zu liefern für die Vereinbarkeit beider Pole feministischer Kritik.

Zunächst also zu den beiden Motivierungen der Problemstellung, also zur Erklärung, warum es überhaupt zu dieser Polarisierung kommen muß. Dabei läßt sich auch deutlicher machen, daß es sich bei diesen beiden Polen um zwei konkurrierende Stränge in der feministischen Philosophie handelt - und daß tatsächlich beide ihr Recht haben.

Die Begründung der Notwendigkeit von Rechten für Frauen hat ihren Ort klarerweise in der feministischen politischen und Sozial-Philosophie. Wenn wir einmal der Einfachheit halber davon ausgehen, daß in der politischen Philosophie zentral die Frage danach behandelt wird, wie eine gerechte Gesellschaft auszusehen habe, eine Gesellschaft, in der alle Mitglieder über die gleichen Rechte und Freiheiten verfügen, dann stellt man ziemlich schnell fest, daß es zwischen der normativen Idee einer gerechten Gesellschaft und den faktischen Verhältnissen auch in liberalen Demokratien beklagenswerte Unterschiede gibt. Denn die in diesen Demokratien normativ gültigen *gleichen* Rechte und Freiheiten im Blick auf die Möglichkeit eines je individuell gewählten gelungenen Lebens wie im Blick auf die Möglichkeit der Partizipation an politischen Meinungs- und Willensbildungsverfahren sind faktisch ganz offensichtlich für Frauen nicht eingelöst. Das macht sich bekanntlich an unzähligen Tatsachen deutlich wie der Berufswahl, der Unterschiedlichkeit im Einkommen, dem geringen Anteil von Frauen in der Politik und auf gesellschaftlichen Führungsebenen usw., generell der geschlechtsspezifischen Arbeitsteilung. Die feministische Forderung nach tatsächlich *gleichen* Rechten und Freiheiten, nach einer *substantiell gerechten* Gesellschaft, wie sie etwa von Liberalismustheoretikerinnen und -kritikerinnen wie Susan Moller Okin, Seyla Benhabib, oder Anne Phillips begründet wird, rekurriert folglich auf Frauen als Gruppe deshalb und insofern, als sich für eben diese Gruppe statistisch relevante gesellschaftliche Diskriminierungen festmachen lassen, so daß Personen, die dieser Gruppe angehören, einfach deswegen diskriminiert werden. Diese gesellschaftlichen Diskriminierungen führen jedoch nicht nur zu einer ungerechten Verteilung von Freiheiten, sondern sind auch von einer demokratietheoretischen Perspektive her kritikwürdig: denn genau dort, wo die *Grundsätze* gesellschaftlichen Zusammenlebens ausgehandelt werden, nämlich in den politischen Entscheidungsprozeduren, müßten Frauen in gleicher Weise repräsentiert sein, nicht nur, weil erst dann deutlich wäre, daß sie tatsächlich über die gleiche Chance zur Wahrnehmung politischer Partizipationsrechte verfügen, sondern auch, weil die Ergebnisse von politischen Verhandlungen selbstverständlich immer wieder durchschlagen auf die Ermöglichung - oder Verhinderung - gleicher Freiheiten auf privater und gesellschaftlicher Ebene. Solange an die Differenz der Geschlechter eine Differenz im Freiheitswert gebunden ist, müssen Frauen folglich als Gruppe Rechte einklagen, wie - prominent - die Quotierung. Daß sich dies, wenn es auch nach wie vor umstritten ist, auch in der gesellschaftspolitischen Diskussion zunehmend durchsetzt, zeigen etwa die verschiedenen Landesantidiskriminierungsgesetze und die Quoten in Parteien.

Nun setzt diese Begründung gleicher Freiheitsrechte für den privaten wie öffentlichen Raum aber klarerweise eins voraus: nämlich daß Frauen sich eindeutig als Gruppe von der Gruppe der Männer absetzen und nicht nur sich selbst als Frauen typisieren, sondern genau auf dieser Typisierung gesellschaftspolitisch beharren - denn sie wollen bestimmte Rechte und Freiheiten *als Frauen*. Solche rechtlichen Regelungen haben ihren Sinn genau deshalb und nur insofern, als Frauen gegenüber Männern eindeutig klassifizierbar bleiben, als also die Eigenschaft des Geschlechts eindeutig und relevant bleibt. Die feministische politische Theorie begründet also in ihrer kritischen Auseinandersetzung mit Liberalismustheorien Gruppenrechte für Frauen in diesem Sinn und hält gerade wegen ihrer Konzeption der Emanzipation von Frauen an der Geschlechtertypisierung und der Binarität der Typisierung fest; sie muß dies auch tun, will sie nicht ihren Forderungen selbst den Boden entziehen.

Dies macht den ersten Debattenstrang in der feministischen Philosophie aus; um nun den anderen Pol des eingangs beschriebenen Konflikts und also die These zu plausibilisieren, daß für die Emanzipation von Frauen die Einsicht in die ausschließliche Konstruiertheit des sozialen wie biologischen Geschlechts notwendig ist, ist zunächst ein kleiner Umweg nötig.

In der feministischen Philosophie und genereller der feministischen Theorie - also auch in ihren sozialwissenschaftlichen Spielarten - stand jahre-, fast jahrzehntelang die Debatte um Differenz vs. Gleichheit im Zentrum: diese Debatte wurde auf so gut wie allen Gebieten der Philosophie geführt und stellte sich dar als je unterschiedliche Beantwortung der Frage nach der Rolle, die die Kategorie Geschlecht in den verschiedenen philosophischen Ansätzen und Arbeitsgebieten spielt bzw. spielen sollte. Die Kontroverse um Differenz und Gleichheit betraf prominent die feministische Ethik - ich erinnere hier nur an die Debatte um Carol Gilligan und den Konflikt darum ob nun - wie die Differenztheoretikerinnen wie etwa Sarah Ruddick meinten - das sogenannte weibliche Moment der Fürsorge als Alternative zur sogenannten männlichen universalistischen Ethik gelten sollte oder ob dieses Moment gerade zugunsten universalistischer Ethiken gegebenenfalls in diese eingehen sollte, wie etwa Seyla Benhabib oder Alison Jaggar behaupteten. Ein anderes Konfliktfeld stellte die Debatte um eine feministische Vernunftkritik dar: hier gingen die Positionen der Differenz so weit, gleich die ganze abendländische Logik als solche mit dem Vorwurf des Phallogozentrismus und der Orientierung an „männlichen" Begriffen von Identität und Einheit zu belegen, die die Frauen gleichsam wesensmäßig ausschließe - so etwa Luce Irigaray -, während die Position der Gleichheit sich darauf beschränkte, die Anwendung des Vernunftparadigmas und die mit dieser Anwendung einhergehende Ausschließung von Frauen aus dem Bereich der Vernunft und ihre Zuordnung zum Bereich des Gefühls zu kritisieren (vgl. in diesem Sinn etwa Herta Nagl-Docekal 1995).

Die Frontstellung lief jedoch in allen Disziplinen ungefähr ähnlich: der Position der Differenz nämlich wurde generell ein Essentialismus vorgeworfen, der die sog. weiblichen Eigenschaften oder das sog. weibliche Denken - was immer das dann genauer sei - verabsolutiere und ontologisch verfestige, während umgekehrt der Position der Gleichheit die Orientierung an einem

männlich-humanistischen Gleichheitsideal zum Vorwurf gemacht wurde -
eine Gegenüberstellung, die übrigens häufig mit der Opposition von französischem und italienischem Feminismus auf der einen und angloamerikani-
schem Feminismus auf der anderen Seite parallelisiert wurde.

Nun hat sich jedoch die Debattenlage bekanntlich in den letzten Jahren si-
gnifikant verschoben: auf allen der gerade genannten Gebiete hat es seitdem
die unterschiedlichsten Vermittlungsversuche gegeben; im Vordergrund
steht nicht mehr eine Oppositionsstellung zwischen Differenz und Gleichheit, sondern die Frage, wie über diese unfruchtbare und schlichte Gegenüberstellung hinauszukommen sei. Die Opposition von Differenz und
Gleichheit ist folglich in die Jahre gekommen; hießen vor einiger Zeit die
entsprechenden Sammelbände noch „Differenz und Gleichheit" oder „Differenz vs. Gleichheit", so heißen sie nun „*Beyond* Equality and Difference"
(Bock; James 1992). Die thetische Gegenüberstellung, so die Idee, von sog.
weiblicher Differenz und sog. männlich orientierter Gleichheit führt nicht
nur in eine theoretische Sackgasse; sie verfehlt auch, worum es bei der
theoretischen Konzeptualisierung und der praktischen Durchführung eigentlich gehen müßte: nämlich das Überschreiten *jeden* Modells simpler Opposition, das Frauen tendenziell immer auf ein bestimmtes Wesen festlege, hin
auf eine davon gerade unabhängige Konstruktion je diversifizierter Geschlechtsidentitäten.

Für die Genese dieser Kritik an der Oppositionsstellung zwischen Differenz und Gleichheit lassen sich vor allem zwei Gründe ausmachen: zum
einen, von einer politischen Perspektive her, die „Entdeckung" von Differenz zwischen Frauen, also die Entdeckung, daß die Sache mit *dem* Kollektivsubjekt Frau, das nicht nur hinsichtlich Interessen, sondern auch im Blick
auf Eigenschaften ganz homogen sei, so einfach nicht ist: unterschiedliche
Lebenskontexte von Frauen, damit verbundene unterschiedliche Interessen,
unterschiedliche ethnische Herkunft, sexuelle Orientierung usw., all diese
Differenzen *zwischen* den Frauen ließen sich nicht länger leugnen und führten zu einer Modifizierung und „Pluralisierung des Feminismus" und zur
„Kritik an der Unschuld der Kategorie Frau" (de Lauretis 1993).

Der zweite Grund für die graduelle Auflösung der Kontroverse um Differenz und Gleichheit liegt am Aufkommen der Kritik an der Dichotomie zwischen *sex* und *gender*, zwischen biologischem und kulturellem oder sozialem Geschlecht. War diese Unterscheidung zunächst als ein emanzipativer
Schritt begriffen worden, weil sie gerade die Unabhängigkeit kulturell ge-
formter sogenannter weiblicher Eigenschaften vom biologisch-anatomischen
Geschlecht beweisen sollte, so wurde zunehmend deutlich, daß das Festhalten an der biologischen Zweigeschlechtlichkeit immer noch mit kulturell
codierten Hierarchisierungen einherging. Historische Studien, wie etwa die

von Thomas Laqueur und Barbara Duden, empirische Untersuchungen zur Sozialisationsforschung und schließlich philosophische Studien zur kulturellen Konstruktion des biologischen Geschlechts führten dazu, auch die Binarität der Geschlechter noch als jedenfalls kulturell überformt und in ihrer Relevanz als kulturell konstruiert zu erkennen. Diese Kritik suchte nachzuweisen, daß auch die angeblich natürlichen Sachverhalte des Geschlechts diskursiv produziert werden, im Dienste politischer und gesellschaftlicher Macht-Diskurse und zeigte so, daß das biologische Geschlecht selbst noch eine *gendered category*, eine vergeschlechtlichte Kategorie ist. Auch unsere Vorstellungen und Konzeptualisierungen des biologischen, anatomischen Körpers sind eben gerade nicht „natürlich gegeben", sondern Produkt historischer, gesellschaftlich-kultureller Interpretationen.

Das muß natürlich nicht bedeuten, daß biologische Differenzen geleugnet werden; aber es muß zu der Einsicht führen, daß mit der Kritik am Unterschied der *gender* zugleich eine Kritik an der *Bedeutung*, die die biologische Zweigeschlechtlichkeit hat und somit an der starren Gegenüberstellung von hie Männern, dort Frauen verbunden ist.

Damit bin ich angelangt an dem Punkt, an dem ich die andere Seite der vorhin aufgemachten Polarisierung genauer beschreiben kann: diese Einsicht in die Konstruktion von *sex* und *gender* hat für eine normative Theorie der Emanzipation natürlich eindeutige Folgen: wenn wir davon ausgehen, daß das ganze System der Zweigeschlechtlichkeit, wie es in unserer Kultur als bedeutungsvoll begriffen wird, daß dieses System genuin und notwendig verbunden ist mit einem Machtgefälle in der Gesellschaft, es immer wieder dieselben Machtstrukturen hervorbringt so, daß die Geschlechterrollen notwendig, und zwar hierarchisch, aufeinander bezogen sind, dann heißt dies klarerweise, daß jedes weitere Festhalten - und sei es zu einem vermeintlich guten, nämlich emanzipativem Zweck - an dieser Konstruktion auch notwendigerweise ein Festhalten an dem hierarchisch strukturierten System bedeutet. Folglich muß dieses System als solches unterlaufen, die Binarität der Geschlechter gerade aufgelöst werden: Emanzipation bedeutet also Auflösung der Typisierung von Frau und Mann, da Typisierung immer Diskriminierung bedeutet - wer sich vom starren System der Geschlechtsidentitäten befreien will, muß sie diversifizieren, mit ihnen spielen und zwar so, daß permanent, wo immer möglich, die Kategorien von „Mann" und „Frau" als Kategorien entlarvt, infragegestellt, umgedeutet, parodiert und subvertiert werden.

Bisher haben wir also zweierlei gesehen: zum einen, daß die beiden Emanzipationskonzepte von Konstruktivität der Geschlechtsidentität auf der einen Seite und Beharren auf Gruppenrechten für Frauen auf der anderen Seite beide jedenfalls in ihren Grundideen plausibel sind; und zum zweiten, daß sie zumindest auf den ersten Blick in einen Widerspruch führen: Typisierung von Frauen als Frauen auf der einen Seite, Befreiung von genau dieser Typisierung auf der anderen Seite.

Was mich folglich jetzt interessiert, ist die Frage, wie sich die These, Geschlechtsidentitäten seien bloß konstruiert, *vereinbaren* läßt mit der anderen These, daß nämlich Frauen auf Grund der Persistenz der Unterdrückungs- oder jedenfalls doch Benachteiligungsverhältnisse, unter denen sie auch in liberalen Demokratien noch leben, bestimmte Rechte als Frauen und somit Gruppenrechte einklagen müssen.

Um dies zu diskutieren, will ich vier Positionen in der gegenwärtigen feministischen Debatte unterscheiden, die den Zusammenhang zwischen Gruppenrechten - oder Rechten überhaupt - und dem Konstruktionscharakter von Geschlechtsidentität jeweils unterschiedlich verstehen. Das erste Modell radikalisiert die *Konstruktionsposition*, das zweite die *Rechtsposition*, das dritte behauptet ein *Dilemma* zwischen beiden und das vierte schließlich *vereinbart* beide miteinander; und es ist dieses vierte Modell, das ich als das (einzig) überzeugende zu begründen suchen werde. Solche Systematisierungen sind natürlich immer auch Simplifizierungen, aber ich denke, den Positionen ausreichend gerecht zu werden und bin der Meinung, daß sich Unterschiede leichter diskutieren lassen, wenn man sie systematisch gegeneinander stellt.

Das erste Modell nenne ich das *Inkompatibilitätsmodell* und ich diskutiere es paradigmatisch an der Position von Judith Butler: die Grundidee dieses Ansatzes ist die, daß es eine emanzipative Theorie von Geschlechtsidentität als inkompatibel mit der Idee versteht, daß Frauen als Kollektivsubjekt bestimmte Rechte fordern. Im Gegenteil untergrabe gerade die permanente Wiederholung von Frauenforderungen die Idee der Befreiung vom binären und deshalb repressiven Modell der *gender*- oder *sex*-identities. Butlers Theorie ist folglich eine Radikalisierung des zweiten Strangs der feministischen Diskussion. Sie sucht, die binäre Option, wie sie sagt, als „veränderbare Konstruktion" zu offenbaren (1991, S. 23), und damit grundsätzlich gegen die Idee des Kollektivsubjekts „Frau", wie ihn die feministische Politik voraussetzt, anzugehen. Statt dessen schlägt sie vor:

> Wenn der Feminismus .. davon ausgeht, daß die Kategorie „Frauen" ein unbezeichenbares Feld von Differenzen bezeichnet, das keine Identitätskategorie totalisieren oder zusammenfassen kann, verwandelt sich dieser Terminus gerade in einen Schauplatz ständiger Offenheit und Umdeutbarkeit." Und das heißt, „den Begriff Frau in eine Zukunft vielfältiger Bedeutungen zu entlassen ... und ihm freies Spiel geben als einen Schauplatz, an dem bislang unvorhergesehene Bedeutungen zum Tragen kommen können." (Butler 1993, S. 55; cf. Nagl-Docekal 1995, S. 17f)

Aber Butler geht noch einen Schritt weiter: sie gründet ihre Theorie der diskursiven Erzeugung von *sex* und *gender* in einer Theorie der diskursiven

Erzeugung des Subjekts selbst. Subjekt, ebenso wie Autonomie, Intentionali-
tät, Handlungsfähigkeit usw. sind für sie „Effekte" von Diskursstrukturen,
Strukturen, von denen Subjekte immer wieder und immer wieder neu erzeugt und gedeutet werden. Wenn aber Subjekte im Diskurs erzeugt werden,
ist es natürlich nur zwingend und logisch, auch in der Konstruktion von
Zweigeschlechtlichkeit nur einen diskursiven Akt, eine Performanz zu sehen
- die eben deshalb, und das ist Butlers Punkt, auch diskursiv *umgedeutet*
werden kann. Haben wir einmal eingesehen, daß wir nicht von der Natur
gezwungen sind, ein ausschließlich binäres und dazuhin heterosexuelles
Geschlechtersystem anzunehmen, hindert uns auch niemand mehr daran,
dieses System umzudeuten, mit den diskursiven Akten ebenso wie mit den
Geschlechtsidentitäten zu spielen. Und klarerweise würde dabei jede Festlegung auf *ein* Subjekt Frau, für das besondere Rechte eingeklagt würden, nur
die, wie Butler dies nennt, binäre heterosexuelle Matrix weiterschreiben.
    Ich muß mich in der Kritik an diesem ersten Modell auf einen zentralen
Punkt beschränken - und dieser liegt in Butlers Verquickung von der Kritik
an der Konstruktion von Geschlechtsidentitäten mit der Kritik am Begriff
des Subjekts überhaupt. (Eine andere Perspektive auf dieselbe Problematik
würde zeigen, daß es verfehlt ist, aus einer anti-essentialistischen Kritik am
Essentialismus eine direkt ins Politische verlängerbare Linie ableiten zu
wollen; darauf kann ich hier jedoch nur verweisen.) Übrigens ist dies nicht
ein der Theorie externer Vorwurf, sondern vielmehr ein Hinweis auf eine
Inkonsistenz im Modell selbst. Denn will Butler auf der einen Seite an Begriffen wie Emanzipation, Rechtssubjekt, spielerische Handlung usw. festhalten, also an Begriffen, die eindeutig logisch ein - jedenfalls mehr oder
weniger - autonom handelndes Subjekt voraussetzen, so destruiert sie ihre
Zielsetzung im selben Atemzug, wenn sie das Subjekt ausschließlich als
Effekt von Diskursstrukturen konzeptualisiert. Es ist also nicht nur so, daß
von der Perspektive der Plausibilität jener oben skizzierten *beiden* Thesen
feministischer Philosophie her ihre Position und damit das Inkompatibilitätsmodell falsifiziert wird; sondern schon von seinem Ansatz selbst her
kann es nicht funktionieren: wenn die Idee der Konstruktion der biologischen und kulturellen Geschlechtsidentität einhergeht mit der Idee der Dekonstruktion des Subjektbegriffs überhaupt, läßt sich eine Konzeption von
Rechten überhaupt - und damit natürlich *a fortiori* eine Konzeption von
Gruppenrechten für Frauen - nicht mehr denken. Wenn also die Konstruktionsposition überzeugend ist - und daß sie das ist, hatten wir oben gesehen -,
dann in einer schwächeren Variante als bei Butler - darauf komme ich bei
der Diskussion des vierten Modells zurück.
    Zunächst jedoch zur zweiten Position, die ich *Essentialismusmodell* nen-
ne: im Gegensatz zum ersten Modell begreift es die liberaldemokratisch

begründete Idee von Rechten für Frauen zur Sicherung gleicher Freiheiten im privaten wie im öffentlichen Raum als zentral für die Emanzipation von Frauen. Ich will das Essentialismusmodell in der Form kritisieren, wie es auf der einen Seite zum Beispiel von Carol Pateman (und Jean Elshtain) vertreten wird, auf der anderen Seite von Iris Young. Pateman geht es nicht primär um die Frage von Gruppenrechten, sondern um die Frage, wie ein weibliches Modell von Staatsbürgerschaft auszusehen hätte, also um die Frage, in welcher Weise Frauen ein gleichberechtigter Status von Staatsbürgerinnenschaft zugestanden werden kann. Young auf der anderen Seite geht es primär um das Problem, in welcher Weise und mit welcher Begründung Frauen auf allen Ebenen politischer Entscheidungen ein Gruppenstatus zugesprochen werden kann.

Beiden gemeinsam ist die Meinung, daß Frauen eine Sonderrolle und Sonderrechte der Repräsentation bzw. der Staatsbürgerschaft benötigen, damit - bei Young - die vielfältigen Formen ihrer Unterdrückung kompensiert werden können und - bei Pateman - ihre unterschiedliche Rolle in der Gesellschaft, nämlich die Aufgaben der Mütterlichkeit - mit allen Konnotationen der Fürsorge usw. - berücksichtigt werden können. Gemeinsam ist beiden Modellen die Kritik an einem Begriff von Universalität und Gleichheit, der faktisch so funktioniere, daß Frauen als die Anderen, Differenten aus der politischen Öffentlichkeit ferngehalten werden. Die Konsequenz, die Pateman und Young auf ihre je unterschiedliche Weise daraus ziehen, ist jedoch nicht, quasi eine weibliche Alternative zu dieser Form politischer Organisation zu entwerfen - wie man es etwa noch bei den italienischen affidamento-Frauen sehen konnte - sondern offensiv spezifische Rechte für Frauen einzuklagen, Rechte, deren Begründung sich kritisch auf die Begriffe Universalität, Staatsbürgerschaft und Unparteilichkeit bezieht. Dabei stellt Pateman einem männlichen Begriff von Staatsbürger, der in der Idee gipfele, fürs Vaterland zu sterben, einen weiblichen Begriff gegenüber, der sich an weiblichen Eigenschaften, wie vor allem Mütterlichkeit, orientiert und gerade diese Eigenschaften als gleichwertig in den politischen Diskurs einbringen soll. (Was dies im einzelnen bedeuten soll, macht Pateman selbst nicht sonderlich klar, aber für unsere Fragestellung macht das nichts, weil es hier ohnehin nur um die Grundideen des Modells gehen muß.)

Young (1993) geht demgegenüber die Sache noch grundsätzlicher an: ihre Kritik bezieht sich vor allem auf einen Begriff von Universalismus, der mit Unparteilichkeit nichts anderes meine als Ausschluß unliebsamer Differenzen aus der politischen Öffentlichkeit und deren Verbannung in den Bereich des Privaten. Da dies, so Young, mit dem Begriff der Unparteilichkeit *notwendig* verbunden sei, müsse man rechtlich garantieren, daß die gegenüber diesem männlichen Begriff von Unparteilichkeit *differenten* Gruppen die

Möglichkeit haben, sich politisch zu artikulieren und ihre Differenz *als Differenz* in den Bereich der politischen Öffentlichkeit einzutragen. „Eine .. unparteiliche, allgemeine Perspektive ist ein Mythos" (ebd., S. 276), so schreibt sie und setzt dagegen ihr Konzept der, wie sie es nennt, „differenzierten Staatsbürgerschaft als Gruppenvertretung" (ebd., S. 278), das allen unterdrückten Gruppen *als Gruppen* rechtlich die politische Repräsentation sichert, also Frauen ebenso wie kulturellen Minoritäten. Solche Gruppenrechte sind notwendig, weil anders das Einbringen von gegenüber dem herrschenden Begriff von Normalität devianten Interessen, Lebensformen, Perspektiven nicht gesichert werden könne. *Gruppenrechte sichern Gruppenidentitäten*, das ist die fundamentale Idee, und Gruppenrechte sollen deshalb dafür sorgen, daß alle in einer Gesellschaft existierenden Interessen und Lebensformen auf gleichwertige Weise im politischen Diskurs repräsentiert sind.

Das Ironische ist nun - und damit komme ich zur Kritik dieses Modells -, daß eigentlich beide, Pateman wie Young, mit ihren Konzeptionen die Gegenüberstellung von Gleichheit und Differenz überwinden wollen und doch beide genau dazu beitragen - insbesondere Pateman mit ihrem Konzept von Mütterlichkeit -, daß eben diese Opposition nur weiter sanktioniert und fortgeschrieben wird; denn Rechte - als Staatsbürgerinnen oder zur politischen Repräsentation - sollen Frauen nicht garantiert werden im Dienste einer die Opposition von Gleichheit und Differenz überwindenden *generellen* Staatsbürgerschaft, sondern gerade im Dienste der Differenz, die von der vermeintlichen Allgemeinheit, die aber tatsächlich eine männliche sei, ignoriert, unterdrückt, verdrängt werde. Weil Frauen Frauen sind, unabänderlich und unüberwindbar, deshalb brauchen sie die rechtlich garantierte Repräsentation. Damit aber ist der Gedanke der Konstruiertheit und deshalb Überwindbarkeit von Geschlechtsidentitäten nicht mehr zu denken.

Aber - und das ist ein wichtiger Punkt - daß dies bei Young und Pateman so ist, hängt nicht einfachhin nur mit der Idee von Gruppenrechten zusammen, sondern hat seine Ursache einen Schritt tiefer: in ihrer Kritik am Begriff des Universalismus und der Unparteilichkeit. Denn wenn man eine begriffliche Verknüpfung herstellt zwischen Unparteilichkeit und Universalismus auf der einen Seite und der Idee des Ausschlusses von Differenzen und damit der männlichen Konnotiertheit auf der anderen Seite, dann ist es zum einen kein Wunder, daß man behaupten muß, für die politische Repräsentation und für die Sicherung gleicher Freiheitsrechte seien unabänderliche Gruppenrechte notwendig. Es ist aber auch kein Wunder, wenn sich auf diese Weise doch wieder ein versteckter Essentialismus deutlich macht, der eigentlich gerade überwunden werden sollte, ein Essentialismus, der sich darin ausdrückt, daß notwendigerweise Differenzen immer als solche politisch garantiert werden müssen, um diese Differenzen gegenüber einem männlich codierten Begriff und Ideal von Universalismus durchsetzen zu können. Das halte ich klarerweise für falsch - und ich werde darauf, warum ich dies für falsch halte, in der Diskussion des vierten Modells zurückkommen und dort eine plausiblere, weil schwächere, Lesart der Frauenrechts-Position vorschlagen.

Zunächst jedoch noch zur dritten Position, die ein Dilemma zwischen beiden Thesen behauptet. Nach diesem Modell stellt es für Feministinnen als Politikerinnen eine paradoxe, dilemmatische Situation dar, einerseits - als Praktikerinnen - für kollektive Frauenrechte eintreten zu müssen, andererseits - als Wissenschaftlerinnen - permanent an der theoretischen Kritik eben des Subjekts Frau arbeiten zu müssen. So schreiben die Autorinnen Angelika Wetterer und Regine Gildemeister, in der Tat seien

> „alle gegenwärtig aktuellen Strategien der Frauenförderung in diesem Paradox befangen: Um die hierarchische Struktur des Geschlechterverhältnisses abzubauen, beschreiten [diese Strategien] (notgedrungen) einen Weg, der *immer auch* als Reifizierung und Neu-Dramatisierung der Differenz und damit des binären Grundmusters zu verstehen ist und der eben damit das Koordinatensystem von Gleichheit und Differenz, von „männlich" und „weiblich" nicht verschiebt." (1992, S. 248)

Und ähnlich formuliert Judith Lorber, wenn sie schreibt, es sei paradox, „daß Frauen politisch als Gruppe handeln müssen, um Geschlecht als diskriminierenden Faktor aufzulösen." Dieses Dilemma, so Wetterer und Gildemeister, sei unauflösbar: ständig unterlaufe die eine, die politische Perspektive, die andere, die theoretische, und sie ließen sich prinzipiell nicht vereinbaren, geschweige denn versöhnen. Deshalb befinde sich die feministische Politik, wie die Autorinnen schreiben, „zwischen allen Stühlen", da sie zugleich sich widersprechende Zielsetzungen verfolgen müsse; doch schade dies nichts, solange man nur wisse, zwischen welchen Stühlen man sitze.

Bei genauerem Hinsehen entpuppt sich jedoch das Dilemmamodell als unzulässige Verkürzung des theoretischen Konflikts; und es liegt an eben dieser Verkürzung, daß dieser Versuch der Vereinbarkeit beider Pole in ein Dilemma führt. Denn die Autorinnen ignorieren den Grund, warum eigentlich Rechte für Frauen überhaupt gefordert werden. Das heißt, sie vergessen, die Forderung nach Rechten in einem gerechtigkeits- resp. demokratietheoretischen Rahmen zu verorten. Explizit schreiben sie von der „*politischen Strategie*" etwa der Forderung Quotierung, so, als sei dies einfachhin eine politische Strategie ohne theoretische Fundierung, während angeblich nur die Einsicht in die Konstruktivität der Geschlechtsidentitäten theoretisch fundiert sei. Genau aber das ist falsch: denn es sind gerechtigkeitstheoretische Überlegungen, die zu einer Begründung von Gruppenrechten für Frauen führen und nicht einfach nur eine gleichsam praktisch-politische

Strategieüberlegung. Die Forderung nach gleichen Rechten ist eine Forderung nach gleichen gesellschaftlichen Freiheiten für alle Mitglieder einer
Gesellschaft und dieser Begriff gleicher Freiheiten ist notwendig, um gleiche
Rechte allererst begründen zu können. Warum das so wichtig ist, zeigt sich
bei der Diskussion des vierten Modells, das eine Vereinbarkeit zwischen
beiden Thesen deutlich macht und deshalb das Dilemmamodell falsifiziert.

Dieses vierte Modell behauptet, daß die eine Idee, nämlich die gleicher
Rechte und gleicher Freiheiten, die andere Idee, Geschlechtsidentitäten sei-
en bloß konstruiert, allererst *ermöglicht*, daß also die zweite auf die erste
angewiesen ist. Sehen wir uns noch einmal kurz die Argumente gegen die
anderen drei Positionen an: gegen Butler sprach ihre Unfähigkeit, den Begriff von Rechten überhaupt noch denken, konzeptualisieren zu können;
gegen Young und Pateman deren Idee, daß Frauen letztlich doch wesentliche Eigenschaften als Frauen haben, die es rechtlich zu kompensieren gilt,
die aber weder diskurstheoretisch noch politiktheoretisch überschritten werden können. Und gegen das Dilemmamodell sprach, daß es die gerechtigkeitstheoretische Perspektive nicht theoretisch, sondern nur politisch berücksichtigt.

Was bedeutet das zusammengenommen für die vierte Position? Stellen wir
uns noch einmal die Frage, wie eigentlich die These der Konstruktivität von
Geschlechtsidentitäten begründet wurde, so wird eines deutlich, das alle
anderen Positionen nicht zu berücksichtigen scheinen: *warum* eigentlich
haben wir sowohl ein theoretisches wie ein praktisches Interesse an der Dekonstruktion der Kategorie Geschlecht? Doch deshalb, weil wir den begründeten Eindruck haben, daß mit der kulturellen Konstruktion auch der Relevanz der *biologischen* Zweigeschlechtlichkeit eine signifikante Einschränkung von Freiheitsräumen verbunden ist. Einschränkung von Freiheitsräumen aber bedeutet Einschränkung der Autonomie von Subjekten. Warum, wenn nicht wegen dieser Einschränkungen, sollten wir überhaupt ein
Interesse an der Diffusion von Geschlechtsidentitäten haben, an denen ja,
einfachhin für sich genommen, nichts Schlimmes zu finden ist.

Und auch umgekehrt kann man sich fragen: warum haben wir ein Interesse an der Idee gleicher Rechte und Freiheiten, privater und öffentlich-po-
litischer Freiheiten für Frauen und Männer? Eben weil wir den begründeten
Eindruck haben, daß mit der Zuschreibung von Eigenschaften, die die Geschlechtsidentität konstituieren, Hierarchien verbunden sind, die prinzipiell
die Wahrnehmung gleicher Freiheiten verhindern. Das von Butler anvisierte
Spiel mit den Geschlechtsidentitäten, die Parodie und Umdeutung von Zuschreibungen, kann ja gelesen werden als genau das: als der Versuch, Freiheitsräume zu erobern, die auf Grund der gesellschaftlichen Machtstrukturen bisher ungerecht verteilt sind. Diese ungerechte Verteilung von Freihei-

ten reicht bis tief in die Alltagsstrukturen hinein, bestimmt das Privatleben und das öffentliche Leben gleichermaßen und wird durch die tendenzielle Abwesenheit von Frauen in politischen Entscheidungsfunktionen noch verstärkt, da die politischen Bedürfnisinterpretationen tendenziell ohne ihre Stimme vorgenommen werden.

Es ist also die normative Idee *gleicher Freiheit*, die von der Position, Geschlechtsidentitäten seien kulturell konstruiert, immer schon in Anspruch genommen wird; deshalb besteht zwischen der Forderung nach Gruppenrechten für Frauen und der Einsicht in die Konstruktivität von Geschlechtsidentitäten kein Dilemma und auch nicht nur ein Verhältnis der Vereinbarkeit, sondern stärker: eines der Ermöglichung. Damit ist zwar diese vierte Position nicht gefeit gegen die Kritik, sie müsse Frauen als Frauen typisieren, um überhaupt die Idee gleicher Freiheiten formulieren zu können; aber sie rückt sie in den richtigen Rahmen. Denn kritisiert man traditionale Modelle von Geschlechtsidentitäten und -zuschreibungen, so argumentiert man *zugleich* gegen ungleich verteilte Freiheiten, gegen illegitime Macht- und Dominanzstrukturen. Implizit nimmt man folglich bei dieser Kritik an traditionell konstruierten Geschlechtsidentitäten immer - ob man will oder nicht - die Orientierung an einer Idee von Gleichheit und Freiheit in Anspruch - zumal dann, wenn man nicht vergißt, daß das Spiel mit den Geschlechtsidentitäten auch so einfach nicht ist, wie Butler zu meinen scheint. Denn wir „haben" Geschlechtsidentitäten ja nicht einfach in dem Sinn, daß wir sie an- und ablegen könnten nach Belieben; die Einsicht in den konstruktiven Charakter dieser Identitäten ändert nichts daran, daß sie unsere Persönlichkeiten bis ins Detail strukturieren - viel eher scheint es also so, als „seien" wir unsere Geschlechtsidentitäten; es ist jedenfalls schwierig, ein parodistisches Verhältnis zu solch fundamentalen Persönlichkeitsstrukturen zu entwickeln. Man kann vielleicht sogar noch einen Schritt weitergehen: solange Frauen und Männer über solch ungleiche Freiheitsräume verfügen - ich verweise hier wiederum nur auf die Persistenz der geschlechtsspezifischen Arbeitsteilung - solange mutet es nachgerade zynisch an, das Spiel mit den Geschlechtidentitäten als politisches Emanzipationskonzept zu empfehlen. Es wäre jedoch falsch, in der (logischen) Idee der Ermöglichung zugleich einen (chronologischen) Zeitplan zu sehen: denn die Kritik an der ungleichen Verteilung von Freiheiten kann natürlich und muß immer schon einhergehen mit der Kritik an der traditionalen Konstruktion der weiblichen Geschlechtsidentität.

Im übrigen läßt sich, wenn man den Blick auf die Sicherung gleicher Freiheitsräume richtet, auch die Problematik der Differenz *zwischen* Frauen auf der einen Seite und der Annahme eines Kollektivsubjekts „Frau", das homogene Interessen und Erfahrungen voraussetze, auf der anderen Seite beschreiben: Denn dann kann man sehen, daß die Rede von einem Kollektivsubjekt „Frau" insofern richtig und angemessen ist, als es tatsächliche und potentielle Erfahrungen von Diskriminierungen gibt, die alle Frauen einfachhin *als Frauen* treffen können, während auf der anderen Seite Frauen auf Grund ihrer ganz unterschiedlichen lebensweltlichen Situierung, differenter Biographien und Chancen insofern auch unterschiedlichen spezifischen Formen der Einschränkung (oder Ermöglichung) von Freiheiten ausgesetzt sind und deshalb gegebenenfalls divergierende Interessen verfolgen können. Auch diese Differenzen ändern jedoch, nach wie vor, nichts daran, daß Frauen als Gruppe diskriminiert werden und daß deshalb zur Sicherung jener gleichen Freiheiten Gruppenrechte notwendig sind.

Literatur

Benhabib, Seyla (1993): Feminismus und Postmoderne. Ein prekäres Bündnis. In: Dies. u.a.: *Der Streit um Differenz.* Frankfurt a.M., S. 9-30.

Bock, Gisela; James, Susan Hg. (1992): *Beyond Equality and Difference. Citizenship, Feminist Politics, Female Subjectivity.* London.

Butler, Judith (1991): *Das Unbehagen der Geschlechter.* Frankfurt a.M.

- (1993): Kontingente Grundlagen: der Feminismus und die Frage der 'Postmoderne'. In: Benhabib, Seyla u.a.: *Der Streit um Differenz.* Frankfurt a.M., S. 31-58.

de Lauretis, Teresa (1993): Der Feminismus und seine Differenzen. In: *Feministische Studien,* 11, 2, S. 96-102.

Duden, Barbara (1991): *Der Frauenleib als öffentlicher Ort. Vom Mißbrauch des Begriffs Leben.* Hamburg.

Fraser, Nancy (1993): Falsche Gegensätze. In: Benhabib, Seyla u.a.: *Der Streit um Differenz.* Frankfurt a.M., S. 59-79.

Gildemeister, Regine; Wetterer, Angelika (1992): Wie Geschlechter gemacht werden. Die soziale Konstruktion der Zweigeschlechtlichkeit und ihre Reifizierung in der Frauenforschung. In: Knapp, Axeli; Wetterer, Angelika Hg.: *Traditionen Brüche, Entwicklungen feministischer Theorie.* Freiburg i.Br., S. 201-254.

Habermas, Jürgen (1993): Anerkennungskämpfe im demokratischen Rechtsstaat. In: Taylor, C.: *Multikulturalismus und die Politik der Anerkennung.* Frankfurt a.M, S. 147-196.

Laqueur, Thomas (1992): *Auf den Leib geschrieben. Die Inszenierung der Geschlechter von der Antike bis Freud.* Frankfurt a.M.

Libreria delle Donne del Milano (1988): *Wie weibliche Freiheit entsteht. Eine neue politische Praxis.* Berlin.

Moller-Okin, Susan (1991): Gender, the Public and the Private. In: Held, D. Hg.: *Poltical Theory Today.* Stanford.

Mouffe, C. (1992): Feminism, Citizenship and Radical Democratic Politics. In: Butler, Judith; Scott, Joan Hg.: *Feminists Theorize the Political.* New York; London.

Nagl-Docekal, Herta (1995 i.E.): Feministische Vernunftkritik. In: Apel, Karl Otto; Kettner, M. Hg.: *Rationalitäten.* Frankfurt a.M.

Pateman, Carol (1992): Equality, difference, subordination: the politics of motherhood and woman's citizenship. In: Bock, Gisela; James, Susan Hg.: *Beyond Equality and Difference. Citizenship, Feminist Politics, Female Subjectivity.* London, S. 17-31.

Phillips, Anne (1993): Democracy and Difference. In: Dies.: *Democracy and Difference.* Cambridge.

Taylor, C.: Die Politik der Anerkennung. In: Ders.: *Multikulturalismus und die Politik der Anerkennung.* Frankfurt a.M, S. 13-78.

Young, Iris M. (1993): Das politische Gemeinwesen und die Gruppendifferenz. Eine Kritik am Ideal des universalen Staatsbürgerstatus. In: Nagl-Docekal, H.; Pauer-Studer, H. Hg.: *Jenseits der Geschlechtermoral.* Frankfurt a.M, S. 267-304.

- (1994): Geschlecht als serielle Kollektivität: Frauen als soziales Kollektiv. In: Pühl, K. Hg.: *Geschlechterverhältnisse und Politik.* Frankfurt a.M., S. 221-261.

Annie Bunting

Zur kulturellen Verschiedenartigkeit von Frauen in internationalen Menschenrechtsstrategien von Feministinnen*

In diesem Artikel möchte ich untersuchen, wie internationale Menschenrechtsstrategien sensibler für die Bedürfnisse von Frauen in verschiedenarti-
gen kulturellen Situationen gemacht werden können. Zwar gibt es eine zunehmende Anzahl juristischer Beiträge von Feministinnen, die sich mit kulturellen Vorannahmen auseinandersetzen, die vielfach in die Kategorie
„Frauen" eingeflossen sind; doch die feministische wissenschaftliche Diskussion über den internationalen Schutz der Menschenrechte hat kulturrelativistische Positionen wenig beachtet und daher implizit universalistische
und essentialistische Normen gestützt. Feministinnen befürchten, daß die
Infragestellung der künstlichen kulturellen Einheit der weiblichen Erfahrung das Vorhaben behindern könnte, den Anliegen der Frauen im internationalen Bereich Priorität zu verschaffen. Ich argumentiere dagegen, daß
kultur- wie geschlechtsspezifische Kritiken des herrschenden Diskurses
miteinander verknüpfte und notwendige Aspekte eines Projektes sind, Frau-
en mehr Macht zu verschaffen. Ich behaupte, daß internationale Frauenrechte solange nicht die Unterstützung verschiedenartiger Frauen weltweit
bekommen werden, bis die kulturellen Grundannahmen in den internationalen Menschenrechtsnormen ebenso wie die geschlechtsspezifischen
Prämissen hinterfragt werden. Ignorieren wir die Bedeutung von Kultur,
„Rasse", Sexualität und Geschichte, so bleibt die feministische Theorie
innerhalb der internationalen Menschenrechtsdiskussion verarmt und theoretisch schwach.

   In vieler Hinsicht entsprechen die Kritiken an dem vorherrschenden Menschenrechtsdiskurs den Kritiken an dem vorherrschenden feministischen
Diskurs, und doch sind beide in der internationalen feministischen Wissenschaft nicht adäquat zusammengeführt worden. Vorwiegend schenken Fe-

---

*   Dieser Artikel erschien zuerst in englischer Fassung unter dem Titel „Theorizing Women's
    Cultural Diversity in Feminist International Human Rights Strategies" im *Journal of Law and
    Society*, 20, 1 (1993), S. 6-22.

ministinnen dem Kulturrelativismus nur dann Beachtung, wenn sie von Strategien zur Einlösung der internationalen Menschenrechtsstandards handeln. Ich kenne keinen Versuch, der systematisch beurteilt, inwieweit diese universalistischen Standards für Frauen in unterschiedlichen Kulturen geeignet sind, oder der das internationale feministische Projekt problematisiert. Andererseits neigen kulturelle Kritiken von Menschenrechten dazu, geschlechtsspezifische Unterdrückung zu ignorieren. Deshalb verfehlen die feministischen und die nicht-westlichen Analysen der internationalen Menschenrechte gegenseitig ihre jeweiligen Einsichten, und keine von beiden befaßt sich mit der derzeit aktuellen Debatte in der feministischen Theorie über deren eigenen Universalismus.

Ich werde versuchen, die Stärken sowohl des Kulturrelativismus als auch der feministischen Theorien über Anti-Essentialismus zu dem zu verbinden, was ich asymmetrischen Anti-Essentialismus nenne; ferner möchte ich Wege aufzeigen, um in Form von Projekten und Veröffentlichungen besser auf kulturelle Verschiedenartigkeit einzugehen. Um diese Themen in den Kontext der internationalen Diskussion zu stellen, werde ich kurz die Grundzüge des internationalen Menschenrechtsdiskurses umreißen und dann auf kulturelle Kritiken am herrschenden Diskurs und auf Auseinandesetzungen von feministischen Wissenschaftlerinnen mit dem Kulturrelativismus eingehen. Dann werde ich mich mit der internen feministischen Kritik an Universalismus und Essentialismus befassen. Im Schlußteil werden dann die Implikationen sowohl von Kulturrelativismus als auch Anti-Essentialismus Form annehmen.

Feministische Antworten auf den Kulturrelativismus im internationalen Menschenrechtsdiskurs

Die gegenwärtige internationale Menschenrechts-Rhetorik ist gekennzeichnet durch politische, philosophische und historische Universalität, Neutralität in der Geschlechterfrage und transkulturelle Anwendbarkeit. Dieser herrschende Diskurs wurde von einer Reihe unterschiedlicher Perspektiven aus kritisiert, die offengelegt haben, daß die universellen Ansprüche die Tatsache verbergen, daß es ein vorwiegend männlicher[1,] westlicher[2], liberaler Menschenrechtsdiskurs ist, der sich in einem bestimmten historischen und philosophischen Kontext entwickelt hat.[3] Die Kritik am herrschenden Diskurs greift dessen Universalitätsanspruch gewöhnlich nur von einer Seite her an und berücksichtigt, wie wir sehen werden, nur selten Einsichten aus der Arbeit anderer Disziplinen. Dieser Abschnitt wird einen Überblick über Kritiken von feministischen und nicht-westlichen WissenschaftlerInnen geben und versuchen, die wichtigsten Tendenzen in diesen Arbeiten aufzuzeigen: Feministinnen verwerfen zumeist kulturelle Kritiken am Menschenrechtsdiskurs, die man grob als Kulturrelativismus bezeichnen kann, und nicht-westliche WissenschaftlerInnen, die nicht innerhalb der feministischen Tradition stehen, übersehen im allgemeinen den vergeschlechtlichten Charakter (nature) des Menschenrechtsdiskurses.

1. Herrschender Diskurs

Die allgemeinen Kennzeichen des herrschenden Diskurses bestimmen die Parameter der feministischen und kulturellen Debatten. Ich möchte zwei Themen herausstellen: die universalistischen Prämissen des Diskurses und den Ausschluß oder die Marginalisierung der Anliegen von Frauen.

Die moralischen Theorien der Persönlichkeit, wie sie in den Dokumenten der Vereinten Nationen niedergelegt sind, können in Übereinstimmung mit dem klassischen Liberalismus gesehen werden:

> „Das liberale Persönlichkeitsbild ist individualistisch und atomistisch. Die Persönlichkeit wird als abgegrenzte, autonome Einheit gesehen, die zur freien Wahlentscheidung fähig ist. Die voluntaristische Persönlichkeit existiert vorgängig zu ihren Zielen und Bindungen - es ist eine Persönlichkeit, die nicht durch ihre Beziehungen mit anderen konstituiert ist." (Cossman 1990, S. 332)

In der modernen westlichen Tradition der Vertragstheorien wird die Persönlichkeit „ausgebettet und entkörperlicht" (Benhabib 1987, S. 15). Es ist interessant, daß, wie Carole Pateman zeigt, das autonome Individuum der Vertragstheorien deutlich in den patriarchalischen Sozialbeziehungen verankert ist: „Die Bedeutung des Individuums und des Gesellschaftsvertrags sind abhängig von Frauen und dem sexuellen Vertrag." (Pateman 1988)

In Übereinstimmung mit Ausdrucksformen des liberalen Individualismus geben die Menschenrechtsdokumente und -theorien der Vereinten Nationen dem Individuum gegenüber der Gesellschaft oder der Gemeinschaft den Vorrang; Rechte werden als unveränderlich betrachtet; und sie sind universell für alle menschlichen Wesen. Die Rhetorik behauptet, die „condition humaine" sei „geschlechtsfrei" (gender free; Ashworth 1986). Es besteht keine Notwendigkeit, besondere geschlechtsspezifische Dimensionen von Rechtsverletzungen vorzusehen, weil der Menschenrechtsdiskurs angeblich geschlechtsneutral ist.

Für Feministinnen erscheint dagegen die Universalität zutiefst von Geschlechterverhältnissen geprägt, und sie sehen daher die Anliegen von Frauen innerhalb der internationalen Menschenrechts-Öffentlichkeit weitgehend marginalisiert.[4] Zwar hat es einige Fortschritte dabei gegeben, Frauen ins Zentrum des Diskurses und des institutionellen Zusammenhanges zu bringen, doch der Kampf geht weiter. Viele, vor allem westliche Feministinnen haben jedoch kulturelle Kritiken gegenüber dieser Strategie als antagonistisch wahrgenommen, und deshalb bewegten sich ihre Wissenschaft und ihre Strategien in dem Rahmen, der durch den Anspruch des herrschenden Diskurses auf universelle, transkulturelle Anwendbarkeit gesetzt ist.

2. Kulturrelativismus

Menschenrechtskonzepte in der Rechtswissenschaft werden wie Konzepte in anderen Sozialwissenschaften als kulturspezifisch infragegestellt. Es gibt in der wissenschaftlichen Diskussion über die Menschenrechte viele Versionen von „Kulturrelativismus", doch kann die relativistische Kritik wie folgt zusammengefaßt werden: Moralische Normen beziehen sich auf eine gegebene Gesellschaft; die ethische Grundlage der internationalen Menschenrechte ist westlich; deshalb sollten die internationalen Normen nicht die Grundlage für Werturteile in anderen kulturellen Zusammenhängen sein. Mit anderen Worten wird der Anspruch des Menschenrechtsdiskurses auf Allgemeingültigkeit angegriffen, weil der Ursprung der Vorstellungen von Menschenrechten historisch und philosophisch im Westen liegt. Der Kulturrelativismus unterminiert daher eine der Grundpositionen des Menschenrechtsdiskurses.

In zahlreichen Beiträgen über internationale Menschenrechte ist die transkulturelle Anwendbarkeit kodifizierter Normen debattiert worden.[5] AutorInnen aus unterschiedlichen Traditionen bemerken, daß die gesetzlichen Standards der internationalen Menschenrechte eine spezifische Moralphilosophie zum Ausdruck bringen, die mit vielen nicht-westlichen Wertesystemen nicht übereinstimmt:

> „Während die westlichen Vorstellungen auf dem autonomen Individuum beruhen, kennen afrikanische Konzeptionen keinen solchen Individualismus. " (Shivji 1989, S. 12)

Doch ist es längst nicht ausgemacht, was nun Menschenrechtskonzeptionen der Dritten Welt sein könnten. Manche TheoretikerInnen meinen, daß Vorstellungen über Menschenrechte, wie sie in den internationalen Dokumenten anzutreffen sind, durchaus auch in zeitgenössischen Gesellschaften in der Dritten Welt zu finden seien,[6] während andere behaupten, der herrschende westliche Diskurs sei antithetisch zu den Normen in vielen Gesellschaften.[7]

Es gibt kulturrelativistische Überlegungen zu den Menschenrechten, deren Einbeziehung in unsere Analysen wichtig ist; einige der Behauptungen sind jedoch reduktionistisch. Zunächst einmal wird unterstellt, daß Normen in Gesellschaften feststellbar und zusammenhängend seien; die vielfältig konstituierte Natur und die konkurrierenden Verstehensweisen einer jeglichen gegebenen Kultur werden selten thematisiert, und die Spannungen und Widersprüche innerhalb einer Gesellschaft bleiben unerwähnt. Auch wird das Konzept des „Westens" von den Kritiken selten problematisiert; einerseits

wird Kultur differenziert entlang der Linie „westlich/nicht-westlich" gesehen, aber andererseits wird die westliche Kultur selbst nicht als heterogen
betrachtet. Moralische Normen innerhalb des Westens können so unterschiedlich sein wie die Normen in nicht-westlichen Kontexten. Drittens mag
zwar die Sprache der Menschenrechte aus westlichen Quellen stammen,
doch ist ihre gegenwärtige Ausprägung nicht unproblematisch und ausschließlich westlich. Im Westen stehen viele dem liberalen Individualismus
und dem Universalismus der Aufklärung kritisch gegenüber, und im
„Osten" und „Süden" unterstützen viele die ethischen Grundlagen der internationalen Menschenrechtskodifikation. Weiter unterstellt die kulturrelativistische Argumentation, daß alle Mitglieder einer Gesellschaft gleichmäßig
aus der Gesellschaft Nutzen ziehen und sind oft blind gegenüber der
Unterdrückung aufgrund des Geschlechtes. Vor allem werden niemals Fragen nach der Macht zur Konstituierung herrschender kultureller Normen
gestellt, und die Vergeschlechtlichung der gesellschaftlichen Verhältnisse
wird nur selten untersucht.[8]

3. Zur feministischen Auseinandersetzung mit dem Kulturrelativismus

Manche Kommentare verweisen darauf, daß „die Herausforderung des Relativismus zunimmt" (Dundes Renteln 1985, S. 520). Sicher scheint die Legitimität von Positionen zuzunehmen, die auf Antikolonialismus und kultureller Integrität beruhen. Wie ernsthaft diese Argumente den herrschenden
Diskurs herausfordern können, bleibt abzuwarten. TheoretikerInnen, die
universelle Menschenrechte verteidigen, berufen sich auf das Naturrecht,
den Positivismus oder Modernisierungsargumente. Manche behaupten, die
Gültigkeit der internationalen Dokumente sei dadurch nachgewiesen, daß
die meisten Länder sie ratifiziert hätten. Andere behaupten, daß Gesellschaften schließlich nicht mehr isolierte Einheiten seien und von einem bre-
ten Spektrum äußerer Mächte beeinflußt würden (Howard 1984a); deshalb
stellten die Kulturrelativisten „traditionelle" Gesellschaften falsch dar oder
idealisierten sie. Eine weitere Position besagt, daß Normen der internationalen Menschenrechte tatsächlich in einheimischen Rechtsvorstellungen
auffindbar und daher adäquat seien. Noch eine andere Position verzichtet
auf eine Überprüfung des Universalismus durch die simple Behauptung, die
in den internationalen Dokumenten zum Ausdruck gebrachten Standards
seien der beste Weg zum Schutz vor der Verletzung individueller Rechte
und müßten daher beachtet werden (Donnelly 1982). In universalistischen
Argumentationen schlägt sich meist auch Furcht vor der Lähmung durch
Kritik und vor internationaler Hilflosigkeit nieder, die der Relativismus
nach sich zu ziehen scheint (Dundes Renteln 1990, S. 67).

In feministischen Arbeiten zu internationalen Menschenrechten kommt die Befürchtung zum Ausdruck, der Relativismus werde nur die Unachtsamkeit der Weltgemeinschaft gegenüber den Bedürfnissen von Frauen verlängern; hier wird oft auf eine der genannten Verteidigungsstrategien in der Auseinandersetzung mit dem Kulturrelativismus zurückgegriffen. Die vorherrschende Tendenz in der Literatur über weibliche internationale Menschenrechte besteht, so denke ich, hauptsächlich deshalb in der scharfen Ablehnung des Kulturrelativismus,[9] weil die Autorinnen in diesen Argumenten die Verteidigung eines Sexisten und nicht die Überlegung einer Schwester sehen:

„Der Aufschrei gegen „Eingriff in die Kultur" wird benutzt, um die Rechte von Männern zu verteidigen, nicht die von Frauen; er wird eingesetzt, um „nationale Schande" über das Verhalten eines Geschlechtes (sex) gegenüber dem anderen zu vermeiden, und zwar auf Kosten des zweiten Geschlechtes." (Ashworth 1986, S. 8)

Selbst wenn westliche Feministinnen bereitwillig den herrschenden Diskurs kritisieren, weil er „androzentrische" Vorstellungen enthält, sind sie nicht bereit, den Diskurs der kulturellen Spezifizität in ihrer Kritik zu berücksichtigen. Sitte und Gewohnheit wird als etwas betrachtet, das die Unterordnung von Frauen gegenüber Männern verewigt (S. Howard 1984b). Kultur wird als Hindernis für die Durchführung von universellen Gesetzen gesehen. Denn Feministinnen, die „universelle Rechte gegenüber einer Welt in Anspruch nehmen, die dem nicht universell zustimmt, sind mit dem Gegenanspruch des Kulturrelativismus konfrontiert" (Engle o.J., S. 545).

Ich würde behaupten, daß die strategische Umsetzung von universellen Rechten kulturelle Vielfalt unterdrückt und entwertet. Fundamentale kulturelle Konflikte bleiben ungelöst, begraben unter vorgeblich universellen Normen. Den Kulturrelativismus nur abzutun und der Auseinandersetzung mit anderen Kritiken am internationalen Menschenrechtsdiskurs zu widerstreben, kann zu einer Strategie führen, die nur für eine Minderheit von Frauen auf der Welt Bedeutung hat. Wir westlichen Feministinnen könnten mehr tun, um den Universalismus des Menschenrechtsdiskurses zu befragen, indem wir seine kulturelle ebenso wie seine geschlechtsspezifische Schlagseite thematisierten.

Es ist interessant festzustellen, daß die kulturrelativistischen Kritiken am herrschenden Diskurs in vieler Hinsicht Spiegelbilder der feministischen Kritiken sind und dabei eindeutige Parallelen mit den radikalsten feministischen Argumenten aufweisen. Beide kritisieren den herrschenden Diskurs, weil er auf individualistischen und partikularen Moralphilosophien beruht, die dazu dienen, die Perspektive der „anderen" auszuschließen. Beide kritisieren am herrschenden Diskurs seine Verankerung in liberalen Vorstellun-

gen von der Person und in der liberalen Privilegierung bürgerlicher und politischer Rechte. Beide Kritiken betrachten das Zentrum von unterschiedlichen Punkten des Randes aus. Diese kritischen Denkschulen haben einander
jedoch verfehlt.

Die Problematisierung von Universalismus und Essentialismus: anti-essentialistische feministische Theorien

Ein Großteil der wissenschaftlichen Literatur von Feministinnen, in der versucht wird, die Fallstricke des Universalismus in den internationalen Men-
schenrechtsgesetzen kenntlich zu machen, geht davon aus, daß die dem
Menschenrechtsdiskurs inhärenten Objektivitätsannahmen infragezustellen
sind. Ob sie den Ausschluß gegenüber Anliegen von Frauen, das bias von
Institutionen oder die Vergeschlechtlichung der Gesetzessprache untersucht
- das Ziel besteht immer darin, zu zeigen, daß die universalistischen Normen erst noch universalistisch angewendet werden müssen. Der Diskurs, so
wird argumentiert, enthält geschlechtsspezifische Dimensionen, die dazu
dienen, die Erfahrung von Frauen verstummen zu lassen und/oder zu mar-
ginalisieren. Dies entspricht sehr weitgehend der internationalen Dimension
eines (westlichen) feministischen Projekts, das die Ansprüche auf Objektivität und Geschlechtsneutralität, die viele Disziplinen einschließlich der
Rechtswissenschaft erheben, erschüttert. Dieses Projekt wurde aber selbst
wieder dafür kritisiert, daß es die Erfahrung weißer westlicher Mittelklasse-
Frauen mit der Erfahrung aller Frauen in eins setze. In vieler Hinsicht entstehen feministische Theorien aus anderen Formen feministischen Denkens
und reflektieren sie,[10] wobei der Prozeß interner Kritik den Grund bereitet
für veränderte feministische Theorie- und Strategieentwicklung. Hier geht es
um neuere Beispiele für interne Reflexion und Kritik.

1. Anti-Essentialistische Ansätze

Zwar haben sich feministische Gesellschaftstheoretikerinnen in neuerer Zeit
weniger auf eine allumfassende Erklärung sexueller Diskriminierung und
eine totalisierende Theorie des Sexismus konzentriert, doch Fraser und
Nicholson konstatieren, daß „essentialistische Spuren in der anhaltenden
Benutzung von ahistorischen Kategorien wie Geschlechtsidentität fortbestehen" (Fraser; Nicholson 1990, S. 33). Das Wesen von Frauen ist eine spezifische Prämisse des internationalen Feminismus, die in manchen, wenn
auch nicht in allen Erklärungen einer universellen Unterordnung von Frau-
en angetroffen wird.

Elizabeth Grosz definiert Essentialismus wie folgt:

„Der Begriff impliziert gewöhnlich Biologismus und Naturalismus. ... Essentialismus besagt, daß jene Charakteristika, die als Wesen von Frauen definiert sind, allen Frauen zu allen Zeiten gemeinsam sind: Dies läuft auf eine Begrenzung der Variationen und der Möglichkeiten des Wandels hinaus." (Grosz 1990, S. 334)

Die anti-essentialistische Kritik wurde wie die Konzeptionen, die auf dem Wesen von Frauen beruhen, von unterschiedlichen Positionen aus formuliert: materialistischen, sozialkonstruktivistischen, dekonstruktivistischen, postmodernen und poststrukturalistischen. Der gemeinsame rote Faden dieser feministischen Kritiken besteht in der Zurückweisung der Vorstellung von einem (universellen) vereinheitlichten oder unwandelbaren weiblichen Subjekt. Ferner wird Erfahrung anders als in der „empirischen" Kritik am Wesen von Frauen als problematische Grundlage für die Theorieentwicklung betrachtet.

Innerhalb der feministischen poststrukturalistischen Tradition ist die Dekonstruktion methodisch sehr wichtig geworden. Der Dekonstruktivismus hinterfragt alle Sprachkategorien, um zu zeigen, daß Begriffe und Bedeutungen sich verändern oder kontingent sind. Der Dekonstruktivismus „lehrt uns, als Umkehrung und Ersetzung ... jeglichen transzendentalen Idealismus infragezustellen" (Spivak 1987a, S. 103). Feministische Literaturtheoretikerinnen wie Gayatri Chakravorty Spivak und Toril Moi wenden sich gegen binäre Oppositionen und festgelegte Kategorien beim Schreiben und Interpretieren.

„Es ist ... die dekonstruktivistische Sichtweise, die mir hilft, einem essentialistischen Einfrieren der Vorstellungen von Geschlecht, „Rasse" und Klasse zu widerstehen. Ich schaue vielmehr auf den wiederholten Ablauf der Produktion dieser Vorstellungen in konkreten Situationen und auf unsere Beteiligung an dieser Produktion. Dieser Aspekt der Dekonstruktion wird die Etablierung einer hegemonialen „globalen Theorie" des Feminismus nicht zulassen." (Spivak 1987a, S. 84; Moi 1985)

Die Implikationen für die feministische Theorie bestehen daher in einer radikalen Subversion nicht nur der androzentrischen Sprache, sondern auch unserer eigenen Arbeit als Feministinnen.

2. Asymmetrischer Anti-Essentialismus

Aus dekonstruktivistischer, materialistischer oder sozialkonstruktivistischer Sicht erscheint die Behauptung eines natürlichen Wesens von Frauen als ahistorisch und als neuerliche Festlegung sozial konstruierter Geschlechterrollen. Wir sollten uns jedoch hüten, Theorien auf der Grundlage einer strikten binären Opposition zwischen Essentialismus und Konstruktivismus aufzubauen. Diana Fuss hat eine eindrucksvolle Darstellung der Debatte zwischen Essentialismus und Sozialkonstruktivismus vorgelegt.¹¹ Sie kommt zu dem Schluß, daß „der Essentialismus Theorien des Konstruktivismus bestätigt und der Konstruktivismus als raffiniertere Form des Essentialismus funktioniert" (Fuss 1989, S. 119) und weiter, daß die Sicht des Essentialismus als in sich reaktionär „bedeutet zu handeln, als hätte der Essentialismus selbst ein essentielles Wesen" (Fuss 1989, S. 21). Ferner läuft die Ersetzung des Biologischen durch das Soziale darauf hinaus, Subjektpositionen wesenhafte Qualität zu verleihen. Fuss erklärt, die Argumentation mit „Erfahrung" und „Wesen" könne für herrschende Diskurse, die aufgrund genau dieser Identitäten unterdrückend wirken, eine zerstörerische Wirkung haben.

Eine Bewertung des Essentialismus sollte in Rechnung stellen, wer unter welchen Umständen auf Wesen (essence) gegründete Identitätspolitik betreibt. Es mag gute Gründe geben, Spivaks Forderung nach einem „strategischen positivistischen Essentialismus" (Spivak 1987a, S. 179 u. 210) Gehör zu schenken oder Fuss zu folgen und „Essentialismus zu riskieren" (Fuss 1989, S. 19 u. 40):

> „In der Hand einer hegemonialen Gruppe kann der Essentialismus als machtvolles Instrument ideologischer Herrschaft benutzt werden; in der Hand der Unterworfenen kann die Verwendung von Humanismus, der Humanismus imitiert, eine Macht werden, die die Wiederholung ablöst." (Fuss 1989, S. 32)

Mit anderen Worte sollten wir nicht einfach alle Theorien denunzieren, die wesenhafte Unterschiede betonen. Vielmehr würde ein asymmetrischer Ansatz sich bemühen, den Kontext (wesenhafter) Identitätspolitik zu verstehen: Essentialismus von einer Herrschaftsposition aus kann Unterdrückung verewigen, während er als Mittel zur Herausforderung herrschender Ideologien notwendig und überzeugend sein kann.

Strategischer Essentialismus hat keine Bedeutung, wenn er nicht im Bewußtsein seiner selbst eingesetzt wird: Er bedarf beständiger kritischer Dekonstruktion der Kategorien und Identitäten, weil Essentialismus Stereotypen und Ausschlußmechanismen verstärken kann. Fuss fordert ein „Verständnis von Identität als entfremdet und fiktiv ... aller Ausdrucksformen von Identität als möglich und unmöglich zugleich" (Fuss 1989, S. 102).

Spivak untersucht in ihrer Lektüre der Arbeiten der Gruppe *Subaltern Studies*¹² deren Bezugnahme auf die Subalternen als homogenes Subjekt der Geschichtsschreibung sowie die Vorstellung eines einheitlichen subalternen Bewußtseins. Sie kommt zu dem Schluß, daß die Methodologie dieser Gruppe antihegemonial und „strategisch *an der essentialistischen* Vorstellung von Bewußtsein orientiert" (Spivak 1987b, S. 206-207) sei, da sie das koloniale Geschichtsbild aufbreche und die Neuentdeckung eines verschütteten subalternen Bewußtseins anstrebe. Spivak betont auch, daß

„der Diskurs des einheitlichen Bewußtseins der Subalternen *notwendig* die Strategie dieser HistorikerInnen bestimmen muß, selbst wenn der Diskurs des mikrologisierten oder „situierten" Subjekts denjenigen der Anti-Humanisten auf der anderen Seite der internationalen Arbeitsteilung prägen muß." (Spivak 1987b, S. 210)

Indem sie überkommene Kategorien dekonstruieren *und* zugleich die Identitätspolitiken kontextualisieren, haben Spivak und Fuss Analysen entwickelt, die machtvolle Instrumente für die feministische Theorie und Praxis sind. Von hier aus können wir in der feministischen Theorie Räume für „marginalisierte Wissensformen" eröffnen und doch zugleich die theoretische und politische Strenge bewahren, die für die feministische Auseinandersetzung mit anderen Disziplinen und Diskursen notwendig ist. Die in dieser Analyse angelegte „Asymmetrie" von Essentialismus und Dekonstruktivismus findet sich in den Arbeiten vieler Feministinnen, die von den vorherrschenden Positionen abweichen; so lassen sich z.B. Echos in den Arbeiten von Awa Thiam (1986), Patricia Collins (1990) u.a. vernehmen, die Räume für schwarze feministische Erkenntnisformen und Stimmen fordern. Bell Hooks formuliert es so:

„Die Aufgabe essentialistischer Vorstellungen würde eine ernsthafte Herausforderung an den Rassismus bedeuten. ... Diese Kritik jedoch sollte nicht gleichgesetzt werden mit einer Ablehnung des Kampfes der unterdrückten und ausgebeuteten Völker, uns zu Subjekten zu machen." (1990, S. 29)

Die Gegenüberstellung von Essentialismus und Anti-Essentialismus ist daher für eine feministische Theorie, die die kulturelle Vielfalt von Frauen einschließen soll, unabdingbar. Zu gleicher Zeit darf diese anti-essentialistische Haltung nicht übermäßig vereinfacht werden, so daß nicht-westlichen, nicht-weißen Frauen die Möglichkeit genommen wird, Identitätspolitik zu betreiben: Dies ist also die Asymmetrie, die Anti-Essentialistinnen entwickeln müssen.

Manche Feministinnen haben wegen der politischen und theoretischen Konsequenzen für den Feminismus Vorbehalte gegenüber der „postmodernen Herausforderung" oder „Wende". So warnen Sandra Harding und Seyla Benhabib, daß die postmoderne Theorie zu epistemologischem Relativismus und einer inkohärenten Politik führen könne (Benhabib 1987). Diese Bedenken entsprechen denen von WissenschaftlerInnen im Bereich der internationalen Menschenrechte, die befürchten, der Relativismus und die damit einhergehende Aufgabe der Großen Theorie führten zu einer kritischen Lähmung oder Widersprüchlichkeit. Brenda Crossman widerspricht:

„Wenn wir das postmoderne Projekt als Versuch verstehen, die Vielfalt der Perspektiven und Geschichten zu erkennen, dann muß es als völlig im Einklang mit diesem Projekt erscheinen, wenn wir die Erfahrungen und Perspektiven von Frauen als solche zur Sprache bringen, die durch die offizielle Geschichte totgeschwiegen wurden." (Cossman 1990, S. 353)

Während die internen Kritiken innerhalb der feministischen Theorie von unterschiedlichen und sogar zueinander antagonistischen Positionen her vorgebracht werden, stellen sie doch einschneidende Kritiken an einheitlichen Kategorien wie Schwesternschaft, Geschlecht, Frauen und sogar Frau dar. Aus ihren unterschiedlichen Perspektiven bieten sie Methoden an, um die Unterschiede und Widersprüche zwischen Frauen, zwischen Frauen und Männern und innerhalb der Subjektivität von Frauen und ihrer Erfahrungen mit Differenz theoretisch zu verarbeiten.

Schlußfolgerungen aus Kulturrelativismus und Anti-Essentialismus für internationale Menschenrechtsstrategien für Frauen

Sowohl der Kulturrelativismus in der wissenschaftlichen Menschenrechtsdiskussion als auch der Anti-Essentialismus in der feministischen Theorie sind Herausforderungen gegenüber den Annahmen, die die jeweiligen Diskurse dominieren. Diese beiden Gegenpositionen kommen in der feministischen Menschenrechtsdebatte selten zusammen, doch kann diese Verknüpfung nützliche Einsichten für das Vorhaben vermitteln, den Schutz internationaler Menschenrechte gerade für Frauen nutzbar zu machen. Ich möchte zeigen, daß der Kulturrelativismus nicht gänzlich verworfen werden sollte, und daß die poststrukturalistische Theorie keine politische Lähmung impliziert. Drei Beispiele sollen zeigen, daß westliche Feministinnen dadurch, daß sie kulturell begründete Argumente über Menschenrechtsnormen zurückweisen, die Anliegen von Frauen aus der Dritten Welt effektiv zum Schweigen bringen und wichtige Aspekte des Kampfes für Menschenrechte in nicht-westlichen Zusammenhängen übersehen können. Ich werde weiter zeigen, daß eine asymmetrische Anwendung der anti-essentialistischen Theorie in dem Spannungsverhältnis vermitteln kann, das zwischen universalistischen Normen einerseits und kulturspezifischen - für Frauen bedeutsamen - Praktiken andererseits besteht.

Klitoridektomie und Exzision sind seit Jahrzehnten Gegenstand anthropologischer und feministischer Studien. Mary Daly (1979) bezeichnet diese Praktiken als Folter; Charlotte Bunch (1990) und andere brandmarken sie als „genitale Verstümmelung". Georgina Ashworth sagt, daß die „weibliche Beschneidung" darauf abzielt, „das weibliche Geschlecht (sex) auf ein Leben voller Leiden vorzubereiten; ihr klarzumachen, daß ihre Identität Schmerz und Machtlosigkeit ist, fraglose Unterwerfung unter gesellschaftliche Normen, die von Männern bestimmt wurden" (Ashworth 1986, S. 12). Häufig werden in Diskussionen über diese Praktiken unter westlichen Feministinnen und Menschenrechts-Offiziellen Bezeichnungen wie barbarisch, unzivilisiert und unmenschlich benutzt. Die Verteidigung dieser Praktiken auf der Grundlage von „Rasse", Kultur oder Tradition wird entschieden als patriarchalische Rationalisierungen zurückgewiesen.

Afrikanische Feministinnen widersprechen westlichen Feministinnen sowohl darin, was die Charakterisierung dieser Praktiken angeht, als auch wie mit ihnen in der Sprache der Menschenrechte umzugehen ist. So meint Boulware-Miller, daß Feministinnen, wenn sie die Meinung vertreten, solche Praktiken bedeuteten Verstümmelung und die Verletzung der sexuellen und körperlichen Integrität von Frauen, „sie durch diese Beschreibung eines wichtigen Teils der kulturellen Identität afrikanischer Frauen alle Afrikaner und Afrikanerinnen beleidigen" (Boulware-Miller 1985, S. 170; auch Engle 1992). Awa Thiam wiederholt das:

> „Leute, die von rituellen Praktiken nichts verstehen, müssen sich hüten, diese anzugreifen, vor allem, wenn ihr Urteil auf Kriterien beruht, die keine Beziehung zur Mentalität der Menschen hat, um die es geht. Die Frauen Schwarzafrikas haben genug unter diesen kolonialen und neokolonialen Einstellungen gelitten." (Thiam 1986, S. 80)

Es gibt in Afrika viele Frauenorganisationen, die aktiv diesen Praktiken entgegentreten, doch tun sie dies in einer Sprache und mit Strategien, die sich von ihren westlichen Schwestern unterscheiden.[13] Die afrikanischen Frauenbewegungen gehen auf eine Art und Weise vor, die auf die soziopolitische Kultur ihrer Gemeinschaften abgestimmt ist. So bezeichnen manche afrikanische GegnerInnen dieser Praktiken diese nicht als Verstümmelung und Barbarei, sondern betonen vielmehr die damit verbundenen gesundheitlichen Risiken für Mädchen und Frauen. Sie nehmen aktiv an Kämpfen zur Bestimmung des Inhalts ihres kulturellen Erbes und ihrer Zukunft teil.

Muslimische Frauen sind ebenfalls an einem dynamischen und schöpferischen Prozeß zur Veränderung in vielen arabischen Ländern und in muslimischen Gemeinschaften international beteiligt. Doch wenn sich westliche Feministinnen gegen den Mangel an bürgerlichen Rechten für Frauen „unter dem Islam" wenden, so besteht die Tendenz, sie ausweglos unterdrückt durch eine sexistische Religion und Kultur zu sehen. Marnia Lazreg kritisiert das „religiöse Paradigma" in feministischen wissenschaftlichen Publikationen über Algerien und Nordafrika, das die sozialwissenschaftlichen und feministischen Ansätze zu Frauen im Nahen Osten und in Nordafrika dominiere und zur Folge habe, daß muslimische Frauen zum Schweigen

gebracht werden und so ihre eigene Identität nicht artikulieren können. Außerdem bleibt so die Bedeutung des Islam für Frauen ausgespart, es sei denn
in fundamentalistischer Form:

> „Das Endresultat dieses Paradigmas ist, Frauen ihrer Selbst-Vergegenwärtigung,
> ihres Seins zu berauben. Weil Frauen unter eine in fundamentalen Begriffen dar-
> gestellten Religion subsumiert werden, erscheinen sie unweigerlich, als entwickel-
> ten sie sich in einer nicht-historischen Zeit. Sie haben praktisch keine Geschichte.
> Jegliche Analyse von Wandel ist daher verbaut." (Lazreg 1990, S. 330)

Islam als Religion wird als fundamentalistisch betrachtet, und es geht eben
nicht um seine Interpretationen und diskursiven Nutzungsformen. Die Religion wird auch als vollständiges Bild des sozialen Systems gesehen und
nicht als Komponente einer muslimischen Kultur.[14] Islamische Anerkennung von Frauenrechten und muslimische Feministinnen werden als Zu-
sammenstellung einander widersprechender Begriffe betrachtet.[15]

Lazreg sagt weiter, daß „der westliche Gynozentrismus zu einem Essentialismus des Andersseins geführt hat" (Lazreg 1990, S. 338). Die westlichen
Feministinnen müssen die stereotypen Bilder und Paradigmen über Frauen
der Dritten Welt ablegen und „bereit sein, anders über die Vielfalt weiblicher Lebensformen einschließlich ihrer eigenen zu denken" (Lazreg 1990,
S. 341). Ifi Amadiume (1987) zielt mit ihrer Kritik an der rigiden Anwendung des Modells des Öffentlichen und Privaten, das westliche Feministinnen ihren Analysen zum Status von Frauen in Afrika zugrunde legen, auf
etwas Ähnliches ab. Lazreg zieht die Schlußfolgerung, daß „östliche" Feministinnen „eine doppelte Bürde auf ihre Schultern nehmen müssen, nämlich auf einen epistemologischen Bruch mit dem vorherrschenden Paradigma hinzuarbeiten *und* die Struktur der Geschlechterverhältnisse in ihren
eigenen Gesellschaften neu zu bewerten" (Lazreg 1990, S. 341).

Gewalt gegen Frauen in Gesellschaften war ebenfalls ein Punkt, der die
methodologischen und strategischen Überlegungen von Feministinnen, die
den internationalen Menschenrechtsdiskurs benutzen, geprägt hat. Die Problematik der Vergewaltigung ausschließlich unter dem Gesichtspunkt des
Geschlechts zu betrachten, negiert die Erfahrungen vieler Frauen, die von
Offizieren einer Besatzungsarmee, von staatlichen Gefängnisbehörden oder
als Hausangestellte von ihren Arbeitgebern überfallen werden.[16] In diesen
Situationen ist Vergewaltigung unlösbar verknüpft mit anderen politischen
und historischen Faktoren. Das Verständnis der Bedeutung von Gewalt gegen Frauen erfordert oft ein Verständnis der Dimensionen dieser Gewalt, die
auf „Rasse", Klasse und Geschichte beruhen. Zum Beispiel sind eine Frau in
Kashmir an der Grenze zu Pakistan,[17] eine tamilische Frau in Sri Lanka oder
eine Dissidentin in Guatemala aus Gründen, die eng mit ihrem Geschlecht
zusammenhängen, aber dadurch nicht erschöpft werden, einem größeren Ri-

siko der Vergewaltigung ausgesetzt. Diese Wechselwirkungen zu ignorieren
und die Erfahrungen ausschließlich unter Geschlechtskonstrukte zu subsu-
mieren würde bedeuten, eine bruchstückhafte und verdrehte Geschichte zu
erzählen.[18]

Die Zurückweisung eines kulturrelativistischen Ansatzes im Hinblick auf
Gewalt gegen Frauen leugnet die Gleichzeitigkeit von Unterdrückungsme-
chanismen, die in Gewaltakten enthalten sein können, die Frauen erfahren.
Der Kulturrelativismus ist nicht unbedingt gleichbedeutend mit der Be-
schönigung der Gewalt. Sensibilität für Kultur und Geschichte fördert andererseits eine reichere Analyse von Vergewaltigung, Gewalt in der Ehe,
sexueller Verfolgung und Bedrohung.

Ein gemeinsames Thema der Schriften von Thiam, Lazreg, Amadiume
und anderen feministischen Wissenschaftlerinnen aus der Dritten Welt ist
die Tendenz westlicher Feministinnen, von falschen Annahmen über andere
kulturelle Kontexte auszugehen. Diese Annahmen belegen ihre mangelnde
Bereitschaft, diese Kontexte innerhalb nicht-westlicher Paradigmen zu untersuchen. Die Ansätze vieler *mainstream*-Feministinnen können stereoty-
pische, rassistische und neokolonialistische Perspektiven auf afrikanische,
muslimische, asiatische und andere Völker verewigen. Es ist so, wie Spivak
sagt: „Unterschiedliche Formen feministischer Theorie und Praxis müssen
mit der Möglichkeit rechnen, daß sie wie jede andere diskursive Praxis
durch das Feld ihrer Produktion geprägt und konstituiert sind, selbst während sie dieses selbst mitkonstituieren." (Spivak 1986). Diese stereotyp-
ischen Paradigmen bringen Frauen in nicht-westlichen Gemeinschaften zum
Schweigen.

Wie Feministinnen aus der Dritten Welt erkennen auch Kulturrelativistinnen und Kulturrelativisten die Notwendigkeit an, westliche analytische Vorannahmen kritisch zu befragen und nicht-westliche Interpretations- und
Verstehensmuster zu respektieren. Der Ansatz von Marilyn Strathern in
ihrer Untersuchung von Geschlechterverhältnissen in Melanesien, in der sie
westliche wie melanesische Metaphern für das Verständnis des Gesellschaftlichen kontextualisiert, deutet in diese Richtung:

> „Es ist wichtig zu zeigen, daß die Nichtanwendbarkeit [von westlichen Begriffen]
> nicht einfach aus schlechter Übersetzung resultiert. Unsere eigenen Metaphern
> sind Ausdruck einer tief verwurzelten Metaphysik mit Ausdrucksformen, die in
> allen Analyseformen an die Oberfläche treten. Es geht darum, wie wir sie am ef-
> fektivsten aushebeln können." (Strathern 1988, S. 12)

In ähnlicher Weise fordert Talal Asad (1986) von AnthropologInnen, ihre
Sprache in Übersetzungen der Überprüfung und Erweiterung zu unterwerfen. In seiner Untersuchung über die Ungleichheit zwischen den Sprachen
herrschender und beherrschter Gesellschaften erklärt Asad:

„Die entscheidende Frage ist daher nicht, wie tolerant die *Einstellung* sein sollte, die die Übersetzerin gegenüber der ursprünglichen Autorin, dem ursprünglichen Autor an den Tag legt ... sondern wie sie die Toleranz ihrer eigenen Sprache bei der Übernahme ungewohnter Formen überprüfen kann." (Asad 1986, S. 157)

Diese methodologische Perspektive geht weiter als die einfache Zurückweisung eines bestimmten analytischen Instrumentariums aufgrund seiner historischen oder gesellschaftlichen Eingebundenheit; hier wird ein Weg angeboten, die historischen Determinanten sowohl des „Werkzeugs" als auch des „Objekts" in ihren Kontext zu stellen und die darin enthaltenen Interessen offenzulegen.

Bei kritischen kulturellen Untersuchungen ist es entscheidend wichtig, die eigenen Konstrukte, Annahmen und Schwerpunktsetzungen zu verstehen, bevor man darauf ausgeht, diejenigen von anderen zu verstehen. Mehr noch, Strathern mahnt zur Vorsicht, weil „man zuerst die melanesischen Konstrukte verstehen muß, bevor man *sie* auseinandernimmt" (Strathern 1988, S. 326). Sie fährt fort mit der Aussage, daß ,'wir' natürlich immer noch unsere eigenen Überlegungen anstellen wollen" (ebd.), wenn wir kulturelle Konstrukte beobachten. Der Stempel unserer eigenen kulturellen Traditionen wird nichtsdestotrotz immer vorhanden bleiben:

„Ich glaube jedoch nicht, daß ich mich aus dieser Form [des Wissens und Erklärens] herausziehen kann: Ich kann nur ihre Funktionsweise sichtbar machen. Zu diesem Zweck beute ich ihr eigenes reflexives Potential aus." (Strathern 1988, S. 7)

Es ist wichtig, an dieser Stelle zu wiederholen, daß die westliche Gesellschaft nicht homogen und einheitlich ist. Es gibt im Westen vielfältige kulturelle „Wirklichkeiten", jede mit ihrem eigenen System von Verhaltensregeln und Gewohnheiten. Wir müssen nur die relativ abgegrenzten Gemeinschaften betrachten, aus denen Kanada, England und die Vereinigten Staaten von Amerika bestehen, um ernsthaft die Frage zu stellen, ob streng genommen von der Bezeichnung „westliche Kultur" gesagt werden kann, sie habe gemeinsame Bestandteile. Offensichtlich „gibt es", wie Strathern bemerkt, „nur Generalisierungen" (Strathern 1988, S. 343) über die westliche Gesellschaft, wie es auch nur Generalisierungen über andere breit definierte Kulturen gibt.

Der oben entwickelte Ansatz zur Interpretation von Kulturen ist mit den anti-essentialistischen/post-strukturalistischen feministischen Theorien vereinbar, die sich darum bemühen, die Erkenntnis- und Sprachkategorien zu erschüttern. Auch sie gehen davon aus, daß es universelles Verstehen nicht geben kann, sondern nur partielle, kontingente Einsichten. Beide Projekte ähneln sich in der Zielsetzung, die als selbstverständlich unterstellten Annahmen der herrschenden Diskurse, etwa die vom rationalen Individuum, zu dekonstruieren. Doch zu gleicher Zeit besteht eine Komplizen- und Teilhaberschaft an diesen Diskursen.

Ein solcher Ansatz der Interpretation von Kulturen bewegt sich auch insgesamt in der relativistischen Tradition, vor allem aufgrund der Anerkennung historisch und kulturell konstituierter Subjektivitäten und Metaphysiken. Im Zusammenhang des internationalen Menschenrechtsdiskurses findet sich diese Perspektive in den Arbeiten von einigen afrikanischen und asiatischen MenschenrechtswissenschaftlerInnen. In Kommentaren wurde vor allem auf die Tendenz westlicher WissenschaftlerInnen hingewiesen, alternative Konzeptionen der Menschenrechte „der Form halber anzuerkennen", „ohne im Grunde ihre eigenen westlichen Positionen und Perspektiven zu ändern." (Strathern 1988, S. 15) Aber nicht viele AutorInnen innerhalb der kulturrelativistischen Schule im Bereich der Menschenrechte komplizieren ihre Analyse dadurch, daß sie den Begriff „westlich" oder westliche Konzepte dekonstruieren.

Innerhalb der relativistischen Tradition in der wissenschaftlichen Debatte über die Menschenrechte wurde Kritik am herrschenden Diskurs unter Bezug auf essentialistische Vorstellungen von kultureller Differenz vorgetragen: Das bringt diese Tradition in Gegensatz zu postmodernen und anti-essentialistischen Theorien. Zum Beispiel behaupten manche afrikanische WissenschaftlerInnen, daß das traditionelle soziale Verständnis von AfrikanerInnen auf der Bedeutung von Gemeinschaft beruhe und daher individualistische westliche Menschenrechtskonzeptionen in Afrika fehl am Platze seien. In Dokumenten wie der Deklaration von Algier und der Afrikanischen Charta der Menschenrechte und Rechte von Völkern wurden Versuche gemacht, die spezifisch afrikanischen Vorstellungen von Menschenrechten zu kodifizieren. In ähnlicher Weise haben Feministinnen aus der Dritten Welt nach einer spezifischen Perspektive gesucht, die von der Geschichte des Kolonialismus, dem kulturellen Erbe und von sozioökonomischen Kämpfen der Gegenwart ausgehen soll. Das findet eine Parallele in dem Bemühen um eine schwarze feministische Erkenntnistheorie oder eine asiatisch-amerikanische Identität als Grundlage für die Kritik an den vorherrschenden Tendenzen in der feministischen Theorie. Alle diese Bestrebungen gründen in einer wesentlichen, einheitsstiftenden Erfahrung, die durch „Rasse" oder Kultur bestimmt wird.

Ebensowenig wie universalistische Vorstellungen kann die Bezugnahme auf essentialistische Konzepte in der Menschenrechtsdiskussion kategorisch als reaktionär, imperialistisch oder kulturkolonialistisch abgetan werden. Das ist ein reduktionistisches Argument, das die Komplexität der Interessen innerhalb der Debatte nicht zur Kenntnis nimmt. Die Schlüsselfragen gehen darum, von wem und in wessen Interesse die Rhetorik oder der Diskurs ein-

gesetzt werden. Ich glaube, daß diese Fragen uns dahin führen werden, einen strategischen, asymmetrischen Anti-Essentialismus als unsere theoretische Position zu wählen.

In den oben angeführten Fällen machen afrikanische, muslimische und
andere aus der Dritten Welt stammende feministische und MenschenrechtswissenschaftlerInnen kulturell begründete Argumente stark, um den
fraglichen herrschenden Diskurs zu kritisieren. Zudem können diese Perspektiven zur Wiedergewinnung zuvor „unterdrückten Wissens" (Foucault
1980, S. 82), das durch die historische Produktion legitimer Wahrheitsan-
sprüche an den Rand gedrängt wurde, verhelfen. Dies ist genau die Aufgabe,
die sich die Gruppe der HistorikerInnen der *Subaltern Studies* gestellt hat,
ein Vorhaben gleichzeitiger Kritik und Konstruktion. Und während die Bezugnahme auf ein kohärentes, wesenhaftes Subjekt auch aus post-struktura-
listischer oder anti-essentialistischer Sicht kritisiert werden kann,

> „so wird unsere eigene handlungsbezogene Lektüre durch diese AutorInnen voran-
> gebracht, wenn wir sie so sehen, daß sie sich *strategisch* an den essentialistischen
> Vorstellungen des Bewußtseins ... orientieren. Dabei stehen wir in einer historio-
> graphischen Praxis, die viele ihrer Stärken aus jener [anti-essentialistischen] Kri-
> tik bezieht." (Spivak 1987b, S. 206-297)

Auch Kämpfe um Menschenrechte können einen Großteil ihrer Stärke aus
der herrschenden Sprache und dem herrschenden Diskurs beziehen.[19] Diese
Position haben auch viele Feministinnen in nationalen und internationalen
Kämpfen eingenommen: Zwar werden Recht und Rechtssystem kritisiert,
weil sie vorwiegend androzentrisch sind und geschlechtsspezifische Unterdrückung verewigen, doch wird der Diskurs über Rechte angesichts seiner
rhetorischen und diskursiven Kraft dennoch angeeignet. Da bei dieser Strategie, den herrschenden Diskurs zu nutzen, immer die Gefahr besteht, die
Macht dieses Diskurses zu befestigen, wird sie mit anderen kritischen Praxisformen verbunden, um den Diskurs infragezustellen und zu dezentrie-
ren.[20]

Anders ist die Bezugnahme auf essentialistische Vorstellungen zu bewerten, die von herrschenden Subjektpositionen ausgehen. Herrschende Diskurse, die Differenz bzw. Differenz negierende Kategorien für wesenhaft
erklären, müssen aus einer kritischen Perspektive befragt werden. Wenn wir
die Ansprüche auf universelle Wahrheit in der westlichen Wissenschaft auf
sich beruhen lassen, werden wir die Marginalisierung der Sichtweisen der
Feministinnen und MenschenrechtswissenschaftlerInnen aus der Dritten
Welt verewigen. Vor allem wird ein Festhalten an dem Anspruch auf universelle Anwendbarkeit und Geltung der internationalen Menschenrechtsnormen die Möglichkeit zur kreativen Erweiterung in dieser Disziplin weiter verschließen. Die theoretische Kritik wird die rhetorische Kraft des Men-

schenrechtsdiskurses notwendig unterminieren, denn dieser beruht auf den Ansprüchen des Universalismus. Aber die Einsicht, daß internationale Normen mit lokaler kontextueller Bedeutung gefüllt werden können, wird die Verwendung der internationalen Menschenrechte befördern. In gewissem Maß findet dieser Prozeß dadurch statt, daß nationale Verfassungen, die die internationalen Instrumente aufnehmen, im Licht der einheimischen Situation interpretiert werden. Doch hat sich in der vorherrschenden internationalen Menschenrechtsdiskussion wenig geändert.

Schluß

Das bringt mich zurück auf die wissenschaftliche Debatte unter Feministinnen über die internationalen Menschenrechte. Westliche Feministinnen müssen in der Empfehlung von Strategien „vorsichtig und situationsbezogen" (Cossman 1990, S. 353) sein, wenn es um Probleme von Frauen in der Dritten Welt geht. Wir sollten sorgfältig mit unseren Prämissen umgehen, unsere analytischen Paradigmen kritisch beurteilen und uns über unsere Position in der Debatte im Klaren sein. Asymmetrie würde die Forderung nach einer systematischen Befragung des Bezugsrahmens der benutzten internationalen Instrumente und feministischen Theorien erfordern. Zudem sollten wir uns davor hüten, *für* die Frauen zu sprechen, deren Kultur Untersuchungsgegenstand ist.

Laut Awa Thiam sind Bündnis und Solidarität die Schlüssel zu feministischer Politik; das ist ganz etwas anderes, als jemandem Politik aufzunötigen.[21] Bell Hooks mahnt weiße Feministinnen angesichts des Unterschieds zwischen Solidarität und „Solipsismus" ebenfalls zur Vorsicht. Gemeinsam mit Fuss und Spivak betont sie die Bedeutung der Unterscheidung zwischen dem auf die eigene Größe bezogenen Essentialismus gesellschaftlich herrschender Gruppen einerseits und den essentialistischen Grundlagen der Identitätspolitik unterdrückter Gruppen andererseits. Das bedeutet, daß die Kritik an essentialistischen Vorstellungen von Differenz

„nicht zum Mittel, um Unterschiede abzutun, oder zur Entschuldigung dafür, die Autorität der Erfahrung zu ignorieren, werden sollte. ... Dieses Denken bedroht geradezu die Grundlage, auf der Widerstand gegen Herrschaft möglich wird." (Hooks 1990, S. 130)[22]

Wenn wir Beispiele wie Gewalt gegen Frauen und Klitoridektomien betrachten, dann bedeutet asymmetrischer Anti-Essentialismus die Einsicht, daß diese Erfahrungen der Unterdrückung mit der Geschichte des Kolonialismus, Rassismus und Neoimperialismus verwoben sein könnten, daß sie also nicht einfach mit geschlechtsspezifischer Unterdrückung gleichzusetzen sind. Im Bewußtsein unserer Privilegien zu sprechen, bedeutet dann: Raum zu schaffen, um die Stimmen der Frauen aus der Dritten Welt zu hören, die andere Prioritäten haben und dabei sind, diesen Problemen Ausdruck zu verleihen (Thiam 1986, S. 113). Dies ist in jeder Hinsicht ein asymmetrisches und widersprüchliches Politikkonzept. Es bedeutet mehr als den Versuch, internationale Menschenrechtsnormen erfolgreich einzulösen; vielmehr handelt es sich hierbei auch um die Dislozierung und Fragmentierung der herrschenden Normen, und zwar durch eine Kritik ihrer Prämissen und durch eine Bewertung der Art und Weise, wie sie eingesetzt werden.

Anmerkungen

1. H. Charlesworth zeigt, daß das internationale Recht „in Wahrheit auf dem Schweigen der Frauen aufgebaut ist", S. Charlesworth (1991), S. 230; Charlesworth; Chinkin; Wright (1991).
2. Eine Liste ausgewählter Artikel aus nicht-westlichen Perspektiven enthält A. Dundes Renteln (1990), S. 55-56.
3. I.G. Shivji betont, daß der herrschende Diskurs „in einer idealistischen philosophischen Weltanschauung" sowie „im Kontext imperialistischer Herrschaft in Afrika" stehe, S. I.G.Shivji (1989), S. 43 und 52.
4. Es liegt jenseits des Rahmens dieses Beitrags, sämtliche Kritikpunkte im Einzelnen aufzuführen, die Feministinnen gegen das Menschenrechtsinstrumentarium vorgebracht haben; S. Cook 1989 und 1992.
5. Einige Arbeiten hierzu: An-Na'im (1987a, b); Donnelly (1984); (1985); Howard (1983); Pollis; Schwab (1979); Dundes Renteln (1990); (1988); (1985); Shivji (1989); Welch Jr.; V. Leary (1990).
6. Vgl. Howard (1986) und M'Baye und Ndiaye (1982).
7. Vgl. Cobbah (1987), S. 14; Donnelly (1984) und (1985).
8. So erwähnt I. G. Shivji (1989) Frauen nur beiläufig am Ende seiner angeblich kontextualisierten Kritik am herrschenden Menschenrechtsdiskurs.
9. Ich kenne keine feministischen Publikationen in diesem Bereich, in denen ausdrücklich versucht wurde, die Theorien des Kulturrelativismus und der geschlechtsspezifischen Unterdrückung miteinander zu verbinden. Das ist vielleicht nicht überraschend, weil die Arbeit auf diesem Gebiet sich ja definitionsgemäß auf die weltweite Einlösung von Menschenrechtsstandards für Frauen konzentriert. An-Na'im ist eine Autorin zu Frauenrechten, die eine Spielart des Kulturrelativismus akzeptiert und dann den Respekt für die Rechte von Frauen unterstützt, wie er insgesamt in internationalen Rechtsetzungen zum Ausdruck kommt.
10. M. Strathern charakterisiert den feministischen Diskurs als „inneren Pluralismus" und sagt, daß in der feministischen Wissenschaft „eine Position andere evoziert. Aber die Art und Weise, wie diese vielfältigen Positionen ständig ins Gedächtnis zurückgerufen werden, hat einen weiteren Effekt. Sie kommen nicht als Teile eines Ganzen zusammen, sondern sind als gleichwertige Erfahrungen in der Diskussion präsent. Jede besitzt Nähe zu Erfahrung." Strathern (1988), S. 23.
11. Diese Debatte innerhalb des Feminismus läßt sich wie folgt zusammenfassen: Die essentialistische Schule hält an einem biologischen Determinismus für sexuelle Unterschiede fest, während die konstruktivistische Theorie behauptet, daß an sexuellen Unterschieden nichts Angeborenes sei, alles sei in der Gesellschaft konstruiert. Aus essentialistischer Sicht ist also „die Frau geboren und nicht gemacht"; für eine Anti-Essentialistin wie Simone de Beauvoir wird die Frau gemacht und nicht geboren" (Fuss 1989).
12. Guha (1984); die Gruppe *Subaltern Studies* bemüht sich um die Wiedergewinnung der Geschichte der kolonisierten Völker in Indien und darum, „eine Theorie des Bewußtseins oder der Kultur anstelle einer speziellen Theorie des Wandels zu schaffen" (Spivak 1987b, S. 198). Der

Begriff „subaltern" bezieht sich auf zum Schweigen gebrachte, unterworfene, kolonisierte oder unterdrückte Gruppen.

13. S. „Report of the Workshop: African Women Speak on Female Circumcision", *Women's International Network News* 11 (1985); „Meeting at Mid-Decade Forum, Copenhagen 1980, *Women's International Network News* 6 (1980); R. Saurel, *L'Entrée Vive*, 1981, S. 260-262.

14. Ich bin Shama Nijabat zu Dank verpflichtet, die mich hierauf im Rahmen einer Diskussion über die Darstellung der Gewalt gegen Frauen in muslimischen Gesellschaften in den englischen Medien hinwies. Als muslimische Feministin betont sie, daß diejenigen, die die herrschende Interpretation der ursprünglichen Texte wie etwa des Koran kontrollieren und diejenigen, die außerhalb der muslimischen Gemeinschaften eine statische Sichtweise des Islam verewigen, schuld sind an der Diskriminierung auf der Grundlage des Geschlechtes (sex) bzw. der Religion. Sie wies weiter darauf hin, daß der Islam nur ein Teil der Kultur sei; S. Anderson (1990).

15. Lazreg bemerkt, „daß die US-Feministinnen zwar Christentum und Feminismus sowie Judentum und Feminismus miteinander in Einklang gebracht haben, der Islam aber unvermeidlich als antifeministisch dargestellt wird. ... Wie die Tradition muß auch der Islam aufgegeben werden, wenn nahöstliche Frauen so sein wollen, wie westliche Frauen. Diese Logik der Argumentation fordert, daß es keinen Wandel ohne den Maßstab eines externen Standards, der vorgeblich perfekt ist, geben kann." (Lazreg 1990, S. 329)

16. Amnesty International, *Women in the Front Line*, 1990.

17. McCullagh; Wood (1991, S. 30-32) berichteten von Massenvergewaltigungen an über 50 Frauen in Kunan Poshpura, die am 21. Februar 1991 durch indische Soldaten begangen wurden.

18. Schwarze Feministinnen haben auf den farbenblinden Aspekt vieler feministischer Theorien über Vergewaltigung hingewiesen: In ihren Diskussionen übersehen die weißen Feministinnen die historische Bedeutung der Sklaverei und ihrer Implikationen für schwarze Frauen und Männer in den Vereinigten Staaten von Amerika; Harris (1990).

19. Shivji sagt, daß „das Reden über die Menschenrechte eines der wesentlichen Elemente in der ideologischen Rüstkammer des Imperialismus darstellt. Doch aus der Sicht des afrikanischen Volkes bilden Kämpfe um die Menschenrechte den Stoff ihres alltäglichen Lebens" (Shivji 1989, S. vii).

20. Allerdings sollten die Feministinnen vielleicht Carol Smarts Hinweis mehr beachten, daß „das Konzept von Rechten ernstliche Grenzen hat und für die Entwicklung progressiver Politik der Frauenbewegung sogar schädlich sein kann" (Smart 1989, S. 158).

21. Thiam sagt, daß „jede externe Handlung im Bündnis mit der betroffenen Frau oder mit der Bewegung, die sie vertritt, erfolgen muß" (Thiam 1986, S. 87).

22. Auch Nancy Hartsock fragt, „warum denn gerade in dem Augenblick, wo so viele von uns, die zum Schweigen verurteilt waren, Rechte verlangen, um sich Namen zu geben, um als Subjekte und nicht als Objekte der Geschichte zu handeln, warum gerade jetzt der Begriff der Subjektivität problematisiert wird?" (Hartsock 1987, S. 196)

Literatur

An-Na'im, Abdullahi A. (1987a): Religious Minorities Under Islamic Law and the Limits of Cultural Relativism. In: *Human Rights Quarterly*, 9, S. 1-18.

- (1987b): The Rights of Women and International Law in the Muslim Context. In: *Whittier Law Review*, 9, S. 491-516.

Anderson, Michael (1990): Islamic Law and the Colonial Encounter in British India. In: Mallat, E.; Connors, J. Hg., *Islamic Family Law*, London. S. 205-224.

Asad, Talal (1986): The Concept of Cultural Translation in British Social Anthropology. In: Clifford, James; Marcus, George E. Hg.: *Writing Culture: The Poetics of Ethnography*. Berkeley. S. 141-164.

Ashworth, Georgina (1986): *Of Violence and Violation: Women and Human Rights*. London.

Benhabib, Seyla (1987): The Generalized and the Concrete Other; The Kohlberg-Gilligan Contro-
    versy and Feminist Theory. In: Dies. ; Cornell, Drucilla Hg.: *Feminism As Critique: On the
    Politics of Gender.* Cambridge. S. 77-95.
Boulware-Miller, Kay (1985): Female Circumcision: Challenges to the Practice as a Human Rights
    Violation. In: *Harvard Women's Law Journal*, 8, S. 155-177.
Bunch, Charlotte (1990): Women's Rights as Human Rights. In: *Human Rights Quarterly*, 12, S.
    486-498.
Charlesworth, Hilary (1991): The Public/Private Distinction and the Right to Development in
    International Law. In: *Australian Yearbook of International Law*, 12.
Charlesworth, H. u.a. (1991): Feminist Approaches to International Law. In: *American Journal of
    International Law*, 85, S. 190-204.
Cobbah, Josiah A.M. (1987): African Values and the Human Rights Debate: An African Per-
    spective. In: *Human Rights Quarterly*, 9, S. 309-331.
Collins, Patricia H. (1990): *Black Feminist Thought: Knowledge, Consciousness, and the Politics
    of Empowerment.* Boston.
Cook, Rebecca J. (1989): The International Right to Nondiscrimination on the Basis of Sex: A
    Bibliography. In: *Yale Journal of International Law*, 14, S. 161-181.
- (1992): Women's International Human Rights. A Bibliography. In: *New York University Journal
    of International Law and Politics*, 24, S. 857-888.
Cossman, Brenda (1990): A Matter of Difference: Domestic Contracts and Gender Equality. In:
    Osgoode Hall Law Journal, 28, S. 303-380.
Daly, Mary (1979): *Gyn/Ecology. The metaethics of radical feminism.* Boston.
Donnelly, Jack (1982): Human Rights and Human Dignity: An Analytical Critique of Non-Western
    Human Rights Conceptions. In: *American Political Science Review*, 76.
- (1984): Cultural Relativism and Universal Human RightS. In: *Human Rights Quarterly*, 6, S.
    400-419.
- (1985): *The Concept of Human Rights.* New York; London.
Dundes Renteln, Alison (1985): The Unanswered Challenge of Relativism and the Conseqences for
    Human Rights. In: *Human Rights Quarterly*, 7, S. 514-540.
- (1988): Relativism and the Search for Human Rights. In: *American Anthropologist*, 90, S. 56-72.
- (1990): *International Human Rights: Universalism versus Relativism.* Newbury Park.
Engle, Karen (1992): Female Subjects of Public International Law: Human Rights and the Exotic
    Other Female. In: *New England Law Review*, 26, S. 1509-1526.
- (1992): International Human Rights and Feminism: When Discourses Meet. In: *Michigan Journal
    of International Law*, 13, S. 517-610.
Foucault, Michel (1980): Two Lectures. In: Gordon, C. Hg.: *Power/Knowledge: Selected Inter-
    views and Other Writings, 1972-1977.* Brighton.
Fraser, Nancy; Nicholson, Linda J. (1990): Social Criticism without Philosophy: An Encounter
    between Feminism and Postmodernism. In: Nicholson, Linda J. Hg., *Feminism/Postmodernism.*
    New York.
Fuss, Diana (1989): *Essentially Speaking: Feminism, Nature, and Difference.* New York.
Grosz, Elisabeth (1990): Conclusion; A Note on Essentialism and Difference. In: Gunew, Sneja
    Hg.: *Feminist Knowledge: Critique and Construct.* London; New York, S. 332-344.
Guha, Ranajit Hg. (1984): *Subaltern Studies III: Writings on South Asian History and Society.*
    Dehli; New York.
Harris, Angela P. (1990): Race and Essentialism in Feminist Legal Theory. In: *Stanford Law Re-
    view*, 42, S. 581-616.
Hartsock, Nancy (1987): Rethinking Modernism: Minority vs. Majority Theories. In: *Cultural
    Critique*, S. 196.
Hooks, Bell (1990): Postmodern Blackness. In: *Yearning: Race, Gender, and Cultural Politics.*
    Boston; Toronto.

Howard, Rhonda (1983): The Full-Belly Thesis: Should Economic Rights Take Priority Over Civil and Political Rights? Evidence from Sub-Saharan Africa In: *Human Rights Quarterly*, 4, S. 467.

- (1984a): Evaluating Human Rights in Africa: Some Problems of Implicit Comparison. In: *Human Rights Quarterly*, 6, S. 164.

- (1984b): Women's Rights in English-Speaking Sub-Saharan Africa. In: Wright, C.E. Hg.: *Human Rights and Development in Africa*. Albany. S. 46-74.

- (1986): *Human Rights in Commonwealth Africa*. Totowa.

Lazreg, Marnia (1990): Feminism and Difference: The Perils of Writing as a Woman on Women in Algeria. In: Hirsch, M.; Fox Keller, E. Hg.: *Conflicts in Feminism*. New York.

M'Baye, K.; Ndiaye, B. (1982): The Organizations of African Unity. In: Alston, P. Hg.: *The International Dimensions of Human Rights*.

McCullagh, R.; Wood, A. (1991): Shame of a Kashmiri Village. In: *Observer Magazine*, 1. Juni 1991.

Moi, Toril (1985): *Sexual/Textual Politics: Feminist Literary Theory*. London; New York.

Pateman, Carole (1988): *The Sexual Contract*. Stanford.

Pollis, Adamantia; Schwab, Peter (1979): Human Rights: A Western Construct of Limited Applicability. In: Dies. Hg.: *Human Rights: Cultural and Ideological Perspectives*. New York.

Smart, Carol (1989): *Feminism and the Power of Law*. London.

Shivji, Issa G. (1989): *The Concept of Human Rights in Africa*. London.

Spivak, Gayatri Chakravorty (1986): Imperialism and Sexual Difference. In: *Oxford Literary Review*, 8, S. 225.

- (1987a): Explanation and Culture: Marginalia. In: *In Other Worlds: Essays in Cultural Politics*. New York.

- (1987b): Subaltern Studies: Deconstructing Historiography. In: *In Other Worlds: Essays in Cultural Politics*. New York.

Strathern, Marilyn (1988): *The Gender of Gift*. Berkeley.

Thiam, Awa (1986): *Black Sisters, Speak Out: Feminism and Oppression in Black Africa*. London.

Welch jr., Claude E.; Leary, Virginia Hg. (1990): *Asian Perspectives on Human Rights*. Boulder.

Bronwyn Winter

Frauen, Recht und Kulturrelativismus in Frankreich: Das Problem der Exzision*

Es gibt Debatten, die nicht gerade toben, aber doch vor sich hin brodeln, hin und wieder ausbrechen und dann wieder in einen Zustand kurz unter dem bedrohlichen Siedepunkt zurückkehren; dazu gehörte in Frankreich während des letzten Jahrzehnts der Gegensatz zwischen aufklärerischem Universalismus - also der ideologischen Basis der Französischen Republik - einerseits und kulturellem Relativismus andererseits. Diese extreme Polarisierung hat nicht allein Frauen aus dem Blickfeld gehalten, außer als zu manipulierende Erscheinungen; sie hat es auch so gut wie unmöglich gemacht, irgendeiner anderen ideologischen oder strategischen Position Gehör zu verschaffen. Diese zweipolige Logik hat sich auch in der feministischen Bewegung stark ausgebreitet, mit den „Differenz"-Feministinnen am einen und den „universalistischen" Feministinnen am anderen Pol. Das klingt zweifellos für viele Feministinnen in den Vereinigten Staaten und anderen englischsprachigen westlichen Ländern vertraut, wo die kulturrelativistische oder „Differenz"-Position gewöhnlich dem übergreifenden Begriff des *Postmodernismus* zugeordnet wird.

Mir geht es hier vor allem aber nicht um die „Differenz"-Debatte, die gegenwärtig in der feministischen Bewegung in Frankreich voll ausgebrochen ist, sondern eher um die rechtlichen und politischen Probleme, vor die die allgemeinere Debatte Frauen nicht-westlichen kulturellen oder nationalen Ursprungs in Frankreich gestellt hat. Wie in vielen Fällen handelt die Debatte über diese Frauen weniger von den Frauen selbst als von der Aneignung von Frauen als politische Symbole. Mit anderen Worten geht es um den Einsatz von Frauen als Munition in einer Polemik, die von zentraler Bedeutung für ihr Leben ist, wo aber der Streitpunkt nicht die eigenen Interessen der Frauen sind, sondern die Festigung der Macht anderer, diese Interessen zu definieren. Das wurde in Frankreich schmerzhaft deutlich 1991, als die Debatte über die Exzision (Klitoridektomie) neu aufflammte, im Ge-

---

* Dieser Artikel erschien in englischer Fassung unter dem Titel: „Women, the Law, and Cultural Relativism in France: The Case of Exzision". In: *Signs: Journal of Women in Culture and Society* (1994), 9, 4, S. 939-974. Hier wird er in leicht gekürzter Fassung veröffentlicht.

folge eines breit publizierten Prozesses gegen eine *exciseuse* - also eine Frau, die die Operation ausführt - und gegen die Eltern der *excisées* - der Mädchen, die der Operation unterzogen wurden. Der Prozeß und die ihn umgebende Polemik brachten klar zum Ausdruck, wie überaus komplex und durchsetzt mit *doublethink* die Frage der „kulturellen Differenz" in diesen „postmodernen" Zeiten geworden ist und wie unfähig die westlichen Rechtssysteme - und speziell das französische Rechtssystem - eigentlich sind, sich mit dem Problem angemessen auseinanderzusetzen. Der Pariser Prozeß hat die lang andauernde Debatte zwischen einer feministischen Position für die Kriminalisierung der Klitoridektomie einerseits und dem Kulturrelativismus andererseits weiter polarisiert. Zwar war der Ausgangspunkt für viele Leute auf beiden Seiten der Protest gegen die Mißhandlung einer nicht-herrschenden durch die herrschende Klasse; doch betonten die Feministinnen, die für eine Kriminalisierung eintraten, daß Exzision gleichbedeutend sei mit der Mißhandlung weiblicher Kinder, während die Kulturrelativistinnen die Kriminalisierungskampagnen in der Kontinuität der Mißhandlung ehemals kolonisierter Völker durch eine westliche Hegemonial- und ehemalige Kolonialmacht sahen.

Was die Geschichte der Exzisionsprozesse auszeichnet und besonders problematisch macht, ist die Tatsache, daß wir es mit einem Verbrechen zu tun haben, das (a) spezifisch für eingewanderte Gemeinschaften aus ehemaligen französischen Kolonien ist, sieht man von einem einzigen Fall ab; (b) von Frauen an weiblichen Kindern begangen wird; und (c) begangen wird im Zusammenhang mit einer extrem polarisierten Debatte über Fragen der kulturellen Vielfalt, über die Respektierung der Sitten der Minderheitskulturen und über den Status von Einwanderern und Einwanderinnen in Frankreich, was Bürgerrechte, Rechte und Pflichten sowie Gleichheit - oder keine - vor dem Gesetz angeht. Das sind schwierige Probleme, und ich bin nicht sicher, ob es für irgendeine Feministin (ob wir von afrikanischen, afro-französischen, afro-amerikanischen, weiß-amerikanischen oder weiß-französischen reden), die für die Ausmerzung der Exzision eintritt und zugleich ihren Respekt für die Frauen betont, die dies sowohl ausführen wie erleiden, eine einzige, einfache Lösung gibt oder einen einzigen „richtigen" Weg, um eine zu finden. Zunächst einmal werden die Antworten - und auch einige Fragen - von einem nationalen, kulturellen, politischen, sozialen - und rechtlichen - Zusammenhang zum anderen variieren. Es ist noch nicht einmal anzunehmen, daß sich alle französischsprachigen Feministinnen afrikanischer Herkunft einig sind; in der Tat wäre eine solche Annahme ungenau und reduktionistisch. Auf den folgenden Seiten kann ich allenfalls leisten, festzumachen, wo die Widersprüche und Schwierigkeiten liegen und einiges zu sagen darüber, was ich für einige angemessene Strategien zumindest im französischen Kontext halte.

Einiges zum Hintergrund

Zunächst zur Terminologie: Der gegenwärtige Sprachgebrauch kennt die *Klitoridektomie* (Entfernung der Klitoris), die *Infibulation* (Zunähen der Vaginalöffnung nach der Klitoridektomie und Entfernung der Schamlippen, wobei nur eine sehr kleine Öffnung zum Urinieren gelassen wird), *weibliche genitale Verstümmelung* (als Sammelbegriff) und *Exzision* (aus dem Französischen, wo es gewöhnlich Klitoridektomie und Entfernung der Schamlippen bezeichnet, aber im Allgemeinen nicht die Infibulation). Der Terminus *weibliche Beschneidung* ist völlig ungeeignet, weil er eine falsche Analogie zu der Operation herstellt, die an kleinen Jungen vorgenommen wird. Die Entfernung der Klitoris und häufig auch der Schamlippen mit oder ohne Infibulation ist nicht nur weit schwerwiegender in medizinischer Hinsicht, sondern sie stellt auch eine schwere physische und psychologische Verstümmelung dar, die einen unmittelbaren Angriff auf die Sexualität der Frau ausmacht.[2]

Obwohl die Begründungen für die Exzision kulturspezifisch leicht variieren, umfassen die gängigsten Rechtfertigungen die Annahme, daß ein Mädchen, wenn sie sich der Operation nicht unterzogen habe, nicht nur „unrein", sondern auch „maskulin" bleibe, weil sie die Andeutung eines männlichen Organs behalte. Sie gilt daher als sexuell aggressiv (und daher gilt es als unwahrscheinlich, daß sie bis zur Heirat Jungfrau und in der Ehe treu bleibt), und auch sonst wird angenommen, daß ihr weibliche Tugenden wie Passivität und Unterwürfigkeit fehlen. Es wird sogar angenommen, daß sie in manchen Fällen unfähig zur Schwangerschaft und Geburt sei. Die beherrschende Befürchtung der Mütter ist es daher, daß ein Mädchen, an dem die Exzision nicht durchgeführt wurde, keinen Mann findet oder keine Kinder wird haben können und daher als sozial Ausgestoßene enden wird. Auch in den eingewanderten Gemeinschaften in Frankreich besteht dieser soziale Druck fort, zumal da viele Familien an der Vorstellung festhalten, daß sie eines Tages in das „Heimatland" zurückkehren werden, und sei es nur, um ihre Töchter dort zu verheiraten. Sie halten auch an einer Vorstellung vom „Heimatland" fest, wie es zu der Zeit war, als sie es verlassen haben, und sie sind sich daher oft nicht bewußt, daß die Exzision dort jetzt im selben oder noch höherem Maß angegriffen wird wie in Frankreich.[3] (Ich benutze die Bezeichnung *Eingewanderte* statt *Minderheit*, weil das Problem in erster Linie die sogenannte erste Generation betrifft. Die *excisées*, die in

Frankreich aufgewachsen sind, werden mit unendlich geringerer Wahrscheinlichkeit Exzisionen an ihren eigenen Kindern durchführen lassen.)
  Die Formen der Exzision sind unterschiedlich und ebenso das Alter der
excisées, das von lediglich zwei oder drei Monaten bis zur Pubertät und in
manchen Fällen sogar ins junge Erwachsenenalter reicht. Es ist aber festzustellen, daß es eine zunehmende Tendenz vor allem unter ImmigrantInnen
in europäischen Ländern gibt, die Operation an sehr kleinen Mädchen
durchzuführen, „damit sie sich nicht an ihr Leiden erinnern können."[4] Eine
oder mehrere dieser Formen der Exzision werden von einigen der unterschiedlichen Gemeinschaften in einer Reihe afrikanischer Staaten praktiziert: Nigeria, Ghana, Mali, Senegal, Burkina Faso, Elfenbeinküste, Gam-
bia, Sudan, Ägypten, Kenia, Djibouti, Liberia, Sierra Leone, Togo, Äthio-
pien und Eritrea. Die meisten dieser Länder haben Gesetze gegen die Exzision verabschiedet, aber bisher ist es meines Wissens im postkolonialen
Afrika noch zu keinem Prozeß gekommen.[5] Das liegt teilweise, wie unter
anderen Coumba Touré deutlich gemacht hat, daran, daß westliche Rechtsvorstellungen von Gericht und Strafe in vielen afrikanischen Gemeinschaften wenig Bedeutung haben; Gefängnisstrafen werden oft als Akt des
Schicksals und nicht als Akt der Gerechtigkeit betrachtet.[6] Regierungen
ebenso wie Frauenorganisationen setzen daher auf Information und Erziehung, auf einen langzeitlichen Prozeß, der für die betroffenen Frauen Bedeutung hat anstelle von Gerichtsverfahren und Strafe, also einen unmittelbaren Prozeß, der von den betroffenen Frauen nicht immer ganz verstanden wird. Die eingewanderten Gemeinschaften in Frankreich stammen
meist aus Westafrika, wobei rein numerisch die überwältigende Mehrheit
aus dem Senegal, aus Mali oder der Elfenbeinküste kommt und die Soninké,
Toucouleur und Bambara die wichtigsten betroffenen ethnischen Gruppen
sind. 1983 wurde geschätzt, daß im Land selbst 80% der senegalesischen
und malischen sowie 60% der Bevölkerung der Elfenbeinküste Klitoridektomie durchführten. Nach der Volkszählung von 1982 hätte das in Frankreich etwa 60 000 Menschen (Männer, Frauen und Kinder zusammen) ausgemacht. Starke Zunahmen der eingewanderten Bevölkerung aus diesen
Ländern während des letzten Jahrzehnts dürften diese Zahl wesentlich erhöht haben. 1984 schätzte GAMS (1984b, 77-80), daß insgesamt in Frankreich mindestens 23.000 kleine Mädchen in Gefahr seien.[7]
  In Europa wurden spezielle Gesetze gegen die Exzision in Schweden
(1982), der Schweiz (1983) und Großbritannien (1985) verabschiedet, aber
die Regierungen dieser Länder haben gezögert, sie durchzusetzen und In-
formations- und Erziehungskampagnen innerhalb der betroffenen Gemeinschaften den Vorzug gegeben. Frankreich befindet sich in der einzigartigen
Lage, kein spezifisches Gesetz zu haben aber dennoch das zum Zeitpunkt

der Niederschrift einzige Land zu sein, wo die Exzision Gegenstand von
Strafprozessen gewesen ist. Das gegenwärtig in Frankreich angewandte Gesetz ist Artikel 312, *Alinéa* 3 des Strafgesetzbuches. Dieses Gesetz betrifft
ein breites Spektrum von Gewalttaten gegen Minderjährige, und der Absatz,
der in Fällen von Exzision angewandt wird, lautet wie folgt: „Wer wil-
lentlich ein Kind unterhalb des Alters von fünfzehn Jahren schlägt, ihm auf
andere Weise Gewalt zufügt oder gegen es eine Tätlichkeit begeht, mit Ausnahme leichterer Gewalt, wird wie folgt bestraft: ... 3. Mit Gefängnis zwischen zehn und zwanzig Jahren, wenn es zu einer Verstümmelung, Ampu-
tation oder Funktionsverlust an Gliedmaßen, Blindheit, Verlust eines Auges
oder einer anderen bleibenden Behinderung oder zum Tod gekommen ist,
ohne daß dies in der Absicht des Täters lag" (*Code pénal*, 1983-1984, S.
184).[8]

Die Exzision vor französischen Gerichten: Eine historische Skizze

Der erste Prozeß in Frankreich reicht bis zum November 1979 zurück. Es
ging um eine Exzision, die im Juni 1978 zum Tod eines kleinen Mädchens
von dreieinhalb Monaten führte. Die *exciseuse* wurde zu einem Jahr auf
Bewährung verurteilt; die Eltern wurden nicht angeklagt. Zu diesem Zeitpunkt wurde die Exzision nicht als kriminelles Vergehen betrachtet und daher von einem Magistrat vor einem Polizeigericht (*tribunal correctionnel*)
verhandelt. Das blieb so, bis am 20. August 1983 ein Urteil des Kassations-
gerichtshofs feststellte, daß „die Entfernung der Klitoris ein Gewaltverbre-
chen mit der Folge der Verstümmelung im Sinne von Artikel 312-3 des
Strafgesetzbuches darstellt" (Gillette-Frénoy 1992, S. 32-33). Dieses Urteil
folgte auf zwei wesentliche Ereignisse: auf einen weiteren Todesfall im Juli
1982, dessen Opfer ein kleines Mädchen namens Bobo war, und auf den
Prozeß vor einem Polizeigericht im Oktober desselben Jahres gegen den
Vater von Bintou Doucara, die 1980 ins Krankenhaus eingeliefert worden
war, weil sie nach einer Exzision unter Blutungen litt. In diesem Prozeß
wurde der Angeklagte wieder wegen willentlicher Tätlichkeit gegen ein
Kind unter fünfzehn Jahren zu einem Jahr auf Bewährung verurteilt; obwohl
der Artikel 312 herangezogen wurde, wurde der Absatz 3 nicht eigens erwähnt, und die Exzision wurde noch immer nicht als Verbrechen behandelt.[9] Doch der Tod von Bobo einige Monate zuvor hatte öffentliche Empörung ausgelöst und eine Reihe von feministischen Organisationen veranlaßt,
dafür einzutreten, daß Fälle von Exzision nach Absatz 3 von Artikel 312 vor
dem Strafgericht (Court d'Assises) verhandelt werden müßten.

Der erste Fall, der nach dem Urteil des Kassationsgerichtes 1983 verhandelt wurde, war der der Eltern von Bobo. Er wurde 1984 wiederum vor ein Polizeigericht gebracht. Diesmal lautete die Anklage noch nicht einmal auf Verstümmelung, sondern auf „unterlassenen Hilfeleistung in einer persönlichen Gefahrenlage". Es entwickelte sich eine feministische Kampange, und das Polizeigericht erklärte sich am Ende für unzuständig, und überwies den Fall an die Strafgerichte. Bobos Eltern gingen in die Berufung und wurden trotz einer langen Reihe von Berufungen und Gegen-Berufungen nie wirklich nach Artikel 312-3 angeklagt.

Doch ein zweites Urteil, diesmal vom Appelationsgericht, bestätigte im Juli 1987, daß die Exzision ein Verbrechen ist, da es sich um die Entfernung eines gesunden und funktionstüchtigen Organes handele.[10] Der erste Fall, der vor einem Strafgericht verhandelt wurde, folgte im Mai 1988. Die Eltern von Mantessa Baradji, die sechs Wochen nach einer Exzision gestorben war, wurden zu drei Jahren mit Bewährung verurteilt wegen „willentlicher Tätlichkeit gegen ein Kind unter fünfzehn Jahren, die zum unbeabsichtigten Tod geführt hat" (CAMS 1990, S. 18).[11] Der zweite Fall, der im Mai 1989 vor das Strafgericht gebracht wurde, unterschied sich deutlich dadurch, daß das Kind, Asse Traoré, überlebt hatte und daß nur die Mutter vor Gericht gestellt wurde, weil der Vater zu dem Zeitpunkt, als die Exzision vorgenommen wurde, an seinem Arbeitsplatz war. Auch hier erging eine dreijährige Bewährungsstrafe. Ärzte bekräftigten im Zeugenstand, daß die Mutter, Dalla Traoré-Fofana, sowohl nach der Geburt ihrer Tochter als auch während späterer Konsultationen in der Kinderstation darauf hingewiesen worden war, daß die Exzision in Frankreich illegal sei.

Auf den Fall Traoré-Fofana folgte der Fall Soumaré, in dem es erstmals um eine sogenannte Mischehe mit einer französischen Mutter und einem afrikanischen Vater ging. Der Vater hatte die Exzision ohne Wissen der Mutter organisiert, und obwohl die Mutter Strafantrag stellte (den sie später aus Furcht vor gewaltsamer Vergeltung durch den Vater zurückzog), entschied die Untersuchungsrichterin, daß der Vater nicht angeklagt werden könne, weil er die Operation nicht persönlich durchgeführt habe; er könne daher nur als Zeuge, nicht als Angeklagter vernommen werden. Frauenorganisationen gingen als *parties civiles*[12] in die Berufung, und der Fall kam schließlich vor den Strafgerichtshof in Bobigny, einer Vorstadt von Paris. Der Vater wurde zu fünf Jahren auf Bewährung verurteilt.

Die beiden Fälle, die bis jetzt am meisten Aufsehen in den Medien erregt haben, wurden 1991 verhandelt, der erste im März in Paris (der Coulibaly/Keita-Prozeß) und der zweite im Juni in Bobigny, wo Keita erneut als *exciseuse* vor Gericht stand. Vor allem der Pariser Prozeß zog aus einer Reihe von Gründen großes Medieninteresse auf sich. Zunächst einmal

wurde die Rolle der *exciseuse* weit gründlicher durchleuchtet als zuvor, wo
in den meisten Fällen nur die Eltern oder die Mutter angeklagt worden
waren, und hier wurde jedenfalls erstmals gegen eine *exciseuse* vor einem
Strafgericht verhandelt; dann waren die Urteile diesmal wesentlich strenger;
und schließlich geriet der Fall mehr zur politischen Polemik als zum
Gerichtsverfahren. Das war teils dem zunehmenden Medieninteresse und
damit der öffentlichen Auseinandersetzung über das Problem zuzuschreiben,
teils den Bemühungen jener, die von der Verteidigung als „sachverständige"
Zeugen aufgeboten wurden, besonders des „Ethnopsychiaters" Michel Erlich, und schließlich den Argumenten der vertretenen *parties civiles*.[13] In
dem Pariser Prozeß wurde Keita, die *exciseuse*, zu fünf Jahren Gefängnis
und die Eltern zu fünf Jahren auf Bewährung verurteilt, wogegen Keita in
dem Verfahren in Bobigny zu vier Jahren (davon eines auf Bewährung) verurteilt, drei der Eltern freigesprochen wurden, und die übrigen Bewäh-
rungsstrafen von einem Jahr erhielten. Die Milde des zweiten Urteilsspruchs
war etwas überraschend, denn erstens hatte Keita bereits eine längere Gefängnisstrafe erhalten und zweitens hatte eine der Exzisionen, wegen derer
Keita in Bobigny vor Gericht stand, zum Tode des betreffenden kleinen
Mädchens geführt.

Ungeachtet des scheinbaren Rückzuges, was die Härte der Urteile angeht,
stellen die Prozesse des Jahres 1991 doch einen entscheidenden Wendepunkt
in der Rechtsgeschichte der Exzision in Frankreich dar. Zwar ist Keita bisher die einzige *exciseuse*, die vor ein Strafgericht gekommen ist, einfach
weil sie die einzige ist, die ermittelt werden konnte, und die späteren Urteile
waren milder. Doch hat die öffentliche Aufmerksamkeit, die beide Verfahren auf sich gezogen haben, dazu geführt, daß es jetzt für die Regierung, die
Gerichte, die Ärzteschaft und die Öffentlichkeit so gut wie unmöglich ist,
vor der Tatsache die Augen zu verschließen, daß in Frankreich Exzisionen
in großer Zahl vorgenommen werden. Seit der Entscheidung des Appelationsgerichtes von 1987, die das Urteil von 1983 bestätigte und vor allem seit
den 1991er Verfahren hat auch der Druck auf MedizinerInnen und SozialarbeiterInnen zugenommen, Fälle von Exzision anzuzeigen; was zuvor von
Vielen als eine Angelegenheit betrachtet wurde, die im Ermessen der betroffenen Berufsgruppen liege, wird jetzt als berufsethische und endlich als
gesetzliche Pflicht gesehen. Es gibt vielleicht auch eine zunehmende Tendenz dazu, daß zumindest ein Teil der verhängten Strafen auch tatsächlich
abgesessen werden muß, auch wenn darauf hingewiesen wird, daß die Persönlichkeit und die persönliche Meinung des vorsitzenden Richters einen
enormen Einfluß auf das schließliche Ergebnis eines Prozesses haben.[14] So
wurde im Januar 1993 in Paris im nächsten verhandelten Fall nach dem
Prozeß in Bobigny vom Juni 1991 Teneng Fofana-Jahaté für die Exzision

ihrer beiden Töchter zu fünf Jahren verurteilt, davon eines ohne und vier mit
Bewährung; dagegen wurde einige Tage später in Bobigny die Strafe gegen
Coumba Gréou ganz zur Bewährung ausgesetzt, obwohl hier erstmals in der
Geschichte der Exzisions-Prozesse in Frankreich an einem einen Monat
alten Baby auch Infibulation durchgeführt worden war.

Der nächste Prozeß, der schon im darauffolgenden Monat in Paris statt-
fand, brachte eine weitere Premiere, indem der Vater zu vier Jahren verurteilt wurde, größtenteils zur Bewährung, aber immerhin wurde ein Monat
vollstreckt. Ein Monat läßt sich sicher nicht als hartes Urteil bezeichnen,
aber es war der erste Fall, wo die kriminelle Verantwortung des Vaters deutlich zur Kenntnis genommen wurde. Doch eine Woche danach kam es zu
einer weiteren Kehrtwende, als bei zwei Müttern, Doucouré und Traoré-
Fofana, die Strafen vollständig zur Bewährung ausgesetzt wurden und die
beiden Ehemänner, die zur fraglichen Zeit an ihren Arbeitsplätzen gewesen
waren, nicht einmal angeklagt worden waren.

Zum Zeitpunkt, zu dem ich diesen Artikel schreibe, waren die beiden letzten Prozesse zunächst der des Ehemanns und Komplizen von Keita, der
exciseuse, die gerade ihre Gefängnisstrafe absaß. Er wurde im April 1993 zu
fünf Jahren verurteilt, davon vier auf Bewährung. Dann fand im Juni 1993
der Prozeß von Aissé Tandian statt, die zu drei Jahren verurteilt wurde, von
denen sechs Monate vollstreckt wurden. Tandians Mann, ein Arbeitskollege
von Coulibaly, der 1991 vor Gricht gestanden hatte, behauptete, er habe seiner Frau verboten, die Exzision an ihrer Tochter durchführen zu lassen. Die
fragliche Exzision hatte 1989 stattgefunden, während der Vater in Mali war

Man könnte nun annehmen, die [1993] scheinbar steigende Zahl von Prozessen sei eine direkte Folge der 1991er Prozesse. Gewiß werden mehr Fälle
angezeigt und vor Gericht gebracht, aber der Prozeß-Überhang 1993 war
viel eher auf Pannen und Verzögerungen zurückzuführen, die in den Verfahren aus einer Anzahl von Gründen eintraten; so häuften sich eine Reihe
von Fällen, obwohl die Exzisionen selbst zeitlich gleichmäßiger verteilt
gewesen waren.

La république de la tolérance

Die Verteidigung stützte sich in den meisten der genannten Verfahren auf
zwei eng miteinander verknüpfte Strategien. Die erste stellt die „diese armen
analphabetischen AfrikanerInnen verstehen es nicht besser „ - Version dar;
die Anwälte behaupten also, die betroffenen eingewanderten Gemeinschaften hätten nicht verstanden, daß die Exzision in Frankreich illegal ist. Diese
Strategie wird einigen Quellen zufolge nicht nur von den Anwälten, sondern
auch von den Angeklagten selbst eingesetzt, die in der Behauptung des

Nichtwissens einen bequemen Schutz gegen das Rechtssystem erblicken. Eine verbreitete Spielart ist es zu behaupten, man spreche kein Französisch. Zwar trifft es vermutlich zu, daß die Mehrheit der betroffenen Mütter Französisch nur begrenzt beherrscht, aber die meisten der Väter haben fünfzehn oder zwanzig Jahre in Frankreich gelebt und dauerhafte Jobs gehabt, von denen nicht alle untergeordnet waren. Einer ist beispielsweise Taxifahrer; es ist unmöglich, in Paris eine Taxilizenz zu bekommen, ohne ordentlich Französisch in Wort und Schrift zu beherrschen.[15]

Zwar läßt sich argumentieren, daß es schwer ist zu entscheiden, wie viel von dieser Rolle, tatsächlich von den Angeklagten gespielt wird und wie viel ihnen lediglich von anderen zugeschrieben wird, so ist es doch sicher, daß wenn einmal die einzige zugewiesene Rolle in erster Linie die der „unwissenden Afrikanerin" oder des „unwissenden Afrikaners" ist, es recht schwierig ist als etwas anderes zu erscheinen, da jegliche andere Wirklichkeit, jegliche andere verkörperte Rolle geleugnet wird. Zudem war die Linie des „Sie wissen's nicht anders" sicher eine äußerst erfolgreiche Verteidigungsstrategie; es liegt daher nahe, daß die Verteidiger ihre Klienten dazu ermuntert haben, dieses Verhalten an den Tag zu legen.

Derartige Argumente haben Feministinnen, die Strafverfolgung befürworten, erzürnt, wie Linda Weil-Curiel, die darin eine einzigartige Verachtung gegenüber der Intelligenz von AfrikanerInnen und daher Rassismus erblickt; aber auch feministische Kritikerinnen der Prozesse, die gleichwohl gegen Exzision sind, wie Khadi Koïta, entrüsten sich über die Verteidiger: „Sie haben uns ständig als Idioten behandelt, als Frauen, die überhaupt nichts verstehen, aber ich kann ihnen versichern, daß die afrikanische Frau, und wenn sie mitten aus dem Busch kommt, niemals eine Idiotin noch unwissend war. ... Es tut sehr weh, von ihnen zu hören: Diese armen bekloppten Frauen, die direkt aus ihrem Busch in Paris landen" (Interview 1993). Koïta besteht weiter darauf, daß selbst eine Frau, die überhaupt nicht lesen und schreiben kann, dennoch in der Lage ist, die Information, die sie erhält, zu verstehen; das gilt zumal nach mehr als zehn Jahren, in denen andere afrikanische Frauen, die zu ihren Gemeinschaften gehören, erwerbstätig waren und auch angesichts des öffentlichen Aufsehens über die Prozesse: So gut wie alle afrikanischen Familien in Frankreich haben sowohl einen Fernsehapparat als auch FreundInnen, die ihnen, wenn nötig, die sie betreffenden Nachrichten übersetzen können.

Leider wird das Bild von den „unwissenden AfrikanerInnen" weiter gestützt durch die Aussagen „sachverständiger" Zeugen wie der Psychiater Georges Bitoun und Gilbert Ferrey, die in ihrem Bericht über Founé Dembelé-Soumaré - deren Prozeß zur Zeit der Niederschrift für den September 1993 geplant war - stark die Vorstellung eines „Gruppen-Überichs" betonen, das angeblich die Handlungen der Gruppenmitglieder kontrolliere.[16] Hier kommt eine zweite Verteidigungsstrategie ins Spiel: Diejenigen, die die Exzision durchführen, handeln in Übereinstimmung mit einer kulturellen Tradition, die für sie gleichbedeutend mit einem Gesetz ist, dem sie zu folgen verpflichtet sind. Die Vorstellung einer individuellen Verantwortlichkeit soll daher verfehlt sein. Das ist nicht das Gleiche wie das Plädoyer auf verminderte Zurechnungsfähigkeit aufgrund zeitweiligen oder dauerhaften Wahnsinns. Vielmehr sind sich die „Ethnopsychiater", die die Theorie vom „Gruppen-Überich" verfechten, so gut wie einig darin, daß die Angeklagten geistig gesund, aber gänzlich der Autorität ihrer kulturellen Traditionen unterworfen sind. (Bei Frauen fügen die „Ethnopsychiater", wie Bitoun und Ferrey im Fall Soumaré gelegentlich hinzu, daß sie auch völlig dem Willen ihrer Ehemänner unterworfen seien.) Zur Stützung der Argumentationslinie mit dem „Gruppen-Superego" wird auf Artikel 64 des Französischen Strafgesetzes verwiesen. Er lautet: „Es besteht kein Verbrechen oder Vergehen, wenn der [*sic*] Angeklagte sich zum Tatzeitpunkt im Zustand der Geistesgestörtheit befand oder wenn er unter dem Zwang einer Kraft stand, der er nicht widerstehen konnte" (*Code pénal*, 1983-84, S. 50). Die „unwiderstehliche Kraft" in diesem Fall ist das Gewicht der Tradition. Wie Tobie Nathan und Marie Rose Moro es im Fall von Bintou Fofana-Diarra formulierten, deren Prozeß zum Zeitpunkt der Niederschrift auf den Oktober 1993 angesetzt war:

> „Bei den Bambara ist die Exzision ein regelrechtes Initiationsritual, das in das System eingebettet und von unantastbaren kulturellen Codes bestimmt ist. Nach der Tradition muß ungefähr im Alter von acht Jahren eine regelrechte Transformation in der „Natur" des Kindes vorgenommen werden, damit es in die Gruppe der Frauen aufgenommen wird. ... Wer immer sich dem Ritual nicht unterzogen hat, kann nicht vollständig als Bambara-Frau angesehen werden. ... Die „traditionelle" Logik schließt grundsätzlich die Vorstellung aus, ein Kind könne eine andere „Natur" haben als seine Eltern. Will man im Rahmen dieser Logik bleiben, so besteht also keinerlei Möglichkeit einer individuellen Wahl für alles, was die Initiationshandlungen betrifft. Nachdem wir sie untersucht haben, können wir bestätigen, daß Frau Fofana unter keinerlei Problem psychiatrischer Natur oder einer gestörten Persönlichkeit leidet. Die Exzision ihrer Tochter muß als eine Handlung gelten, die sich ihrem eigenen freien Willen entzog. ... Wir können bestätigen, daß sie durch eine Macht bestimmt war, der sie nicht widerstehen konnte, im Sinne des Artikels 64 des Strafgesetzbuches. Sie kann daher keinesfalls als verantwortlich betrachtet werden ... für die Dinge, die ihr vorgeworfen werden." [17]

Mit anderen Worten werden AfrikanerInnen im Gegensatz zu Angehörigen des Westens, die mit der Idee individueller Rechte und der Macht der Vernunft aufgewachsen sind, dargestellt als seien sie zu nichts anderem fähig, als ohne nachzudenken ihren Traditionen zu folgen. An dieser Stelle stützen sich die Verteidiger stark auf kulturrelativistische Theorien, und es gelingt ihnen hier, ein erhebliches Maß an Sympathie zu gewinnen - spielen sie

doch an auf die Vorstellung des „Respektes für kulturelle Verschiedenheit",
ganz zu schweigen von der kolonialen Schuld Frankreichs.

Ein Text, geschrieben von einer Frau, in der die kulturrelativistische Position deutlich zum Ausdruck kommt und der in der Öffentlichkeit und nicht
zum wenigsten in feministischen Kreisen ziemlich beachtet wurde, ist eine
Petition, die von Martine Lefeuvre entworfen und 1989 vom Mouvement
Anti-Utilitariste dans les Sciences Sociales (MAUSS; Anti-Utilitaristische
Bewegung in den Sozialwissenschaften) veröffentlicht wurde, einer Bewegung, die für sich in Anspruch nimmt, sowohl alternativ als auch progressiv
zu sein. Ein Auszug lautet folgendermaßen:

> „Als Wissenschaftler, Anthropologen, Soziologen, Philosophen oder Psychoana-
> lytiker sehen wir es als unsere Pflicht, die Aufmerksamkeit auf die Gefahren zu
> lenken, die dem Geist der Humanität und Demokratie von jedem Versuch drohen
> könnten, die Praktiken der Exzision als inhärent kriminell zu kennzeichnen. Die
> Forderung, eine Sitte als kriminell zu verurteilen, die nicht die republikanische
> Ordnung verletzt und wo daher nichts dagegen spricht, daß sie, wie etwa die Be-
> schneidung, dem Bereich der privaten Wahlentscheidungen zugeordnet wird,
> würde auf eine Intoleranz hinauslaufen, die nur noch mehr menschliche Dramen
> nach sich ziehen würde, als sie zu verhindern vorgibt, und die ein ungewöhnlich
> engstirniges Demokratieverständnis zum Ausdruck brächte." (Lefeuvre 1989, S.
> 162-163)

Es ist verblüffend, wenn auch nicht gänzlich überraschend, daß ungeachtet
so vieler Belege des Gegenteils diese Angleichung der Exzision an die Beschneidung noch immer in den Köpfen vieler prominenter und meist, wenn
auch offenbar nicht ausschließlich männlicher Praktiker einer Reihe von
Humanwissenschaften vollzogen wird, etwa jener, die diese Petition entworfen und unterschrieben haben. Besonders hinterhältig an diesem Text ist
die Verdrehung zweier eng aufeinander bezogener Komplexe von Prinzipien, die zeitgenössischen französischen Köpfen teuer sind, erstens der
französisch-republikanischen Version der liberalen Trennung des Öffentlichen vom Privaten und zweitens der Idee der „Toleranz" (kultureller Verschiedenheit) im Namen der Demokratie.

Die Begriffe „republikanische Ordnung" und „private Wahlentscheidung"
sind eng verknüpft mit dem Symbolismus der *République francaise*: liberal,
demokratisch und Urheberin und wichtigster Schutz für das Konzept der
„Menschenrechte". Wie in jeder liberalen kapitalistischen Demokratie sind
die „öffentliche" und die „private" Sphäre scharf gegeneinander abgegrenzt,
und eine Fülle von Bestimmungen regeln die unvermeidlichen Übergriffe
des Privaten ins Öffentliche und umgekehrt. Die Tatsache, daß der Begriff
der „Menschenrechte" (human rights) im Französischen noch immer die
archaische Form der *droits de l'Homme* (rights of Man) beibehält - und daß
kaum jemand in Frankreich dies merkwürdig findet -, ist selbst schon sehr
aufschlußreich für jegliche Untersuchung des französischen Begriffs von

„individuellen Rechten". In der Tat hat der unbestreitbare Fortschritt, der im Bereich der gesetzlichen Rechte von Frauen gemacht wurde, zusammen mit dem, was in Frankreich *l'évolution des moeurs* (frei übersetzt „die Entwicklung der gesellschaftlichen Normen") genannt wird, doch nicht die Dichotomie aufzulösen vermocht zwischen der „egalitär" republikanischen Sichtweise, nach der Frauen abstrakte „Bürgerinnen" und daher vollwertige, unabhängige, „individuelle" Handelnde im öffentlichen Bereich sind und andererseits der „brüderlich" republikanischen Sicht, in der Frauen Anhängsel der männlichen Bürger in deren unverletzlicher Privatsphäre bleiben und daher auch nicht vollwertige, unabhängige, individuelle Akteurinnen in der Öffentlichkeit sind. Das wird noch komplizierter durch die Tatsache, daß es nach der Logik des französischen liberal-demokratischen Modells unmöglich ist, die „private" Sphäre, die ja definitionsgemäß nicht-öffentlich und daher a-politisch ist, als einen Bereich zu verstehen, in dem politische Macht von einer Klasse von „Bürgern" über eine andere ausgeübt wird und damit als einen Bereich, der öffentlicher Überprüfung unterliegt (abgesehen von Fällen, wo das höhere kollektive - nationale - Wohl in Gefahr ist).

In der französischen republikanischen Tradition ist die Rolle der öffentlichen Sphäre beim Schutz der Individualrechte besonders stark. Das Gleiche gilt allerdings auch von der Vorstellung der individuellen Verpflichtung gegenüber dem nationalen Wohl durch Treue zu den gemeinsamen Werten und Respekt für die gemeinsame Ordnung. Deshalb bedeutet jegliche Verteidigung der „individuellen Wahlfreiheit" mit dem Hinweis, diese gefährde nicht die „republikanische Ordnung", wie in dem zitierten Text von Lefeuvre, eine besonders überzeugende Argumentation. Was hier als schreiender Widerspruch erscheint, ist, daß das Festhalten an gemeinsamen Werten offenbar - wenigstens für die Kulturrelativisten - nicht gilt, wo es um die körperliche Integrität von Frauen geht, und vor allem nicht da, wo Frauen einer Minderheit betroffen sind. Dieser Widerspruch steckt m.E. in der Sichtweise von Frauen als *citoyennes à part entière* - also als vollgültige Bürgerinnen mit denselben Rechten und Pflichten wie ihre männlichen Gegenüber -, außer da, wo sie ausschließlich durch ihr Geschlecht (gender) definiert werden: In diesem Fall fällt ihre gesellschaftliche Funktion zurück auf das, was als ihre biologische Rolle wahrgenommen wird, nämlich auf diejenige von Müttern und Sexualpartnerinnen (von Männern). Damit wird jede Frage, die sich auf die Körper von Frauen bezieht, ausschließlich in die „Privatsphäre" verwiesen.

Was bedeutet das nun für die rechtliche Position von Frauen? Im Grunde heißt das, daß sie überhaupt keine Bürgerinnenrechte besitzen, wo es um Fragen geht, die mit ihrer spezifischen Qualität als Frauen zu tun haben; sie bleiben ohne einen gesetzlichen Begriff des Geschlechtes (gender), der

durch politische Macht anstelle von (sozio-)biologischer „Differenz" definiert wäre. Um als *citoyennes à part entière* zu gelten, müssen die Frauen
ihre Körper in Schlafzimmer und Küche zurücklassen und sich an das
männliche Modell anpassen.[18] Die konkreten Folgen sind zweifach. Einerseits gibt es einen äußerst starken Widerstand gegen die Anwendung jeglicher Gesetzgebung, die Frauen schützen oder ihnen in anderer Form helfen
würde (etwa Gesetze gegen Vergewaltigung in der Ehe), da dies dem Ein-
geständnis gleichkäme, daß männliche Macht innerhalb der „a-politischen"
Privatsphäre etwas anderes als „natürlich" ist. Auf der anderen Seite wim-
melt es von Zwangsgesetzen (z.B. bei der Einschränkung der Abtreibung),
die sich gewöhnlich auf den „Respekt für die Familie und das Privatleben"
berufen.[19] In beiden Fällen bleibt die Spezifität von Frauen als Frauen be-
grifflich fest verankert als Frage der „Natur" und entschieden in der Privatsphäre und bleibt so jeglicher politischen (und damit „öffentlichen") Analyse
der auf Geschlecht (gender) beruhenden Machtdynamik entzogen.[20]
    Dieses „Recht" auf ein „privates Familienleben" wurde noch entschiedener
im Gefolge der Prozesse in Paris und Bobigny von Raymond Verdier verteidigt, der Direktor des Forschungszentrums Droit et Cultures an der Univer-
sité de Paris X (Nanterre) und einer der Hauptexponenten des Kulturrelativismus ist. Er behauptet, daß „man das Ausmaß der Gefahr eines nationalen
Strafgesetzes ermessen kann, das rücksichtslos in die Intimität der Familien
eindringen und kompromißlos unsere Denk- und Lebensweisen Ausländern
aufzwingen will, die diese nicht notwendig teilen" (1991a). Verdier vollzieht hier nicht allein dieselben Verknüpfungen wie der zwei Jahre ältere
MAUSS-Text, sondern formuliert viel klarer, daß das Recht auf „private
Wahlentscheidung" und „Familienintimität" auch das Recht beinhaltet, die
„Sitten" von jemandes eigener Kultur ohne Einmischung von „außen" zu
praktizieren. Das war ein überzeugendes Argument. Angesichts des Zusammenbruchs des kommunistischen Europa und des Klimas eines zunehmenden Rassismus im kapitalistischen Europa waren die Begriffe
„Toleranz" und „Demokratie" wenigstens in Frankreich zu den zentralen
Schlagwörtern der 1980er Jahre geworden. Ein Großteil der politischen Arbeit gegen den Rassismus beruhte in diesem Jahrzehnt auf der Vorstellung
des Kulturrelativismus und ihrer populären und mobilisierenden Entsprechung, „Toleranz von kultureller Vielfalt". Dies wurde der nun als
„Integration" bezeichneten, revidierten Form der amtlichen französischen
Assimilierungspolitik entgegengesetzt.
    Die Kulturrelativisten suchen Unterstützung für dieses Konzept des „Re-
spekts für die Sitten" kultureller Minderheiten in einem Aspekt des französischen Rechtssystems, der der Sitte oder Gewohnheit eine besonders privi-
legierte Stellung einräumt. Denn dort, wo ein spezifischer Gesetzestext fehlt,

bilden die gewohnheitsmäßigen Praktiken den primären Bezugsrahmen für die Formulierung einer Gesetzesdoktrin und für die Jurisprudenz. Ihnen kommt daher ein enormes gesetzliches Gewicht zu. Das wird sogar, wie Geneviève Giudicelli-Delage zeigt, in Artikel 327 des Strafgesetzbuches berücksichtigt, der die Rechtfertigung individuellen Verhaltens durch jede Handlungsart erlaubt, die „von allgemeiner, dauerhafter und verpflichtender Natur" ist (Giudicelli-Delage 1990, S. 203). Die Exzision wird daher mit dem Argument verteidigt, sie erfülle die Anforderungen, um eine Praxis als gewohnheitsmäßig zu bezeichnen und sie daher vom rechtlichen Standpunkt aus als mehr denn tolerierbar anzusehen. Darüber hinaus läßt das französische Recht auch Raum für die Begriffe der Absicht und der moralischen Verantwortung. Das bedeutet, daß die Bestrafung der Exzision nach Artikel 312-3 normalerweise den Nachweis einer Absicht zur Voraussetzung hat, Schaden zuzufügen; es muß weiter nach dem oben erwähnten Artikel 64 nachgewiesen werden, daß die Angeklagten aus freien Stücken gehandelt haben. Es sind diese Argumente, die von Kulturrelativisten wie Verdier (der nichtsdestotrotz erklärt, weder Kulturrelativist noch Assimilationist zu sein) übernommen werden, wenn er zu verstehen gibt, daß die Exzision sowohl als Sitte der sozialen Initiation - keine „verstümmelnde Wunde" - und als moralische Verpflichtung mit Gesetzeskraft nicht unter die Bestimmungen des Artikels 312-3 falle und daher nach dem Strafgesetz nicht strafbar sei. Es wird argumentiert, der Tatbestand der „Verstümmelung" sei ein relativer Begriff, der durch kulturelle Konditionierung bestimmt sei, und daß „seine Legitimität immer auf kulturellen Grundlagen beruht, die Rechtfertigungswert besitzen" (Erlich 1990, S. 162).

Wann ist Verstümmelung keine Verstümmelung?
oder: Es passiert in Wirklichkeit alles in deinem Kopf

Verdier behauptet, daß die Exzision in der afrikanischen Tradition weder eine „Verstümmelung", noch eine „Kennzeichnung der Minderwertigkeit" oder „einen Verstoß gegen die Gleichheit der Geschlechter (sexes)" darstelle, weil „sie wie die Beschneidung - der sie international entspricht - ein Zeichen für die Komplementarität der Geschlechter (sexes) sei Die Exzision ist ein Akt der sozialen Einbeziehung in die Gruppe der Frauen, der sowohl in biologischer wie sozialer Hinsicht zu Heirat und Mutterschaft befähigt" (Verdier 1991b, S. 3). Diese Argumente sind aus einer Reihe von Gründen fragwürdig. Das erste Problem betrifft die implizite Annahme, als gäbe es nur eine „afrikanische Tradition" in dieser Sache, obgleich doch eine ganze Anzahl afrikanischer Gesellschaften die Exzision nicht praktizieren und jene, die sie ausüben, dies in einer ganzen Bandbreite unterschiedlicher

Arten und aus einer ganzen Anzahl von Gründen tun, auch wenn die Kontrolle über die Sexualität der Frauen stets die Wurzel dieser Traditionen bildet. Für die Behauptungen, die Klitoridektomie „entspreche" der Beschneidung, sie „befähige" zu Heirat und Mutterschaft in biologischer Hinsicht, sie habe nichts mit „sexueller Ungleichheit" zu tun, stützt sich Verdier wie die Autoren der MAUSS-Petition zwei Jahre zuvor auf eine überaus selektive Interpretation der Tatsachen und nimmt dafür in Anspruch, diese stelle „die" afrikanische Position exakt dar. Es ist auch aufschlußreich, daß Verdier einen Unterschied macht zwischen der Infibulation, die er „unstreitig (als) Zeichen männlicher Dominanz" versteht, und der Klitoridektomie macht, die er als geschlechtsneutralen „Übergangsritus" ins Frauenalter wahrnimmt. Er gibt für diese Unterscheidung keine besondere Begründung, abgesehen von dem irreführenden Vergleich mit der Beschneidung.

Verdier fährt mit der Feststellung fort, daß die Exzision „eine um so zwingendere Verpflichtung ist, weil zu der vor-islamischen Tradition der starke Druck des Islam in Afrika hinzugetreten ist, der, weit entfernt, die Exzision zu verbieten, diese den Gläubigen häufig empfiehlt; zum Beweis erblicken eine stattliche Anzahl der angeklagten Eltern darin eine muslimische Tradition" (Verdier 1991b, S. 3).[21] Wenn es wirklich zutrifft, daß manche Eltern die Exzision als Erfordernis der islamischen Tradition sehen, so ist es ebenso wahr, daß keine Sure des Koran, noch eine einzige der wichtigeren *hadith* (dem Propheten zugeschriebene und durch Tradition weitergegebene Aussprüche), noch die *shar'iah* sie an irgendeiner Stelle erwähnt. Es gibt eine andere *hadith*, die angeblich die Praktik der Exzision akzeptiert, aber Mäßigung empfiehlt („verkleinern aber nicht zerstören"); der religiöse Wert vieler *hadith* ist aber Gegenstand ausgedehnter Debatten. Was mit Sicherheit gesagt werden kann, ist, daß die Exzision gewiß zur vor-islamischen Praxis zählt, die nach der Islamisierung angedauert hat - etwa in Ägypten, Nigeria und Senegal. Der Islam paßte sich entweder an oder ignorierte die Angelegenheit. In jedem Fall hat unabhängig von aller möglichen feministischen Kritik am Islam kein islamischer Text jemals die Exzision „den Gläubigen anempfohlen".[22]

Verdier suggeriert sogar, daß afrikanische Frauen, weil die Exzision Bestandteil einer kulturellen Norm ist, weniger unter ihr „leiden", als dies eine weiße Frau tun würde. Erlich nährte in dem Pariser Prozeß von 1991 den Mythos, afrikanische Frauen würden die Klitoridektomie „freudig annehmen": Er erläuterte dem Gericht, Sémité Coulibaly, die Mutter der *excisées*, habe ihm erzählt, ihre eigene Klitoridektomie habe „nach einem kalten Bad, schmerzlos, eher mit einem Gefühl der Freude" stattgefunden.[23] Das erinnert ein wenig an die westlichen Bilder von der „glücklichen Nutte", der ihre

Arbeit Spaß macht oder den Frauen, die „gerne" Playboy-*bunnies* sind. Zur
Frage der sexuellen Lust meinte Erlich (1990) auch, dies sei etwas, das
„nach unseren eigenen Kriterien sehr schwierig zu beurteilen" sei. Sicherlich wird Sexualität in unterschiedlichen Kulturen sehr verschieden definiert, doch die Annahme, daß eingewanderte afrikanische Frauen die Klitoridektomie „freudig annähmen", ohne daß diese irgendeinen psychologi-
schen oder sexuellen Schaden hervorriefe, ist, um das mindeste zu sagen,
fragwürdig. Bereits 1978 hatte Awa Thiam gezeigt, daß viele in Afrika le-
bende Afrikanerinnen selbst damals die Exzision nicht als ein freudiges Er-
lebnis ansahen, und 1982 kritisierte MODEFEN (Mouvement pour la Defense des Droits de la Femme Noire) scharf die relativistische Position mancher akademischer Kreise, die behaupten, Schmerz werde in unterschiedlichen Kulturen nicht in derselben Weise erfahren, mit anderen Worten,
afrikanische Frauen litten nicht so sehr bei der Exzision als dies bei westlichen Frauen der Fall wäre. Ferner hat Touré, die viele Jahre lang eng mit
heranwachsenden *exisées* in Frankreich gearbeitet hat, festgestellt, daß sie
infolge der genitalen Verstümmelung enorme psychosexuelle Probleme
haben (Thiam 1978; MODEFEN 1982).[24]

Erlich ist in seinen Rechtfertigungen von „vertretbaren gewohnheitsmäßigen Praktiken" noch weiter gegangen und hat auf Beispiele kulturell zulässiger sogenannter ritueller Verstümmelung in der westlichen Gesellschaft
verwiesen wie Mandel- oder Blinddarmoperationen. Doch die Exzision ist
nicht ein unschuldiger kleiner Schnitt; sie ist vielmehr eine gefährliche Operation, die in einer Reihe von Fällen zum Tode oder fast zum Tode geführt
hat und die einen Angriff auf die Sexualität von Frauen darstellt, der bei
Jungen vergleichbar wäre nicht mit der Entfernung der Vorhaut, sondern
des Penis. Eine kulturelle Parallele zwischen der Exzision und etwa einer
Mandeloperation kann nur dann gezogen werden, wenn man sowohl die
Frage der körperlichen und sexuellen Integrität von Frauen vernachlässigt,
als auch die Macht von Männern zu bestimmen, was Weiblichkeit ausmacht.

Erlich aber treibt diese medizinische Analogie noch weiter und greift das
Problem der Abtreibung auf, die er als „schwerwiegende Verstümmelung"
bezeichnet (er sagt nicht, an wem). Für Erlich stellt die Legalisierung der
Abtreibung bei gleichzeitiger Kriminalisierung der Exzision ein philoso-
phisches und rechtliches Paradox der westlichen Gesellschaft dar (Erlich
1990, S. 162). Erneut versucht er, eine Parallele zwischen zwei Handlungs-
formen zu ziehen, die nicht denselben gesellschaftlichen, kulturellen und
politischen Inhalt haben. Klitoridektomie und Infibulation sind rituelle
Verstümmelungen, die durch Tradition und sozialen Druck bestimmt und
gerechtfertigt werden und nicht den Interessen der Frauen, sondern der patrilinearen und patriarchalischen Gesellschaft, in der sie leben, dienen.

Abtreibung dagegen bildet einen Bestandteil des Kampfes um die Wahlfreiheit bei der Reproduktion, stellt die Interessen von Frauen an die erste Stelle
und wird daher von vielen westlichen Verteidigern der patrilinearen und
patriarchalischen Tradition entschieden bekämpft. Ferner unterliegt die Abtreibung in den meisten Fällen, in denen sie überhaupt gesetzlich zugelassen
ist, scharfen rechtlichen, sozialen und sogar finanziellen Beschränkungen.
Deshalb muß eine beträchtliche Anzahl von Frauen noch immer
psychologische und politische Schlachten schlagen, um ihr Recht auf Abtreibung durchzusetzen.

Ein gutes Stück weiter geht Jean-Thierry Maertens, wenn er die Exzision
mit einem im Stil Lacans formulierten Diskurs über die Trennung vom
„Mutterleib", über Frauen als „Andere" und als „Spiegel" und über den ri-
tuellen Übergang von Frauen ins „Symbolische" verknüpft. Er behauptet
auch, daß „in diesen schriftlosen Gesellschaften der Körper die einzige be-
schriftbare Oberfläche ist" (Maertens 1990, S. 170). Er scheint hier die
Formulierung von Lefeuvre aufzunehmen, die 1988 schrieb, daß „man nicht
als Mann oder Frau geboren wird, sondern es durch die Inschrift des Stiletts
wird" (Lefeuvre 1988, S. 82). Es scheint daher, daß wir es nicht mehr mit
weiblichen Körpern zu tun haben, sondern mit Schreibzeug. Über die *Verstümmelung* einer Schreiboberfläche läßt sich nun in der Tat schwerlich
reden.

Alle diese Versuche von Kulturrelativisten, Verstümmelung als einen kulturell aufgeladenen Begriff und Exzision als eine Praktik, die demnach
außerhalb der französischen Rechtsprechung liegt, zu bestimmen, beruhen
nicht nur auf falschen Analogien, sondern auch auf einer ziemlich bizarren
Einstellung zur Frage männlicher Herrschaft. Es trifft zu, daß die westliche
Gesellschaft im Allgemeinen Exzision, Polygamie und andere nicht-westliche frauenfeindliche Praktiken verurteilt, während sie kulturell akzeptablere
Formen des Frauenhasses wie Pornographie, Vergewaltigung in der Ehe
oder die Ausbeutung und Deformation der Körper und der Seelen von
Frauen in der Werbung, den Künsten und der Mode toleriert. Es scheint
aber ein wenig paradox, die Tatsache, daß das Patriarchat die herrschende
Form gesellschaftlicher Organisation und damit ein gemeinsamer Nenner
für soziosexuelle Beziehungen in den meisten Gesellschaften ist, nun zur
Rechtfertigung dafür zu benutzen, daß „differente" Ausdrucksformen der
männlichen Herrschaft in „anderen" Kulturen toleriert werden sollen. Mit
anderen Worten wird „Ähnlichkeit" („wir" haben ein Patriarchat genauso
wie „sie") benutzt, um den „Respekt" für „Differenz" zu begründen („wir"
haben kein Recht, über „ihr" Patriarchat zu urteilen). Mit anderen Worten
schleicht sich durch die Hintertür des „Respekts" für „andere" Kulturen eine
Form von frauenfeindlichem und rassistischem Diskurs ein: „Wir billigen

das nicht in unserer eigenen Kultur und tun es unseren Frauen nicht an. Es hat keinen kulturellen Wert und ist daher nicht zu vertreten. Es hat aber nicht die gleiche Bedeutung, wenn es ihren Frauen angetan wird: Für uns ist es Verstümmelung; für sie ist es Initiation. Es besitzt einen kulturellen Wert und ist daher innerhalb ihres spezifischen kulturellen Kontextes zu rechtfertigen."

Für das französische Rechtssystem ist es schwierig, dieser Forderung nachzukommen, daß die Rechtsinstitutionen „unseres" Patriarchats die Sitten „ihres" Patriarchats respektieren sollen; denn ungeachtet seines erklärten Respektes für „Sitte und Gewohnheit" ist es der Inbegriff des universalistischen Assimilationismus. Wie Giudicelli-Delage betont, hat der französische Respekt für gewohnheitsmäßige Praktiken nur Gültigkeit innerhalb eines Rahmens bereits bestehender Rechtsprinzipien. So kann „man sagen, daß das Recht der Eltern zur körperlichen Bestrafung ihrer Kinder abgeleitet ist aus [dem Begriff] elterlicher Autorität (Giudicelli-Delage 1990, S. S. 203). Die Exzision ist daher als eine Sitte, die von den französischen kulturellen und daher „gewohnheitsmäßigen" Werten abweicht, nach Giudicelli-Delage innerhalb des französischen Rechtssystems nicht zulässiger als ein ausländisches Gesetz, das französischem Recht widerspricht. Aber auch hier gibt es Widersprüche. So hat Frankreich mit allen drei Maghreb-Ländern - Algerien, Marokko und Tunesien - bilaterale Abkommen geschlossen, die es ermöglichen, daß die Ehegesetze dieser Länder im Fall eingewanderter Familien zur Geltung kommen, obwohl die fraglichen Gesetze dem französischen Recht widersprechen, das auf dem Prinzip sexueller Gleichheit beruht. Darin könnte man einen rechtlichen Präzedenzfall für die Respektierung „ihres" Patriarchats durch „unser" Patriarchat im Fall der Exzision sehen.

In jedem Fall steht die kulturrelativistische Position ganz unabhängig von dem Grad ihrer Vereinbarkeit oder Unvereinbarkeit mit dem französischen Rechtssystem auf wackeligen Beinen, weil sie auf einer grundlegend verkehrten Logik beruht. In der Tat scheint sie drei Paradoxe nicht nur zu enthalten, sondern geradezu darauf aufgebaut zu sein. Zunächst tun diejenigen, die den republikanischen Universalismus im Namen des „Respektes für kulturelle Differenz" kritisieren, dies nichtsdestoweniger auf der Grundlage der republikanischen - und universalistischen - Vorstellungen der „privaten Wahlfreiheit" und der „Menschenrechte". Zwar würden die eingefleischtesten Kulturrelativisten jeden Gedanken an „universelle Rechte" zurückweisen, aber die Tatsache bleibt bestehen, daß ihre Verteidigung der kulturellen Differenz auf der ausgesprochenen oder unausgesprochenen Annahme beruht, daß jede Kultur ein inhärentes „Recht" habe, zu existieren und sich auszudrücken und daß Mitglieder anderer Kulturen kein „Recht" haben, die Formen zu kritisieren, die dieser „Ausdruck" annehmen mag. Das scheint eine transkulturelle Extrapolation des klassischen liberalen Diskurses über die Unverletzlichkeit der Rechte des Individuums auf „seine" Intimsphäre, die der öffentlichen Kontrolle entzogen ist.

Das zweite Paradox besteht darin, daß die eifrigsten Verteidiger des Kulturrelativismus nicht aus nicht-herrschenden Kulturen stammen, sondern weiße männliche Intellektuelle sind. Es scheint also, als beuteten weiße westliche Männer und die Frauen, die sich mit ihnen identifizieren, Ideen aus den antirassistischen Bewegungen ebenso wie ihre eigene kollektive Schuld aus, um eine neue intellektuelle und politische Machtstellung einzunehmen, wo es doch immer noch ihre Stimmen sind, die gehört werden, ihre Position, die gefestigt wird. Erneut bleiben die Kulturrelativisten der liberaldemokratischen Denkweise treu, wenn sie sagen, das westliche patriarchalische Recht sei nicht berechtigt, sich in die nicht-westliche patriarchalische Praxis einzumischen, vor allem dann nicht, wenn es um „Familienleben" geht, also um die Kontrolle von Frauen und Kindern. Das bedeutet selbstverständlich, daß es letztlich Männer im Allgemeinen und westliche Männer im Besonderen sind, die Nutzen aus den Entscheidungen ziehen, die über das Leben von Frauen und weiblichen Kindern gefällt werden. Ich sage „westliche Männer im Besonderen", weil sie die Unterstützung der Minderheiten-Männer erhalten können, um erstens die strikte Abgrenzung zwischen der öffentlichen und privaten Sphäre aufrechtzuerhalten und so ihre eigene Macht zu bewahren und zweitens den kulturellen und politischen Doppelstandard zu verteidigen, der die Ghettoisierung derselben Minorität verewigt.

Das bringt mich zum dritten Paradox, nämlich daß sich diese weißen männlichen Intellektuellen selbst für fortschrittlich, links, radikal oder avantgardistisch halten; die Ideologie der kulturellen Integrität stammt aber nicht aus revolutionären oder avantgardistischen Bewegungen, sondern von extrem rechten Ideologen und Bewegungen des späten neunzehnten und frühen zwanzigsten Jahrhunderts. Während sie beanspruchen, eine radikale Abkehr von der westlichen universalistischen Aufklärungsideologie zu repräsentieren, bedienen sich die Kulturrelativisten aus extrem rechten Positionen der „kulturellen Integrität" und bestücken diese ihrerseits neu, wo „Respekt vor der Differenz" als Vorwand für die Aufrechterhaltung von Segregation und Ghettoisierung dient.[25]

Feministische Positionen

Während „Absicht", „Verantwortlichkeit" und der Begriff der „gewohnheitsmäßigen Praktik" mögliche gesetzliche Schlupflöcher bieten, gründet sich die politische Philosophie, die im französischen Recht verkörpert ist, noch immer auf eine Kombination des Begriffs der „öffentlichen Ordnung" (lies: nationale Uniformität) mit dem von „universellen Menschenrechten" (die vorgeblich für alle dieselben sind). Auf dieser Ebene wird die Exzision als grundsätzlich mit dem französischen Recht unvereinbar verstanden. Die Kulturrelativisten lehnen diese Denkweise als ethnozentrisch und daher in diesem Zusammenhang als rassistisch ab und siedeln ihre juristischen Argumentationen ausschließlich im technischen Bereich der Interpretationen und Schlupflöcher an. Dagegen argumentieren die Feministinnen, die für Strafverfolgung eintreten, ausschließlich auf der Ebene der politischen Rechtsphilosophie. Das schafft eine ganze Serie neuer Probleme, von denen nicht das geringste darin besteht, daß die feministischen Befürworterinnen von Strafverfolgung nicht nur als „die" feministische Position in dieser Frage wahrgenommen werden, was aber nicht der Fall ist, sondern sie werden von den Kulturrelativisten allgemein als eine neue Art weißer Herrenmenschen dargestellt.

Die juristischen Einlassungen von feministischen Befürworterinnen der Strafverfolgung als *partie civile* besonders während des Pariser Prozesses 1991 haben den Kulturrelativisten eine Möglichkeit verschafft, nach Herzenslust subtil oder weniger subtil auf Feministinnen einzuschlagen. „Die Feministinnen", von denen natürlich angenommen wird, sie hätten alle dieselbe Position und dieselben Strategien, waren immer Opfer von Vergeltungsschlägen aller Art, und in Frankreich bilden sie derzeit ein bevorzugtes Angriffsziel für linksgewirkte Intellektuelle unterschiedlicher Observanz, ob diese nun dem universalistisch/egalitären Lager angehören, das Feminismus kritisiert, weil er auf der sexuellen Differenz als einem politischen Problem insistiert, oder dem relativistisch/postmodernistischen Lager, das den Feminismus umgekehrt kritisiert, weil er der Differenz keine Beachtung schenkt, sei diese nun sexuell oder kulturell. So wird in Frankreich die wohlbekannte Lücke zwischen der Wirklichkeit des Feminismus einerseits und der Fiktion der Medien und der akademischen Darstellungen davon auf der anderen Seite zu einer wahren Kluft.[26]

In Wirklichkeit lassen sich die Positionen, die von feministischen Gruppen während der 1980er Jahre im Kampf gegen die Exzision eingenommen wurden, grob in zwei Lager einteilen. Zunächst unterstützen SOS Femmes Alternatives, CAMS-F und andere oben erwähnte Organisationen zusammen mit Einzelpersonen wie der bekannten feministischen Autorin Benoîte Groult die Kriminalisierung der Exzision in Frankreich und sind gewöhnlich während der Verfahren als *partie civile* vertreten (Groult 1991). Diese Feministinnen glauben, daß der einzige und sicherlich der beste Weg, um der Exzision ein Ende zu bereiten, darin besteht, diejenigen durch Strafverfolgung unter Druck zu setzen, die sie praktizieren. Diese Kampagne funktioniert vorgeblich nach einer ähnlichen Logik wie die Kampagne zur Kriminalisierung der Vergewaltigung und die Lobbyarbeit zur Verhängung schwerer Strafen gegen Vergewaltiger, wobei davon ausgegangen wird, daß die Strafe dem Verbrechen angemessen sein sollte, und zugleich, daß härtere Urteile abschreckend wirken. Der Verweis auf die kulturelle Differenz wird als Ablenkungsmanöver gesehen, das französische Männer benutzen, um die Feministinnen zu hindern, offen gegen Exzision als Ausübung männlicher Macht über Frauen aufzutreten. Séverine Auffret hat diese Position vielleicht am besten formuliert, als sie 1982 schrieb, daß wenn es Gründe für Nicht-Intervention (wenigstens von „außen") in den Bereich der kulturellen Gewohnheiten gebe, die nicht die politische Arena betreten, dann sei Exzision im Gegenteil die Ausübung politischer Gewalt gegen Frauen, die nach „Intervention, Kampf und Solidarität" (Auffret 1982, S. 14) verlange.

Das andere Lager wird von Vereinigungen wie dem GAMS gebildet, der sich von der CAMS-F wegen der Frage der Kriminialisierung abgespalten hat. Der GAMS vertritt die Meinung, daß es mehr Schaden anrichtet als Gutes tut, wenn Exzision vor Gericht angeklagt wird, vor allem deshalb, weil es andere Frauen sind, die verurteilt werden, während die Männer, die über die eigentliche Entscheidungsmacht verfügen, mit immer geringerer Wahrscheinlichkeit vor Gericht gestellt werden. Der GAMS befürwortet daher die direkte Arbeit mit den betroffenen Familien, besonders mit den Müttern, um Information und Unterstützung zu geben. Die Position dieser Organisationen und einiger feministischer Intellektueller, die - wie etwa Cathérine Quiminal, die in dem Prozeß in Bobigny aussagte - in diesem Bereich arbeiten, unterscheidet sich sowohl von den feministischen Forderungen nach Strafverfolgung wie vom Kulturrelativismus. Unglücklicherweise sind diese Gruppen in den Medien und für die Intellektuellen nicht so sichtbar; diese wissen oft gar nichts von der Existenz solcher Gruppen mit der Folge, daß die Vereinigungen, die in den Prozessen als *partie civile* auftreten, als Stimme der gesamten feministischen Bewegung betrachtet werden.

Gewiß würden, wenn überhaupt, nur wenige Feministinnen, ob afrikanisch oder französisch, die These bestreiten, daß Exzision und Infibulation als Verstümmelungen von Frauen im Namen der Weiblichkeit und als Verstümmelungen, die äußerst schwerwiegende und sogar tödliche medizinische, sexuelle und psychologische Folgen nach sich ziehen, wirklich ein Ausdruck männlicher Herrschaft sind. Wenige, wenn überhaupt eine Feministin würden bestreiten, daß die „Sitte" der Exzision auf einer komplexen Mythologie aufgebaut ist, die mit dem primären Ziel der Kontrolle der weiblichen Sexualität zum Nutzen von Männern ausgearbeitet wurde.[27] Auf der Ebene von feministischen Grundprinzipien gibt es keine Meinungsverschiedenheit zwischen den Feministinnen, die für und die gegen Strafverfolgung sind. Es sind die Ebenen der Strategien, der kulturellen Sensibilität und des Dilemmas, rechtliche Schritte gegen Frauen paradoxerweise im Namen von Frauenrechten zu unternehmen, wo ernsthafte Divergenzen auftreten.

Westliche Rechtssysteme sind nun einmal auf der Vorstellung vom Individuum aufgebaut, die nicht nur die spezifische Wirklichkeit von Frauen als Frauen ausschließt, sondern ebensowenig die Unterschiede in den sozialen, kulturellen und ökonomischen Verhältnissen berücksichtigt, die wesentlich die Arbeitsweise des Systems beeinflussen. Diese Rechtssysteme können daher bestenfalls eine Teillösung für ein Problem bieten, das im Grunde ein politisches und kulturelles Problem ist. Zur gleichen Zeit prägen diese Rechtssysteme zusammen mit den politischen Werten, die sie zum Ausdruck bringen, einen so großen Teil unseres Lebens, daß sie zum primären Bezugssystem selbst für viele Feministinnen werden, von denen man eigentlich erwarten könnte, daß sie eine gesunde Geringschätzung für das patriarchalische Recht an den Tag legen. Die Feministinnen, die für Strafverfolgung sind, vertreten die Meinung, daß die Exzision unter keinen Umständen vertretbar oder entschuldbar ist, weil sie eine physische, sexuelle und psychologische Verstümmelung weiblicher Kinder ist. Deshalb ist diese Verstümmelung, wie jede andere willentliche Verstümmelung von Kindern nach dem französischen Recht strafbar, das für alle unbeschadet von Geschlecht, Klasse, ethnischer Gruppe usw. dasselbe sein sollte. Mit anderen Worten werden die Vorstellungen von der individuellen physischen Integrität der Frauen und ihrer Wahlfreiheit in den globalen Zusammenhang der „universellen Rechte" und der „Unteilbarkeit" der Nation und ihrer Gesetze gestellt, denen jede Einzelperson gehorchen muß, um sowohl die nationale Integrität zu bewahren, als auch die universellen Rechte, auf denen die Nation aufgebaut ist. Diese Überlegungen, die die Grundlage des modernen politischen Souveränitätskonzeptes bilden, sind so tief in das französische Kollektivbewußtsein eingegraben, daß viele weiße französische Feministinnen zur Verteidigung der Republik eilen und dem die Berücksichtigung individueller Frauen oder von Gruppen von Frauen untergeordnet werden. Dabei vernachlässigen sie völlig die Probleme des transkulturellen Zusammenhangs. Groult macht das beispielsweise völlig klar, wenn sie schreibt: „Die Immigration unterschiedlicher ethnischer Gruppen, der Gegensatz der Kulturen, darf nicht dazu führen, das Französische Recht zu fragmentieren oder abzulehnen. Es stimmt, daß die Familie Traoré oder andere nicht verstehen, was ihnen widerfährt. Das ist auf individueller Ebene bedauerlich, aber das Recht ist unteilbar" (Groult 1991, S. 206-207).

Im Fall der Exzision ist besonders „bedauerlich", daß die fraglichen Individuen hauptsächlich Frauen sind; wie oben erwähnt, wurde im Fall Traoré-
Fofana 1989 nur die Mutter schuldig befunden und verurteilt. Und diese
Frauen sind oft völlig isoliert von den Formen der Unterstützung, die für
weiße französische Frauen selbstverständlich sind. Die Verantwortlichkeit
der Ehemänner, die zu dieser Isolation beitragen, wurde von Feministinnen
beider Lager und besonders von afrikanischen Feministinnen, die am inten-
sivsten innerhalb der eingewanderten Gemeinschaften arbeiten, unterstrichen. So können nur wenige eingewanderte afrikanische Frauen genug
Französisch, um sich zu verständigen, und viele überhaupt keines; die meisten haben keine unabhängige Einkommensquelle, und im Fall der zweiten
Ehefrauen ist ihr sozialer Status bestenfalls vage.[28] Diese Isolation wird während des Gerichtsverfahrens noch verstärkt, wo die Mutter gewöhnlich allein
auf der Anklagebank sitzt. Solche Überlegungen haben aber offenbar in den
Anliegen von Groult und ihren Gesinnungsgenossinnen keinen Platz, denen
es in erster Linie um ein universelles Prinzip der Rechte von Frauen und
Kindern und um die unterschiedslose Anwendung des französischen Rechts
und nicht, so scheint es, um das Schicksal der konkreten Frauen, gegen die
ein Gerichtsverfahren angestrengt wird, geht.

Nun kann dies zwar als Unsensibilität und/oder als Ethnozentrismus sei-
tens mancher mit wenig Verständnis für die Lebensumstände afrikanischer
Frauen in Frankreich wahrgenommen werden. Doch wäre es verfehlt, mit
den Kulturrelativisten anzunehmen, alle Feministinnen, die für Strafverfolgung sind, würden die Komplexität des Problems geringschätzen. Abgesehen von der Tatsache, daß einige von ihnen, etwa Thiam, selbst Afrikanerinnen sind, sind sich auch viele nicht-afrikanische Frauen sehr der Schwierigkeiten und Beschränkungen bewußt, die damit verbunden sind, Exzi-
sionsfälle vor Gericht zu bringen. So hat Weil-Curiel „den Untersu-
chungsrichter immer aufgefordert, auch gegen die Ehemänner zu ermitteln";
denn angesichts der Tatsache, daß die Frauen kein eigenes Einkommen
haben, ganz abgesehen von ihrer Isolation aus den umrissenen Gründen,
kann man schwerlich glauben, daß sie die Exzision ganz allein organisieren
und bezahlen.[29] Koïta, die die Kriminalisierung nicht befürwortet, hat weiter
darauf hingewiesen, daß afrikanische Frauen dazu erzogen werden, sich
dem Willen ihrer Ehemänner zu unterwerfen. Sie behauptet, daß wenn
afrikanische Männer sich gegen die Exzision wenden und ihre Bereitschaft
äußern würden, Nicht-*excisées* zu heiraten, die Mütter damit aufhören
würden. Aber die Ehemänner beteuern weiter ihre Unschuld und sagen, sie
seien zur fraglichen Zeit auf der Arbeit oder sogar in Übersee gewesen, die
Frauen bestätigen immer noch die Darstellung der Männer, und Männer und
Frauen bleiben gemeinsam dabei, daß die Exzision „Frauensache" (*une*

affaire de femmes) sei. In Übereinstimmung mit der kulturellen Tradition - und dahinter versammeln die Kulturrelativisten ihr gesamtes intellektuelles Gewicht - kann und will das Gesetz die Ehemänner nicht als Tatbeteiligte behandeln.

Eines der größten Probleme, denen sich Feministinnen im Kampf gegen Exzision gegenübersehen, ist in der Tat die Komplizenschaft von Frauen bei ihrer eigenen Unterdrückung und bei der ihrer Kinder. Das ist nichts Neues. Feministinnen und Sozialwissenschaftlerinnen, die über Frauenfragen arbeiten, haben immer wieder festgestellt, daß es gerade Frauen selbst sind, die Strukturen stützen, die Gewalttätigkeit ermöglichen und daß es deshalb so schwierig ist, unterschiedliche Formen der Gewalt gegen Frauen und weibliche Kinder auszurotten. Es sind die Frauen als „Hüterinnen der Tradition", die ihren eigenen Töchtern die Werte einpflanzen, mit denen sie selbst gleichsam verheiratet sind. Koïta erklärt: „Alle Mütter geben ihr Leiden, ihren Schmerz, ihre Freude weiter, ob dies nun weiße oder afrikanische Mütter sind, das ist gleich. Ich glaube, daß das überall so ist, daß es die Frauen sind, die weitergeben. Die Frauen übermitteln die Kultur, weil der Mann, der übermittelt nichts."[30]

Erlich ist in seinen Rechtfertigungen von „vertretbaren gewohnheitsmäßigen Praktiken" noch weiter gegangen und hat auf Beispiele kulturell zulässiger sogenannter ritueller Verstümmelung in der westlichen Gesellschaft verwiesen wie Mandel- oder Blinddarmoperationen. Dies, so behauptet er, könnten für Kinder traumatische Erfahrungen sein. Es ist aber schwer einzusehen, wie medizinische Operationen, die keine nachweisbaren negativen Folgen für die physische und psychologische Integrität von Kindern haben, auf eine Stufe mit sexueller Vertsümmlung gestellt werden können. Bei nicht-sexualisierten Operationen wie Mandeloperationen geht es um die Macht medizinischer Institutionen, Entscheidungen über Personen zu fällen und um die entmenschlichte Atmosphäre von Kankenhäusern, aber nicht um die Folgen sogenannter physischer „Verstümmelung".

Das ist im Fall der Exzision für Feministinnen gleichermaßen problematisch, ob sie nun für oder gegen Strafverfolgung eintreten. Viele machen aber deutlich, daß es unklug und auch respektlos gegenüber den betroffenen Frauen wäre, in die Falle dessen zu gehen, was auf Französisch *angélisme* genannt wird, also die Behandlung von unterdrückten Gruppen, als hätten sie eine Art Heiligenschein. Damit ist die Weigerung verknüpft, diesen Menschen irgendeine Verantwortlichkeit zuzusprechen für das, was sie tun und was ihnen widerfährt. Daraus kann sogar eine Variante des Themas „diese dummen AfrikanerInnen wissen es halt nicht besser" werden, denn das Ganze speist sich aus dem westlichen Diskurs nach Art des Barmherzigen Samariters, in dem Minderheiten - und unter ihnen vor allem Frauen - als passive Opfer wahrgenommen werden.

Denn es ist unmöglich, vor der Tatsache die Augen zu verschließen, daß die Exzisionen wirklich von Frauen ausgeführt werden. Die *exciseuses* erfreuen sich als Entschädigung für ihre Dienste einer finanziellen Autonomie und eines sozialen Status, die wenige Frauen in ihren Gemeinschaften erhalten. Sie besitzen die Macht, die Tradition fortzusetzen, die sie allerdings in gewissem Maß mit den Müttern teilen. Jedoch haben viele Feministinnen, auch afrikanische Feministinnen Schwierigkeiten zu verstehen, wie Mütter ihren Töchtern ein solches Leid auferlegen können, vor allem, wenn sie aus eigener Erfahrung wissen, was ein solches Leiden bedeutet. Weil-Curiel hat die These aufgestellt, daß die Mütter eine Art Rache für ihr eigenes Leid nehmen, indem sie ihren Töchtern das Gleiche zufügen und sich sagen: „Man hat mir das angetan, meine Mutter hat es mir angetan. Es gibt keinen Grund, warum meine Tochter dem entgehen sollte."[31] Andere Frauen halten es für plausibler, daß die Frauen die Praktik weiterführen, weil sie Angst haben, ihre Töchter würden keinen Mann bekommen und mittellos als sozial Ausgestoßene enden.[32]

Was immer die Gründe für die Komplizenschaft der Frauen sein mögen - die Befürworterinnen der Strafverfolgung bestehen trotz ihres Mitleids mit den Müttern und trotz ihrer Forderung, auch die Ehemänner vor Gericht zu stellen, unerbittlich darauf, daß die Exzision ein Verbrechen ist, das nicht nur an Frauen verübt wird, sondern auch von Erwachsenen an Kindern und daß diese Tatsache oft übersehen oder wenigstens in den Hintergrund gedrängt wird. Weil-Curiel formuliert: „Der Grund, warum Vereinigungen als *partie civile* auftreten, ist der, daß sie gegenwärtig die einzigen sind, die im Namen der Kinder den Mund aufmachen können, die unter der Obhut der Eltern sind, derselben Eltern, die sie der Exzision unterwerfen."[33] Ihrer Meinung nach muß die Exzision als Verbrechen an weiblichen Kindern rechtlich gleich behandelt werden, ungeachtet der kulturellen oder nationalen Herkunft der betroffenen Familie. „Das Resultat ist, wenn die Klitoris entfernt wird, dasselbe, ob es nun die Klitoris eines schwarzen kleinen Mädchens oder eines weißen kleinen Mädchens ist, ob es eine Schere, eine Rasierklinge oder ein Messer ist, die Folgen sind identisch. Und man darf nicht unterschiedlich urteilen je nachdem, ob es eine Französin oder eine Afrikanerin ist. Die Konsequenz: Es gibt ein Verbrechen, ganz gleich, wer die Person ist, die es begangen hat."[34] Die Mütter vor Gericht zu stellen und Gefängnisstrafen zu erwirken, mag unbefriedigend erscheinen, doch die Befürworterinnen der Strafverfolgung sehen hier die einzige Möglichkeit, der Praktik ein Ende zu setzen, nachdem über ein Jahrzehnt lang die Kampagnen über Kinder-Gesundheitszentren (Centres de Prévention Maternelle

et Infantile) oder Sozialdienste und Gemeinschaftsgruppen keine nennens-
werte Ergebnisse gezeitigt haben.

Eine doppelte Sackgasse?

Verdier hat die kulturrelativistische Position, was die feministischen Forderungen nach Strafverfolgung angeht, folgendermaßen zusammengefaßt:
„Unsere Entgegnung geht aus von der Einsicht in die Notwendigkeit eines
Dialogs, nicht gegenseitiger Beschimpfungen, und sie verfolgt mit der Verknüpfung der juristischen und der kulturellen Debatte kein anderes Ziel, als
zu unterstreichen, daß die politische Kampagne, die von gewissen Vereinigungen gegen sexuelle Ungleichheit geführt wird, keinen Platz in unseren
Gerichtssälen hat" (Verdier 1991b, S. 3). Merkwürdigerweise kritisiert Verdier die Anwesenheit von Feministinnen als *partie civile* bei den Prozessen
und die Argumente für ein feministisches Anliegen in Exzisions-Prozessen,
er hat aber keine Probleme damit, daß die andere Seite der Polemik, nämlich
die Verteidigung der Praktik mit kulturellen Gründen, vor Gericht
artikuliert wird. Wenn Giudicelli-Delage Recht hat und „das Strafgericht ein
Ort ist, wo ausschließlich individuelles Verhalten beurteilt wird und nicht
ein Ort, über kollektive Praktiken zu debattieren" (1990, S. 208), dann
würde es scheinen, vorausgesetzt man respektiert diese Funktion des Rechts,
was Verdier zumindest von sich behauptet, daß weder die feministischen
parties civiles, noch die kulturrelativistischen „Experten" irgendeinen Platz
in Exzisionsprozessen beanspruchen können.

Doch ist diese Rolle des Rechts, allein individuelles und nicht kollektives
Verhalten zu beurteilen, aus feministischer Sicht äußerst suspekt, denn das
individuelle Verhalten wird in jedem Fall nicht von einem neutralen Standpunkt beurteilt, sondern innerhalb eines kulturell und politisch aufgeladenen
Zusammenhangs, mit anderen Worten nach kollektiven Kriterien. Das individuelle Verhalten ist niemals das einzige Element, das ins Spiel gebracht
wird; kollektive Annahmen und politische Machtverhältnisse haben immer
ihre Bedeutung und werden direkte Auswirkungen auf das Urteil haben. Ist
es dann richtig, wenn Feministinnen diese ideologische Aufladung hinterfragen, die sich doch stets gegen Frauen auswirkt, wie etwa jedes Vergewal-
tigungsopfer bestätigen wird, und wenn sie alles in ihrer Macht stehende
tun, um die politische Debatte, die dem Gerichtsverfahren zugrundeliegt, zu
entschleiern? In diesem Fall müssen Feministinnen auch akzeptieren, daß
Gegenargumente vorgebracht werden, um ihre argumentative Position zu
schwächen und daß der Prozeß unvermeidlich ein politisches Forum von der
Art wird, wie es im Pariser Prozeß 1991 der Fall war. Und wiederum, wo
bleiben da die betroffenen Frauen?

Sie befinden sich, zumindest in diesem Fall, in einer Situation, in der sie nicht gewinnen können, denn es geht nicht mehr länger um ihr Leben, sondern um einen politischen Streit. Sie sind nicht mehr länger die Hauptakteurinnen im Gerichtssaal, sondern sie sind Symbole, die von anderen manipuliert werden, die jetzt die Bühne besetzt haben. Heißt das nun, daß keine Feministin, sei sie nun Klägerin, Angeklagte, Juristin, Zeugin, Geschworene oder *partie civile* das Recht hat, feministische Argumente ins Spiel zu bringen, um das Gesetz so weit wie möglich zugunsten der Frauen zurechtzubiegen? (Ich sage „biegen" und nicht „infrage stellen", denn ist die Situation vor Gericht einmal als Rahmen der Debatte akzeptiert, so muß man auch die Beschränkungen akzeptieren, die dieser Rahmen auferlegt. Andernfalls lohnt es die Mühe nicht, vor Gericht zu ziehen.) Soll das heißen, daß alle Feministinnen den Mund halten und jegliche Rechtsauslegung akzeptieren sollten, die Juristen, Richter und Geschworene zusammenbrauen?

Natürlich nicht. Im Fall der Exzision ist es aber entscheidend wichtig, das zu überwinden, was Quiminal die „doppelte Sackgasse" genannt hat. Einerseits, erklärt Quiminal, führen die Staatsanwaltschaft und die *parties civiles* „eine abstrakte Schlacht im Namen des prinzipiellen Kampfes gegen sexuelle Verstümmelung, ohne sich um die praktischen Konsequenzen ihrer Handlungen zu kümmern"; andererseits „gründet die Verteidigung ihre Argumentation allein auf 'die Verantwortungsunfähigkeit dieser Analphabeten, die vom Leben benachteiligt sind, die nicht verstehen, was ihnen geschieht und die das französische Recht nicht kennen.' Niemand interessiert sich dabei für die Wurzel des Problems, den sozialen Prozeß, der seine Ursache ist. Man muß versuchen, eine Position zu finden, die weder durch den Rassismus oder durch die Sozialhilfe-Attitüde, wie dies in der Argumentation der Verteidigung der Fall war, geprägt ist, noch darf sie auf dem Respekt für alle Sitten, welches sie auch seien, gegründet sein" (Quiminal 1991, S. 9).[35]

Das Problem, Exzision vor Gericht zu bringen, stellt sich zum gegenwärtigen Zeitpunkt von drei Seiten. Zunächst einmal bestehen Beschränkungen für die Möglichkeiten, Fragen politischer Macht durch den Rekurs auf ein Rechtssystem aufzuwerfen, das von Beginn an in sich widersprüchlich ist. Sein ganzer Sinn als dritter Arm des Regierungssystems der Französischen Republik ist es, die politische Macht abzustützen, während es nach außen beansprucht, außerhalb - oder sogar über - der Politik zu stehen. Zugleich läßt dieses Machtsystem den weniger Mächtigen genügend Bewegungsspielraum, um die eklatanten - oder altmodischen - Formen des Mißbrauchs der Macht einzudämmen und zugleich diese Gruppen daran zu hindern, allzu aufmüpfig zu werden. Das Rechtssystem stellt daher für Feministinnen notwendigerweise sowohl ein Instrument der Unterdrückung als auch ein Instrument, wenn nicht der Befreiung, so doch zumindest der Emanzipation dar. Im Fall der Exzision hat das Recht daher bestimmt eine wichtige Rolle zu spielen. Es fragt sich nur: Welche Rolle genau? Welche Gesetze? Welche Gesetzesanwendungen?

Damit sind wir beim zweiten Problem. Wenn es den Kulturrelativisten so leicht gefallen ist, aus dem Pariser Prozeß Kapital zu schlagen, so lag das genau daran, daß die Staatsanwaltschaft und die *parties civiles* wenig Gedanken an die rechtlichen Weiterungen aufgrund der Entstehung einer multikulturellen Gesellschaft verschwendet haben. Natürlich wurden dem Multikulturalismus in Frankreich ebenso wie anderswo viele formelle Anspielungen und Gesten zuteil, und die vorwiegend weißen und männlichen Kulturrelativisten sind auf diesen Zug gesprungen und haben in der Kollektivschuld der Nation gegenüber den ehemals Kolonisierten geschwelgt. Es bleibt aber das Grundproblem, ein „einziges und unteilbares Recht", das die Emanation einer angeblich homogenen und ethnozentrischen Nation ist, auf eine Gesellschaft anzuwenden, wo kulturelle Homogenität heute weder eine soziale Realität noch ein politisch brauchbares Konzept ist, weil nichtwestliche Minderheiten als unmittelbares Vermächtnis der Kolonisierung einen bedeutsamen und zunehmend lautstarken Anteil an der Bevölkerung des kontinentalen Frankreich[36] ausmachen. Dieses Rechtssystem beruht auf universalistischen Prinzipien und kennt daher kein übergreifendes Konzept des Rassismus oder der kulturellen Verschiedenheit, obwohl 1975 ein Gesetz verabschiedet wurde, das sich gegen jegliche Worte und Handlungen wendet, die „Rassenhaß und Gewalt" anstacheln. Nun aber soll dieses Recht verantwortlich mit der Wirklichkeit des Rassismus und der Verschiedenartigkeit kultureller Zusammenhänge in der französischen Gesellschaft fertig werden. Das Problem besteht darin, wie dies in kohärenter Weise getan werden kann und vor allem, wie dabei verhindert werden kann, daß Frauen wieder einmal auf der Verliererseite stehen.

Zum Beispiel besteht ein ernstes Problem bei der Entwicklung von Handlungsmöglichkeiten gegen Exzision sowohl innerhalb wie außerhalb des Rechtssystems darin, daß viele ÄrztInnen und SozialarbeiterInnen etwas als „angemessene und erschöpfende Information" betrachten, was für die betroffenen Menschen nicht unbedingt angemessen und erschöpfend ist. In der Tat haben Gruppen und Einzelpersonen, die mit eingewanderten afrikanischen Frauen arbeiten, das Zögern der französischen Regierung kritisiert, sich um Informations-, Erziehungs- und Unterstützungsprogramme zu kümmern, die sich sowohl an im Gesundheits- und Sozialbereich Tätige wie an die eingewanderten Gemeinschaften selbst richten müßten. Natürlich ließe sich argumentieren, daß es vielleicht ganz in Ordnung wäre, wenn sich die Regierung nicht allzusehr einmischt, weil sie durch kulturell unsensible

Programme mehr schaden als nutzen könne; außerdem sei es besser, lokale
Verbände zu finanzieren, die in der Gegend arbeiten. Das stimmt zweifellos
in mancher Hinsicht. Das Problem dabei ist aber, daß die Verantwortung für
das Problem Einzelnen und lokalen Gruppen überlassen wird, und die Wirksamkeit eines jeden Programms wird deshalb von deren Anzahl, Energie
und Motivation abhängen.

Das dritte Problem mit der Forderung nach Strafverfolgung für Exzision
innerhalb des bestehenden soziokulturellen, historischen und juristischen
Zusammenhangs besteht darin, sich für die Rechte von Frauen dadurch
einzusetzen, daß man sie vor Gericht stellt; das erinnert ein wenig an Situationen, wo die Prostituierte anstelle ihres Zuhälters oder ihres Freiers
festgenommen wird. Es liegt auf der Hand, daß die Exzision angeprangert
und bekämpft werden muß, sowohl als Verstümmelung von Frauen und
weiblichen Kindern, als auch als Ausübung männlicher Macht über Frauen.
Wo aber das Recht nur individuelle Handlungen und keine kollektiven Praktiken oder politische Manipulation verfolgt, werden es, wie im Fall der Exzision, immer die Frauen und nicht ihre Ehemänner sein, die vor Gericht
gestellt werden. Mit anderen Worten sind es die Frauen, die nicht allein die
Vehikel ihrer eigenen Unterdrückung sind, sondern am Ende auch noch
doppelt dafür bezahlen müssen, paradoxerweise im Namen ihrer eigenen
„Befreiung".

Feministinnen, die gegen die Strafverfolgung sind, wie etwa die Frauen
des GAMS, haben betont, daß Frauen, wenn sie noch nicht einmal über
elementare soziale oder finanzielle Autonomie verfügen - etwa über den
Zugang zur wichtigsten Sprache in dem Land, in dem sie wohnen - dann
auch wenig oder überhaupt keine intellektuelle Freiheit haben, um die
Mächte zu hinterfragen, die ihr Leben bestimmen. Jedenfalls können sie das
nicht auf sich allein gestellt tun. Das ist etwas anderes als zu sagen, diese
Frauen seien dumm und passiv. Es bedeutet, daß sie unter schwerem emo-
tionalem, sozialem und finanziellem Druck stehen. Touré hat unterstrichen,
daß eingewanderte Frauen, solange sie keinerlei Möglichkeiten zu ihrem eigenen Unterhalt haben, nicht in der Lage sein werden, sich unabhängig in
der französischen Gesellschaft zu bewegen. Koïta hat hinzugefügt, daß es
ein wesentlicher Schritt zur Ausmerzung der sozialen Strukturen, die die
Exzision stützen, wäre, wenn die eingewanderten Männer gesetzlich verpflichtet würden, ihre Frauen zu Sprach- und Alphabetisierungskursen zu
schicken. „Finanzielle Autonomie ist schön und gut, aber sie müssen erst
einmal fähig sein, sich auszudrücken, Metro zu fahren, sich zumindest zu
Fuß zurechtzufinden, wenn sie offizielle Papiere erhalten zu wissen, woher
sie kommen, ihre Papiere einzuschätzen und zu ordnen, Besorgungen ohne
die Hilfe des Mannes zu machen und ihren Kindern in deren Schulleben zu

folgen, um zumindest das Allernötigste mit deren LehrerInnen zu besprechen."[37]

Mit anderen Worten haben eingewanderte Frauen bis zu dem Zeitpunkt, wo sie in der Lage sind, mit der Gesellschaft, in der sie leben, zu interagieren, wenig Chancen, um Zugang nicht nur zu den sozialen und ökonomischen Überlebensfertigkeiten zu bekommen, sondern auch an Informationen und Diskussionen teilzuhaben, die ihnen helfen, unabhängige Entscheidungen über ihr Leben und das ihrer Kinder zu treffen. Es scheint mir daher aus feministischer Sicht inakzeptabel, diese Frauen vor Gericht zu stellen, ohne sich zuvor oder gleichzeitig darum zu kümmern, daß sie ein Minimum an gesundheitlicher Versorgung, an Information über das französische Rechtssystem und ihre eigenen Rechte als Frauen sowie an Unterricht erhalten, d.h. Sprach- und Alphabetisierungskurse. Ebenso notwendig ist der Aufbau autonomer Frauen-Netzwerke, was auch Kampagnen zu anderen Fragen umfaßt, etwa Polygamie und Kinderheiraten.

Organisationen wie MODEFEN und der GAMS haben seit weit über einem Jahrzehnt in dieser Richtung gearbeitet. Der GAMS erhält beispielsweise Geld aus dem Fonds d'Action Sociale pour les Travailleurs Immigrés (FAS), der eine Anzahl von Organisationen von Minderheiten-Gemeinschaften finanziert, und weniger regelmäßig auch vom Ministerium für Frauenrechte, das freilich kommt und geht - je nach Regierungswechsel. Koïta ebenso wie Touré werden auf Teilzeitbasis bezahlt, um mit medizinischem Personal und SozialarbeiterInnen zu arbeiten, aber auch mit afrikanischen Frauen und Teenagern; Tourés Arbeit erstreckt sich auch auf Oberschulen mit heranwachsenden Mädchen, die jetzt mit der Tatsache zurecht kommen müssen, daß sie *excisées* sind. Andere Frauen haben Projekte wie NO (Nouvelle Opportunités pour les Femmes) gegründet, das im neunzehnten Arrondissement von Paris beheimatet ist, also in einem Teil der Gegend im Nordosten, wo viele ImmigrantInnen wohnen. NO soll eine Grundausbildung in Lesen und Schreiben und Überlebenstechniken an die am meisten unterprivilegierten Frauen vermitteln, die in ihrer überwältigenden Mehrheit aus Afrika und dem Maghreb eingewandert sind. Dadurch sollen sie befähigt werden, als Putzfrauen, in der Bekleidungsindustrie usw. zu arbeiten. Zwar könnte das Projekt oberflächlich gesehen als traditionalistisch kritisiert werden, weil die Frauen ausgebildet werden, um „weibliche", niedrig bezahlte und gering bewertete Arbeiten zu verrichten, doch entspricht dies der sozialen Wirklichkeit: Dies sind die Bereiche, in denen die Frauen am ehesten Arbeit bekommen und am leichtesten darauf vorbereitet werden können, sie auch auszuführen. Von einem akademischen, feministischen Standpunkt aus dürften solche Projekte kaum revolutionär erscheinen, doch ist zu bedenken, daß es für die Frauen in diesem Zusammenhang um ganz elementare Überlebensfragen in Bereichen geht, die für die Mehrheit der gebildeten westlichen Frauen selbstverständlich sind.[38]

Die feministische Position, die Strafverfolgung befürwortet, wird demnach der augenblicklichen Situation nicht gerecht. Eine Reihe ihrer Prinzipien und Ideale sind zwar direkt im Leben der Frauen verankert und sollen feministisches Handeln beeinflussen, doch sie bleiben dennoch abstrakte Verallgemeinerungen und werden durch die Arbeitsweise eines rigiden Rechtssystems, das auf grundsätzlich frauenfeindlichen Werten basiert, auf eine komplexe materielle Wirklichkeit angewendet, die durch ein solches System unmöglich erfaßt werden kann. Das Hauptproblem mit der Kriminalisierung der Exzision besteht nicht darin, daß das, was Françoise Lionnet (1992) als feministischen „radikalen Individualismus" bezeichnet hat (gemeint ist z.B. die feministische Ethik, daß Frauen ein Recht auf physische Integrität und soziosexuelle Autonomie besitzen), etwa grundsätzlich falsch und ethnozentrisch wäre. Es geht darum, daß das französische Recht, das entsprechend den Anforderungen einer liberalen Demokratie konzipiert wurde, nicht geeignet ist, um die physische, soziale und politische Wirklichkeit von Frauenkörpern als Vehikel sozialer Organisation und Kontrolle aufzunehmen, noch mit der Tatsache zurechtkommt, daß die Prinzipien der Gleichheit und der individuellen Rechte, auf denen das Rechtssystem aufgebaut ist, wenig Entsprechung in der Lebenswirklichkeit eingewanderter Frauen findet.[39]

Der Fall der Exzision in Frankreich ist besonders aufschlußreich für die Notwendigkeit, daß Feministinnen eine konkrete Verbindung zu den Frauen aufrechterhalten, für die sie sich entschlossen haben zu handeln, und daß sie ein Verständnis für die sozialen, ökonomischen, kulturellen und politischen Zusammenhänge entwickeln, in denen diese Frauen leben. Denn es geht im Feminismus gewiß um die Bestimmung und die Verteidigung von Prinzipien, doch diese Prinzipien werden bedeutungslos, wenn sie nicht mehr den wirklichen, lebendigen Frauen nützen, in deren Namen sie ausgearbeitet wurden.

Anmerkungen

1. Der Begriff Postmodernismus wird in Frankreich, der angeblichen intellektuellen Heimat der Bewegung, nicht mehr gebraucht. Dort jedenfalls gehören der Text *La condition postmoderne. Rapport sur le savoir* von Jean-François Lyotard (1979) und die Philosophie, die diese Bezeichnung übernahm, inzwischen der Geschichte an.

2. Das wurde entschieden von einer Reihe afrikanischer Feministinnen betont, u.a. Lydie Dooh-Bunah, Präsidentin von MODEFEN (Mouvement pour la Defense des Femmes Noires), auf einer Reihe von Treffen und Konferenzen sowie in Interviews (so auch auf einem Workshop über Feminismus und Rassismus, den ich am Pariser Frauenzentrum für den Internationalen Frauentag 1984 mit organisiert habe); Awa Thiam, Autorin von *La parole aux négresses* (1978) und Präsidentin der CAMS-Internationale (Commission pour l'Abolition des Mutilations Sexuelles);

den Frauen von FOWARD, einer von Großbritannien aus arbeitenden multiethnischen Anti-Exzisionsgruppe (s. etwa ihre in *Women Living under Muslim Law*, 1989, 65-66 neu abgedruckte Broschüre); den Frauen von GAMS (Groupe pour l'Abolition des Mutilations Sexuelles), einer afrofranzösischen Anti-Exzisionsgruppe (s. etwa ihren Bericht, 1984a, 45-60). Für die weitere Diskussion über die gefährlichen Folgen der Exzision und die Gründe, warum sie nicht mit der männlichen Beschneidung vergleichbar ist, s. auch „Sexual Mutilations: Case Studies Presented at the Workshop: African Women Speak on Female Circumcision" 1989; Sindzingre 1977; Hosken 1979; Saurel 1985, 115-119.

3. Ich danke Coumba Touré (ursprünglich aus Mali), Vizepräsidentin von GAMS und Khadi Koïta (ursprünglich aus Senegal), Sekretärin von GAMS für die Bestätigung der Begründungen, die für die Exzision angeführt werden, in Interviews, die von mir im Pariser Frauenzentrum am 2. Juli 1992 und am 29. Juni 1993 durchgeführt wurden. Zu den Rechtfertigungen für die Exzision, den Einfluß der männlichen Herrschaft und den Reaktionen von Frauen darauf s. auch: Thiam 1978, 77-117; Hosken 1979; Fainzang 1984; und Gilette-Frénoy 1982, 14-31. Für eine kulturrelativistische Untersuchung der Begründungen für die Exzision s. Erlich 1986, 173-218.

4. Interview mit Koïta 1993.

5. Die Kolonialherren, besonders Großbritannien, hatten zuvor die Exzision in einigen ihrer Territorien verboten, etwa in Kenya in den 1920er und im Sudan in den 1940er Jahren.

6. Interview mit Touré 1992.

7. 1991 wurde geschätzt, daß diese Zahl auf 36.000 angestiegen war (Statistik nach Libération, 6.2.1991).

8. In der englischen Fassung sind die Zitate auch in französischer Sprache aufgeführt, worauf hier verzichtet wird. Die deutsche Fassung wurde jedoch gegenüber dem französischen Originaltext überprüft.

9. S. CAMS Internationale 1990, 18 und Vernier 1990. Ein Großteil der folgenden Information stammt aus diesen Artikeln sowie aus zwei Interviews mit der Rechtsanwältin Linda Weil-Curiel, die ich am 9. Dezember 1992 und am 9. Juni 1993 in Paris durchführte. Weil-Curiel hat eine herausragende Rolle in dem andauernden Kampf französischer Feministinnen darum gespielt, daß Exzision als Verbrechen angeklagt und verurteilt wird.

10. Vielleicht sollte der Unterschied zwischen Appelations- und Kassationsgerichtshof erklärt werden: Der erste ist ein gewöhnliches Berufungsgericht, vor dem Gerichtsurteile angefochten werden, und zwar manchmal auf rechtstechnischer Grundlage, aber gewöhnlich wegen der Beweislage. Der letztere steht an der Spitze der gerichtlichen Hierarchie und besitzt daher die Macht, Entscheidungen des Appelationsgerichtes aufzuheben. Er prüft die Fälle lediglich auf ihre rechtlichen Aspekte und stellt so die letzte Instanz im Berufungsverfahren dar.

11. Zur Kommentierung dieses Prozesses s. Kunstenaar 1988 und Loupiac 1988.

12. Nach französischem Recht können beliebige Einzelpersonen oder Organisationen sich bei Strafprozessen der Staatsanwaltschaft anschließen, indem sie sich zur partie civile erklären. Die partie civile wird von einer eigenen Rechtsanwältin oder Rechtsanwalt vertreten und hat das Recht, vor Gericht Anträge zu stellen. Die partie civile wird deshalb häufig, wenn nicht immer benutzt, um vor Strafgerichten zusätzlichen politischen Druck auszuüben, und feministische Organisationen haben sich dieser Institution häufig bedient.

13. Dies waren Enfance et Parentage, vertreten durch Catherine Sviloff, Le Planning Familial, vertreten durch Monique Antoine und SOS Femmes Alternatives, vertreten durch Weil-Curiel.

14. Interview Weil-Curiel 1993.

15. Interview Weil-Curiel 1992.

16. Psychiatrischer Bericht vom 24. April 1991. Ich danke Weil-Curiel für die Überlassung dieses und anderer Dokumente.

17. Psychiatrischer Bericht vom 12. Juli 1992; Hervorhebung im Original.

18. Zum Versäumnis des westlichen, liberaldemokratischen Begriffs der „Bürgerschaft", Vorstellungen von der Spezifik von Frauen einzubeziehen und zu der damit verbundenen Machtdynamik s. Jones 1990; s. auch Pateman 1988 für eine Analyse, wie die französisch-republikanische, vom „Gesellschaftsvertrag" geprägte Version der liberalen Demokratie Frauen Positionen

zuweist, sowie McKinnon 1983 für eine Auseinandersetzung über die Unzulänglichkeit des liberalen Staates bei der Behandlung von Problemen, die spezifisch Frauen angehen.

19. Catharine MaKinnon hat eine ähnliche Überlegung im Zusammenhang mit der Debatte über „Gleichheit oder Differenz" überaus griffig zum Ausdruck gebracht, soweit diese Diskussion sich auf westliche und speziell US-amerikanische Gesetzgebung zu sexueller Diskriminierung (oder auf deren Fehlen) bezieht: „Nach der herrschenden Meinung war es sexuelle Diskriminierung, Frauen das zu geben, was sie nötig hatten, weil nur Frauen es benötigten. Es ist keine sexuelle Diskriminierung, wenn Frauen das nicht bekommen, was sie benötigen, weil dann nur Frauen das nicht bekommen, was sie nötig haben." (1990, S. 219)

20. Eine Analyse der Aneignung des weiblichen Körpers innerhalb der westlichen patriarchalischen Ordnung und des Begriffs der „Natur" als Rechtfertigungsmittel für die männliche Herrschaft über Frauen liefert Guillaumin 1978.

21. Der französische Originaltext lautet etwas anders: „Au poids de la tradition ante-islamique vient s'ajouter la pression forte de l'Islam noir" (186, Hv. B.W.). „Schwarzer Islam" ist etwas spezifischer als „Islam in Afrika", weil der afrikanische Kontinent auch den Maghreb und andere arabisch-berberische Länder in Nordafrika umfaßt.

22. Es kann sein, daß der Islam in einigen „schwarz"afrikanischen Ländern gegenüber vorislamischen Traditionen ein größeres Entgegenkommen gezeigt hat; doch bleibt die Tatsache, daß kein islamischer Text jemals irgendeine Form der Klitoridektomie oder Infibulation befürwortet hat. Darüber hinaus hat die GAMS (1991, S. 15) bemerkt, daß die AnhängerInnen vieler anderer Religionen in Afrika ebenfalls die Exzision praktizieren.

23. Maurice Peyrot: in Le Monde, 8., 9., 10. 3. 1991, Übersetzung im Guardian Weekly, 24. 3. 1991, wieder abgedruckt 1992 in „Passages", Supplement zu PAS News and Events, 3: 3.

24. Interview Touré 1992.

25. Die zeitgenössische, extrem rechte Position der „kulturellen Absonderung" wird vertreten durch Organisationen wie RECE (Groupe de Recherche et d'Étude pour la Civilisation Européenne) und deren Zeitschrift Elements pour la civilisation européenne oder den Club de l'Horloge und seine Zeitschrift Krisis und vor allem durch ihren Hauptideologen Alain de Benoist. Ein historischer Überblick über die französische extreme Rechte ist in Chombart de Lauwe 1986 enthalten, für eine Studie über den französischen Faschismus und faschistische Tendenzen in der französischen extremen Rechten s. Milza 1987.

26. Es ist wert, anzumerken, daß Fehldarstellungen des französischen Feminismus auch unter Frauenforscherinnen in westlichen englischsprachigen Ländern verbreitet sind. Der „französische Feminismus" wurde oft mit „Postmodernismus" gleichgesetzt und eng auf das Werk weniger Intellektueller wie Luce Irigaray, Hélène Cixous und Julia Kristeva festgelegt. Diese Autorinnen sind aber nicht nur weit entfernt, repräsentativ für das französische feministische Denken und die feministische Bewegung in Frankreich zu sein, sondern wenige von ihnen verstehen sich selbst als Feministin. Manche, so wie Kristeva, sind in Wirklichkeit antifeministisch.

27. Für einige Stellungnahmen von französischsprachigen afrikanischen Frauen s. Thiam 1978, 1980; MODEFEN 1984 und Touré 1984.

28. Koïta vom GAMS hat darauf hingewiesen, daß eingewanderte Frauen in Frankreich in Wirklichkeit viel weniger Autonomie haben als in ihrem Herkunftsland, was weitgehend an den Umständen liegt, unter denen die Immigranten-Familien nach Frankreich kommen und dort leben. Wie in den meisten anderen Fällen der Familien-Migration auf großer Stufenleiter kommen die Ehemänner lange vor ihren Frauen und Kindern; abgeschnitten von den Strukturen und Sicherungsmechanismen der Gemeinschaft tendieren die afrikanischen Männer dazu, die totale Kontrolle zu übernehmen, lassen ihre Frauen nicht ausgehen, nicht einmal zu Alphabetisierungskursen, kontrollieren die Finanzen der Familie einschließlich der Zuwendungen, die normalerweise an Mütter gezahlt werden, und verwahren die amtlichen Papiere. Ferner führen Widersprüche in der französischen Einwanderungsgesetzgebung zu noch weiterer Isolation für zweite und weitere Ehefrauen, die zur Zeit der Niederschrift dieses Artikels zwar bei der Immigration anerkannt wurden, nicht aber von anderen französischen Verwaltungsinstanzen wie etwa der Sozialversicherung.

29. Interview Weil-Curiel 1992.
30. Interview Koïta 1993.
31. Interview Weil-Curiel 1992. Camille Lacoste-Dujardin (1985) hat die gleiche Beobachtung in ihrer Studie über die Internalisierung und Weitergabe von Unterdrückung unter marokkanischen Frauen gemacht.
32. Interview Touré 1992; Interview Koïta 1993.
33. Interview Weil-Curiel 1992.
34. Interview Weil-Curiel 1993.
35. Der Begriff misérabilisme (der hier mit „Sozialhilfe-Attitüde" und im englischen Original mit „socialworkerism" übersetzt wurde, d.Ü.) ist äußerst schwer zu übersetzen. Ursprünglich wurde er geprägt, um die künstlerische Beschäftigung mit den häßlicheren Seiten des Lebens, vor allem zusammenhängend mit Armut, aber auch mit Ghettoisierung zu beschreiben. Heute wird der Begriff oft benutzt, um die Stereotypisierung von Unterdrückten als passive Opfer zu beschreiben.
36. Gemeint ist Frankreich ohne die Überseedepartements in der Karibik, vor der afrikanischen Küste und im Pazifik, d.Ü.
37. Interview Koïta 1993.
38. Kelthoum Bendjoudadi, eine der Initiatorinnen des NO-Projektes, wurde von mir am 28. Juni 1993 in Paris interviewt. Sie berichtete beispielsweise, daß die Frauen zunächst während eines zweimonatigen „Einführungs"-Kurses eine Anfangsausbildung erhalten, um dann zwei Jahre bei voller Bezahlung als Näherinnen ausgebildet zu werden. Der Einführungskurs behandelt häufig so grundlegende Dinge, wie den Gebrauch eines Bügeleisens oder wie die Etiketten auf unterschiedlichen Marken von Reinigungsmitteln einzuschätzen sind.
39. Kathleen B. Jones hat gezeigt, daß die westlichen liberalen und republikanischen Begriffe „Gleichheit" und „Staatsbürgerschaft" die Einzelperson als abstraktes Selbst setzen und den individuellen Körper als Besitz oder „physischen Behälter" dieses abstrakten Selbst, wogegen Feministinnen behaupten würden, daß der Körper „ein historisches Objekt ist, das von ökonomischen und politischen Strukturen bestimmt ist, die seine Ausdrucksmöglichkeiten vermitteln. Er ist auch ein unablösbarer Bestandteil der menschlichen Subjektivität. Der Körper ist nicht nur ein bloßer Behälter des Selbst" (1990, S. 796).

Literatur

Auffret, Séverine (1982): *Des couteaux contre des femmes: De l'excision.* Paris: Des Femmes.
CAMS Internationale (Commission Internationale pour l' Abolition des Mutilations Sexuelles) (1989): Résolution du colloque international 'Des Violences et Mutilations Sexuelles Infligées aux Fillettes et aux Femmes.' *Paris féministe,* 75/76, S. 45 - 46.
- (1990): L'excision: Dans le monde la blessure.... In: *Hommes et Libertés: Les violences faites aux femmes.* Special unnumbered issue of *Revue de la Ligue Droits de l'Homme,* S. 14 - 19.
Chombart de Lauwe, Marie-José (1986): *Vigilance: Vieilles traditions extrémistes et droites nouvelles.* Paris. Ligue des Droits de l'Homme/Etudes et Documentation Internationales. *Code Pénal. 1983 - 84.*
Erlich, Michael (1986): *La femme blessée: Essai sur les mutilations sexuelles féminines.* Paris.
- (1990): Notions de mutilation et criminalization de l'excision en France. In: *Droit et cultures: Revue semestrielle d'anthropologie et d'histoire,* 20, S. 151 - 162.
- (1991): *Les mutilations sexuelles.* Paris.
Fainzang, Sylvie (1984): L'excision, ici et maintenant: Étude ethnologique. In: *Les mutilations du sexe des femmes aujourd'hui en France.* Paris.
- (1985): Circoncision, excision et rapports de domination. In: *Anthropologie et sociétés,* 9, 1, S. 117 - 127.
- (1990): Excision et ordre social. In: *Droit et cultures: Revue semestrielle d'anthropologie et d'histoire,* 29, S. 177 - 182.

FOWARD (1989): Sexual Mutilations: Case Studies Presented at the Workshop 'African Women Speak on Female Circumcision' (Khartoum, October 21 - 25, 1984), reprinted in: *FOWARD* , S. 49 - 64.

GAMS (Groupe pour l'Abolition des Mutilations Sexuelles) (1984a): Excision et santé publique: Etude médicale. In: *Les mutilations du sexe des femmes aujourd'hui en France*, Paris, S. 45 - 60.

- (1984b): Les populations concernées en France. In: *Les mutilations du sexe des femmes aujourd'hui en France*, Paris, S. 77 - 80.

- (1991): A mynima ou compléte: Non á l'excision. In: *Paris féministe*,128, S. 13 - 17.

Gillette-Frénoy, Isabelle (1992): *L'excision et sa présence en France*. Paris: Editions GAMS.

Giudicelli-Delage, Geneviéve (1990): Excision et droit pénal. In: *Droit et cultures: Revue semestrielle d'anthropologie et d'histoire*, 29, S. 201 - 211.

Groult, Benoite (1991): Cent fois non á l'appel de Martine Lefeuvre. In: *Nouvelles questions féministes*, 16/17/18, S. 205 - 208.

Guillaumin, Colette (1978): Pratique du pouvoir et idée de Nature (2): Le discours de la nature. In: *Nouvelles questions féministes*, 3, S. 5 - 28.

Hosken, Fran (1979): The Hosken Report: Genital and Sexual Mutilation of Females. In: *Women's International Network News Quartely*, Lexington, Mass.

Jones, Kathleen B. (1990): Citizenship in a Woman-Friendly Polity." In: *Signs: Journal of Women in Culture and Society*, 15, 4, S. 781 - 812.

Kunstenaar, Caroline (1988): Excision. In: *Paris féministe*, 66, S. 10 - 11.

Lacoste-Dujardin, Camille (1985): *Des méres contre les femmes: Maternité et patriarcat au Maghreb*. Paris.

Lefeuvre, Martine (1988): Le devoir de l'excision. In: *Bulletin du MAUSS*, n.s., 1, S. 65 - 95.

- (1989): Contre la criminalisation de l'excision. In: *Bulletin du MAUSS*, n.s., 3, S. 162 - 163.

Lionnet, Francoise (1992): Identity, Sexuality and Criminality: 'Universal Rights' and the Debate around the Practice of Female Excision in France. In: *Discourses on Sexuality," Special issue of Contemporary French Civilisation*.

Loupiac, Marianne (1988): La mort de Mantessa. In: *Paris féministe*, 67, S. 12 - 14.

Lyotard, Jean-Francois (1979): *La condition postmoderne: Rapport sur le savoir*. Paris.

MacKinnon, Catharine A. (1983): Feminism, Marxism, Method, and the State: Toward Feminist Jurisprudence. In: *Sign: Journal of Women in Culture and Society*,8, 4, S. 635 - 658.

- (1990): Legal Perspectives on Sexual Difference. In: Rhode, Deborah L. Hg.: *Theoretical Perspectives on Sexual Difference*. New Haven, Conn., S. 213 - 225.

Maertens, Jean-Thierry (1990): Les mutilations rituelles en corps et toujours. In: *Droit et cultures: Revue semestrielle d'anthropologie et d'histoire*, 20, S. 163 - 176.

Milza, Pierre (1987): *Fascisme francais: Passé et présent*. Paris.

MODEFEN (Mouvement pour la Defense des Droits.......Noire) (1982): Sur l'infibulation et l'excision en Afrique. In: *Bulletin de l'Association Francaise des Anthropologues*, 9, S. 50 - 54.

- (1984): Au nom de l'identité culturelle. In: *Les mutilations du sexe des femmes aujourd'hui en France*, Paris, S. 9 - 14.

Pateman, Carole (1988): *The Sexual Contract*. Cambridge.

Quiminal, Catherine (1991): Les procés de l'excision: Leurs effects pervers... (interview with Josette Trat). In: *Les cahiers du Féminisme*, 57, S. 6 - 9.

Saurel, Renée (1981): *L'enterrée vive*. Geneva; Paris.

- (1985): *Bouches consues: Les mutilations sexuelles féminines et le milieu médical*. Paris.

Sindzingre, Nicole (1977): Le plus et le moins: À propos de l'excision. In: *Cahiers d'etudes africaines*,17, 1, S. 65 - 75.

Thiam, Awa (1978): *La parole aux négresses*. Paris.

- (1990): Sauver des millions de vies, c'est possible des maintenant. In: *Hommes et lebertés: Les violences faites aux femmes,* special unnumbered issue of *Revue de la Ligue des Droits de l'homme,* S. 20 - 21.

Touré, Coumba (1984): Des femmes africaines s'expériment. In: *Les mutilations du sexe des femmes aujourd'hui en France,* Paris, S. 15 - 21.

Verdier, Raymond (1990): Chercher reméde a l'excision: Une nécessaire concertation. In: *Droit et cultures: Revue semestrielle d'anthropologie et d'histoire,* 20, S. 147 - 150.

- (1991a): Excision, du devoir au crime. In: *Libération,* July 1.

- (1991b): L'exciseuse á la cour d'assises: Le procés de Soko Aramata Keita. In: *Droit et cultures: Revue semestrielle d'anthropologie et d'histoire,*(Translation, 1992: „The Exciseuse in Criminal Court: The Trial of Soko Aramata Keita), 21, S. 184 - 187.

Vernier, Dominique (1990): Le traitement pénal de l'excision en France: Historique. In: *Droit et cultures: Revue semestrielle d'anthropologie et d'histoire,* 29, S. 193 - 199.

Ursula Müller

Besserwissende Schwestern?
Eine erfahrungsgesättigte Polemik [1]

Wohlwollende Herabsetzung

Meine vierjährige Zeit als Sprecherin der Sektion „Frauenforschung in den Sozialwissenschaften" fiel exakt in die Periode der „Wende", nämlich in die Zeit von 1987 bis 1991. Die Sektion Frauenforschung widmete eine ihrer Jahrestagungen den Auswirkungen der deutschen Vereinigung auf das Geschlechterverhältnis von West und Ost (vgl. u.a. Knapp; Müller 1992). In wissenschaftspolitischer Hinsicht gab es einige Anlässe, aktiv in die Auswirkungen der „Wende" auf unsere ostdeutschen Kolleginnen einzugreifen, bzw. dies zu versuchen. Einige meiner empirischen Forschungsgebiete - z.B. die Arbeitsmarktforschung oder die geschlechtsspezifische Jugendforschung - boten gleichfalls Gelegenheit, sich mit deutsch-deutschen Frauenfragen zu konfrontieren.[2] Ost-West-Tagungen unterschiedlichster Couleur und mit unterschiedlichstem Rollenangebot gaben reiche Gelegenheit, Erfahrungen zu sammeln und zu verarbeiten. In direkter Zusammenarbeit mit Ost-KollegInnen[3] erfuhr ich viel über Gemeinsamkeiten und Unterschiede und über die hohe Irrtumswahrscheinlichkeit durch vorschnelles Verstehen.

Dabei verstärkte sich nach und nach mein Eindruck, daß die westdeutsche Frauenforschung sich an verschiedenen Punkten sehr schwer tat (und tut?), ostdeutsche Kolleginnen nicht nur zu verstehen, sondern auch **gelten** zu lassen - mit ihren Erfahrungen und mit ihren grundlegenden Perspektiven auf die Welt. Dies möchte ich an einigen Beispielen verdeutlichen und orientiere mich als Leitlinie meiner Interpretation an einem Beitrag von Christine Eifler, einer Wissenschaftlerin aus Ost-Berlin, den sie zur Jahrestagung der Sektion Frauenforschung 1991 gehalten hat. Sie sagte dort:

> „Ich erlebe West-Frauen manchmal in folgendem Widerspruch: Geht es in Diskussionen und Gesprächen um West-Probleme, werden die umfassenden empirischen Kenntnisse patriarchaler Unterdrückung deutlich. Es zeigt sich ein differenzierter Umgang mit dem Frauenproblem als Verschränkung ökonomischer, sozialer, psychischer, geistiger, kultureller und historischer Momente. Vor allem aber überzeugt mich, daß ihre Theorien immer auch das Ergebnis eines veränderten Lebens darstellen - mit oft sehr interessanten Irrungen, Versuchen und Brüchen. In der Diskussion um die DDR-Frauen jedoch verlassen die West-Frauen für mich ih

ren Ort. Sprache, Interpretationen, Reaktionen und Verhaltensweisen verändern sich spürbar. Aus der eigenen Perspektive einer 20jährigen frauenbewegten Daseinsweise blicken sie auf die Ost-Frauen, die sie in einem Geflecht von Selbständigkeit im Beruf, nicht hinterfragter Kinder- und Männerorientierung und somit in fehlendem Frauenbewußtsein befangen sehen. Das Leben der anderen Frauen unterscheidet sich so von dem ihren, daß sie keinen Zugang finden. Die Ost-Frau personifiziert, was für West-Frauen bedrohlich ist: persönliche Abhängigkeit von Männern im Privaten wie im Gesellschaftlichen, das Aushalten der Nichtvereinbarkeit von Berufs- und Familientätigkeit auf Kosten von Frauen." (Eifler 1992, S. 5)

Verblüffend an der Situation der deutsch-deutschen „Schwestern" ist ein Konglomerat von Unterschieden und Gemeinsamkeiten, das uns vor anspruchsvolle Untersuchungsanforderungen stellt und an jeder Biegung, die unser analytischer Verstand als sicheren Erklärungsweg gefunden zu haben glaubt, neue unerwartete Irritationen bereithält. Zuverlässig erwartete Übereinstimmungen treten nicht zutage; als sicher geglaubte Differenzen lösen sich in Luft auf.

Dies zeigt sich beispielsweise in der Unterstellung, Frauenbiographien in Ost und West seien sehr unterschiedlich und in dieser Unterschiedlichkeit wiederum relativ homogen gewesen. Auf einer Arbeitsmarkttagung in Ostberlin zu Wendezeiten wurde z.B. von einer westdeutschen Frauenforscherin als Tatsache behauptet, daß *alle* ostdeutschen Wissenschaftlerinnen bis hin zu den Professorinnen Kinder hätten, während es westdeutsche Professorinnen mit Kindern nicht gebe. In diesem Raum waren allerdings mindestens zwei westdeutsche Professorinnen aus der Frauenforschung, die auch Kinder haben, anwesend: Lebendige Hinweise darauf, daß mit der zuvor behaupteten strukturellen Unmöglichkeit in Westdeutschland, Universitätskarriere und Mutterschaft zu verbinden, nicht so deterministisch argumentiert werden kann. Diese Festlegung in den Vorannahmen sehe ich meinen Kolleginnen jedoch nach, da ich selbst zuhauf über eigene Erfahrung mit systematischer Verkennung verfüge. Etwa zur gleichen Zeit wurde mein Nachbarbüro in der Universität Bielefeld von einer jungen japanischen Professorin belegt, die für ein Jahr zum Forschungsaufenthalt nach Bielefeld gekommen war und zwei junge Kinder - eins im Schul-, eins im Kindergartenalter - mitgebracht hatte. Nach allem, was ich über die japanische Berufswelt zu wissen glaubte, war diese nette und zweifelsfrei existierende Kollegin aus strukturellen und kulturellen Gründen eigentlich nicht existent (mein diesbezügliches Begrüßungsstatement amüsierte sie sehr). Die von westlicher Seite unterstellte Konformität östlicher Lebensläufe[4] erstaunte auch eine Ostberliner Bekannte, die zur Wendezeit in einem städtischen Amt arbeitete; sie berichtete von der westdeutschen Überprüfungskommission, die das Amt eine Zeitlang von unten nach oben kehrte und alle Beschäftigten nach ihrer Vergangenheit befragte. Schließlich habe sich die

westdeutsche Kommission erstaunt und beeindruckt gezeigt von der Vielfalt
der Lebenswege, die sie kennengelernt hat - die in den westdeutschen Köpfen vorgefertigte ostdeutsche Einheitsbiographie - Kinderkrippe, Schule,
junge Pioniere, ... - war konfrontiert worden mit einer Verschiedenartigkeit
von Biographien, die an Differenzierung der „Individualisierung" westdeutscher Lebenswege in keiner Weise nachstand.⁵
    Perspektivwechsel auch in unvorhergesehene Richtungen sind angesagt,
wenn deutsch-deutsche „Schwestern" sich unterhalten. Unvergeßlich ist mir
die Frage einer Ost-Kollegin, als ich über Teilzeitarbeit als eine Möglichkeit
der Vereinbarkeit von Beruf und Familie redete: „Aber dann wird ja der Beruf reduziert. Wo ist denn da die Vereinbarkeit?" Schlagartig wurde mir
klar, daß ich trotz allem kritischen Verständnis in meiner Formulierung etwas als selbstverständlich vorausgesetzt hatte, das keinesfalls selbstverständlich sein muß: die Reduktion von Berufsarbeit zu Gunsten von Familienarbeit. Die „Zweitrangigkeit weiblicher Erwerbstätigkeit" (Maier 1992, S.
33) in der westdeutschen Gesellschaft war von mir - entgegen meiner Überzeugung - unreflektiert affirmiert worden. „Gleichwertigkeit" von Beruf und
Familie wird im westlichen Verständnis, so wurde mir klar, *synonym* mit
„Zweitrangigkeit des Berufs" verwendet - zumindest in bezug auf Frauen.
    Nicht nur bezogen auf Frauenbewußtsein allgemein, sondern auch in Hin-
blick auf verschiedene Ordnungsvorstellungen für das tägliche Leben sind
Perspektivwechsel erforderlich, wenn wir es vermeiden wollen, unseren
westdeutschen common-sense in genuin bürgerlicher Manier als universalen
Erklärungshorizont zu nehmen, in dem auch das Fremde vorschnell als das
Bekannte identifiziert und mit gewisser Wahrscheinlichkeit als defizitär
eingestuft wird. Nicht zu überhören ist beispielsweise die Empörung Gisela
Helwigs (West) über die Familienpolitik der DDR, die sich z.B. in einer
Publikation von 1962 (Schmidt-Kolmer; Schmidt 1962, zit. n. Helwig 1993,
S. 11) gegen die kleinbürgerliche Familienidylle westlicher Prägung wandte;
befriedigt stellt sie sodann fest, daß diese „Zweifelhaftigkeit" der DDR-
Gleichberechtigungspolitik in einer sinkenden Geburtenrate in den 60er und
70er Jahren resultiert habe (Helwig 1992). Die etwa gleichzeitig auch deutlich sinkende Geburtenrate im Westen bleibt dabei ebenso unerwähnt wie
der Umstand, daß die Geburtenrate nach der „Wende" in der nunmehrigen
Ex-DDR so drastisch absank (von 1,73 1985 auf 0,80 1993 gegenüber 1,28
im Westen für 1985 und 1,39 für 1993, vgl. Schröter 1995), daß einige von
einem „Gebärstreik" sprechen und bereits drastische Einsparungen im Bildungssystem der zunehmend kinderärmer werdenden „neuen Länder" vorbereitet werden.
    Zahlen und Fakten spielen im Prozeß der deutsch-deutschen Auseinander-
setzung eine große Rolle - und dies, obwohl unseren ostdeutschen Kollegin-

nen auf den ersten gemeinsamen Tagungen platter Empirismus vorgeworfen
wurde, wenn sie von Umfrageergebnissen noch zu DDR-Zeiten berichteten,
in denen sich zwar Unzufriedenheit mit der Länge der Arbeitszeit, ganz generell aber große Zufriedenheit der DDR-Frauen mit der spezifischen Form
von Sicherung der Vereinbarkeit von Beruf und Familie in der DDR aus-
drückten. Gestandene ostdeutsche Forscherinnen, die selbst ein Verständnis
von empirischer Sozialforschung als eines unbestechlichen Instruments hatten (etwa analog dem Wissenschaftsverständnis der westlichen Sozialforschung in den 60er Jahren), mußten sich sagen lassen, kein Gespür für er-
zwungene Zustimmung und keine Ahnung von Methodenkritik zu haben.
Hierüber läßt sich sicher trefflich streiten; zu deutlich war für mich aber,
daß die Kolleginnen nicht nur für methodische Indolenz, sondern für normativ inakzeptable Ergebnisse und Schlußfolgerungen gerügt wurden: in der
DDR, so die Meinung der sehr streng und herabsetzend argumentierenden
westlichen „Schwestern", sei Frauenerwerbstätigkeit eben vom Staat er-
zwungen gewesen, eine Wahl habe nicht bestanden. Insofern wurden der
Ost-Kollegin zwar ihre Ergebnisse zu den Arbeitszeitverkürzungswünschen
von Frauen in der ehemaligen DDR[6] geglaubt, nicht jedoch - zumindest
nicht ohne weiteres - ihre Ergebnisse zur hohen Wertigkeit der
Berufstätigkeit für Frauen und deren insgesamt recht positiven Einschätzung
ihrer Situation. Hier läßt sich das Interpretationsmuster erkennen, daß im
Osten aus Zwang (staatlicher oder ökonomischer Druck), im Westen
hingegen weit überwiegend aus Selbstverwirklichungsgründen von Frauen
Berufstätigkeit ausgeübt wurde.

Ein ganz besonders umkämpfter Bereich ist - aus nachvollziehbaren Gründen - der der Kindererziehung und -betreuung. *Der* westdeutsche Hebel zur
Regelung von Arbeitsmarktkonkurrenz zugunsten von Männern wird seit einiger Zeit auch erfolgreich gegen die ostdeutschen Frauen eingesetzt, und
zwar auf allen Ebenen: ökonomisch, politisch - und ideologisch. Ohne jeglichen Beleg - mit Ausnahme des intensiven Studiums von programmati-
schen Schriften des ZK der SED und anderer Werke sowie ausgestattet mit
soliden katholischen Grundüberzeugungen - darf z.B. der Kölner Pädago-
gikprofessor Niermann als „Experte" bei einer Anhörung der Bundesregierung 1991 behaupten, die Krippenerziehung füge generell Kindern schweren und kaum reparablen Schaden zu, aber auch die Eltern in der Ex-DDR -
insbesondere natürlich die Mütter - hätten keine erzieherischen Fähigkeiten
entwickelt. „Dem Bedürfnis des Kindes nach Liebe und Geliebtwerden
wurde in den Familien nicht entsprochen" (Niermann 1991, S. 14), und
frühe Mutterentbehrung wird für einen Teil der Jugendlichen in Zusammenhang mit der Entwicklung rechtsradikaler Orientierungen gebracht
(1991, S. 32). Demgegenüber stellen Horst-Eberhard Richter und Elmar

Brähler in ihrer repräsentativ-vergleichenden Untersuchung fest, „daß ostdeutsche Kinder häufiger eine positive Erinnerung an Eltern und Kindheit
haben als westdeutsche. Die Eltern werden öfter als warmherzig und tolerant beschrieben. 'Sie haben die Kinder näher an sich herangelassen, sie
weniger bestraft, weniger geschlagen, weniger beschämt, mehr unterstützt
und sie weniger mit ehrgeizigen Forderungen gequält.'" (Guha 1995, vgl.
auch Metz-Göckel; Müller; Nickel 1992).[7]

Die durchschaubare Polemik Niermannscher Provenienz wäre nicht weiter
bedenklich, bestünde in Westdeutschland ein gesellschaftlicher Konsens
über den Segen und die Notwendigkeit öffentlicher Kinderbetreuungsein-
richtungen. Dem ist jedoch nicht so; vielmehr handelt es sich um eines derjenigen Forschungsgebiete, in denen bis vor wenigen Jahren wissenschaftliche Fehler und Absenz von Redlichkeit das Bild prägten (vgl. Sommerkorn
1988). Dies ist nur dadurch erklärbar, daß die Mütterlichkeitsideologie in
unserer Gesellschaft zentrales und hochwirksames Mittel ist, Frauen am
Überschreiten traditioneller Barrieren zu hindern. Ich erinnere in diesem
Kontext an einen langen Artikel einer ansonsten von mir sehr geschätzten
Autorin, die in der Samstagsausgabe der „Frankfurter Rundschau" kurz
nach der deutschen Vereinigung über die aus ihrer Sicht freudlose Ausstattung von Kinderkrippen und -tagesstätten in der Ex-DDR berichtete. Der
Tenor des Artikels war: In überwiegend mit Plastik ausgekleideten Räum-
lichkeiten, in denen Tische und Stühle exakt auf Kante stehen, *kann* gar
keine „kindgemäße" Erziehung vor sich gehen. (Dann doch lieber das westliche Modell: Naturmaterialien und teures langwieriges Bauen für wenige
statt Plastik für alle). Daß die kompetente Wessi-Schwester schon an Äu-
ßerlichkeiten merkt, was hier im Argen liegt, zeigte sich auch in einem von
einer Ost-Kollegin geschilderten Konflikt um die Ausstattung in der von ihr
genutzten Kindertagesstätte: Bisher hatten alle Kinder ihren Mittagsschlaf
(sic! bereits als solcher gänzlich „out" aus westlicher Sicht) in *Gitterbett-
chen* gemacht; nun kam das westliche Betreuungsteam und meinte, die Gitterbetten müßten zugunsten von *flexiblen Kuschelecken* verschwinden. Es
erhob sich geeinter Protest der Ost-Eltern gegen dieses Ansinnen - „auf
einmal waren die Gitterbetten nicht mehr gut genug" - und zur Zufriedenheit der Kollegin durften schließlich die Kinder „ihre" Gitterbetten behalten.

Bereitwillige Selbstentwertung

Nicht immer jedoch gelingt es den östlichen Schwestern, die wohlwollende
Herabsetzung durch Belehrung eines Besseren zurückzuweisen. Die Enttäu-
schung über die nur langsamen Fortschritte sozialistischer Politik und der
Umstand, daß letztlich eben das „andere" System sich durchgesetzt hat (für

wie lange, wird sich zeigen), geht in die nachträgliche Abwertung der DDR mit ein und macht sie gelegentlich frauenfeindlicher, als sie war. So beschreibt Hildegard M. Nickel die auch in der Ex-DDR fortbestehende Lohndiskriminierung von Frauen 1993 mit den Worten, Frauen seien „insgesamt durch die Einkommens- und Gehaltsstruktur benachteiligt (gewesen), da sie ca. 25 bis 30 Prozent weniger als die Männer verdienten..." (1993, S. 237). Diese Argumentation ist auch bei westdeutschen Feministinnen gang und gebe, und besonderer Beliebtheit erfreut sie sich neuerdings in der „männlichen" Wissenschaft. So stellte z.B. ein junger Kollege in seinem Referat zum Frankfurter Soziologentag fest, auch die Frauenforschung sei ja der Meinung, in der DDR sei es den Frauen um keinen Deut besser gegangen als in der BRD (alt).

Dies gilt jedoch für das genannte Zitat nur unter einer Bedingung: Nickel geht es um die Diskrepanz von sozialistischem Ideal und DDR-Wirklichkeit; anderen geht es um die Relativierung frauenfeindlicher Strukturen in der BRD (alt und neu) mit Hilfe der Abwertung der DDR. Dies zeigt sich daran, daß fachwissenschaftliche Unrichtigkeiten oft mit leichter Hand übergangen werden. 1989 lag das durchschnittliche Einkommen der DDR-Frauen um 24% unter dem der Männer. Dies ist unbestreitbar eine Diskrepanz, die nicht von Gleichheit zeugt. Unter fachwissenschaftlichen Gesichtspunkten der Arbeitsmarktforschung handelt es sich bei der von Nickel zitierten Zahl von „25 bis 30%" um die kritische Marge, innerhalb deren sich heute fortgeschrittene Industriegesellschaften unterscheiden. In diesem Vergleichshorizont liegt die DDR faktisch im Bereich der weltweit geringsten Lohndiskriminierung von Frauen; nur die skandinavischen Länder haben eine niedrigere Lohndiskriminierung der Frauen aufzuweisen (OECD 1988). Bezogen auf den Vergleich mit der BRD steht die Ex-DDR eindeutig besser da, inbesondere dann, wenn Zeitreihen betrachtet werden:

Tab.1: Arbeitseinkommen der Frauen in der DDR ausgedrückt als Differenz zu Männereinkommen (jeweils Vollzeit)

1980	29%
1985	25%
1989	24%

(Quelle: Nickel 1993, S. 238)

Tab.2:   Arbeitseinkommen der Frauen in der BRD (alt) ausgedrückt als
Differenz zu Männereinkommen (jeweils Vollzeit)

	Arbeiterinnen	Angestellte
1980	28%	36%
1986	27%	36%
1989	27%	36%

(Quelle: Maier 1993, S. 272)

Wir sehen für die DDR (alt) einen allmählichen Rückgang geschlechtsspezifischer Lohndiskriminierung, für die BRD (alt) hingegen Konstanz auf
einem insgesamt höheren Level. Die Aussage, in der DDR sei es um die
Frauen auch nicht oder zumindest nicht viel besser bestellt gewesen, hat
bezogen auf Lohnungleichheit nur dann wissenschaftliche Dignität, wenn
sie am Ideal der vollständigen Lohngleichheit für Männer und Frauen gemessen wird, wie es die DDR-Kolleginnen ernsthaft tun. Ansonsten bedeutet
sie eher die Aufforderung an die Frauen aus der Ex-DDR, ihre Gesellschaft
und mit dieser auch ihre persönliche Geschichte zu entwerten.

Noch nicht immer kommen unsere Schwestern dieser Aufforderung zur
Selbstentwertung nach. Sie erweisen sich als widerständig, indem sie die positiven Seiten, die ihr altes System für sie hatte, nicht einfach leugnen wollen. In der Shell-Jugenduntersuchung '92 trauern mehr als die jungen Männer die jungen Frauen der Ex-DDR nach; sie sind bezogen auf die Zukunft
skeptischer als die jungen Ost-Männer, die ihre vorrangige Berufsorientie-
rung bruchlos in das neue System übertragen können (vgl. Metz-Göckel;
Müller; Nickel 1992). Dies zeigt sich auch für die erwachsene Wohnbevöl-
kerung insgesamt:

Tab.3:   „Ich bin im großen und ganzen für die gesellschaftlichen Veränderungen in Deutschland" (Ostdeutsche Bevölkerung über 18 Jahre,
Antwortkategorien: „ja" und „mehr ja als nein")

	Frauen	Männer
Mai 1990	78%	81%
Okt. 1991	64%	71%
Mai 1993	39%	51%

(Quelle: Schröter 1995, S. 32 (ISDA-Daten))

Ursula Schröter (1995) interpretiert zu Recht, „die generelle Zustimmung
der ostdeutschen Frauen zu den politischen Veränderungen (sei) bis zum
Frühjahr 1993 nicht nur drastisch gesunken, sondern (habe) sich auch deutlich von der der Männer entfernt".

Obwohl einige Umfrageergebnisse uns glauben machen wollen, die ostdeutschen Frauen glichen sich in wichtigen Fragen, wie z.b. den normativen Vorstellungen über private Kindererziehung, der West-Mehrheit an (so interpretiert von Ostner 1995, S. 105), weigern sich doch viele von ihnen, ihre Widerständigkeit (Beharren auf den Rechten und Ansichten, die sie zu DDR-Zeiten hatten) als Rückständigkeit zu begreifen. Im Gegenteil lassen sich einige stichhaltige Argumente dafür anführen, daß gerade für die *Frauen* in der Ex-DDR eine „pauschale Rückständigkeitsannahme" (Schröter 1995, S. 31) nicht zutrifft: ihre Orientierung auf Vereinbarkeit von Beruf und Familie kann eher als Zukunftspotential betrachtet werden als die - heute mit aller Macht durchgesetzte westliche - Vorstellung der Rückführung dieser Frauen in die finanzielle Abhängigkeit von einem Ehemann unter Abwertung der eigenen Berufstätigkeit und das Sich-Schicken in marktliberale Frauendiskriminierung (vgl. Böckmann-Schewe; Kulke; Röhrig 1994). Auch die Abneigung der ostdeutschen Schwestern, das persönliche Schicksal und das ihrer nächsten Angehörigen, ohne jeden Blick für das Ganze, zum alleinigen Maßstab der eigenen Bewertung zu machen - also ihre in diesem Punkt fehlende Kleinbürgerlichkeit - kann ein Potential sein.[8]

Diese Thesen mögen erstaunen angesichts eines (in westlicher Bewertung) konservativen Geschlechterbildes, das Befragungen in der DDR zutage förderten: vor dem Hintergrund selbstverständlicher Integration der Frauen in die Erwerbsarbeit und Entprivatisierung der Kindererziehung haben sich bürgerliche Geschlechterstereotype erhalten, die in westlich-feministischen Ohren befremdlich klingen, in manchem Männerohr aber glückliche Reminiszenzen an längst verloren geglaubte frühere Selbstverständlichkeiten hervorrufen. Das Geschlechterbild, soweit es in Interviews hervortritt, ist weitgehend polar und komplementär und unterscheidet sich deutlich von westlichen Unisex-Vorstellungen. Mütterpolitik, Hausarbeitstag (zunächst nur für Frauen) und Vorstellungen von nur weiblichen oder nur männlichen Eigenschaften irritieren westliche Feministinnen, die Vorstellungen von Geschlechterkomplementarität nicht zuletzt deshalb so stark bekämpfen, weil sie im westlichen Denken immer noch zur Legitimation von Geschlechter*hierarchie* genutzt wird. Die kulturelle Auseinandersetzung um Geschlechterfragen war im Westen weiter vorangeschritten; Frauen im Osten waren auf diese Auseinandersetzung insofern weniger angewiesen, als Geschlechterstereotype ihre von privaten Beziehungen zu Männern unabhängige Existenzsicherung nicht bedrohten. Heute hingegen, so ist zu befürchten und auch schon zu beobachten, bietet die im Osten weitgehend unhinterfragte Komplementarität der Geschlechter einen guten Nährboden für die Durchsetzung des westlichen Verständnisses von Komplementarität, das ausgeprägte Hierarchien und die ungleiche Verteilung von Existenzchancen zwischen Frauen und Männern legitimieren hilft.

Einige Thesen zur Konstruktion von Anderssein und Fremdheit im deutsch-deutschen Einigungsprozeß

Meine erste These lautet in bewußt pointierter Formulierung: Der westliche Feminismus betrachtet(e) die Schwestern aus dem Osten und die Forschung, die sie betrieben haben, überwiegend unter der Perspektive der Entwicklungshilfe (und wiederholt(e) damit die Perspektive unserer konservativen Bundesregierung): Unsere Kolleginnen können dies und das *noch* nicht; ihre Publikationen aus DDR-Zeiten brauchen wir ohnehin nicht zu lesen, denn das war alles Tendenzliteratur. Bezogen auf Geschlechterfragen sind wir andererseits aber auch großzügig; unsere ostdeutschen Schwestern konnten nichts dafür, denn in dem Staat, in dem sie leben mußten, war es in der Tat schwer, eine differenzierte Sichtweise auf die Geschlechterproblematik zu entwickeln.

Diese wohlwollende Herabsetzung führt dazu - so meine zweite These - Probleme, die es in der DDR bezogen auf die Geschlechterfrage gab, als Beleg dafür zu nehmen, es sei nun wirklich nicht schade um den Untergang der DDR. Noch nicht einmal die Arbeitsmarktsegmentation nach Geschlecht und die Lohndiskriminierung der Frauen seien dort abgeschafft gewesen, ganz zu schweigen von der einseitigen Belastung der Frauen mit Hausarbeit.

Mit dieser Argumentation werden zugleich, so meine dritte These, grundlegende Probleme der Bundesrepublik - alt wie neu - abgespalten und auf die Ex-DDR projiziert.[9] Über diese Strategie wird die Ex-DDR abgewertet, mit ihr aber auch eine Reihe von progressiven, auf Umverteilung im Geschlechterverhältnis drängende Kräfte im Westen. Der reale gesellschaftliche Prozeß mitsamt den Menschen, die ihn gestaltet und getragen haben, aber auch ihm unterworfen und von ihm betroffen waren, kann von uns ferngehalten werden. Ihre Trauer, ihr Entsetzen über die zutage tretende umfassende Überwachung zu DDR-Zeiten, ihre existentielle Bedrohung nehmen wir mit relativer Kühle zur Kenntnis. Ihre Kritik an den heutigen Zuständen hingegen interpretieren wir als Ausdruck eines östlichen - unangemessenen - Anspruchsdenkens, dessen Quittung sie durch den Zusammenbruch ihres Regimes erhalten haben.[10]

Ich fühle mich erinnert an die Zeit des „Kalten Krieges", in der ich herangewachsen bin. Das Schlagwort „Geh doch nach drüben, wenn's dir hier nicht paßt" fungierte als catch all-Argument gegenüber jeglicher Form von Protest. Dies betraf grundlegende Kapitalismuskritik ebenso wie Forderungen nach der Demokratisierung des Bildungssystems, der Abschaffung des

§218, der Einrichtung von flächendeckenden Kinderbetreuungsangeboten und der Bekämpfung geschlechtsspezifischer Diskriminierung. Es will mir scheinen, als erfülle die Ex-DDR immer noch diesen argumentativen Zweck. Grundsätzlich *alle* Errungenschaften aus dem „Gleichstellungsvorsprung" der DDR stehen zur Disposition, und die Sozialwissenschaften treiben diesen Diskurs voran: „Schleichend scheint ... in den Sozialwissenschaften ein argumentativer Angriff auf die im Westen zunehmende und im Osten nicht abnehmende Erwerbsbereitschaft von Frauen Platz zu greifen, der bis vor kurzem noch undenkbar schien" (Nickel 1995, S. 27). Noch hat der westlich geprägte Feminismus Zeit zu überlegen, ob er in dieser Frage dem mainstream vorauseilen oder Eigensinn beweisen will.

Anmerkungen

1. Dieser Beitrag basiert auf einem Vortrag auf dem Workshop „Differenz und Konvergenz. Soziologische und historische Ansätze zur Konstruktion der 'Anderen' in Frauenforschung und Frauenbewegung und Perspektiven ihrer Überwindung" Ende 1993 in Bochum, in dem ich mein Erschrecken über die „Besserwisserei" der westdeutschen und die resignative Selbstentwertung eines Teils der ostdeutschen „Schwestern" in eine essayistische Polemik gekleidet habe. Diesen Charakter habe ich in der Schriftfassung zu erhalten versucht.
2. Hierzu zählte eine Untersuchung über die geschlechtsspezifischen Auswirkungen der sozioökonomischen Umwälzungen im Sachsenring-Werk, Zwickau, die ich gemeinsam mit einer ost-west-gemischten Forschungsgruppe durchführte (vgl. Beer; Müller 1994), sowie die Beteiligung an der Shell-Jugenduntersuchung 1992 (vgl. Metz-Göckel; Müller; Nickel 1992 sowie Metz-Göckel; Müller 1992).
3. Erwähnen möchte ich aus gemeinsamer Forschungs- und Publikationserfahrung Barbara Bertram, Jutta Chalupsky, Hildegard Maria Nickel sowie den schon verstorbenen Dieter Seifert. Diesen KollegInnen verdanke ich viele Erfahrungen und Verständnishilfen; sie tragen aber keinerlei Verantwortung für meine hier oder an anderer Stelle gezogenen Schlüsse.
4. Ostdeutsche „Einheitsbiographie" - zentralistisch gelenkt und institutionalisiert, vgl. Nickel 1992 und Mühlberg 1995.
5. Siehe hierzu auch die Beispiele in Dölling 1995 und bereits Niethammer; v. Plato; Wierling 1991, sowie speziell zu Jugendbiographien Metz-Göckel; Müller 1992 und Metz-Göckel; Müller; Nickel 1992.
6. Diese Ergebnisse durfte sie im übrigen in der DDR nach zunächst interner Präsentation vor den entsprechenden politischen Gremien nicht veröffentlichen, was ihre Überzeugung, daß durch Forschung erzeugte Befunde Aufklärungscharakter haben, sicher verstärkt hat.
7. Richter und Brähler scheinen im übrigen die eher negative Einschätzung der institutionalisierten Kinderbetreuung in der DDR zu teilen, führen sie doch die positive Beurteilung der Eltern durch ihre Kinder nicht zuletzt darauf zurück, daß die Familien einen privaten Raum der nichtreglementierten Selbstentfaltung gesichert hätten. Dieses Argument hat theoretisch eine gewisse Plausibilität, widerspricht aber unseren Eindrücken aus der Shell-Jugenduntersuchung 1992, in der die Kita-Betreuung durch die Jugendlichen rückblickend positiv beurteilt wurde.
8. Siehe auch Rommelspacher 1994 sowie - ohne geschlechtsspezifischen Bezug - Hradil 1995.
9. Dies gilt im übrigen auch für andere als Geschlechterfragen: Umweltverseuchung durch Industrie, Bereicherung im Amt, Verschuldung von Städten - die Liste ließe sich fortsetzen.
10. In diesem Zusammenhang hat schon früh zu denken gegeben, daß gerade die Frauen in der DDR als Beispiel für „staatlich verdeckte Unterbeschäftigung" wie auch die Kinderbetreuung

als Beleg für das „Leben über die eigenen Verhältnisse" des DDR-Staates herhalten mußten, an dem er dann schließlich zugrunde gegangen sei.

Literatur

Beer, Ursula; Müller, Ursula (1994): Sich-Zurechtfinden in einer neuen Realität: Barrieren und Potentiale. In: Beckmann, Petra; Engelbrech, Gerhard Hg.: *Arbeitsmarkt für Frauen 2000 - ein Schritt vor oder ein Schritt zurück?* (=BeitrAB 179). Nürnberg, S. 628-245.

Böckmann-Schewe, Lisa; Kulke, Christine; Röhrig, Anne (1994): Wandel und Brüche in Lebensentwürfen von Frauen in den neuen Bundesländern. In: *Aus Politik und Zeitgeschichte*, B6, S. 33-44.

Dölling, Irene (1995): Die Bedeutung von Erwerbstätigkeit für weibliche Identität in der ehemaligen DDR. In: *Mitteilungen aus der kulturwissenschaftlichen Forschung*, 36, S. 40-52.

Eifler, Christine (1992): An verschiedenen Orten. In: Knapp, Gudrun-Axeli; Müller, Ursula Hg., a.a.O., S. 3-10.

Guha, Anton-Andreas (1995): Ostdeutsche sind mitfühlender und weniger egoistisch als „Wessis". Studie zweier psychologischer Institute sieht bei Westdeutschen eine „Verarmung an libidinösen Gefühlen. In: *Frankfurter Rundschau*, 17.2. 1995.

Helwig, Gisela (1993): Einleitung. In: Dies.; Nickel, H. Hg., a.a.O., S. 9-21.

- ; Nickel, Hildegard Maria (Hg.) (1993): *Frauen in Deutschland 1945 - 1992*. Berlin.

Hradil, Stefan (1995): Die Modernisierung des Denkens. Zukunftspotentiale und „Altlasten" in Ostdeutschland. In: *Aus Politik und Zeitgeschichte*, B20, S. 3-15.

Knapp, Gudrun-Axeli; Müller, Ursula Hg. (1992): *Ein Deutschland, zwei Patriarchate? Dokumentation der Jahrestagung der Sektion „Frauenforschung in den Sozialwissenschaften" in Hannover*. Bielefeld; Hannover 1992.

Maier, Friederike (1992): Frauenerwerbstätigkeit in der DDR und der BRD - Gemeinsamkeiten und Unterschiede. In: Knapp, A.; Müller, U. Hg., a.a.O., S. 28-44.

- (1993): Zwischen Arbeitsmarkt und Familie - Frauenarbeit in den alten Bundesländern. In: Helwig, G.; Nickel, H., Hg., a.a.O., S. 257-279.

Metz-Göckel, Sigrid; Müller, Ursula (1992): Es ist viel mehr möglich: Ingenieurinnen. In: Jugendwerk der Deutschen Shell Hg.: *Jugend '92*. Bd. 1. Opladen, S. 45-60.

Metz-Göckel, Sigrid; Müller, Ursula; Nickel, Hildegard Maria (1992): Geteilte Welten. Geschlechterverhältnis und Geschlechterpolarisierung in West und Ost. In: Jugendwerk der Deutschen Shell Hg.: *Jugend '92*. Bd. 2. Opladen, S. 335-352.

Mühlberg, Dietrich (1995): Sexualität und ostdeutscher Alltag. In: *Mitteilungen aus der kulturwissenschaftlichen Forschung*, 36, S. 8-39.

Nickel, Hildegard Maria (1992): Frauenarbeit in den neuen Bundesländern. Rück- und Ausblick. In: *Berliner Journal für Soziologie*, 1, S. 39-48.

- (1993): „Mitgestalterinnen des Sozialismus" - Frauenarbeit in der DDR. In: Helwig, G.; Nickel, H. Hg., a.a.O., S. 233-256.

- (1995): Frauen im Umbruch der Gesellschaft. Die zweifache Transformation in Deutschland und ihre ambivalenten Folgen. In: *Aus Politik und Zeitgeschichte*, B36-37, S. 23-33.

Niermann, Johannes (1991): *Schriftliche Stellungnahme zum Thema „Identitätsfindung von Jugendlichen in den neuen Bundesländern"* anläßlich der Anhörung durch den Deutschen Bundestag, Ausschuß für Frauen und Jugend, Bonn 18.9.1991 (verv. Man.).

Niethammer, Lutz; v. Plato, Alexander; Wierling, Dorothee (1991): *Die volkseigene Erfahrung. Eine Archäologie des Lebens der Industrieprovinz der DDR*. Berlin.

OECD Hg. (1988): *Employment Outlook*. Paris.

Ostner, Ilona (1995): Wandel der Familienformen und soziale Sicherung der Frau oder: Von der Status- zur Passagensicherung. In: Döring, Dieter; Hauser, Richard Hg.: *Soziale Sicherheit in Gefahr*. Frankfurt a.M., S. 80-119.

Rommelspacher, Birgit (1994): West-Emanze und Ost-Mutti. Zur neuen Konfliktlage zwischen Frauen im vereinten Deutschland. In: *Frankfurter Rundschau*, 20.10.1994.

Schröter, Ursula (1995): Ostdeutsche Frauen im Transformationsprozeß. Eine soziologische Analyse zur sozialen Situation ostdeutscher Frauen (1990-1994). In: *Aus Politik und Zeitgeschichte*, B20, S. 31-42.

Sommerkorn, Ingrid (1988): Die erwerbstätige Mutter in der Bundesrepublik: Einstellungs- und Problemveränderungen. In: Nave-Herz, Rosemarie Hg.: *Wandel und Kontinuität der Familie in der Bundesrepublik Deutschland*. Stuttgart, S. 115-144.

Ilse Lenz

Grenzziehungen und Öffnungen: Zum Verhältnis von Geschlecht und Ethnizität zu Zeiten der Globalisierung

Wir leben in einer Zeit zunehmender Internationalisierung und Globalisierung, die in der Gesamttendenz nicht umkehrbar sind. Wirtschaft, Politik und Kultur sind heute international geprägt und ausgerichtet und werden das bleiben, auch wenn nationalistische Politiker versuchen, die Grenzen für Zuwandernde dicht zu machen. Wir leben zugleich in einer Zeit, in der Frauen weltweit für mehr Selbstbestimmung und Gleichberechtigung kämpfen und trotz aller Rückschläge international dabei vorankommen.

Anders gesagt, der Einfluß des klassischen Nationalstaates geht zurück; doch beherrscht er weiter das Denken der Mehrheiten vor Ort. Im Kopf vieler Menschen lebt der Nationalstaat, selbst der Kolonialismus noch fort, während die sich herausbildende Weltgesellschaft längst in einer postkolonialen Phase ist.

Ich will im Folgenden versuchen, auszuleuchten, was sich aus der zunehmenden Globalisierung für das Verhältnis von Geschlecht und Ethnizität ergibt. Ich will erst einige Angaben zu einer historisch-politischen „Ortsbestimmung" versuchen, wobei ich mehr über die Welt als über die Frauen in ihr schreibe; dann gehe ich auf die Antirassismus-Diskussion in der US-amerikanischen und der deutschen Frauenbewegung ein. Zum Schluß versuche ich, einige theoretische Linien zum Verhältnis von Geschlecht und Ethnizität in westlichen postindustriellen Gesellschaften[1] zu entwerfen.

Die Einflüsse von Internationalisierung und Globalisierung

In Deutschland verläuft die Diskussion um Internationalisierung in Medien und Politik seltsam gespalten: Das Internationale wird mit Bedrohung, Armut und Elend verbunden, während die rasche Internationalisierung der Wirtschaft unter dem Stichwort Wirtschaftsstandort Deutschland als „nationale Frage" behandelt wird.

Mit internationalen Aspekten werden rasch Zuwanderung, Asylproblematik und AusländerInnen assoziiert. Dies wurde von emotionalisierenden Kampagnen begleitet: das Boot sei angesichts einer internationalen „Asylanten-" oder Flüchtlingsschwemme voll, „wir" könnten nicht das „Elend der Welt" beheben usw., worunter hauptsächlich die Armut im Süden verstanden wurde.

Ein Blick auf die Zuwandererstatistik zeigt, daß diese Bilder irreal sind: Die Zuwanderung kam von 1990-93 zum Großteil aus Osteuropa oder Rußland; sie ergibt sich also überwiegend aus dem Zusammenbruch des real existierenden Sozialismus[2]. Die Flüchtlinge aus der Dritten Welt bilden also eine Minderheit mit einem bedeutenden Anteil junger, gut ausgebildeter ZuwanderInnen.

Rassismus und Ausländerfeindlichkeit haben in diesem Zusammenhang klassische rassistische Stereotypen verbreitet und an Boden gewonnen. Umgekehrt hat aber auch der antirassistische Diskurs die Assoziation von Internationalem mit Zuwanderung, Flüchtlingen oder Elend weitgehend übernommen. Internationales erscheint als „Multikulti" oder „Dritte Welt".

Die wirtschaftlichen Kernfragen, die sich aus der Internationalisierung und Globalisierung ergeben, werden demgegenüber in der politischen Öffentlichkeit in ausgesprochen nationalen Begriffen diskutiert: Ein Beispiel ist der „Wirtschaftsstandort Deutschland", mit dem die Angleichung an internationale und meist niedrigere Standards in Lohnarbeit und Ökologie, internationale Produktionsauslagerungen usw. legitimiert werden sollen. So erhält sich in Kernfragen einer zunehmend internationalisierten Wirtschaft und Politik ein nationales Bewußtsein: Auffällig ist sowohl die überwiegend nationale Aufbereitung der Probleme der Globalisierung als auch ihr mangelnder Realismus: Denn in der Globalisierung erhält der Nationalstaat auch in Europa eine eingeschränkte Rolle.

Um nur zwei Anzeichen für das Ausmaß der Internationalisierung zu nennen: Nach Schätzungen werden ca. 60% der politischen Entscheidungen durch die EG-Kommission vorbestimmt. Die Wirtschaft in Deutschland ist zu einem Viertel, in einigen Zukunftsbranchen bis zu 40%, exportabhängig. Diese Prozesse erscheinen unumkehrbar und gewinnen gerade gegenwärtig eine neue Qualität.Während die Struktur internationaler Abhängigkeit fortbesteht, wachsen die wechselseitigen Verflechtungen, die Interdependenzen.

Ich möchte für eine integrierende Perspektive plädieren, die die Frage der MigrantInnen (und anderer ethnischer Minderheiten) in den Industrieländern und den postindustriellen Gesellschaften als einen Teilbereich von Prozessen der Internationalisierung und Globalisierung versteht. Diese Prozesse sind eingewoben in die Entwicklung des ungleichen kapitalistischen Weltsystems, das sich seit dem Beginn des Kolonialismus herausgebildet und seitdem mehrfach grundlegend verändert hat.[3] Während es von Anfang an durch Ungleichheit und internationale Abhängigkeit gekennzeichnet war, haben sich die Kräfteverhältnisse zwischen den beteiligten Nationen und Regionen verschiedentlich verschoben. Doch behaupteten bis vor kurzem die klassischen

Industrieländer eine Dominanzposition in dem Sinne, daß sie durch die grundlegende Abhängigkeit die Prozesse der Internationalisierung in ihrem Interesse bestimmen konnten, so daß sie in ihren sozialen und wirtschaftlichen Verhältnissen daraus Vorteil zogen. Der Begriff der Globalisierung drückt eine der wichtigsten neueren Veränderungen aus: Durch eine Reihe von Prozessen, die zusammenhängen, aber sich nicht kausal gegenseitig bedingen, wird diese nationalstaatliche Dominanz der Industrieländer relativiert und das kapitalistische Weltsystem wirkt auch beeinträchtigend auf sie zurück, obwohl internationale Abhängigkeit und Ungleichheit fortbestehen. Wichtige Prozesse sind vor allem:

- die Entkolonialisierung, d.h. die formelle politische Unabhängigkeit der Länder Afrikas, Asiens und Lateinamerikas und ihre bedeutendere Rolle in der UN.
- im Zusammenhang damit die Verbindlichkeit der UN-Charta der Menschenrechte und die Herausbildung von Ansätzen einer „internationalen Zivilgesellschaft" (vgl. Kößler; Melber 1993).
- die Entwicklung eines neuen wirtschaftlich-politischen „Gravitationszentrums" in Ostasien (um Japan und China) neben den USA und Europa.
- die exportorientierte Industrialisierung in Ländern der „Dritten Welt" und die Herausbildung einer Neuen Internationalen Arbeitsteilung, sowie die Wende zu einem marktliberalen Kapitalismus in Osteuropa und Rußland ohne soziale Abfederungen und einem großem Reservoir an gut ausgebildeten Arbeitskräften. Diese Trends haben eine materielle Grundlage für internationale Investitionen und Produktionsauslagerungen geschaffen, die auf die industrielle Beschäftigung in den „Zentren" deutlich zurückwirken. Dies bildet die Rückseite der Medaille zum Übergang zu postindustriellen oder „Dienstleistungsgesellschaften".
- zugleich bedeutet aber der Aufstieg von neuen Industrieländern in Asien und Lateinamerika, daß die „Dritte Welt" der 1970er Jahre sich ausdifferenziert hat und nicht als einheitlicher Block gesehen werden kann. Wenn die Gesellschaften auch durch den Kolonialismus geprägt wurden, ist ihre Geschichte nicht darauf zu reduzieren und sie haben seitdem eine unterschiedliche Entwicklung vollzogen.[4]
- ökologische Bedrohungen haben sich auf internationaler Ebene manifestiert, und das Bewußtsein über die internationale Dimension der Ökologiefrage ist gewachsen.
- die Herausbildung internationaler Kommunikation und Mobilität durch Flugverkehr und Informations- und Kommunikationstechnologien. Ideen, Bilder und Ereignisse bleiben nicht mehr lokalisiert, sondern werden international um den Erdball verbreitet. Und die persönliche Mobilität ist gestiegen: Menschen können dem Zug von Ideen und Bildern folgen,

aber sie werden auch durch Krieg, ökologische Krisen und Armut vertrieben. Das Zusammenwirken von internationaler Kommunikation und einem internationalen Menschen- und Frauenrechtsdiskurs bedeutet, daß sich Frauenbewegungen, die sich lokal in ihrer Kultur entwickeln, nun international verständigen können. Es wächst die Chance auf einen pluralen Universalismus von Frauenrechten, in dem unterschiedliche kulturelle Werte gleichberechtigt aufgenommen werden, ohne die Bedeutung von Freiheit und Gleichheit zu relativieren.

Die Globalisierung ist also trotz ihrer ungeheuren ökonomischen Bedeutung keine isolierte wirtschaftliche Frage, sondern sie zeigt sich in Wirtschaft, Gesellschaft, Kommunikation, Politik und Ökologie. Und sie wirkt sowohl auf die „Dritte Welt" ein, als auch auf die postindustriellen Länder zurück. Daraus ergeben sich einige Konsequenzen:

1) Diese Prozesse von Internationalisierung und Globalisierung, die miteinander in Wechselwirkung stehen, bedeuten eine qualitative Veränderung gegenüber der Zeit des Kolonialismus. Wenn auch die internationale Abhängigkeit und Ungleichheit fortbestehen, sind nun die Gesellschaften der „Zentren" in strukturelle Veränderungen miteinbezogen, die sie nicht mehr nationalstaatlich allein in ihrem Interesse bestimmen können. Dies bedeutet, daß Erklärungsmuster für die komplexer gewordene internationale Ungleichheit nicht mehr greifen, die sich wie in der Rassismus-Debatte vor allem am Kolonialismus orientieren.

2) Wenn die Zuwanderung Teil eines unumkehrbaren Prozesses der Internationalisierung ist, dann werden in den vorherrschenden postindustriellen Gesellschaften jetzt und in Zukunft verschiedene ethnische Gruppen leben. Antirassismus wird auch dort zu einer Zukunftsfrage für sozialen Frieden und Gleichheit. Das bedeutet, daß die Gleichheitsfrage eine neue umfassende Dimension gewinnt und bei den MigrantInnen nicht wie bisher auf die Frage kultureller Unterschiede eingeschränkt werden kann. Kultur ist nicht die *Dea ex machina*, die die Problembeschreibungen und -lösungen hervorzaubern kann, sondern es wird zunehmend darum gehen, wie *soziale und politische Gleichheit bei kultureller Differenz* zu verwirklichen sind. Die Differenz wird ein Normalfall und darauf müssen sich wirtschaftliche und politische Systeme und die Institutionen einstellen[5].

Die deutsche Frauenbewegung und der Antirassismus

Gegenwärtig wird manchmal behauptet, daß die neue Frauenbewegung in Deutschland rassistisch gewesen sei, weil sie die Lage der schwarzen Frauen und der Migrantinnen nicht wahrgenommen habe. Dabei wird übersehen, daß gerade in den 1970er Jahren angenommen wurde, daß die Frauen in einem globalen Patriarchat als Opfer gleich unterdrückt seien, und die Lage von Frauen in der „Dritten Welt" immer wieder thematisiert wurde[6]. Das Problem lag eher in einer vereinheitlichenden Wahrnehmung, die zu einer dominanten Sichtweise führte, bei der die Gefahr von Vereinnahmung von und Fremdbestimmung über die MigrantInnen bestand.

In der Praxis gab es zahlreiche Frauengruppen von Migrantinnen, wie etwa die chilenische oder die koreanische Frauengruppe, und eine pragmatische Zusammenarbeit mit deutschen Gruppen. Der Kongreß von Migrantinnen und deutschen Frauen, der 1983 die Unterschiede erstmals thematisierte, hatte den Titel: „Sind wir uns denn so fremd?" (vgl. Arbeitsgruppe Frauenkongreß 1984).

Die Theorien und die Praxis der „Aufbruchszeit" erwiesen sich gerade in ihrer Globalität als partikulär und begrenzt. Die Theorie der gemeinsamen Unterdrückung durch ein globales Patriarchat war angesichts der realen Unterschiede zwischen Frauen in verschiedenen Gesellschaften und Klassen nicht zu halten. Studentinnen aus der deutschen Mittelschicht, eine zentrale Trägergruppe der Frauenbewegung, konnten eben nicht für Migrantinnen oder aber Gewerkschaftlerinnen sprechen. In der Folge gab es heftige theoretische Auseinandersetzungen, in denen nicht mehr die Gemeinsamkeit, sondern die Unterschiede auch zwischen Frauen zur Leitfrage wurden. Die Debatte um „Rasse", Klasse und Geschlecht und die Rassismuskritik in der Frauenbewegung spielte eine zentrale Rolle dabei, daß nun die Differenzen im Geschlechterverhältnis (vgl. auch Lenz 1992) zu einem theoretischen Fluchtpunkt wurden.

Auch in der Praxis ging der Verlust voriger Gewißheiten mit verstärkten Auseinandersetzungen einher, die aber in den 1980ern auch auf eine Ausweitung und eine Differenzierung politischer Aktivitäten vor Ort in der Frauenbewegung verweisen. Es bildeten sich weitere nationale und übernationale Migrantinnengruppen in der Frauenbewegung; zugleich entstanden internationale Frauenprojekte z.B. gegen Frauenhandel oder zur Ausländerinnenarbeit, in denen persönliche, politische und „kulturelle" Konflikte tensiv diskutiert wurden. Die Schärfe in der Auseinandersetzung drückte auch eine Desillusionierung mit den vorigen globalen Theorien aus, nach denen Frauen als Opfer gleich sind. Sowohl diese Theoriedebatten als auch diese Praxiszusammenhänge haben eine notwendige Differenzierung gebracht. Dies geht in der Bundesrepublik vor allem auf das Engagement schwarzer Frauen und Migrantinnen sowie einiger einheimischer Feministinnen zurück, und ihr Beitrag ist sehr wichtig. Aber nun steht eine kritische Auseinandersetzung auch im Sinne einer kritischen Selbstreflexion an; diese kann allerdings nicht nur mit Bezug auf die feministische Theorie, sozusagen selbstreferentiell, erfolgen, sondern muß breitere Entwicklungen einbeziehen.

Die neue Frauenbewegung in der Bundesrepublik hatte von Anfang an einen internationalen Ansatz, der aber in seinem globalen Geschlechtsdualismus dazu tendierte, die Erfahrungen der Frauen „anderer" Klassen und Kulturen auszublenden und unterzuordnen. In der Debatte um Feminismus und Antirassismus wurde dieser Geschlechtsdualismus angegriffen, aber das dualistische und globale Denken wurde letztlich nicht überwunden. Ich will dies in einer kurzen Überschau über die Entwicklung dieser Debatte aufzeigen.

Zwischen Struktur- und Kulturansatz: zur dreifachen Unterdrückung nach „Rasse", Klasse und Geschlecht

Zu Beginn der Debatte stand der Ansatz der mehrfachen Unterdrückung nach „Rasse", Klasse und Geschlecht. Dabei wurden sozioökonomische und kulturalistische Varianten entwickelt. Die sozioökonomischen Richtungen lehnten sich stark an marxistische Ansätze an und kritisierten die sozioökonomische Ausbeutung und Schlechterstellung der ethnisch Ausgegrenzten. Die kulturalistischen Strömungen sahen eher eine umfassende Abwertung der Kultur nach „Rasse", sowie der Identität, die durch diese Kultur vermittelt würde.

Aus der englischen und US-amerikanischen Frauenforschung der 1970er Jahre kamen die ersten systematischen Untersuchungen der Zusammenhänge von *gender, race and class*. Sie folgten zunächst der Logik von soziostrukturell begründeten Unterdrückungsverhältnissen. Frauen, Schwarze und Arbeiter erscheinen als gleichermaßen unterdrückt; in dieser Logik addieren sich die Unterordnungen, was etwa in der Rede von der dreifach unterdrückten schwarzen Frau deutlich wird.

Unter dem Einfluß von antikolonialen Intellektuellen und der *black power* Bewegung erhielt „Schwarz" eine neue Bedeutung im Zusammenhang mit der Kritik an rassistischen Herrschaftsstrukturen der Weißen über Schwarze. Die „Schwarzen" verstanden sich nicht als Gruppe, die durch eine gemeinsame Kultur oder gar essentielle Charakteristika ausgezeichnet war, sondern sie waren durch die Sklaverei und den folgenden Rassismus „geschaffen worden". Eben der Verlust der verschiedenen afrikanischen Kulturen, der Raub der individuellen Menschlichkeit durch die Sklaverei löste den Zorn der schwarzen Bewegungen aus. „Schwarz" wurde ein Symbol des Widerstands, des Stolzes und der Gegenmacht.

Im Rahmen der Bewegungen unterdrückter Minderheiten vor allem in den USA entstand eine spezifische Verbindung von Identitätspolitik und Bezug auf die eigene „Kultur". Was mit „Kultur" gemeint war, blieb relativ vage. Deutlich sind aber Anleihen bei dem Kulturbegriff der Kulturanthropologie, der zum Verständnis *anderer* Völker entwickelt worden war, oder der Migrationssoziologie der Chicago-Schule, die ebenfalls von einer *anderen Kultur* der europäischen Einwanderer in die USA ausging. „Kultur" wurde hier zu einem System von Normen, Werten und Verhaltensweisen, das in sich so konsistent und homogen schien, daß es zur Abgrenzung gegenüber der ethnischen Mehrheit und anderen Ethnien dienen konnte. Doch gerade diese Abgrenzung in einer multiethnischen postindustriellen Gesellschaft ist eher graduell als absolut: Warum sollen in einer Gesellschaft, die auf einem allgemeinen Schulsystem, Massenkonsum und Massenmedien aufbaut, eine andere Kleidung oder andere Essensgewohnheiten einen absoluten kulturellen Unterschied darstellen? Warum wird in einer Mädchenklasse, in der die gleichen Bücher gelesen und die gleichen Blue-Jeans getragen werden, ein Kopftuch zum Symbol einer völlig anderen Subjektivität oder Weltsicht? Die klassische Kulturanthropologie verstand Kultur als ganzheitliche und konsistente Einheit, die als Ordnungsmuster eine Gruppe prägt; doch zeigte sie auch Offenheit und Interesse für kulturelle Mischformen (Synkretismus) oder Synthesen. Die Aufmerksamkeit dafür ist in dem reduzierten Kulturbegriff in der neueren Diskussion um kulturelle Differenzen weitgehend untergegangen.

In der Folge nahm auch die feministische Theorie der dreifachen Unterdrückung eine kulturalistische Wendung. Schwarze, lateinamerikanische und asiatische Frauen in den USA definierten sich gemeinsam als *women of colour* und kritisierten von diesem - neu geschaffenen - Standpunkt her die Mehrheitsgesellschaft und rassistische Verhältnisse in der amerikanischen Frauenbewegung (vgl. u.a. Anzaldua; Moraga 1983). Dabei verband sich mit dem umfassenden Kulturbegriff eine Kritik von Wahrnehmungen und Verhaltensweisen auch zwischen weißen und schwarzen Frauen.

Die kulturalistische Version wurde von jungen intellektuellen *women of colour* - Sozialwissenschaftlerinnen und Schriftstellerinnen - vertreten. Die Frauen versuchten, ihre kulturelle Identität zu definieren; aber die Kultur, auf die sie sich bezogen, war eher die der MigrantInnen-Gemeinschaften in den USA, die sich gegenüber der der Herkunftsländer bereits deutlich verändert hatte. Die *Asian women of colour* in den USA behaupteten z.B. eine gemeinsame asiatische Identität, während Frauen in verschiedenen asiatischen Ländern sich eher als Chinesin, Koreanerin, Japanerin oder auch Javanerin begreifen und einen Pan-Asiatismus als sehr breite Zukunftsperspektive anstreben. Die „Kultur" der Migrantinnen wurde vor allem als Teil der eigenen ethnischen Identität thematisiert; dabei wurde sie auf Symbole und Lebensstile der MigrantInnen-Gemeinschaft bezogen, die in diesem Diskurs häufig standardisiert wiederholt werden, wie etwa ein emotionaleres Verhalten oder eine ausgeprägte Körpersprache von Latina-Frauen. Solche spezifischen Anzeichen für kulturelle Unterschiede, ob sie nun erfahren oder auch nur diskursiviert werden, schienen grundlegende Unterschiede zwischen Frauen verschiedener Herkunft zu begründen.

Der Entwicklung einer weiblichen ethnischen Identität wurde zentrale politische Bedeutung zugesprochen; die Identitätspolitik richtete sich auf den

Aufbau einer positiven individuellen und kollektiven Identität im Rahmen ihrer „Kultur", also als Latina, asiatische Frau oder *women of colour*. Als unterdrückerisch erschien nicht, daß den Frauen diese Identität zugeschrieben wurde, sondern daß sie nicht geachtet und abgewertet wurde.

Rassismus wurde nun auch auf die Ebene der persönlichen Beziehungen von Frauen - auch in der Frauenbewegung - bezogen. Die Kritik spitzte sich einerseits zu auf die Frage der legitimen Repräsentation (können weiße Frauen wegen einer gemeinsamen Betroffenheit „als Frau" für schwarze Frauen sprechen?), andererseits auf die Nichtachtung der Unterschiede zwischen Frauen und ihrer kulturellen Identität. Weiße Frauen der Mittelschicht hatten behauptet, in der Frauenbewegung für alle Frauen zu sprechen, in Wirklichkeit aber tendenziell ihre eigenen Ziele vertreten. Damit beriefen sie sich, hieß es, auf einen falschen Universalismus, der in Wirklichkeit ausgrenzend, exklusiv wirke, da sie die Unterschiede zu schwarzen Frauen nicht wahrnehmen würden. So setze sich ihre bisherige Vormachtstellung fort: Denn sie behaupteten eine Definitionsmacht für alle Frauen, während sie die schwarzen Frauen nicht zu Wort kommen ließen, sie entmündigten.

Geringschätzung oder Unkenntnis der kulturellen Identität anderer ethnischer Gruppen wird ebenfalls als rassistisch begriffen. Rassismus zeige sich in der Teilhabe an den herrschenden rassistischen kulturellen Stereotypen und nicht nur in aktiver Ausgrenzung und Abwertung von Menschen aufgrund ihrer „Rasse" oder ethnischen Herkunft. Diese Definition ist sehr weit und bezieht sich überwiegend auf Wissen und kulturelle Einstellungen, kaum mehr auf Handeln in Wahlsituationen.

Die kulturelle Variante des *sex, race, class*-Diskurses hat die Fragen von Subjektivität und Identität in die vorige sozioökonomische Diskussion eingebracht. Es wurde deutlich, daß einheimische *Menschen* - und nicht anonyme soziostrukturelle Verhältnisse - rassistische Diskriminierung ausüben und unterstützen; auch die einheimischen Frauenbewegungen oder Arbeiterbewegungen haben rassistische Tendenzen gezeigt. Doch in diesem Prozeß ergab sich eine Verengung auf kulturelle Einstellungen und unmittelbar daraus abgeleitetes persönliches Verhalten. Eine detaillierte Auseinandersetzung mit institutionellen und strukturellen Faktoren des Rassismus wurde nicht vorangetrieben; zugleich wurden auch die möglichen Brüche zwischen den Subjekten und dem rassistischen kulturellen Umfeld (s. u.) wenig beachtet. Diese Verluste und Verengungen wurden in der Übernahme der kulturalistischen Ansätze für die Diskussion in der Bundesrepublik nicht mehr wahrgenommen. Ich werde sie im nächsten Abschnitt im Zusammenhang einer Selbstreflexion über die feministische Antirassismus-Debatte in der Bundesrepublik ansprechen.

Die deutsche feministische Antirassismus-Debatte: Zwischen Bewußtwerdung und Blockade

Für mich bewegt sich die feministische antirassistische Debatte zwischen Bewußtwerdung und Blockade und auf Seiten der einheimischen Frauen eher in Richtung zu letzterem. Während die Bewußtwerdung sehr wichtig ist, zeigen sich eine Reihe von Problemen, mit denen die Blockaden zusammenhängen könnten[7].

In den letzten Jahren sind zwei Strömungen deutlich geworden: Die eine orientiert sich an der Theorie dreifacher Unterdrückung, teils in der kulturalistischen Variante. Sie wird von schwarzen Deutschen und Einwanderinnen vertreten, die sich mit unterschiedlichen Motiven für eine getrennte Organisation von „schwarzen Frauen" oder Migrantinnen entschieden haben (z.B. die Gruppe Südströmungen).

Eine weitere Strömung ist die Weiterführung kulturalistischer Ansätze in der Kritik der Dominanzkultur von Birgit Rommelspacher. Leben in einer Dominanzkultur bedeutet für sie die Internalisierung meist unbewußter Strategien, das Bemühen, die Privilegien und die eigene Vormachtstellung zu erhalten und auszubauen mit Hilfe ständiger Normierungen entsprechend der hier herrschenden kulturellen Normen in allen Bereichen des Lebens. Weil sie Dominanzkultur als breit verankerte Erscheinung begreift, überwindet sie einen ethnisch begrenzten Kulturbegriff und verbindet die Kritik an Sexismus und Rassismus wieder mit genereller Herrschaftskritik. Dieser Ansatz wurde fruchtbar umgesetzt, um die subjektiven Interessen von Frauen und Männern an verschiedenen Formen des Rassismus zu verstehen (vgl. Rommelspacher 1995). Doch teilt dieser Ansatz Probleme des zugrundeliegenden Kulturalismus und Dualismus: Rassismus erscheint vorrangig als Problem der Kultur; „weiße Frauen" stehen als seine Trägerinnen den schwarzen Frauen gegenüber und sind unentrinnbar in seine Strukturen eingebunden. Die „Dritte Welt" wird als Einheit und reines Objekt der Ausbeutung betrachtet; sie bildet das Draußen und das Andere zum westlichen Fortschritt.

Die feministische Antirassismus-Debatte in der Bundesrepublik baut weitgehend auf den US-amerikanischen und englischen Ansätzen auf, ohne die sozialen und kulturellen Unterschiede zu reflektieren. Sie tendiert zur Dekontextualisierung: Rassismus erscheint leicht als eine überzeitliche und -örtliche Ideologie in der Moderne[8]. Alltäglich wird z.B. angenommen, die Begriffe „weiße Frauen" oder „schwarze Frauen" meinten überall das Gleiche - ob in den USA, Deutschland oder Südafrika. Aber während der Rassismus ein durchgehender ideologischer und materieller Faktor in der Moderne ist, ist die Untersuchung des jeweiligen ideologiegeschichtlichen und soziohistorischen Kontextes zentral, um ihn zu verstehen. Die historische, soziale und kulturelle Kontextualisierung ist für Rassismus oder auch Ethnizität ebenso wichtig wie für das Geschlechterverhältnis. In den USA spielen die Afroamerikaner als Abkömmlinge der gewaltsam verschleppten Sklaven und in England die Einwanderer aus den ehemaligen Kolonien eine bedeutende Rolle, so daß die rassistischen Stereotypen der Kolonialherrschaft und des „weißen Herrenmenschen" dominant waren und blieben. Deutschland hingegen hat seine Kolonien relativ früh verloren. So kamen die MigrantInnen vor allem aufgrund expandierender Arbeitsmärkte in die Bundesrepublik; sie stammen überwiegend aus Süd- oder Osteuropa oder aus der Türkei. Der alltägliche Rassismus baut neben biologistischen Ideologien auf religiös-kulturell begründeten Projektionen des Unterschieds auf, vor allem im Antisemitismus und in antiislamischer Türkenfeindschaft.

Entsprechend dieser Dekontextualisierung bezieht sich die feministische Antirassismusdebatte vor allem auf das Verhältnis von „weißen" und „schwarzen" Frauen. Sie wiederholt damit bewußt oder unbewußt den tiefverwurzelten Dualismus im europäischen Denken. Die Frauen sind „schwarz" oder „weiß", sie werden einer der zwei Gruppen dualistisch zugeordnet. Zwar wird der Inhalt der Seite der „Schwarzen" kritisch umgedeutet, aber der zugrundeliegende Dualismus wird nicht aufgehoben[9].

Der Antirassismus-Diskurs greift hier Denkmuster des Kolonialismus an, vor allem das der weißen Herrschaft über Schwarze; er wertet sie um, aber er überwindet sie nicht. Infolge der Internationalisierung und Globalisierung ist die Lage in den postindustriellen Einwanderergesellschaften komplexer geworden: Dort leben verschiedene ethnische Gruppierungen mit so unterschiedlicher Geschichte und kulturellem Hintergrund wie etwa MigrantInnen aus der Türkei, Ostasien und dem postkommunistischen Osteuropa. Sie stehen teils in Konkurrenz um die unteren Plätze auf dem Arbeits- und Wohnungsmarkt, teils haben sich neue Hierarchien zwischen ihnen hergestellt[10]. Es gilt, zukunftsträchtige antirassistische Konzepte zu entwickeln, die den kolonial geprägten Dualismus überwinden. Wenn der Kolonialismus dabei historisch bewußt bleibt, besteht nicht die Gefahr, daß damit geschichtslos auf ein Vergessen des Kolonialismus hingewirkt wird.

Kultur und/oder ethnische Unterschiede werden zu einer grundlegenden Differenz umgedeutet, die alle darin einbezogenen Individuen und die gesamte Gruppe umgreifen und selbstverständlich Ausbeutung und Herrschaft einschließen soll. Dabei werden einerseits die Kultur oder „Rasse" naturalisiert, zu einem quasi-naturhaften Verhältnis gemacht. Andererseits gilt dies auch für die Ungleichheit: Sie wird etwa zwischen Schwarzen und Weißen quasi naturhaft vorausgesetzt. Das erinnert an Tendenzen, in denen von einer globalen Dominanz der Männer überall auf der Welt ausgegangen wurde. Der zugrundeliegende Dualismus ist ähnlich. Doch wie Winnie Wanzala (vgl. in diesem Bd.) zeigt, trägt dieses dualistische Opferdenken nicht: In bestimmten Situationen haben schwarze Frauen durchaus Macht und setzen sie für die Frauenbewegung ein.

In der Debatte verschwimmt die Bedeutung von soziostrukturellen Faktoren und Institutionen für den Rassismus: Denn Rassismus wird nun vor allem im Verhältnis von weißen und schwarzen Frauen diskutiert. Damit gerät er tendenziell zu einer Frage politisch falscher persönlicher Einstellungen oder des Einflusses einer rassistischen Kultur auf einzelne weiße Frauen.

Auch das „Private", also persönliches Verhalten, Einstellungen und Beziehungen, wird nun in die Rassismusdebatte einbezogen. Das ist sinnvoll, denn Rassismus umfaßt öffentliche und persönliche Diskriminierung und Abwertung von Menschen. Doch hier zeichnet sich die Gefahr einer ähnlichen Totalisierung und Undifferenziertheit ab, wie es bei einer normativen Umkehrung des alten Motto „Das Private ist politisch" geschah[11]. Die Bedeutung des politischen Handelns wird gemessen an korrekter Befolgung von Normen im „Privaten". Die Ausweitung des Verständnisses von Rassismus hat dazu geführt, daß es kaum mehr Unterscheidungen von Verhaltensweisen erlaubt. Doch macht es für mich einen Unterschied, ob z.B. eine Lehrerin gegen Übergriffe gegen Ausländerkinder in ihrer Klasse vorgeht oder nicht, auch wenn sie Worte verwendet wie „einen Türken bauen".

Manchmal ergeben sich aus dieser Totalisierung des „Privaten" m.E. auch schlichtweg falsche Maßstäbe. So hat sich die Alltagsthese durchgesetzt, Ignoranz von fremden Kulturen sei rassistisch. In diesem Fall wären ca. 80-90% der Menschheit rassistisch, denn daß das Eigene bekannt ist und das Andere als fremd erscheint, ein einfacher Ethnozentrismus also, ist eine gängige Erscheinung in allen Gesellschaften. Rassismus ist erst gegeben, wenn daraus die Überlegenheit der eigenen Gruppe oder Person oder der eigenen Ansichten hergeleitet und in einem Machtverhältnis durchgesetzt wird. Wenn also eine einheimische Frau in einer Veranstaltung über Frauen in islamischen Gesellschaften, bei der ExpertInnen aus dem Nahen Osten die Vorträge halten und die Leitung innehaben, Fragen zur Verschleierung oder zum Ausschluß der Frauen stellt, ist sie nicht rassistisch, sondern uninformiert und neugierig (sonst wäre sie nicht da). Oder sie ist informiert und kritisch, aber eben anderer Meinung.

Aus dem kulturalistischen Verständnis von Rassismus leitet sich als vorrangige Form antirassistischer Praxis das Antirassismus-Training bei der „weißen" Mehrheit ab: Es geht dabei vorrangig darum, bei dieser Mehrheit ein Bewußtsein über den eigenen Rassismus zu erarbeiten, indem rassistische Züge der eigenen Kultur bewußt gemacht werden und eine kulturrelativistische Auseinandersetzung mit anderen Kulturen erfolgt. Wie Shivanandam schon vor Jahren feststellte, wird hier Antirassismus tendenziell zur Kulturarbeit für weiße Mittelschichten; in solchen Konzepten werden sowohl der institutionelle Rassismus der Einwanderergesellschaften, als auch die Kämpfe der schwarzen, türkischen oder asiatischen *communities* in ihren Stadtvierteln und Ghettos unsichtbar (vgl. 1985). Ich kritisiere nicht den Trend zur Selbstbeschäftigung der deutschen Mittelschicht, sondern die resultierende Selbstbeschränkung: Die Programme bleiben bei der „individuellen Umerziehung" stehen und es folgen keine Schritte zur Auseinandersetzung mit dem Rassismus im eigenen politischen Umfeld, z.b. im Stadtteil oder in Behörden und Verbänden.

Die Frage demokratischer Beteiligung und der Veränderung von Institutionen wurde vor allem mit der Forderung nach entsprechender Quotierung für Migrantinnen in bezug auf Arbeitsplätze und öffentliche Repräsentation (z.B. bei Kongressen und Veranstaltungen) gestellt. Ich halte diese Forderung für wesentlich und nützlich; ohne sie wird sich gerade zu Zeit des Rückgangs öffentlicher Mittel und der Krise vieler Frauenprojekte wenig ändern. Dennoch sind darin auch potentielle Verkürzungen enthalten: die Migrantin mit ihrer individuellen Geschichte wird leicht zur Vertreterin nicht nur ihrer Herkunftsgruppe, sondern evtl. „aller Ausländerinnen". Die Einzelperson wird mit ihrer Gruppe und ihrer Kultur in eins gesetzt[12].

Die rassistische Unterdrückung oder Dominanz - bzw. in manchen kulturalistischen Varianten die Kultur - wird als bestimmende Größe für Individuum und Gruppe gesehen. Das läuft auf eine Determination der Einzelnen durch die sozialstrukturelle Lage oder die Kultur hinaus; zugleich wird die Ebene der Individuen, der Entscheidung von einzelnen Frauen und Männern zum Rassismus, ausgeblendet. Doch muß das Vorhandensein von rassistischen Strukturen keineswegs voraussetzen, daß ihnen alle Personen zustimmen, die potentiell davon profitieren[13]. Als Individuum stehe ich vor Wahlmöglichkeiten, auch wenn diese durch die soziohistorischen Verhältnisse vorgeprägt und begrenzt sind[14]. Erst als Individuum mit der Freiheit, mich zu entscheiden, kann ich durch eine Auseinandersetzung mit dem Rassismus Verantwortung übernehmen.

Für die feministische Theorie ist die Frage zentral, wie Frauen ihre individuelle Identität aufbauen: Besteht ein Geschlechtsrollen-Determinismus, so daß sie geschlechtsspezifische Normen in der Sozialisation übernehmen oder findet eine widerständige Aneignung statt, in der Frauen weibliche Geschlechtsnormen teils hinterfragen und für sich verändern (vgl. Knapp 1987; Wanzala in diesem Band)?

In der Antirassismusdebatte aber scheint die feministische Theorie plötzlich auf die deterministische Position zu verfallen: Weiße Frauen sind ebendies und wenig sonst. Ich halte diese Position für hemmend bei der Auseinandersetzung mit dem Rassismus: Nicht nur werden die Subjektpotentiale einer Gruppe von Frauen, die selbst zwischen Erfahrungen von Herrschaft und Unterordnung steht, reduziert auf „Mittäterschaft" wegen eines schlichten „Profitmotivs". Am gefährlichsten finde ich, daß diese Position letztlich entlastend wirkt, wenn auch um den Preis von individuellen Schuldgefühlen. Denn wenn die Stellung der einheimischen Frauen bereits „objektiv" determiniert ist, erscheinen Versuche, individuell gegen den Rassismus der einheimischen Mehrheit vorzugehen und gemeinsame Strategien zu entwickeln, von vornherein sinnlos. Eine mögliche Betroffenheit einheimischer Frauen vom Rassismus wird von vornherein ausgeschlossen, obwohl z.b. viele Frauen sich von frauenfeindlichen Positionen rechtsradikaler Gruppen angegriffen fühlen und deren Gewalttätigkeit als Bedrohung eines friedlichen Zusammenlebens sehen. Dadurch erscheint in ganz eigenartiger Weise Rassismus nicht mehr als das Problem einheimischer Frauen, sondern es wird nur die eine Seite, daß sie davon „profitieren" sollen, hervorgehoben. Untergründig liegt in der deterministischen Position ein Angebot zur Entlastung davon, Verantwortung zu tragen und zu versuchen, die Einstellung gegen rassistische Gewalt in Praxis umzusetzen. Weil ich seit Jahren das Verstummen vieler einheimischer Frauen in der feministischen Antirassismus-Diskussion beobachte, will ich mich im Folgenden kritisch dazu äußern.

Ein Impuls der Debatte war, Frauen anderer Herkunft nicht auszugrenzen. Die Kritik ging dahin, daß der „weiße" Feminismus die Erfahrungen von Schwarzen Frauen oder Migrantinnen ausschließt, daß er also, obwohl er behauptet, universal zu sein, in Wirklichkeit exklusiv ist (s. o.). Nach einer Reihe von Berichten finden sich viele einheimische deutsche Frauen, die sich kritisch mit dem Rassismus - auch bei sich selbst - auseinandersetzen wollen, in der Bezeichnung „weiße" Frauen nicht wieder. Denn ihre widersprüchlichen Erfahrungen, persönlich den Rassismus abzulehnen und doch Werte und Einstellungen einer rassistischen Gesellschaft zu teilen, sind darin nicht thematisierbar[15]. Der dualistische Ansatz schließt sie nicht ein.

Im antirassistischen Diskurs werden auf einheimische Frauen untergründig große Erwartungen projiziert: Sie sollen die Herkunftskulturen kennen, die politischen Prioritäten der Migrantinnen mit aufnehmen usw., um sich nicht exklusiv und tendenziell rassistisch zu verhalten. Damit erhalten aber interessanterweise die einheimischen Frauen wieder die Rolle der eigentlich geschichtsmächtig Handelnden zugewiesen: sie sollten Gewährende sein, sind aber Verweigernde. In Wirklichkeit handeln sie vermutlich unterschiedlich im Rahmen der Strukturen, in die sie hineinsozialisiert wurden, doch wird dies nun auf der Ebene von Fehlern und Versagen gemessen. Ihr Versagen steht im Zentrum, wobei die Organisation und die Kämpfe der Migrantinnen tendenziell unsichtbar werden. Jeder Fehler der „weißen Frau" schlägt so als rassistische Schuld zurück; anstatt dies nun aber in der nächsten Runde dem Egozentrismus der „weißen Frau" anzulasten, wäre die Feststellung nützlich, daß Fehler in sozialen Lernprozessen in der Praxis zu reflektieren und anzugehen sind.

Erstaunlicherweise hat sich die Kritik am Rassismus in der Frauenbewegung unter der Hand in eine Konzentration auf die Frauenbewegung als ein Hauptfeld der antirassistischen Auseinandersetzung verwandelt. Sie nimmt in

Deutschland überwiegend die Form der Kulturkritik an der Dominanzkultur an. Auch hier scheint sich eine unbewußte Selbstbeschränkung in dem Sinne anzudeuten, daß einheimische Feministinnen sich vor allem für einheimische Frauen zuständig fühlen, indem sie deren Mittäterschaft am Rassismus bestätigen. Es gibt viel zu wenig Untersuchungen zu den gesellschaftlichen Ursachen des Rassismus im Zusammenhang mit dem Geschlechterverhältnis, zu Männlichkeitskonzepten in der Neuen Rechten und dazu, was Migrantinnen und deutsche Frauen gegen Gewalt und Haß gegen AusländerInnen tun. Gerade die letzte Frage würde erfordern, einerseits das Individuum, die einzelne Frau, als sich Anpassende und als Widerständige in rassistischen Verhältnissen und andererseits die breite Praxis von Frauen unterschiedlicher Herkunft in Feldern innerhalb und außerhalb der Frauenbewegung wahrzunehmen: in politischen Verbänden zur Ausländerarbeit, in der Dritte-Welt-Bewegung, in *terre-des-hommes-* und *terre-des-femmes-*Gruppen usw. Aus der Wahrnehmung dieser Praxis ließen sich die vorhandenen theoretischen Ansätze weiterführen, denn hier ergeben sich neue Möglichkeiten einer Zusammenarbeit auf Grundlage der Respektierung von Unterschieden.

Es besteht die Gefahr, daß über der Skandalierung des Problems das Ziel außer Augen gerät[16]: den Rassismus, d.h. auch rassistische Gewalt und Ungleichheit, zu bekämpfen und aufzuheben. Strategie-Überlegungen dazu müssen über die Erfahrungen der Frauenbewegungen hinausgehen.

Vom Dualismus zur Differenzierung

In diesem Zusammenhang scheint mir sinnvoll, an die Diskussion um die soziale Konstruktion von Geschlecht und von Ethnizität anzuknüpfen. Meine generelle Hypothese lautet, daß Geschlecht und Ethnizität „gemacht werden", wie schon Simone de Beauvoir sagte: „Wir werden nicht zur Frau (oder Deutschen oder Japanerin oder Türkin, I.L.) geboren, sondern dazu gemacht". Die feministische Forschung hat diese Frage, wie Frauen zu Frauen geformt werden, von Beginn an gestellt, aber sie hat sie nicht dahin weitergeführt, wie Frauen (und Männer) zu Deutschen oder zu Türkinnen und Türken gemacht werden. Wir sollten aber nicht nur das Geschlecht, sondern auch „Ethnie" und auf alle Fälle „Rasse" als sozial geschaffen begreifen. Sie erscheinen als soziale Konstruktion der Wirklichkeit, mit der diese nach Unterschieden geordnet wird. Diese Unterschiede aber erhalten eine strukturierende Bedeutung im Zusammenhang mit Prozessen gesellschaftlicher Herrschaft: Die Unterdrückung resultiert nach dieser Hypothese nicht daher, daß es - soziale oder kulturelle - Unterschiede zwischen Frauen gibt, sondern daher, daß sie so bewertet und stereotypisiert werden, daß Ungleichheit und Gewalt damit legitimiert werden können. Zentral sind nicht die Differenzen, sondern die Hierarchien, die ihre Legitimation darauf stützen.

Damit verbindet sich aber die Konstruktion von materiellen und symbolischen sozialen Verhältnissen und ihren Zwängen. Strategien, die vertreten, daß man die Frauenrolle als soziales Konstrukt durchschauen und ironisch damit spielen könnte, übersehen diesen langfristigen materiellen und symbolischen Charakter der Geschlechterverhältnisse. Gerade in der internationalen Diskussion über Frauen und Geschlecht kann sich eine kurzschlüssige Ableitung von Geschlechterrollen auf Diskurse, so daß sie wie Kostüme zu wechseln wären, als sehr partikularer Theorieansatz erweisen. Er kann für bestimmte intellektuelle und Jugend-Milieus in westlichen Großstädten plausibel erscheinen[17], geht aber an der Erfahrung und den Interessen der meisten Frauen vorbei.

Die Frauenforschung und ebenso die Ethnizitätsforschung haben in ihrer methodischen Debatte bestimmte Standards entwickelt[18]; dabei wurden sie von der Befürchtung motiviert, sonst unbewußt zu einer Affirmation herrschender Verhältnisse beizutragen[19]. Ich möchte versuchen, diese Standards in bezug auf die Debatten um Geschlecht und Ethnizität oder um Sexismus und Rassismus zusammenzufassen:

1) Geschlechterverhältnisse oder Ethnizität sind nicht natürlich vorgegeben, sondern sie werden in sozialen Verhältnissen geschaffen und können Herrschaft abstützen. Essentialistische und dulistische Ansätze, die davon ausgehen, daß z.B. Frauen oder Schwarze anders als Männer oder Weiße seien, verleihen diesen Unterschieden einen quasinatürlichen Charakter. Antiessentialistische Ansätze, die Geschlecht und Ethnizität auf Diskurse oder Differenzierungen reduzieren, laufen Gefahr, die generierenden gesellschaftlichen Strukturen und Herrschaftsverhältnisse zu vernachlässigen, im Extremfall sie herunterzuspielen[20]. Weiterführend erscheinen Untersuchungen, die fragen, in welchen historischen Zusammenhängen welche Positionen zu Geschlecht oder Ethnizität formuliert werden. Wann wird etwa Ethnizität mit Bedeutung aufgeladen, wann pluralisiert oder devaloriert (vgl. Bommes 1994)?

2) In den letzten Jahren wurden Definitionen für Geschlecht, Ethnizität und „Rasse" entwickelt, die diese Begriffe mit wissensmäßigen und symbolischen Beschreibungen und Einordnungen einerseits, sowie mit der sozialen Positionierung von Personen und Gruppen im gesellschaftlichen Feld andererseits verbinden. Unter Ethnizität wird die Zuordnung zu einer „Wir-Gruppe" verstanden, die sich auf wirkliche oder angenommene gemeinsame Merkmale (z.B. eine Sprache, eine Religion usw.) stützt. Während sie sich als Gemeinschaft versteht, grenzt sie sich deutlich nach außen ab. Weiterhin gehen die Mitglieder von einer wirklichen oder fiktiven gemeinsamen Abstammung aus (vgl. Elwert 1990). Innerhalb der Ethnie werden Güter zwischen den „Bessergestellten" und den anderen Mitgliedern, besonders zwischen Patron und Klienten umverteilt (Redistribution). In ihrer Abgrenzung nach außen aber ver-

suchen die Mitglieder meist gemeinsam, in Konkurrenz zu anderen Gruppen einen Zugang zu gesellschaftlichen Ressourcen (Beschäftigung, Bildung, führende Positionen) durchzusetzen. Die vorherrschende oder Mehrheitsethnie kann danach streben, ihrerseits einen privilegierten Zugang oder eine Monopolisierung der Ressourcen zu vertreten und dies mit ihrer historischen oder kulturellen Bedeutung zu legitimieren (Randeria 1994); ethnische Mobilisierung in der Konkurrenz um Ressourcen kann je nach dem Kontext also von den herrschenden Kreisen oder oppositionellen Gruppen verfolgt werden. Doch auch eine ethnische Widerstandsbewegung kann die Stärke und die Grenzen einer Mobilisierung erfahren, die auf einer angenommenen Binnengemeinschaft und einer Abgrenzung nach außen beruht: Während oft die Solidarität der Mitglieder, auch der „Unterschichten" und der Frauen, eingefordert und teils auch eingebracht wird, erschwert die „Gemeinschaftsideologie", die Frage nach gleicher Beteiligung oder Rechten zu stellen.

Diese Definition ist langzeitlich angelegt und kann für vorindustrielle, koloniale, industrielle oder postindustrielle Gesellschaften zutreffen.

Auch „Rasse" wird rel. allgemein definiert, wobei die Entstehung des Rassedenkens in der Moderne angesetzt wird. „Rasse" wird als eine kollektive Zuschreibung von bestimmten Eigenschaften und Fähigkeiten an Personen auf Grund körperlicher oder biologischer Anzeichen definiert, die auf Wissenschaftsströmungen des 19. Jahrhunderts und den westlichen Anspruch auf Vorherrschaft zurückgeht. Die Zuschreibung von Andersartigkeit auf Grund von „Rasse" legitimiert den Rassismus, d.h. die ungleiche Behandlung von Menschen aufgrund von bestimmten, ihrer Abstammung zugeschriebenen biologischen oder körperlichen Anzeichen. Der Rassismus beruht zwar auf wissensmäßigen Zuschreibungen, dennoch zeigte und zeigt er ungeheure und gewaltsame soziale Realität.

Gerade weil diese Begriffe relativ allgemein definiert sind, ist es wichtig, sie im jeweiligen historischen sozialen und kulturellen Kontext zu betrachten. Erst diese Kontextualisierung ermöglicht ein Verständnis der sehr unterschiedlichen damit verbundenen *Verhältnisse*, das mit einer historischen Sichtweise verbunden werden muß. Dabei gilt es, das jeweilige Verhältnis von historischer Kontinuität und Brüchen genau zu betrachten und Kontinuität nicht einfach vorauszusetzen. Der Rassismus hat sich vom Kolonialismus bis zur Gegenwart im Westen inhaltlich verändert, auch wenn eine Kontinuität leitender Bilder und Begriffe wie etwa „weißer Mann", „weiße Frau" oder „Schwarze" festzustellen ist[21].

3) Frauen und Männer handeln in modernen Gesellschaften als Individuen und setzen sich so mit kollektiven Determinierungen wie Geschlecht oder Ethnie auseinander (vgl. Wanzala in diesem Bd.). Die Ebene individueller Subjektivität und der Möglichkeiten und Grenzen der Autonomie ist zentral, während sie in antirassistischen und in multikulturellen Diskursen eher ausge-

blendet wird. Weder sind Frauen und Männer unterdrückter ethnischer Gruppen einfach Opfer eines Kollektivschicksals, noch sind Mitglieder der herrschenden Mehrheiten einfach Täter oder Ausführende von zugeschriebenen Interessen. Subjektivität entwickelt sich widersprüchlich und die Individuen haben - außer in Extremfällen - Wahlmöglichkeiten im Rahmen der Verhältnisse[22].

4) Wenn ich auch überwiegend das Verhältnis von Geschlecht und Ethnizität betrachte, soll eine Erkenntnis nicht vergessen werden: Geschlechterverhältnisse sind klassenspezifisch geprägt. Auch ethnische Prozesse sind von Klassenverhältnissen beeinflußt; ein Beispiel ist die Nutzung von Ethnizität (z.B. des Deutsch-Seins) als Ressource in der Konkurrenz um Arbeitsplätze. Die alte Frage nach dem Verhältnis von *sex, race, class* ist neu und fruchtbar zu stellen[23].

Zum Verhältnis von Geschlecht und Ethnizität in postindustriellen Gesellschaften

Zu Beginn der Debatte ging man von der Ähnlichkeit der Unterdrückung nach Geschlecht oder Ethnizität aus, die Personen aufgrund ihrer Körperlichkeit zugeschrieben werden. Es zeigen sich deutliche Parallelen: Arbeitsmärkte sind nach Geschlecht oder ethnischer Herkunft so segmentiert, daß Frauen oder MigrantInnen tendenziell untergeordnete, weniger gesicherte und geringer entlohnte Arbeitsplätze zugewiesen bekommen. Frauen und MigrantInnen werden tendenziell Ziel nichtöffentlicher Gewalt. Sie erscheinen in einem Verständnis von Normalität, das sich am „Normalarbeiter", am Wähler, am Konsumenten - kurz gesagt am Mittelschichtsmann der herrschenden Mehrheit - orientiert, als Abweichende oder Fremde. Vertieft werden die Parallelen durch dualistische Denkformen, in denen die Frauen als „die Anderen" zu den Männern, die „AusländerInnen" als die Anderen zu den Einheimischen erscheinen.

Diese Parallelen erweisen sich aber als begrenzt, wenn der jeweiligen Konstituierung von Geschlechterverhältnissen und ethnischen Beziehungen nachgegangen wird. In anderem Zusammenhang habe ich den Ansatz einer dreifachen Vergesellschaftung im Geschlechterverhältnis vorgeschlagen[24]: Soziale Ungleichheit im Geschlechterverhältnis konstituiert sich einerseits in Prozessen einer dreifachen, ungleichzeitigen Vergesellschaftung von Frauen und Männern auf nationaler Ebene. Andererseits wirken zugleich internationale Einflüsse im Rahmen eines ungleichen kapitalistischen Weltsystems auf diese Geschlechterverhältnisse ein. Die erste Stufe der Vergesellschaftung ist die in die Familie/den Haushalt mit seiner ungleichen neopatriarchalen Arbeitsteilung. Die zweite ist die als Arbeitskraft in den kapitalistischen Arbeitsmarkt, die dritte ist die in den modernen Nationalstaat. Diese

Ebenen überkreuzen sich und stehen teils im Widerspruch: Erfolgt die Verge-sellschaftung in die Familie noch vor allem nach dualen ungleichen Ge-schlechtsrollen, so sollten Frauen und Männer auf dem Arbeitsmarkt und im Staat grundsätzlich gleich und frei sein.

Wichtig ist mir hier die dritte Ebene der Vergesellschaftung in den moder-nen Nationalstaat, der im liberalen Modell formell die politische Vergesell-schaftung freier Bürger darstellt. Die Staatsbürgerschaft vermittelt die Mög-lichkeit politischer Partizipation. Zugleich ist sie ein zentraler Regelungsme-chanismus des Zugangs zu den nationalstaatlich vermittelten grundlegenden Ressourcen, wie dem vorrangigen Recht auf einen Arbeitsplatz oder soziale Sicherung.

Carole Pateman hat die neopatriarchalischen Implikationen aufgezeigt: Zu dem freien Bürger als Individuum gehört aufgrund eines vorgängigen Ehe-kontraktes eine abhängige Hausfrau, der der Privatbereich zugeschrieben wurde (vgl. 1989). U.a. deswegen blieben politische Partizipationschancen von Frauen auch nach der Erkämpfung des Wahlrechts gering: Einerseits müssen sie ihren politischen Weg aus einem weiterhin als privat markierten Bereich einschlagen, andererseits entsprechen sie nicht dem androzentrischen politischen Individuum, werden als Andere oder Fremde marginalisiert.

Während der moderne Nationalstaat seinen männlichen und weiblichen Mitgliedern formal geschlechtsneutrale, real aber geschlechtshierarchische Zugänge zu Rechten und Ressourcen verschafft, grenzt er die Zuwandernden als „AusländerInnen" aus. Sie erhalten Rechte oder Zugang zu Ressourcen in geringerem Umfang oder werden davon ausgeschlossen. Nationale Mit-gliedschaft oder Nationalität ist also ein zentraler Mechanismus bei der Aus-grenzung und Unterordnung von Personen, die in einem gemeinsamen Wirt-schafts- und Sozialsystem leben. Während die MigrantInnen in Lohnarbeit und Familienarbeit zur Wirtschaft beitragen, werden ihnen langfristige Mit-gliedschaft und politische Gleichheit in den Nationalstaaten nicht voll ge-währt oder verweigert. Ein institutioneller Rassismus wirkt in diese Richtung z.B. dadurch, daß staatliche Institutionen Arbeitsplätze, Sozialleistungen usw. vorrangig den „NationalstaatsbürgerInnen" zugänglich machen.

Neben diese Ausschlußmechanismen, die über nationalstaatliche Mitglied-schaft vermittelt sind, treten weitere Strategien sozialer Schließung, die ge-sellschaftliche Gruppen, vor allem aus der einheimischen Mehrheit, gegen-über den Zuwandernden entwickeln[25]. Ethnizität hat in den heutigen postin-dustriellen Nationalstaaten mit ihren MigrantInnengruppen mit Einordnung und Ausgrenzung in bezug auf den Zugang zu Ressourcen und auf mögliche sozialstrukturelle Positionierungen zu tun (Bommes 1994; Lenz 1993; Radtke 1991). Es geht darum, wer in bezug darauf legitim „drinnen" und wer „drau-ßen" stehen soll, obwohl alle in einem gemeinsamen Sozial- und Wirtschafts-system leben. Solche Einordnungen und Klassifizierungen stützen ethnische

Strategien ab, mit denen manche Vertreter der vorherrschenden Gruppe vorrangigen oder privilegierten Zugang zu Lohnarbeit, Wohnungen, Bildung, politischer Teilhabe usw. fordern. Rechtlich durchsetzbar wird dies insbesondere, wenn soziale Teilhabe an die Staatsbürgerschaft oder Nationalität angekoppelt wird: So kann sich die ethnische Mehrheit darauf beziehen, um einen privilegierten Anspruch auf Arbeitsplätze und Sozialleistungen zu erheben oder diese zu monopolisieren[26]. Aus Erfahrungen von Ausgrenzung und Diskriminierungen können sich dann reaktive ethnische Bewegungen ergeben, in denen die Berufung auf die eigene Herkunftsnation oder Kultur, die oft erst in diesem Prozeß definitorisch abgegrenzt und vereindeutigt wird, eine zentrale Rolle spielt. Verschiedene Autoren weisen daraufhin, daß Ethnizität in diesen materiellen und symbolischen Auseinandersetzungen selbst zur Ressource für die AnführerInnen und Mitglieder ethnischer Gruppen wird (Bommes 1994; Dittrich; Lentz 1994; Radtke 1991).

Die unterschiedliche Bedeutung von Geschlecht und Ethnizität im Wechselverhältnis dieser drei Formen der Vergesellschaftung läßt sich an dem Beispiel des Aufenthaltsrechts für ausländische Frauen illustrieren: Für einheimische Frauen, die Mitglied des Nationalstaats sind, gilt der Schutz des Grundgesetzes für Ehe und Familie; Familienarbeit des Ehepartners (überwiegend der Ehefrau) wird im Steuerrecht privilegiert und im Rentenrecht auf minimaler Basis in Form der Kindererziehungszeiten geldlich anerkannt. Eine konservative Geschlechterideologie schreibt überdies die vorrangige Mutterrolle der Frau für einheimische Frauen fort.

Bei ausländischen Frauen bedeutet die alleinige Orientierung auf die Familie statt Schutz eine Verunsicherung: Denn aus der Ehe und Familienarbeit, z.B. Versorgung der Kinder, leitet sich kein eigenständiges Aufenthaltsrecht ab. Dies ergibt sich erst aus eigener Lohnarbeit. Bei ausländischen Frauen kann also in Deutschland die Vergesellschaftung in die Familie zum Moment der Diskriminierung und Ausgrenzung werden (vgl. Kang 1990).

Das Beispiel kann eine These illustrieren, die um der Klarheit willen zugespitzt werden soll: Geschlecht als Strukturkategorie vermittelt die private Zuordnung der *einzelnen* Frau zur Familie, in den „Innenraum" des Privaten, und ihre öffentliche Unterordnung in Arbeitsmarkt und Politik, wobei Frauen im Alltagswissen und den entsprechenden Praxen tendenziell als homogenes „biologisches" Kollektiv eingeordnet werden. Ethnizität als Strukturkategorie vermittelt die Zuordnung einzelner Personen zu *abgegrenzten Gruppen*, in den „Außenraum" außerhalb der eigenen Gemeinschaft, und deren öffentliche Unterordnung in Arbeitsmarkt und Politik, wobei diese als homogenes ethnisches oder kulturelles Kollektiv aufgefaßt werden.

Wenn es „bei Geschlecht" um persönliche Einbindung und Unterordnung geht und „bei Ethnizität" um kollektive Mitgliedschaft oder Ausgrenzung aus einem Verband von potentiell Gleichen, so tragen beide sozialen Strukturkategorien jeweils spezifisch zur Reproduktion von Ungleichheit bei. Doch können sich ihre Wechselwirkungen gegenseitig sehr verstärken. Dies gilt besonders für Frauen der ausgegrenzten Ethnie, bei denen die Effekte sich mit der Geschlechterdiskriminierung vermitteln, aber auch für Männer, die wegen ihrer Abweichung von der hegemonialen Männlichkeit (vgl. Connell 1994) diskriminiert werden können und auf die Vorurteile und Phantasien der Mehrheit projiziert werden können.

Es scheint nicht sinnvoll, sich Geschlecht und Ethnizität als analoge oder additiv zusammenfallende Unterdrückungsverhältnisse vorzustellen. In den gesellschaftlichen Arbeitsteilungen und Herrschaftsverhältnissen wirken sie vielmehr in ihren *Konfigurationen* zusammen. Eine türkische Arbeiterin, die bewußt ein Kopftuch trägt, wird von einer deutschen rassistischen Mehrheitsmeinung nicht einerseits als türkischer Arbeiter abgewertet und zusätzlich als Frau für „zurückgeblieben" gehalten.

Ebenso nehme ich an, daß persönliche Identitäten sich in Auseinandersetzung mit Geschlecht, Ethnie und anderen sozialen Faktoren entwickeln (vgl. Knapp 1987; Wanzala in diesem Band). Sie sind also offen und flexibel und können sich in lebenslangen Lernprozessen verändern. Individuelles Handeln wird von sozialstrukturellen Faktoren beeinflußt, aber es ist nicht davon abzuleiten. Als Arbeitshypothese würde ich vorschlagen, daß Subjekte „konfigurative Handlungsstrategien" verfolgen, d.h. daß sie einzelne Elemente der Geschlechtsrollen, ihres ethnischen Hintergrunds usw. auswählen, kombinieren oder aber herunterspielen und vermeiden. Besonders wichtig sind die Brechungen, die sich potentiell zwischen den verschiedenen Bezügen bei diesem „konfigurativen Handeln" ergeben können.

Ein besonders interessanter Fall ist, wenn sich in diesem konfigurativen Handeln neue kulturelle Mischformen und Synthesen bilden. Ansätze zur postkolonialen Weltentwicklung verweisen darauf, daß die „Grenzgänger" und „Kombinierer" eine neue Bedeutung erreicht haben:

> „Das Postkoloniale ist ein offenes Feld diskursiver Praktiken, das durch Überkreuzen der Grenzen und Grenzzonen (*boundary and border crossing*) gekennzeichnet ist. Gegenwärtig treten bikulturelle und zweisprachige soziale Strömungen nach vorne - typisch sind MigrantInnen, Leute in der Diaspora oder im Exil, Rückkehrer. Grundtöne des postkolonialen Fühlens sind Reflexivität und Spiel" (Pieterse; Parekh 1995, S. 11, Übers. I.L.).

Die Mischformen, das Hybride finden nun allmählich eine Sprache, in der die neuen Erfahrungen der Globalisierung wiedergegeben werden können, ohne das leidvolle Erbe des Kolonialismus und die Lehren der Unabhängigkeit zu verleugnen (Pieterse; Parekh 1995). Besonders deutlich zeichnen sich diese Tendenzen in Kreisen der Intellektuellen ab - derjenigen Gruppe, aus der auch führende Vertreter ethnischer und nationaler Forderungen kommen. Gruppen verschiedener Herkunft reagieren keineswegs nur mit dem ethnischen Paradigma auf die Globalisierung, sondern auch mit neuen kulturellen und sozialen Synthesen.

Feine und große Unterschiede oder zur kulturellen Demarkierung

Viele neuere AutorInnen zu Ethnizität nehmen an, daß sie in bestimmten sozialen Verhältnissen „geschaffen" wird (soziale Konstruktion, s.o.). Sie kritisieren also naturalisierende oder rein kulturalistische Ansätze, die Ethnizität als vorgegeben auffassen. Welche Möglichkeiten bieten nun die Ansätze einer sozialen Konstruktion von Ethnizität, um neue Zugänge zur sozialen Ungleichheit in postindustriellen Einwanderergesellschaften insgesamt zu eröffnen?

Eine Zusammenfassung der Theorien sozialer Ungleichheit im postindustriellen Übergang ist hier nicht möglich; ich kann nur einige zentrale Aspekte benennen und versuchen, einige strukturierende Linien sozialer Ungleichheit zu „entwerfen".

Die Sozialstruktur moderner Gesellschaften kann als ein Gesamtzusammenhang ungleicher Positionen gesehen werden, die von Individuen (und nicht Ständen oder Gruppen) eingenommen werden; mit diesen Positionen verbindet sich ein ungleicher Zugang zu

- Ressourcen (Einkommen, Bildung und Qualifikation)
- Macht, d.h. sowohl unterschiedliche Entscheidungsmöglichkeiten über andere als auch verschiedene Grade von Autonomie, d.h. der Selbstbestimmung oder Fremdbestimmung
- sozialer Anerkennung oder Prestige und andere immaterielle Belohnungen[27].

Eine weitere Frage ist, aufgrund welcher Prozesse einzelne Personen - Individuen - diese Positionen besetzen.

Mir geht es im Folgenden vor allem um die Mechanismen, mit denen diese ungleichen Positionen strukturiert und besetzt werden. Hier hat die Debatte sich auf die Bedeutung strategischer Ressourcen konzentriert[28]. BildungssoziologInnen haben untersucht, warum der individuelle Aufstieg durch Zugang zu den Ressourcen Ausbildung und Qualifikation begrenzt blieb: Sie stellten fest, daß trotz einer wachsenden Individualisierung aufgrund von Bildung sich soziale Ungleichheit entlang von Klassenlinien weiter reproduzierte (vgl. u.a. Bourdieu 1979; 1982). Eine Erklärung lautete, daß die Individuen in ihrem Habitus sich auf klassenvermittelte Ressourcen ihres Elternhauses stützen können, vor allem auf informelles und kulturelles Wissen neben der formalen Ausbildung (kulturelles Kapital) oder auf soziale Beziehungen durch betriebliche oder verwandtschaftliche Verbindungen (soziales Kapital). So werden in der Konkurrenz um Positionen, die eine Ausbildung voraussetzen, „feine Unterschiede" wichtig: Individuen heben sich demgemäß nach Klasse oder Schicht durch „feine Unterschiede" im Habitus oder durch Lebensstile ab und dies ermöglicht ihnen auch erneut „klassengemäße" Positionen einzunehmen (vgl. u.a. Müller 1994; Bourdieu 1979; 1982). Ursächlich für die Reproduktion sozialer Ungleichheit sind in diesen Modellen die sozialen und kulturellen *Ressourcen*, die je nach Klassen unterschiedlich sind und also klassenspezifisch in der Sozialisation angeeignet oder im Habitus inkorporiert werden; sie ermöglichen, „feine Unterschiede" zu machen oder Distinktionen vorzunehmen. Diese „feinen Unterschiede", die unterschiedliche Positionen begründen, werden nun *kulturell legitimiert*: Nicht der unterschiedliche Klassenhintergrund, sondern der passende Lebensstil scheint die Unterscheidung zu legitimieren.

Diese ForscherInnen kommen zu einem gespaltenen Ergebnis: Zwar stellen sie grundsätzlich eine Reproduktion sozialer Ungleichheit trotz der „Bildungsaufstiege" fest, bemerken aber auch eine Feinsteuerung der Unterscheidung sozialer Positionen durch Distinktion. Zwar kommen Viele höher, aber die Einstufung nach „feinen Unterschieden" ermöglicht neue komplexere Abgrenzungen und Zuordnungen; Gleichheit kann tendenziell vermieden werden. Diese Beobachtungen sind plausibel für die „Einheimischen", die in einer durch Bildungsmobilität mitgeprägten Konkurrenz um soziale Chancen stehen.

Ethnizität könnte demgegenüber die Funktion eines „großen Unterschieds" annehmen: Durch Alltagsannahmen und Praktiken *kultureller Demarkierung* werden Individuen durch Verweis auf „ihre kollektive Kultur" als Außenstehende oder Nachrangige eingeordnet und ihnen Gleichheit abgesprochen. Diese kulturelle Demarkierung wirkt komplementär zur Schlechterstellung aufgrund der fehlenden staatbürgerlichen Mitgliedschaft. Während z.B. Bürgertochter und Arbeitersohn die Konkurrenz um mittlere Stellen, die beiden aufgrund ihrer Ausbildung zuständen, über „feine Unterschiede" austragen, wirkt sich die kulturelle Demarkierung in einem tendenziellen Ausschluß der MigrantInnenkinder von beruflicher Bildung und Perspektiven aus[29].

Die Ursachen sozialer Demarkierung sind in Auseinandersetzungen um Zugang zu Ressourcen und zu sozialer und politischer Beteiligung oder Macht zu suchen. Ethnizität wird zum Argument, um die „von Draußen" von gleicher Teilhabe auszuschließen; in reaktiven ethnischen Bewegungen wird sie in den Auseinandersetzungen als Faktor der Unterdrückung und zugleich als kulturelle Gemeinschaft benannt. Es werden also „große Unterschiede" im Zugang zu Ressourcen und Macht durch *kulturelle Argumentationen legitimiert*, aber sie sind nicht ursächlich dadurch begründet.

Tendenzen zur kulturellen Demarkierung sind vor allem in den USA sichtbar, tauchen aber auch in der Bundesrepublik auf. Sie deuten auf eine mögliche Form neuer Ordnungsmuster hin, bei denen zunehmend nicht Personen Rechte oder Zugang zu Ressourcen und Teilhabe beanspruchen können, sondern je nach ethnischer Gruppe den Individuen unterschiedliche Chancen und Rechte zugebilligt und zugemessen werden.

Dabei können tendenziell unter dem Deckwort der „anderen Kultur" patriarchale Herrschaftsmomente legitimiert und demokratische Verantwortlichkeit und Öffentlichkeit relativiert werden [30]. Wenn häusliche Gewalt wegen ihrer „Privatheit" schon bei der herrschenden Mehrheit nicht hinreichend ernst genommen wird, so erscheint sie in der Sicht dieser Mehrheit bei den Minderheiten tendenziell ethnisiert und naturalisiert. Die Herrschaft der einheimischen Mehrheit durch hierarchische Differenz zu den Ausgegrenzten ist ein mögliches Ordnungsmuster in modernen Einwanderungsgesellschaften neben der Herrschaft durch Integration und Anpassung an die Mehrheitsnorm. Abgestützt werden kann dies durch einen reorganisierten kulturrelativistischen Rassismus, nach dem z.B. türkische Mädchen aufgrund „ihrer Kultur" bitte ein geringeres Bedürfnis und Recht auf Selbstbestimmung haben sollen als einheimische.

Die Rückseite der Medaille der staatlichen Integrationspolitik war ein Trend zur kulturellen Demarkierung: Die Zuwandernden wurde zunächst als „AusländerInnen mit einer fremden Kultur" definiert, von denen soziale und politischen Integration gefordert wurde. Während die seltenen „Erfolgsfälle" das Integrationskonzept zu bestätigen schienen, konnten die Anderen weiterhin als „von draußen" oder „fremd" behandelt werden. Zu Recht ist die Ausgrenzung und Abwertung von EinwandererInnen im vorherrschenden Integrationskonzept kritisiert worden.

Das Gegenkonzept einer multikulturellen Gesellschaft fordert eine Zusammenleben auf Grundlage der Achtung der „unterschiedlichen Kulturen". Es beruht auf den Prämissen, 1) daß sich verschiedene ethnische Gruppen in postindustriellen Gesellschaften durch ihre Kultur unterscheiden und 2) daß Diskriminierung sich vor allem in Mißachtung der anderen Kultur ausdrückt. Gelegentlich lautet der Umkehrschluß, daß Gleichheit vor allem durch Respekt anderer kultureller Formen zu erreichen sei. Deswegen bietet es kaum Perspektiven zur Überwindung der kultureller Demarkierung; zudem können die damit verbundenen Diskurse der ethnischen und kulturellen Differenz als „unbeabsichtigte Folge" dazu beitragen, diese auch in alternativen Konzepten zu legitimieren.

Reaktive ethnische Mobilisierung stößt hier auf eine innere Begrenzung: Indem sie ebenfalls von der Prämisse einer ethnischen oder kulturellen Gemeinschaft und einer entsprechenden Identität ihrer Mitglieder ausgehen, werden ethnische Bewegungen zum „Verhandlungspartner" in Diskursen, die durch die kulturelle Demarkierung der vorherrschenden Gruppe geprägt sind. Auch für sie wird Ethnizität zur Ressource; während sie für eine Aufwertung und Anerkennung „ihrer Kultur" eintreten, können sie die Prämisse nur schwer hinterfragen.

Gegenwärtig zeigt sich eine Krise der bisherigen ethnischen Gleichstellungspolitik in den USA. Die vorherrschende kulturelle Demarkierung führt zu individueller Diskriminierung; die ethnischen Bewegungen sprechen aber eher über Gruppenrechte und kulturelle Anerkennung der Gemeinschaft. Vor diesem Hintergrund haben einige Schwarze in hohen Positionen, die der Republikanischen Partei nahestehen, neoliberale Diskurse vertreten: Gleichheit sei nur dadurch erreichen, daß Individuen gestärkt werden und sich auf dem Markt durchsetzen, nicht aber durch Gruppenrechte, die diskriminierend auf deren Mitglieder wirkten. 1995 hat der Oberste Gerichtshof mit der Stimme eines schwarzen Richters Kernpunkte in der *Equal Opportunity* Gesetzgebung aufgehoben. Diese Entwicklung verweist darauf, daß Strategien zur Gleichstellung sich nicht nur auf Gruppenrechte beschränken können, sondern die Dimension der - unterschiedlichen - Individuen damit vermitteln sollten. Dies gilt umsomehr, wenn die „Gruppe" nicht einheitlich ist, sondern heterogene Soziallagen umfaßt. Gleichheit ist nicht nur eine Frage des Ausgleichs zwischen Gruppen, sondern auch der Chancen und Entfaltungsmöglichkeiten von unterschiedlichen Individuen, von Frauen und Männern aus verschiedenen Klassen und Ethnien.

Einige Anzeichen sprechen dafür, daß kulturelle Gruppendifferenzen in postmoderne Diskurse der Herrschaft eingewoben werden. Die Forderung nach Integration im Sinne von Angleichung an die Mehrheitsethnie ist auch an der fortbestehenden Ungleichheit gescheitert (Castles 1994). Aber auch ein postmoderner Diskurs des kulturellen Pluralismus wird Armut, Gewalt und Marginalisierung nicht aufheben. Es ginge darum, den Dualismus zwischen Gleichheit als Anpassung oder Pluralismus als unverbundene Differenzen zu durchbrechen. Dies wird möglich durch ein Konzept von Gleichheit, das kulturelle Unterschiede nicht als einen Grund zum Ausschluß betrachtet, sondern abstimmt auf eine Konvergenz in der Frage, wie individuelle und Gruppenrechte auf Freiheit, Gleichheit und Würde zu erfüllen sind.

Anmerkungen

1. Postindustrielle Gesellschaften wird hier als eher deskriptiver Begriff für die kapitalistischen Industriegesellschaften gebraucht, bei denen die Mehrheit der Beschäftigten im Dienstleistungssektor tätig sind, in denen die Computer- und Kommunikationsindustrien ausgeprägt sind, die also auch über die führenden Technologien verfügen, und die sich im sozialökonomischen Übergang mit noch nicht geklärter Richtung befinden. Er scheint mir in dieser deskriptiven Bedeutung neutraler als die stark aufgeladenen Begriffe Informationsgesellschaft oder Dienstleistungsgesellschaft.

2. Hier werden als Zuwanderer Asylbewerber und Aussiedler gefaßt, ohne die nun freie Migration aus EG-Staaten zu berücksichtigen: Die Asylbewerber stammen seit 1989 zu mehr als der Hälfte aus Europa, vor allem aus Jugoslawien, Rumänien und der Türkei; dazu wä-

ren die Aussiedler zu zählen, deren Zahl jeweils leicht über oder unter der Gesamtzahl der Asylbewerber liegt (vgl. Statistisches Jahrbuch seit 1992). Mit der Veränderung der Asylgesetzgebung 1994 haben sich auch die Zahlen drastisch verschoben.

3. Auf die einzelnen Stufen, z.b. die Verschiebung vom Handelskolonialismus, der sich auf Konsumgüter und Luxuswaren bezog, zum Rohstoffkolonialismus und dann zur Neuen Internationalen Arbeitsteilung kann ich in diesem Rahmen nicht eingehen. Vgl. zu Globalisierung das Themenheft der Zeitschrift *Peripherie* 59/60, 1995, besonders die Beiträge von Wolfgang Hein, Jürgen Neyer, Ulrich Menzel und Robert Kappel.

4. Es gibt eine seltsame Tendenz in der antirassistischen Debatte, die „Dritte Welt" als einheitlichen Block und als Opfer dessen darzustellen, was vor kurzem noch der Imperialismus oder die Metropolen hieß und heute zunehmend „der Westen" genannt wird. Dabei ist zu bedenken, daß, wenn „der Westen" als alleiniger Täter benannt wird, zugleich ein Monopol darauf behauptet wird, als geschichtsmächtiger Akteur aufzutreten. Damit ist die Struktur der Abhängigkeit keineswegs widerlegt. Wenn zudem die aktive Rolle der Gesellschaften Afrikas, Asiens und Lateinamerikas bei dem Kampf um ihre Zukunft ignoriert wird, entsteht ein äußerst reduziertes Bild dieser Gesellschaften.

5. Die Migrations- und Ethnizitätsforschung hat zu weiten Teilen die nationalstaatliche Forderung nach völliger Assimilation und Integration von Zuwandernden relativiert. Sicher stellt sich die Frage, wie bei kultureller Differenz ein gemeinsames System politischer und sozialer Werte entstehen kann, aber sie ist mit der Assimilationsforderung nicht mehr zu beantworten.

6. Vgl. z.B. die Diskussion in der führenden Theoriezeitschrift „Beiträge zur feministischen Theorie und Praxis"; zwar setzten die Theorien „Frauen und Dritte Welt" pauschalisierend gleich und tendierten dazu, alle Frauen (schwarze wie weiße) zu Opfern einer globalen männlichen Gewalt zu machen; dennoch war die Gleichheit zwischen Frauen fraglos (und eben deswegen problematisch, weil die reale Ungleichheit nicht herausgearbeitet wurde). Ich kritisiere nicht die internationale Perspektive, sondern den globalen Ansatz, der persönliche, kulturelle und regionale Unterschiede manchmal ausblendete; in der Folge wurde zunehmend dazu übergangen, die Geschlechtsunterdrückung genauer im historischen und soziokulturellen Kontext zu untersuchen.

7. Eine selbstkritische Auseinandersetzung mit der Debatte ist äußerst schwierig. Wer die Grundannahmen hinterfragt oder angreift, setzt sich der Gefahr aus, als Rassist/in abgestempelt zu werden. Damit aber ist ein Trend zur Immunisierung vor Kritik und zur Polarisierung eingebaut, der die Blockaden fördert.

8. Vgl. aber die vergleichende differenzierte Diskussion bei Rommelspacher 1995.

9. Er wird zur Leitfigur, wenn politisch gefordert wird, daß auch alle Migrantinnen oder Jüdinnen sich als schwarze Frauen begreifen sollten; dies stößt auch auf den Widerspruch der Beteiligten. Rassismus läßt sich m.E. nicht mit politisch abgeleiteten Begriffen bekämpfen, die den Lebenslagen, auch den Erfahrungen eines Teiles der Unterdrückten widersprechen.

10. Vgl. zu den Unzulänglichkeiten der herkömmlichen Dichotomie von schwarz und weiß in der Forschung und den komplexen Beziehungen verschiedener Einwanderergruppen in den US nach 1970: Omi; Winant 1994, S. 152 ff.

11. Zunächst wirkte diese Behauptung daraufhin, die politische und öffentliche Bedeutung vermeintlich privater Unterdrückung in Beziehungen und Sexualität aufzudecken. Doch wurde sie teils verkehrt in eine Normierung „privaten Verhaltens" der Anderen nach selbstgesetzten Maßstäben und legitimierte so Gruppenzwang und Konformitätsdruck.

12. Helma Lutz hat herausgearbeitet, daß Migrantinnen sich dieser reduzierten Wahrnehmungen mit den entsprechenden Stereotypen verweigern wollen und versuchen, sich in den persönlichen und persönlichen Zusammenhängen mit ihren persönlichen Geschichte und Erfahrungen einzubringen. Vgl. auch Wanzala 1996 zu den individuellen Verschiedenheiten schwarzer oder weißer Frauen und zu den damit verbundenen persönlichen Konflikten.

13. Ebensowenig ist aus sexistischen Strukturen zu schlußfolgern, daß ihnen alle Männer zustimmen. Wie Zustimmung oder Passivität von dissidenten Männern gegenüber einer soziohistorischen Geschlechterordnung geschaffen wird, ist eine faszinierende Forschungsfrage und kann weder mit einem schlichten Interessen-Argument, noch mit der Männerbund-These ausreichend beantwortet werden.; vgl. auch Connell 1994.

14. Diese Position unterscheidet sich von den neokonservativen Appellen, von Gruppenrechten abzurücken und statt dessen nur noch auf Diskriminierung bzw. Chancengleichheit der Individuen zu achten (vgl. dazu umfassend Omi; Winant 1994). Denn es geht darum, daß wieder wahrgenommen wird, daß Individuen mit ihren Handlungen und ihrem Denken unterschiedlich auf die existierende kollektive Diskriminierung reagieren; vgl. insgesamt dazu Wanzala 1996.

15. Dabei vollzieht die Diskussion manchmal eine eigenartige Schleife: Zunächst werden einheimische Frauen als „weiße" Frauen als Trägerinnen des Rassismus bezeichnet, wovon ein Schuldvorwurf kaum zu trennen ist. Dann wird ihnen in der nächsten Runde vorgeworfen, daß sie als „weiße" Frauen nur mit Schuldgefühlen reagieren könnten. Es ist nicht verwunderlich, daß eine Position, die den einheimischen Frauen vor allem menschliche Defizite zuschreibt, sie wenig motivieren kann, gegen den Rassismus aktiv zu werden. Wenn selbst die einheimischen Frauen, die antirassistisch denken und handeln wollen, ihre Erfahrungen mit der Bezeichnung „weiße Frau" nur schwer verbinden können, fragt sich, ob diese für eine Herrschaftskritik eines Rassismus sinnvoll ist, der sich eher auf die ethnische deutsche Kultur und Abkunft im Sinne von Blutsverwandtschaft und die christliche Tradition bezieht.

16. Vgl. ähnliche Überlegungen von Carol Hagemann-White zum Kampf gegen sexuelle Gewalt.

17. Es ist erstaunlich, daß gerade die Diskurstheorie von Judith Butler, die den imperialistischen Gestus der weiblichen Identitätstheorie, mit dem diese gemeinsame Erfahrungen von weißen Frauen und *women of colour* reklamieren würde, so heftig kritisiert, die politischen Folgerungen dieser vor im vorgeschlagenen Strategien für Migrantinnen überhaupt nicht thematisiert; vgl. Butler 1991.

18. Ich kann hier auf diese umfassenden Debatten zur Überwindung der „Standpunkttheorien" nicht eingehen, sondern nur auf Aufsätze in Knapp; Wetterer 1992, Dittrich; Radtke 1990, Kößler; Schiel 1994, Omi; Winant 1994 verweisen.

19. Ein Beispiel ist die Kritik daran, daß Theorieansätze von einer besonderen weiblichen Emotionalität oder Fürsorge ausgingen, aber damit unbewußt Geschlechtsstereotypen übernommen hatten.

20. Ein antiessentialistischer Anspruch begründet also noch keine kritische theoretische Position; er kann sich erst in Verbindung mit gesellschaftstheoretischen Untersuchungen bewähren.

21. Der klassische Rassismus argumentierte mit biologischer Andersartigkeit der Menschen, die wissenschaftlich festzustellen sei, und wurde eben durch die Naturwissenschaften widerlegt. Der Neorassismus stützt sich auf kulturelle Differenzen von Gruppen, die bewirken sollen, daß ein gleichheitliches Zusammenleben nicht möglich ist; vgl. Balibar 1990.

22. Neuere Veröffentlichungen, die sich teils auf die deutsche soziologische Anthropologie beziehen, vernachlässigen diese Ebene weitgehend und sprechen nur von Gruppen oder Gruppenmentalitäten; z.B. wird angenommen, daß Menschen dazu neigen, vertraute Normen höher zu schätzen als die fremden oder „Ausländer" werden insgesamt als „verletzungsoffen" gesehen. Weil die Ebene des individuellen Denkens und Handelns - und seine Vielfältigkeit - nicht einbezogen wird, hinterfragen diese Ansätze die Abgrenzung nicht, sondern setzen sie voraus.

23. Die Frauenforschung hat das Verhältnis von Geschlecht und Klasse in den letzten Jahren verstärkt thematisiert und hat dabei neue differenziertere Ansätze zu beiden Dimensionen entwickelt.

24. Vgl. Lenz 1995; es handelt sich um einen rel. idealtypischen Vorschlag, der weiter auszuarbeiten und empirisch zu prüfen wäre. Ich versuche allerdings unter der idealtypischen Perspektive der Vergesellschaftsformen eine Herleitung von "Geschlecht" und "Ethnizität" aus der historischen sozialökonomischen Entwicklung, entsprechend ihrer zentralen Bedeutung als Strukturkategorien (Ursula Beer); damit verbinden sich jeweils spezifische soziale Arbeitsteilungen und Hierarchien. Diese Bedeutung scheint mir nicht angemessen berücksichtigt in Ansätzen, die in Geschlecht oder Ethnizität eine askriptive Kategorie (unter vielen anderen wie Alter oder ländliche/städtische Herkunft) sehen. Nach askriptiven Kategorien werden Personen Eigenschaften, die sich mit Chancen oder Hemmnissen verbinden, aufgrund bestimmter, meist äußerer Merkmale zugeschrieben; dies unterscheidet in klassischen soziologischen Ansätzen ihre Lage von meist durch Leistung erworbenem Status.
25. Stephen Castles weist auf die Bedeutung solcher ethnischer Strategien für soziale Ungleichheit in Australien hin, wo die Einwandernden aufgrund verschiedener historischer Umstände ab den 1970er Jahren sehr schnell die Staatsbürgerschaft erhielten; vgl. Castles 1991.
26. So ist in der Bundesrepublik geltendes Recht, daß Arbeitsplätze zunächst Deutschen angeboten werden müssen und daß Sozialleistungen für Asylbewerber teils nicht in Geld, sondern in Gutscheinen bezahlt werden.
27. Sowohl die Strukturierung dieser ungleichen Positionen, als auch die „Plazierung" von Individuen auf sie geschieht in sozialen Aushandlungsprozessen; so etwa ist der Sozialstaat ein historisches Ergebnis der Verhandlungen zwischen Staat, Verbänden und sozialen Bewegungen. Er hat z.B. als neue Positionen die der alleinerziehenden Mütter oder Väter eröffnet, die vom Arbeitsmarkt abgedrängt werden und von Sozialhilfe überleben.
28. Der Ressourcenaspekt spielt eine wichtige Rolle in Reinhard Kreckels politische Soziologie der sozialen Ungleichheit oder bei Pierre Bourdieu und Theorieansätzen, die sich auf ihn berufen. Ich werde mich hier daran anlehnen, wenn ich auch die anderen Dimensionen sozialer Ungleichheit (s.o.) ebenfalls zentral finde.
    Bourdieu hat eine konsistente Theorie für die Reproduktion sozialer Ungleichheit in modernen Gesellschaften entworfen, die sich jedoch überwiegend auf die Frage von Ressourcen (ökonomisches, kulturelles und soziales Kapital) und der Inkorporation sozialer Positionen durch den Habitus konzentriert; die Frage von Heteronomie und Autonomie wird eher vernachlässigt und immaterielle Belohnungen, wie etwa Prestige werden eher als Ressource (Teil des sozialen oder kulturellen Kapitals) angesehen. Wegen dieser ökonomischen Schwerpunktsetzung gegenüber Machtverhältnissen und immateriellen personalen Qualitäten ist die Übertragbarkeit des Bourdieuschen Ansatzes für Geschlechterungleichheit oder ethnische Konstellationen begrenzt, wo Macht und Gewalt sich personal *und* strukturell auswirken und Autonomie eine eigenständige Ebene bildet; weder Macht noch Gewalt noch Autonomie/Heteronomie lassen sich allein von dem Zugang zu Ressourcen ableiten.
29. Dabei soll die kleine Gruppe der Minderheiten nicht übersehen werden, die sich im Bildungssystem durchsetzen kann und nun entsprechende Positionen einfordert; geschlechtssensible Untersuchungen zum Verhältnis von einheimischen und anderen ethnischen Gruppen in akademischen Berufen und als Unternehmer sind sehr wichtig.
30. Patriarchalische Autorität und Gewalt treten in allen Gruppen, der Mehrheit und den Minderheiten, auf, jedoch erhalten sie sich durch die ethnisierende Zuschreibung an die jeweilige „Kultur" eine spezielle Legitimation; zugleich kann die Mehrheitsgruppe die auch sie kennzeichnende patriarchalische Autorität und Gewalt auf die Minderheit projizieren und sich selbst als „fortgeschritten" stilisieren.

Literatur

Anderson, Benedict (1988): *Die Erfindung der Nation.* Frankfurt a.M.
Anzaldúa, Gloria; Moraga, Cherry Hg. (1983): *This Bridge Called my Back. Writings by Radical Women of Color.* New York.

Arbeitsgruppe Frauenkongreß Hg. (1984): *Sind wir uns denn so fremd? Dokumentation des 1. gemeinsamen Kongresses ausländischer und deutscher Frauen 23.-25. März 1984, Frankfurt a.m.* Frankfurt a.M.

Bader, Veit-Michael (1995): *Rassismus, Ethnizität, Bürgerschaft. Soziologische und philosophische Überlegungen.* Münster.

Balibar, E. (1990): Gibt es einen "Neo-Rassismus"? In: Balibar, E.; Wallerstein, M.: *Rasse, Klasse, Nation. Ambivalente Identitäten.* Hamburg; Berlin, S. 23-38.

Bommes, Michael (1994): Migration und Ethnizität im nationalen Sozialstaat. In: Kößler, R.; Schiel, T. Hg., a.a.O., S. 179-201.

Bourdieu, Pierre (1979): *Entwurf einer Theorie der Praxis auf der ethnologischen Grundlage der kabylischen Gesellschaft.* Frankfurt a.M.

- (1982): *Die feinen Unterschiede. Kritik der gesellschaftlichen Urteilskraft.* Frankfurt a.M.

Butler, Judith (1991): *Das Unbehagen der Geschlechter.* Frankfurt a.M.

Castles, Stephen (1991): Weltweite Arbeitsmigration, Neorassismus und der Niedergang des Nationalstaats. In: Bielefeld, Uli Hg.: *Das Eigene und das Fremde. Neuer Rassismus in der Alten Welt.* Hamburg, S. 129-158.

Dittrich, Eckart; Lentz, Astrid (1994): Die Fabrikation von Ethnizität. In: Kößler, R.; Schiel, T. Hg., a.a.O: S. 23-45.

Dittrich, Eckard; Radtke, Frank-Olaf Hg. (1990): *Ethnizität. Wissenschaft und Minderheiten.* Opladen.

Elwert, Georg (1989): Nationalismus, Ethnizität und Nativismus - über Wir-Gruppenprozesse. In: Waldmann, Peter; Elwert, Georg Hg.: *Ethnizität im Wandel.* Saarbrücken; Fort Lauderdale, S. 21-60.

Heinz, Marco (1993): *Ethnizität und ethnische Identität. Eine Begriffsgeschichte.* Mundus Reihe Ethnologie 72. Bonn.

Hooks, Bell (1984): *Feminist Theory. From Margin to Centre.* New York.

Kalpaka, A.; Räthzel, N. Hg. (1986): *Die Schwierigkeit, nicht rassistisch zu sein.* Berlin.

Kang, Chong-Sook (1990): Institutioneller Rassismus und ausländische Frauen. In: *Beiträge zur feministischen Theorie und Praxis*, 27, S. 120-127.

Knapp, Gudrun Axeli (1987): Arbeitsteilung und Sozialisation: Konstellationen von Arbeitsvermögen und Arbeitskraft im Lebenszusammenhang von Frauen. In: Beer, Ursula Hg.: *Klasse Geschlecht.* Bielefeld, S. 236 - 274.

Kößler, Reinhart; Melber, Henning (1993): *Chancen internationaler Zivilgesellschaft.* Frankfurt a.M.

Kößler, Reinhart; Schiel, Tilman Hg. (1994): *Nationalstaat und Ethnizität.* Frankfurt a.M.

Kreckel, Reinhard (1992): *Politische Soziologie der sozialen Ungleichheit.* Frankfurt a.M., New York.

Lenz, Ilse (1992): Fremdheit/Vertrautheit. Von der Schwierigkeit im Umgang mit kulturellen Unterschieden. In: Knapp, Gudrun A.; Müller, Ulla Hg.: *Ein Deutschland, zwei Patriarchate?* Bielefeld; Hannover, S. 9-23.

- (1993): Wie hängen Geschlecht und Ethnizität zusammen? In: Schäfers, Bernhard Hg.: *Lebensverhältnisse und soziale Konflikte im neuen Europa. Verhandlungen des 26. Deutschen Soziologentages in Düsseldorf 1992.* Frankfurt a.M.; New York, S. 337-345.

Marshall, Thomas M. (1992): *Bürgerrechte und soziale Klassen. Zur Soziologie des Wohlfahrtsstaates.* Frankfurt a.M.; New York.

Müller, Hans-Peter (1994): Kultur und soziale Ungleichheit. Von der klassischen zur neueren Kultursoziologie. In: Mörth, Ingo; Fröhlich, Gerhard Hg.: *Das symbolische Kapital der Lebensstile. Zur Kultursoziologie der Moderne nach Pierre Bourdieu.* Frankfurt a.M., S. 55-75.

Omi, Michael; Winant, Howard (1994): *Racial Formation in the United States. From the 1960s to the 1990S.* 2.Aufl. New York; London.

Pateman, Carole (1989): *The Sexual Contract.* Cambridge.

Ilse Lenz

Pieterse, Jan; Parekh, Bikhu (1995): Shifting imaginaries: decolonization, internal decolonization, postcoloniality. In: dies. Hg.: *The Decolonization of Imagination. Culture, Knowledge
and Power.* London; New Jersey, S. 1-21.

Radtke, Frank-Olaf (1991): Lob der Gleichgültigkeit. In: Bielefeld, Uli Hg.: *Das Eigene und das
Fremde. Neuer Rassismus in der Alten Welt.* Hamburg, S. 79-97.

Randeria, Shalimi (1994): Hindu-Nationalismus: Aspekte eines Mehrheits-Ethnizismus. In:
Kößler, R.; Schiel, T. Hg., S. 75-111.

Rommelspacher, Birgit (1995): *Dominanzkultur. Texte zu Fremdheit und Macht.* Berlin.

Sivanandam, A. (1985): RAT and the degradation of black struggle. In: *Race and Class*, Frühjahr.

Autorinnen und Herausgeberinnen

Lila Abu-Lughod ist Professorin für Anthropologie an der New York University. Sie arbeitet schwerpunktmäßig zum Mittleren Osten und hat in großem Umfang über *gender* und das Leben von Frauen in einer beduinischen Gemeinschaft in Ägypten geschrieben. Zu ihren Veröffentlichungen zählen u.a. *Veiled Sentiments: Honor and Poetry in a Bedouin Society, Writing Women's Worlds: Bedouin Stories* sowie *Language and the Politics of Emotion.* Auf der Basis ihrer Forschungen mit Frauen aus dem ländlichen Gebiet des oberen Ägypten und aus dem städtischen Gebiet von Kairo arbeitet sie gegenwärtig an einem Buch über die kulturelle Politik der ägyptischen Fernseh-*soap operas.*

Annie Bunting ist Rechtsexpertin und Wissenschaftlerin zum Schwerpunkt internationale Menschenrechte. Zur Zeit promoviert sie in Rechtswissenschaften an der University of Toronto, Kanada über Menschenrechte und kulturelle Verschiedenheit von Frauen; dabei gilt ihr besonderes Interesse den Rechtsansprüchen von muslimischen Frauen. Im Erscheinen ist ihre Veröffentlichung über ihre Feldforschungen in Nigeria: *Nigerian Narratives: Moral Dilemmas of Early Marriage in Northern Nigeria.*

Andrea Germer, Japanologin, arbeitet seit 1995 im Rahmen eines Forschungsprojektes zu Frauenbewegungen am Lehrstuhl für Frauen- und Sozialstrukturforschung, Ruhr-Universität Bochum. Arbeitsschwerpunkte: Historische Frauenforschung zu Japan, die japanische Frauenbewegung und internationale feministische Theorie.

Brigitte Hasenjürgen ist wissenschaftliche Mitarbeiterin der Internationalen Gastprofessur für Frauenforschung an der Ruhr-Universität Bochum. Arbeitsschwerpunkte: Frauen- und Geschlechterforschung, Entwicklungs- und Wissenssoziologie; veröffentlichte u.a. (mit Sabine Preuß) *Frauenarbeit - Frauenpolitik. Internationale Diskussionen*, Münster.

Ilse Lenz ist Professorin im Bereich Frauen- und Sozialstrukturforschung an der Ruhr-Universität Bochum. Arbeitsschwerpunkte: Frauenarbeit und Frauenbewegung im internationalen Vergleich, speziell Deutschland, Japan und Ostasien, zahlreiche Veröffentlichungen zur Theorie und Praxis der Frauen- und Geschlechterforschung, Mitherausgeberin (mit Ursula Müller u.a.) der Buchreihe *Geschlecht und Gesellschaft*, Opladen.

Ursula Müller ist Professorin für Sozialwissenschaftliche Frauenforschung und Leiterin des Interdisziplinären Frauenforschungs-Zentrums an der Universität Bielefeld. Publikationen u.a.: *Der Mann* (zusammen mit S. Metz-Göckel,

1986), *Sexuelle Belästigung am Arbeitsplatz* (zusammen mit M. Holzbecher u.a., 1991) und *Psychogenese und Soziogenese männlicher Gewaltbereitschaft* (zusammen mit A. Minssen, 1995), Mitherausgeberin der Buchreihe *Geschlecht und Gesellschaft.*

Beate Rössler war bis 1994 wissenschaftliche Mitarbeiterin am Institut für Philosophie der Freien Universität Berlin, seitdem Assistentin am Institut für Politikwissenschaften, Universität Bremen, Veröffentlichungen zu Themen der Sprachphilosophie, Ethik, politischen Philosophie, feministischen Philosophie.

Soussan Sarkhoch, Soziologin, studierte und promovierte in der Bundesrepublik und arbeitet zu Fragen der Entwicklungstheorie, zur feministischen Theorie, zur ländlichen Entwicklung und zu sozialen Bewegungen. Gegenwärtig entwickelt sie ein größeres Forschungsvorhaben zum Wandel der Lage der Frauen in Iran.

Winnie Wanzala lehrt in *political studies* an der University of Namibia. Ihr Forschungsinteresse gilt den politischen und sozialen Umbrüchen in multikulturellen und hochdifferenzierten Gesellschaften und deren Auswirkungen für soziale Bewegungen, insbesondere für die Frauenbewegung. Sie veröffentlichte u.a. *Emancipating Security and Development for Social Equity*, SARIPS, Harare; *Access of Women in Rural Households of Southern Africa to Resources: Epistemological and Methodological Issues*, SARIPS, Harare.

Bronwyn Winter lehrt am Department of French Studies an der University of Sydney. Der Titel ihrer Dissertation ist *Symboles, moteurs et alibis: critique de l'identification nationale et culturelle des femmes d'origine maghrébine en France*. Arbeitsschwerpunkte: Frauen und Feminismus im Verhältnis zu nationalen Ideologien und der Diskurs über kulturelle Identität und Differenz, Kritik am Postmodernismus, lesbische Identitätspolitik und das Problem feministischer Ikonographie.